新文科 · 剏
全国高等院

Introduction
to Aesthetic Education

美育学概论

主编 杜卫　　副主编 · 周跃良

中国教育出版传媒集团
高等教育出版社 · 北京

内容简介

本书主要介绍美育理论与美育方法,包括美育性质和特点,美育与普通教育的关系,美育形态、途径和范围,美育实施的基本原则,学生审美素养的构成及其发展,各类艺术的美育价值和美育方法等。

本书为各级各类学校从事美育教学和研究的教师学习、进修而编写,是一本美育(艺术教育)教师教育用书,也可供希望了解美育的基本理论和各类艺术的美育方法的读者参考阅读。

图书在版编目(CIP)数据

美育学概论 / 杜卫主编 . -- 北京 : 高等教育出版社,2023.4

ISBN 978-7-04-060224-1

Ⅰ. ①美… Ⅱ. ①杜… Ⅲ. ①美育－概论 Ⅳ. ①G40-014

中国国家版本馆CIP数据核字(2023)第049444号

美育学概论

Meiyuxue Gailun

| 策划编辑 | 梁存收 | 责任编辑 | 潘亚文 | 封面设计 | 张 楠 | 版式设计 | 马 云 |
| 插图绘制 | 邓 超 | 责任校对 | 任 纳 高 歌 | 责任印制 | 高 峰 | | |

出版发行	高等教育出版社	网　　址	http://www.hep.edu.cn
社　　址	北京市西城区德外大街 4 号		http://www.hep.com.cn
邮政编码	100120	网上订购	http://www.hepmall.com.cn
印　　刷	北京汇林印务有限公司		http://www.hepmall.com
开　　本	787 mm×1092 mm　1/16		http://www.hepmall.cn
印　　张	16.5		
字　　数	360 千字	版　　次	2023 年 4 月第 1 版
购书热线	010-58581118	印　　次	2023 年 10 月第 2 次印刷
咨询电话	400-810-0598	定　　价	51.00 元

目录

中编　学生的审美素养及其发展

下编　各类艺术的美育价值与美育方法

绪论

 学习目标

> 　　了解美育学的发展简史和美育学学科作为"应用型交叉学科"的特点及其主要知识结构,学习马克思主义关于人的全面发展学说,了解中国的人生论美学以及中国美育传统的精神实质。

📖 内容概要

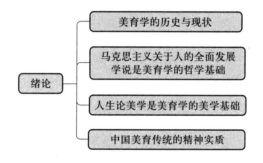

一、美育学的历史与现状

　　人类的美育活动和美育思想出现较早,在西方的古希腊时期和中国的先秦时期都出现了一些重要的美育论述,但是关于美育的系统理论却出现得比较晚。18 世纪德国哲学家提出创立专门研究人的感性认识的学科,并把它命名为 aesthetica(译作"美学")。1793 年,德国诗人、哲学家席勒(1759—1805)以书信体形式写成了《美育书简》(全称为《关于人的审美教育的书信》),它第一次系统阐述了美育的性质、功能和意义,这是最早提出系统美育理论的著作。"美育"这个术语是席勒创造的,20 世纪初被引入中国。但是,"美育学"这个术语在席勒以及其后的一些西方重要美育论著中却没有出现,很可能是东亚学者创造的①。1903 年,王国维发表了《论教育之宗旨》,文中提到了"美育学"一词:"希腊古代之以音乐为普通学之一科,及近世希痕林、歇尔列尔等之重美育学,实非偶然

---

　　① 关于"美育学"在日本出现的情况,目前查到有菊之家主人:《美人之镜:一名·容貌改良美育学》,俭养馆出版,1892 年。该书内容主要涉及服饰美容,其中第一编"关于美育学的论说",用了"美育学"一词,介绍了中村正直博士和国家图书馆馆长九鬼隆一关于"美育学"的论述。这本小册子里所写的"美育学"使用的是汉字。后来王国维提到"美育学",其意思明显与这些日本的论著不同。这条资料的查找得到了梁艳萍教授的帮助,谨表谢忱。

也。"① 这很可能是汉语文献中最早出现的"美育学"的说法。从上下文看,王国维说的"美育学"是继承了古希腊音乐教育传统的一科,具体是指审美育人的系统学说或理论。在另一处,他用了"审美学"一词,说:"今转而观我孔子之学说,其审美学上之理论虽不可得而知,然其教人也,则始于美育,终于美育。"② 这里的"审美学"是指美学或者审美哲学,与"美育学"的用法在学理上一致。此后,虽然有蔡元培大力倡导美育,并且发表了不少关于美育的演讲,还有李石岑、吕澂、朱光潜、丰子恺、蔡仪等学者都有一些论述美育的论著,但是我国系统的美育理论建构却很晚才出现。

纵观 20 世纪中国美育理论研究论著,较早出现的类似美育学名称的著作是杨恩寰主编的《审美教育学》(1987 年)。从源头上讲,"美育"这个术语可以被看作是"审美教育"的简称,而"审美教育学"与"美育学"在实质上应该是一致的。在此书中,作者明确提出:"审美教育学是正在走向成熟、着手建立的一门新的学科。"③ 随着中国高等教育学科建制的逐渐形成,"学科"概念开始被应用到学术研究中,由此,"美育学"就不单单是系统"学说"或"理论"了,而是突出了其"学科"的意义。最先以"美育学"冠名的美育学术著作是蒋冰海的《美育学导论》(1990 年),这部著作提出:"美育学,是美学的一个分支,同时,也是一门具有广阔前景的应用学科。"④ 在这里,蒋冰海明确把美育学定位成"美学"的一个学科分支,而且是"应用学科"。此后,被冠以"美育学"之名的著作陆续出版,例如,《现代美育学导论》(杜卫著,1992 年)、《美育学概论》(杜卫主编,1997 年)、《走向现代形态美育学的建构》(刘彦顺著,2007 年)等。当然,这一时期我国还有不少系统阐述美育理论的专著问世,虽然不以"美育学"作为书名,但是在美育学理论建构上同样做出了贡献。

自王国维提出"美育学"至今的 100 多年里,"美育学"从一个学术名词变成了由学科交叉而成的应用型学科。随着国家和社会各界对美育独特地位和重要价值的认识越来越深,美育教学和研究的人才培养也越来越受到重视,美育学的学科建设已被提上议事日程⑤。我国有着深厚的美育思想传统,也为建设"中国美育学"提供了良好的基础。因此,建立中国美育学的条件已经基本具备。

美育学是以美学、艺术学与教育学为主,多学科交叉而成的应用型学科,主要内容可以分为三大部分:美育的性质和特点、美育的形态与范围、美育的方法论;学生审美核心素养的构成与培养以及学生审美发展的阶段性特点;实施美育的主要艺术课程的特点和教学方法。

作为一种知识体系,美育学理论应该是一个范畴系统,由众多概念构成的概念网络结构。在这个网络结构中,逻辑起点的确立十分关键。美育的性质和特征是对整个美育活动的最抽象和最基本的规定,是美育学的起点。而后是审美发展和美育方法论这两个

---

① 王国维:《论教育之宗旨》,《王国维全集》第十四卷,浙江教育出版社 2010 年版,第 11 页。

② 王国维:《孔子之美育主义》,《王国维全集》第十四卷,浙江教育出版社 2010 年版,第 16 页。

③ 杨恩寰主编:《审美教育学》,辽宁大学出版社 1987 年版,第 1 页。

④ 蒋冰海:《美育学导论》(修订本),上海人民出版社 2001 年版,第 1 页。

⑤ 例如,中央美术学院于 2019 年召开"美育学学科建设专家咨询会",正式提出要建设美育学学科;中国美术家协会主席、中央美术学院院长范迪安在 2020 年全国政协十三届三次会议期间提出"加强美育学学科建设"的提案;2020 年 9 月 1 日来自中央美术学院等单位的领导和专家学者在《中国教育报》发表了一组"加强美育学科建设、推动美育事业发展"的笔谈。2020 年 9 月《艺术教育》刊发了一组关于"艺术教育学科建设"的文章。

范畴,按照从抽象上升到具体的辩证思维方法联结起来,从而构成美育学的基本范畴框架。在每一范畴之下,又有一系列从属概念的具体展开,以形成纵横交错的概念网络结构。需要指出的是,作为学科交叉、应用型的知识体系,中国美育学不必过于强调逻辑体系的规整和学科边界的清晰。应用型学科的特点之一就是多学科参与的交叉性,因为实践问题是具体的,理论越贴近具体实践,知识的应用就越丰富多样,不可能像抽象理论那样纯粹。因此,中国美育学的构建既需要自身的核心概念范畴,也会呈现出多学科协同交叉的应用型特点。这种开放的学科意识可以使中国美育学在面向新问题、寻求新方法等方面保持足够的活力和适应性。

二、马克思主义关于人的全面发展学说是美育学的哲学基础

美育学必须以马克思主义作为最根本的指导思想。而马克思主义的学说内容丰富、领域广泛,因此,除了运用马克思主义的基本原理和方法来指导理论研究之外,还应寻求各学科与马克思主义理论的某一部分之间的相关性,以此作为理论研究的最切近的出发点,这是正确而有效地运用马克思主义指导理论研究的重要环节。在马克思主义的经典著述中,与美育学关系最密切、对美育学的研究最具直接指导意义的,是关于人的全面发展的学说。马克思在论述美学和教育学的基本问题时,总是从人的全面发展观出发的。例如,马克思关于审美活动是人通过感觉对其本质力量的直接而全面地占有的论述,关于从人类生产活动的整体性质引出"人也按照美的规律来塑造"的思想,关于人类以思维、艺术、宗教和精神实践的方法把握世界的论述;恩格斯关于在共产主义社会,通过教育使年轻人摆脱社会分工造成的片面性的思想,等等,都贯穿着人的全面发展。这些都为美育学的研究提供了直接的指导思想和方法论。

马克思主义是从逻辑和历史两个方面来论述"人的全面发展"的内涵的。

马克思主义对于人的"全面""完整"的理解是从人与动物相区别的本质特征入手的。人与动物的根本区别在于人能够在实践活动中自觉地认识和掌握客观规律以实现自己的目的。从这个意义上说,自由自觉的活动是人的基本特质。活动是主体的活动,活动主体有两个最基本的要素:需要与能力。需要是活动的内在动力,能力是人从事活动、满足需要(即实现目的)的本质力量;能力在活动中创造出需要的对象并使主体与对象联系起来,使需要得到满足与发展。由此可见,需要和能力是人类活动发生与发展的主体根据。人在实践活动中所体现出来的各种需要与能力的总和,构成了人的本性的基本内涵,也就是人的"全面""完整"的基本内容。因此,人的全面发展的第一个逻辑规定是人的需要与能力的全面发展。

然而,人的需要与能力不是凭空产生的,而是在一定的社会活动中发展起来的,社会活动无时无刻不受人与对象的各种关系的制约与规定,因此,人的需要与能力的全面发展又必须以人与自然、个体与社会的关系的协调为前提。马克思曾指出:"个人的全面性不是想象的或设想的全面性,而是他的现实联系和观念联系的全面性。"[①]只有在人与自然、个体与社会的协调和谐关系真正形成的理想社会,人的全面发展才可能充分实现。

---

①《马克思恩格斯文集》第八卷,人民出版社 2009 年版,第 172 页。

这就是人的全面发展的第二个逻辑规定。

人的全面发展是一个历史过程。一方面,人的潜能的丰富性和全面性是无限的;另一方面,人的发展又总被限定在一定的历史水平上。所以,人的全面发展是无限与有限的辩证统一。在一定的历史条件下,人的全面发展程度是有限的,人们对"全面发展"的理解也总是以人类总体的需要和能力的发展水平为根据的。要对人的全面发展问题作出具体的界定,并使之与实践相结合,就必须从历史的观点出发,对人的全面发展赋予历史的规定性。在这方面,马克思主义也为我们提供了可资运用的方法论。

我国处于社会主义初级阶段,一方面已消灭了剥削制度,实现了人与人关系的革命性转化;另一方面,分工仍是必要的,工业化的社会大生产不仅存在,而且还要发展。因此,现阶段人的全面发展不可能达到马克思主义所描述的理想水平,但又有了一定的现实条件。根据马克思主义关于个体的需要和能力与社会总体的需要和能力相统一的全面发展方向,我们应努力使二者尽可能地趋于一致。不能认为人的全面发展只有在共产主义阶段才能实现,而在目前情况下只是一种可望而不可即的理想。事实上,马克思也曾对历史上的某个时代或某些人物的发展水平极为赞赏,肯定了人的全面发展在某种程度或某种范围内实现的可能性。例如,恩格斯称文艺复兴时代是需要和产生了"在思维能力、激情和性格方面,在多才多艺和学识渊博方面的巨人"的时代。[①]

据此,我们可以说,虽然在人类社会发展的现阶段,人的全面发展只是阶段性和局部的,水平也不是很高,但是,如果我们把共产主义看作是人类为摆脱各种对人的全面发展的束缚而争取自由解放的过程,把人的全面发展的彻底实现理解为人类在不同历史时期不懈努力、艰苦奋斗的结果,那么,在不同历史时期里,个体的需要和能力与社会总体的需要和能力之间矛盾、分裂的减缓,在不同程度上有着实现人的全面发展的意义。在我们的学校中,以"全面发展"为指针,促进学生德、智、体、美、劳多方面发展,对于提高民族素质、人们的生活质量具有十分重要的意义。

在教育过程中努力实现学生全面发展的目标,是一个需要认真研究和探索的课题。首先,教育兼具现实性和理想性,尽管现阶段社会并不能为人的全面发展提供完美的条件,但是,教育应该尽可能地把开发和保障学生各种潜力的发展作为根本任务。其次,学生的全面发展是以学生为主体的发展,而不是完全依靠外力给学生输入各种能力和素养。把学生作为发展的主体,就要求教育者了解并尊重学生作为发展主体的需求和潜能,充分调动学生自我发展的能动性,同时为学生发展提供必要的知识和能力训练。应该认识到,只有与学生的发展需要相互适应的教育,只有把学生当作发展主体的教育,才可能是真正能够深刻影响其身心的教育,才能对学生一生的发展产生积极作用。再次,全面发展是有个性的发展,不是"平均发展"。全面发展教育是要培育具备多方面知识和能力、能够综合运用人的各种精神力量和身体运动能力来从事创造性劳动的个性,也就是"丰厚的个性"。如果一个学生各门功课都能达到优良、平均成绩处于领先水平,却没有个性特长,这实际上并不是一个全面发展的个性。每一个人都有独一无二的个性,其发展会受到个性的影响,也就是说,每一个学生的发展一定是个性化的发展,有的方面强一些,有的方面弱一些。如果一个学生发展得很平均,却没有比较个性的优势,那么这种发展

---

① 《马克思恩格斯文集》第九卷,人民出版社 2009 年版,第 409 页。

只能说是平均发展,而非全面发展。因此,在具体教育过程中,对每一个学生而言,全面发展是不可能完全平衡的,而且只有这样才能培养出具有创造个性的人才。

马克思主义关于人的全面发展学说也为我们批判继承前人的美育理论提供了理论指导。纵观人类思想史与教育实践,美育总是同各种关于人的全面发展的理论息息相关、紧密相连。任何思考人类自身生存与发展问题的理论,总是不同程度地涉及审美(或艺术)的人生价值,涉及美育的哲学问题;一切旨在全面开发受教育者各种潜能的教育,总把美育置于相当重要的地位。文艺复兴时期,人文主义教育以培养"全人"为理想,十分重视开发人的艺术潜能,强调美育的作用。空想社会主义者也从人的全面发展观出发,肯定美育的重要价值,认为要为社会培养出适应和谐制度生活的全面发展的公民,就要发展美育。更值得注意的是,席勒的人本主义立场使他由对近代社会的批判和对完整人格的追求而进入美育学的思考,并以人的全面和谐发展为基点提出了较为完整的美育理论,对美育的本质特征和功能价值作出了空前深入和系统的阐述。但是,上述美育思想都是从抽象的和空想的全面发展理论发展而来的,因此,有必要以马克思主义的科学和历史的全面发展学说为指导,对它们作批判地吸取,以建立马克思主义的现代美育观。

强调以马克思主义关于人的全面发展学说作为美育学的教育哲学基础,是我们正确认识美育的本质特征与功能价值的根本保障。美育所关注的是人的生存与发展,它以人的需要与能力可以而且应该得到全面发展为宗旨,其基本的价值在于:满足和提高人的审美需要,提高人的精神能力,使人的审美生活成为可能。它的价值取向首先在于人自身,在于人的生存发展的充分的可能与完满。在此意义上,我们可以说,美育的目的与人的全面发展理想是根本一致的。所以,从马克思主义关于人的全面发展学说出发来认识和研究美育,是把握美育的基本性质与特征的必要前提。

三、人生论美学是美育学的美学基础

美育学是关于审美育人的学科,必然以审美的人生价值为美学理论的出发点。审美是一个广阔的领域,可以从认识、伦理、实践、文化等多种角度去把握。但是,从最根本的意义上说,审美是人的基本生存方式之一,也是人格形成的内在要素之一,其最终价值就在于它的人生价值。这种以人生价值为核心的美学就是人生论美学。人生论美学思想是一种充满了人文关怀的美学思想,也是一种以审美或艺术精神为根本价值取向的人生观,其精神实质是追求一种摆脱了世俗价值观念、充满了个性生命情趣的生存状态。

人生论美学是中国美学的重要传统,在古代就已生成。中国古代哲学主要是人生哲学[①],同样,中国古代美学主要是人生美学。作为专注人生的美学,中国古代美学十分

---

① 张岱年说:"人生论是中国哲学之中心部分,……人生论实是中国哲学所特重的。可以说中国哲学家所思所议,三分之二都是关于人生问题的。世界上关于人生哲学的思想,实以中国为最富,其所触及的问题既多,其所达到的境界亦深。"(张岱年:《中国哲学大纲》,商务印书馆 2017 年版,第 275 页。)冯友兰说:"中国哲学,向亦注重人生方面。"(冯友兰:《哲学与人生之关系》,《东方杂志》1936 年第 1 号。)钱穆认为"哲学是西洋人的一种学问",中国人思想的方法道路与西方的哲学很不相同。"倘使说中国有哲学,只是比较偏于人生方面的"。(钱穆:《人生十论》,广西师范大学出版社 2004 年版,第 93 页。)

重视人的生存状态和生命价值的实现,重视高尚人格的养成和生命境界的提升,重视个体内心情与理的和谐、人与人的和谐、人与自然的和谐。执着于宇宙生命情调之发现、追求生活之艺术化、强调艺术的人生价值已成为中国美学与艺术的主导精神。写诗作画的真正意义在于创造一种神情飞扬、气韵生动的心灵境界,审美欣赏的美妙之处在于"澄怀""畅神",使个体精神跃入自由闲适的状态。审美的最根本价值不是外在的,而是内在的,在于对人生的感受与体悟,在于为个体生存开创一个新境界。而且,在中国人的生活中,审美境界不仅得之于艺术活动,而且得之于日常生活,是来源于生活的艺术化。这种生活的艺术化并不在于外在的修饰,而在于用洒脱的审美态度来待人接物。如王羲之发现了山阴的山水之美;阮籍独自驾车狂奔,又为"穷途"痛哭而返;支道林放鹤归林;王子猷乘兴访友,至门前而返……平淡的生活由此脱俗而放异彩,个体的生存于是充满了诗意。

虽然中国古代美学并不擅长对人生论美学作形而上的长篇大论,但是,中国美学却始终围绕着人生这个根本展开,其核心问题不是美为何物,而是审美对人生有何意义,人生如何实现艺术化、审美化,人如何借助艺术和自然景观来达到生命的完满和精神的自由。人生论美学的理论形态创始于 20 世纪初,王国维借助西方哲学和美学,把人生论美学思想加以思辨哲学化;朱光潜则以其"人生艺术化"理论完成了人生论美学的系统理论化。其间,梁启超、宗白华、丰子恺等作家、艺术家、美学家都对中国现代人生论美学的构建作出过贡献。

中国人生论美学具有以下几个特点:

第一,人生论美学以审美超越性追求一种脱俗的生活,也就是艺术化的人生。他们所讲的脱俗就是摆脱了世俗功利考虑,超越了世俗的价值观念,让人在不脱离世俗生活的情况下,获得更多精神性的生活享受,在日常生活之中寻得更多超越了柴米油盐、功名利禄的乐趣。所以,他们一方面推崇康德等西方美学家的审美无利害性理论,另一方面在传统的道家学说中吸取思想的养分,把超越狭隘功利目的作为实现人生艺术化的必要条件。值得注意的是,主张人生论美学的现代文人几乎没有人把艺术和道德、审美与现实决然对立起来,而是十分强调艺术化人生的德性内涵,并试图以出世的艺术来改变现实人生,从而显示出这种人生论美学思想与西方现代审美主义的重要差异,更多地体现出中国传统人生哲学的底蕴。概括地说,中国人生论美学具有超越性与现实性并存的显著特点。

第二,人生论美学主张一种感性化、精神性的生活。西方现代美学是被作为一种人本主义思想而引进现代中国的,又同中国传统的关注人生的哲学和美学思想相互印证和阐发,在当时诸多中国人文知识分子看来,其注重感性、情感和艺术独立的思想背后蕴涵着对人性的尊重和对人生的关怀。重人生的美学强调人生是一个完整、具体的生命体,是一种个性化、创造性的生活,是一种在平凡的生活中不断超越平庸和世俗的精神性生存方式。正是由于在人性这个理想概念的基础上把人生和艺术高度统一,才使得人生论美学思想具有了坚实的人本主义思想基础。因此,王国维可以毫不费力地以一句"无用之用"把艺术的独立论和人生论统一起来,创建了中国现代的人生论美学;朱光潜可以把建立在审美直觉和审美距离等概念基础之上的美学指向人生艺术化的最终价值目标;丰子恺强调人生的童真童趣,不仅包含着对世俗人生的厌恶,更是表露了对人性本真状态的追求。

第三,人生论美学倾向于对中国优秀传统文化的继承。与当时激进的知识分子不同,主张人生论美学的知识分子都注重对传统思想文化有选择地吸取,或者说,人生论美学思想本身就是从传统哲学和美学中发展而来的。当然,这些知识分子并不排斥西方文化,也都或多或少地批判过中国传统文化的某些弊端,但是,他们并不断然拒绝传统,而是用世界性的眼光,借鉴西方的一些思想,根据国人现实的生存状况,提出人生问题解决的途径。这种建设性的态度使得人生论美学思想成为激活传统美学思想资源,并使之同西方学术思想相互交融的创造性美学成果。

中国的人生论美学实际上本身就饱含着丰富的美育思想,是建构当代中国美育学最切近的美学基础。

四、中国美育传统的精神实质

虽然"美育"这个术语是 20 世纪初从外国引进的,但是,我国美育的思想和实践却经历了很长的历史,中国是一个有着悠久而深厚美育思想传统的国家。正是由于我国有深厚的以情感体验来培养人格的思想和实践传统,所以从 20 世纪初开始,中国的美学家和教育学家们持续重视、引进并阐发西方美育思想,并以"取外来之观念与固有之材料互相参证"[1]的方法,激活了我国悠久而深厚的美育思想与实践,中国的美育传统才得以逐渐构型。因此,我们谈论的"中国美育传统",实际上是在中西文化碰撞、融汇的背景下被建构起来的,与 20 世纪中国美学家、教育家所建立的美育理论有着深刻的内在关联,而开创这项工作的正是王国维。

王国维在他的历史性美育文献《孔子之美育主义》中,一方面引入西方的美学和美育思想;另一方面,对孔子的教育思想和实践进行了阐释,并把孔子的育人实践概括为从美育开始,并最终成就于美育。王国维指出,人生而有欲,便朝夕受制于一己之利害得失,不仅造成个人内心痛苦,而且还是社会罪恶的根源。如何才能消除个人的私欲呢?王国维给出的答案是美育,就是用"无利害性"的美来消除个人太过强烈的功利心。王国维由此提出了著名的美育"无用之用"说:"鸣呼!我中国非美术之国也,一切学业,以利用之大宗旨贯注之,治一学,必质其有用与否;为一事,必问其有益与否,美之为物,为世人所不顾久矣。……庸讵知无用之用,有胜于有用之用者乎? 以我国人审美之趣味之缺乏如此,则其朝夕营营,逐一己之利害而不知返者,安足怪哉,安足怪哉!"[2]王国维的这种美育理论几乎成为 20 世纪上半期中国美育观的典范,由于审美具有无功利性,因此以美和艺术来对人进行教育,就能够消除国人极端的私欲,提高人的情感和精神境界。这种认识的一个深刻的历史文化原因在于,中国传统儒家的育人方式以及把"私欲"作为人格完满的最大障碍的思想。

钱穆在《人生十论》中曾指出:中国人从古到今,都讲修身二字。这可说是中国人讲

---

[1] 这是陈寅恪对王国维"文艺批评和小说、戏曲之作"的评论,见陈寅恪:《海宁王静安先生遗书序》,载《王国维全集》第二十卷,浙江教育出版社 2010 年版,第 213 页。

[2] 王国维:《孔子之美育主义》,《王国维全集》第十四卷,浙江教育出版社 2010 年版,第 18 页。

道,即人生哲学,一个共同观念。而20世纪以来,把美育理论引进中国并对中国美育传统做出阐释的学者几乎都把美育纳入中国传统修身的范畴,例如蔡元培直接把美育同传统的修身概念关联了起来,他认为爱美是人类性能中固有的要求。如其能够将这种爱美之心因势而利导之,小之可以怡性悦情,进德修身,大之可以治国平天下。人我之别、利害之念既已泯灭,我们还不能讲德吗? 人人如此,家家如此,还不能治国平天下吗? 这里,蔡元培是把美育同儒学经典《礼记·大学》里面的"八条目"直接关联,明确了美育的"修身"属性。

修身是传统儒家培养人才、教育百姓的根本,这一点在《礼记·大学》中说得很清楚:"古之欲明明德于天下者,先治其国;欲治其国者,先齐其家;欲齐其家者,先修其身;欲修其身者,先正其心;欲正其心者,先诚其意;欲诚其意者,先致其知,致知在格物。物格而后知至,知至而后意诚,意诚而后心正,心正而后身修,身修而后家齐,家齐而后国治,国治而后天下平。自天子以至于庶人,壹是皆以修身为本。"在上述"八条目"中,"身修"居于关键地位,它是齐家、治国、平天下的基础,而物格、致知、诚意、正心则是修身的内容和步骤,其中诚意和正心又处于内修的关键环节。唯有意念诚实,才能心正无邪。唯有心正、意诚,才能真正做到"慎独",所以说"意诚而后心正,心正而后身修"。而传统美育就是实现诚意和正心的主要途径和方法,孔子讲的诗教乐教,孟子讲的养气,都十分强调对私欲的调控,以恢复情感的纯正和谐,最后都指向诚意和正心的目标。

中国古人讲修身,虽然也重视"礼乐兼修",但是更注重乐。这与注重修身的内在性有直接关联。上述八条目里讲修身的具体途径和方法是格物、致知、诚意、正心,这四项中,前两项是对外的,后两项是对内的,对内直指心灵,是要把人之为人的道理内化到个人内心之中,与个人的心性一体。只有这样才能够做到"诚于中而形于外",才能达到"从心所欲不逾矩"的境界,所以在《郭店楚墓竹简》中有"教,所以生德于中者也"一说。这充分体现了中国人格教育的一个深刻传统:人格化育的内在性指向。

明代思想家王阳明心学所阐述的修养功夫也就是诚意、正心的功夫。他认为不道德的行为,发源于"私欲",即利己主义,因此,一切为学的功夫就是要去除这个私欲:"人心是天渊。心之本体无所不该,原是一个天。只为私欲障碍,则天之本体失了。心之理无穷尽,原是一个渊。只为私欲窒塞,则渊之本体失了。如今念念致良知,将此障碍窒塞一齐去尽,则本体已复,便是天渊了。"[①]这里,王阳明表达了三层意思:第一,人心即理;第二,人心被私欲遮蔽障碍,人就丧失了道德本性;第三,致良知,就是要去除私欲这个遮蔽障碍,恢复人原先的心本体。所以,王阳明心学最终指向知行合一的个人修养,也就是致良知。

基于这样的认识,王阳明十分强调心之"诚",把所有个体修养的功夫都落在了一个"诚"字上,因为,这个"诚"正是王阳明所说的"一念发动处",也就是修养功夫的关键。如果从育人的角度看,王阳明讲的心学其实就是"心育学",其目的就是以个体意念的真诚,追求个体心的纯正。也正因如此,20世纪初叶开始中国美育思想进程总是紧紧扣住"审美无利害性"这个关键命题,因为"无利害性"关涉意念,心无杂念,就可实现正心目标,这也正是修身的关键。

---

① 王守仁:《阳明先生集要》,中华书局2008年版,第107页。

传统儒家注重修养的内在性是要把社会伦理和人文涵养内化在身体之中,就像孟子所说的,仁义礼智植根于心,然后能够通过身体自然流露出来,更不用讲经过学习训练的言行举止了。因此,修身不仅仅追求理智上懂道理,更重要的是,要达到情感上的体验化接受,从而使修身的内涵积淀于内心深处,融化在身体之中。正如孔子所说:"知之者不如好之者,好之者不如乐之者。"(《论语·雍也》)在这个追寻道的修身功夫层层递进的过程中,唯有乐才能达到内心与道的融合为一,这也正是孔子所推崇的修养的最高境界。对此,徐复观评论说:"到了以道为乐,则道才在人身上生稳了根,此时人与道成为一体,而无一丝一毫的间隔。"① 由此可见,传统儒家所讲的意诚、心正实在是经由情感体验的过程来实现的,正是经由情感,社会伦理和人文涵养才能真正内化。而情感体验的教育过程则主要采用诗乐等艺术来进行,这就是美育。因此,中国古代美育是"修身"的重要途径,其精神实质是"心育",也就是诚意和正心的功夫。无论是诗教、乐教还是自然游历,无论是情感的自然感发还是人文陶养,都指向一个目标——心灵的养育。中国古代美育的传统就是以情感人,直抵人心,是心的陶养和澄明。"心育"是传统美育的根本,"情育"则是传统美育的特征和途径。

中国古代哲人对美育的情感体验特点有着深刻的理解,与西方美学和美育理论相比是非常独特的。荀子《乐论》中对于音乐感化人心的作用有过深刻的阐述:"声乐之入人也深,其化人也速,故先王谨为之文。""乐者,圣人之所乐也,而可以善民心,其感人深,其移风易俗。故先王导之以礼乐而民和睦。"荀子所说的音乐"入人也深""化人也速""感人深""移风易俗",是对音乐独特的育人功能的深刻阐述。首先,音乐感人并非靠说教,而是靠"声乐",也就是按一定规则组合起来的声音,正是这样的艺术才能够直抵人的内心深处,实现教养内化的作用;其次,因为音乐能够深入人心,所以化育作用迅速,在欣赏音乐的快感中,不知不觉受到感染,情感得到疏导和中和,从而化育人心;再次,音乐使人受到感化,于是社会风尚、生活习俗也得到改善,这就实现了移风易俗的效果;最后,也正是因为音乐的作用独特而深入人心,所以,对于音乐要慎重,并非所有的音乐都可以实现教化的功效,孔子删诗(当时诗是入乐的)、排斥"郑声",也正是这个缘故。正是基于对音乐化育人心作用的深刻认识,传统儒家才这么重视乐教。同时传统儒家也重视"诗教",认为诗是心中情感的流露,也最能打动人心。所以,用诗来教化人,可以使人心情中和,不偏不倚。

传统儒家所阐述的美育是"心育""情育"的思想也影响了中国现代美学家对美育特点的理解。王国维、蔡元培、梁启超以及朱光潜等人都把美育作为去除个人过分私欲的有效途径加以推崇。

中国的美育思想传统把美育视为"修身"的主要途径,体现了浓重的家国情怀;把美育定位于以伦理为主要内涵的人文素养培养,形成了美育着眼于"诚意""正心"的"心育"特色;以体验为途径,将修身的内容内化于心,形成了"情育"特色和"无用之用"的独特话语。这种传统是丰富深厚而有生命力的,而其中的历史局限性,例如漠视个性和创造性的发展,对感性、情感对于人的全面发展的意义认识不足等,也是需要扬弃的。

---

① 徐复观:《中国艺术精神》,华东师范大学出版社 2001 年版,第 8 页。

本章小结

美育学是由美学、艺术学和教育学等学科交叉而成的应用型学科,其主要由美育的性质、特点、形态、范围和方法论,学生审美素养及其发展,各类艺术美育课程三大部分构成。马克思主义关于人的全面发展学说是美育学的教育哲学基础,人生论美学是美育学的美学基础。中国具有悠久的美育思想和实践传统,形成了以"修身"为核心、以"心育""情育"和"潜移默化"为主要特点的美育精神。

思考练习

1. 从美育学的哲学和美学基础来理解美育学是充满了人文关怀的学问。
2. 谈谈王国维的艺术"无用之用"论的当代意义。

上编

美育的基础理论

上编共有五章,主要论述美育的基础理论,包括美育的性质和特点、美育在普通教育中的地位和作用、各种审美形态的美育作用和美育的范围以及美育的一般实施原则等。学习美育的基本理论是认识美育进而树立正确美育观的必由之路,也是为学习美育心理学知识、掌握以美育特点为依据的美育教学方法打下理论基础。

第一章　美育的性质和特征

🎯 学习目标

> 认识美育概念的三个主要含义和三者之间的联系,深入了解美育不同于其他教育的突出特征。

📖 内容概要

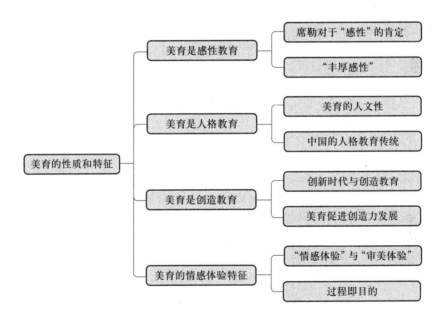

─ 第一节　美育是感性教育 ─

一、席勒对于"感性"的肯定

美育的基本含义是感性教育。

席勒首创的美育是 asthetische erziehung(德语),asthetische 来源于德国哲学家鲍姆嘉通创造的新词 aesthetica(这个词来源于希腊语中的"aisthesis",意思是感性认识),其本义是感觉学、感性学,后被汉译为"美学"。由此可见,席勒首创的美育一词,本义就是感性教育。20世纪上半叶,席勒的美育理论引入我国,当时的学者往往把席勒的美育理论和康德的美学一起论述。由于席勒继承了康德提出的人类主体意识三分法,即知、情、意,情对应于人的审美、艺术活动,再加上我国传统美育思想注重情感陶冶,他们就直接把美育理解为"情感教育"①。把美育定位为情感教育是有其合理性的,特别是极具中国特色。但是,情感教育相对感性教育,意思虽然很相近,可是范围有所缩小。特别是情感教育的提法不能标示席勒提出美育的现代性意义,即针对感性受理智压抑的状况,而要求恢复人的感性,实现人性的内在和谐。因此,感性教育更符合席勒的本意,也更能体现美育话语的现代性。20世纪末,英国理论家伊格尔顿曾评论说:"美学是作为有关肉体的话语而诞生的。……审美关注的是人类最粗俗的,最可触知的方面,而后笛卡儿哲学(post-cartesian)却莫名其妙地在某种关注失误的过程中,不知怎的忽视了这一点。因此,审美是朴素唯物主义的首次激动——这种激动是肉体对理论专制的长期而无言的反叛的结果。"②席勒提出美育正是要在理性占主导的文化和教育中保护和发展人的感性,使人能重新获得感性和理性的协调平衡,重建和谐完整的人格。所以,美育是作为现代性命题提出的。

席勒的美育概念基于他对美的观念和人性的观念的一致性的强调,他说"从人性的概念中一般地推导出美的普遍概念",同时"与人性的理想一起我们同时获得了美的理想"。③人性的理想在现实中已被破坏,具体地说,就是理性压抑感性,造成了人性分裂,因此需要美育来恢复人性的和谐。他指出:"欲求占了统治地位,……利益成了时代的伟大偶像,……哲学家的探索精神把想象力也撕成了碎片,艺术的领域在逐渐缩小,而科学的范围却在扩大";现代人的人性被分解,成了碎片,"无法发展他生存的和谐,……把自己仅仅变成他的职业和科学知识的一种标志"。④接着,席勒揭示了造成这种状况的原因:"正是教养本身给现代人性造成了这种创伤",其要害是理性的过度扩张和等级、职业的严格区分,从而使得人的本性的内在纽带断裂,"致命的冲突使人性的和谐力量分裂开来"⑤。同时,席勒又从历史必然性的角度分析了造成上述人性分裂状况的深层原因。他说,他所描述的现代人性分裂状况也适用于处于"文明进程中"的任何民族;"因为所有民族在通过理性回归自然之前,都无一例外地会由于理智的过度敏感性而远离自然"⑥。其结果是"我们的本性成了文化的牺牲品"⑦。席勒这种对于现代性的深刻批评,展现了他提出"美育"的时代性意义,即现代化进程对人性的破坏源自感性的缺失或被压抑。他提出美育问题的着眼点是:在理性逐步占据主导的世界里,恢复和确认感性的地位和价值,

---

① 例如,王国维说:"美育者一方面使人之感情发达,以达完美之域。"(王国维:《论教育之宗旨》,《王国维文集》第三卷,中国文史出版社1997年版,第58页);蔡元培说:"美育者教情感之应用是也。"(蔡元培:《哲学总论》,《蔡元培全集》第一卷,浙江教育出版社1997年版,第357页);朱光潜说:"美感教育是一种情感教育。"(朱光潜:《谈美感教育》,《朱光潜全集》第四卷,安徽教育出版社1988年版,第145页)。

② 〔英〕特里·伊格尔顿:《美学意识形态》,王杰等译,广西师范大学出版社1997年版,第1页。

③ 〔德〕席勒:《美育书简》,徐恒醇译,中国文联出版公司1984年版,第95页。

④ 〔德〕席勒:《美育书简》,徐恒醇译,中国文联出版公司1984年版,第37—38页,第57页。

⑤ 〔德〕席勒:《美育书简》,徐恒醇译,中国文联出版公司1984年版,第50—51页。

⑥ Friedrich Schiller: *On the Aesthetic Education of Man*, *In a Series of Letters*, tran. Reginald Snell, New York, 1954, p. 37.

⑦ 〔德〕席勒:《美育书简》,徐恒醇译,中国文联出版公司1984年版,第48页。

重建与理性相协调的感性世界。他指出,理性为了精神性的追求而剥夺了人的自然本性,为了统一的人格而抽去了具体生存状态里个体生命的多样性和丰富性。这其实就是启蒙理性的片面性,而美育正是为了纠正启蒙理性的片面性而为时代所需要。在席勒看来,理想的人格就是既有统一的理性,又有丰富多彩的个性特征;既能从事哲学思考,又能创作艺术;既充满力量,又温柔;既有理性的成年性,又有想象的青春性。为此,他指出,"我们有责任通过更高的教养来恢复被教养破坏了的我们的自然(本性)的这种完整性"①。这就是说,席勒在承认启蒙理性的合理性的同时,着重揭示和批判了它的弊病和危害,并认为要用一种新的文化策略来修正文化发展的方向,使之朝着更合乎人性的方向平衡协调地发展。虽然席勒主张建立一种感性与理性平衡和谐的人性,但是,针对当时的现状,席勒提出美育的重点是恢复感性,消除启蒙理性的片面和专制,由此克服人性的分裂。

席勒的美育理论,奠定了"美育"概念的基本含义是感性教育,其基本的教育内容是艺术。席勒还把美育同德育、智育和体育相并列,确立了美育在教育大格局中的重要地位。同时,任何理论都是历史的、具体的,也就是说,有价值的理论总包含着对当下具体问题解决的特定意向,而席勒关于感性教育阐述的历史具体性主要包含以下三点意义:1.美育肯定感性对于人的生存和发展的价值;2.美育以恢复和发展人的感性为任务;3.美育的理想或者说目标是人性的完满,也就是人的全面发展。这三点更加凸显了美育作为一个现代性概念的深刻含义。从今天来看,席勒关于美育作为感性教育的论述要义并没有过时。虽然20世纪前半期席勒的美育理论被引进中国时,其现代性②意义没有受到足够的重视,但在中国进入现代化中后期的今天,我们理应对此有深刻把握。

二、"丰厚感性"

美育作为感性教育,着眼于促进个体的审美(感性)发展,激发生命活力,提升情感境界、培养创造力,最终与其他教育一起服务于人的全面发展目标。这是美育区别于其他教育的根本性质和特征。离开了感性,就谈不上美育。然而,当前我国学术界和教育界虽然也开始意识到知觉、想象、情感、直觉等感性素质具有重要价值,但是,对人的感性素质的研究不够,在整体上的重视更不够。许多人还是停留在"文以载道"的观念上来看待美育,有意无意地把美育作为以艺术的形式灌输抽象道德的途径。殊不知,美育所追求的就是生动活泼、情意盎然的情感体验过程本身。人们对于美育的价值,总希望在"动之以情"之后,还有一个所谓的"晓之以理",殊不知,美育追求的就是"动之以情"本身。这种片面追求理性的观念还与片面理解皮亚杰的认知发展心理学有关,这种认知发展心理学把个体心理的成长描述为从感知到逻辑思维的发展历程,这仅仅是针对认知的发展,而非人的全面发展,并没有提供个体发展的全面观点。问题的根源还在于教育领域的"唯智主义"以及相应的应试教育。教育绝不仅仅以发展智力为唯一目标,更重要的是要

---

① [德]席勒:《美育书简》第六封信,徐恒醇译,中国文联出版公司1984年版,第56页。

② 美学中的"现代性"突出了审美的感性特征,强调感性自身的价值,由此确立审美和艺术的"自主性",并以此与理性相对抗。

开发受教育者生存发展所必需的潜能。一个人的内心体验关乎其对生存状况的体认,感觉迟钝麻木、想象贫乏缺失者就不可能对世界产生新鲜有趣的感知,其生活必定是不幸福的,也不可能创造美好的未来生活。人的感性受到压抑也会影响理性的正常发展,因为人是一个有机整体。再则,我们身处于以创新引领发展的时代,青年的创造力与感知、想象、情感、直觉等感性素质有着深刻的内在联系,美育作为感性教育对于发展国民创造力、推动创意产业发展具有重要价值,感觉迟钝、想象贫乏、情感枯竭、索然无趣的一代,一定是缺乏创造力的一代。对此,我们应该有及时的清醒认识。蔡元培早就指出,美育在发展个性和创造性、协调人的感性和理性等方面具有重要作用。他指出,艺术由于超脱利害关系,可以减弱对功利的占有冲动,扩展创造的冲动,所以他说,艺术作为高尚的消遣就是因为"能提起创造的精神""发展个性的自由"[1]。另外,他从知识与感情的关系入手,提出在科学与艺术两方面应该协调、不可偏废的观点。他指出,科学和艺术虽然不同,但是各种科学都有可以应用艺术眼光的地方,如果光是钻研科学而废弃了艺术,那么这个人就容易趣味和创造力低下,人生没有活力。他还说:"防这种流弊,就要求知识以外,兼养感情,就是治科学以外,兼治美术。有了美术的兴趣,不但觉得人生很有意义,很有价值,就是治科学的时候,也一定添了勇敢活泼的精神。"[2] 所以,在蔡元培看来,只有追求"知识与感情的调和",才能实现人生的价值,而美育正是为着实现高尚的人生价值而设立的[3]。

美育作为感性教育,并不是非理性的教育,更不是排斥理性的教育,美育所要发展的是和理性相互协调、相互包含、相互促进的感性,这是席勒美育观的深刻之处。人的感性固然与肉体、生理息息相关,但美育要发展的感性不等同于本能欲望,也不仅仅限于感官活动,它不脱离肉体却有超越了生理层面的精神性维度,因此,这里讲的"感性"是一个贯通肉体和精神的个体性概念。我们把这种感性称为"丰厚感性",既有感性的丰富性,又有人文厚度。它是以深度体验为核心的感性素质,蕴含着文化积累和精神积淀,是与理性相互协调、相互包含的。美育发展感性就是既要保护和恢复天然感性的活泼生动,又要使之丰富和提升,具体地说,就是要使感性包含认识深度、道德意识和生命境界。因此,作为感性教育的美育与"跟着感觉走""过把瘾就死""娱乐至死"的非理性文化、"滥情"文化有着质的区别。具体地说,对于美育所发展的"丰厚感性"可以从以下几点来认识。

第一,生存的具体性,即个体性。人的生存,就其活生生的感性状态而言都只能是具体的、个别的。美育尊重每一个个体的个性存在,致力于发展具有丰富社会文化内涵的个性,并使个体在美育活动中充分发挥主体性。这可以说是美育作为感性教育的最具现代性的意义,也是美育作为素质教育重要组成部分的要义所在。席勒曾反复强调:现代社会是人作为类和作为个体这两个概念严重分离,个体不能全面占有类的本质,只是类的某一部分的代表。他的理想是使个体成为一般性和特殊性的统一体[4],这其实是

---

　① 蔡元培:《在爱丁堡中国学生会及学术研究会欢迎会演说词》,《蔡元培全集》第四卷,浙江教育出版社1997年版,第341页。

　② 详见蔡元培:《美术与科学的关系》,《蔡元培全集》第四卷,浙江教育出版社1997年版,第325—328页。

　③ 蔡元培:《美育与人生》,《蔡元培全集》第七卷,浙江教育出版社1997年版,第291页。

　④ 详见[德]席勒:《美育书简》,徐恒醇译,中国文联出版公司1984年版,第39—56页。

他编写《美育书简》的重要初衷之一。感性就是具体性、个别性，相对于其他教育，感性教育更关注个性成长，当然这种偏重于个性的教育是以培养与社会性相协调的个性为目标的。

第二，"肉体性"。这里讲的"肉体性"不是纯生理学范畴，而是指人性、人格中与生理有直接关联的方面，如感觉（感官）、知觉、想象、情感、直觉等。在审美、艺术活动中，精神性因素总是直接与生理因素相贯通，是一种内在的关联①。尼采指出美学是应用生理学，仅就审美与人的生理方面的密切联系来说是很中肯的。我们这里讲感性，就是充分地肯定美育与个体生理、心理的直接联系，强调美育对个体从无意识、本能欲望到纯粹精神意识的贯通式的整体性影响。

第三，生命活力。感性以人的本能冲动和情感过程为特征，感性的发达意味着生命活力的充沛。文明人日渐远离自然，理性的发达和物质生活的富足使人的感性萎缩，生命活力渐渐丧失。席勒的《美育书简》就是从对这种人性异化的批判出发的，他所创造的美育理论成了对资本主义社会异化现象批判的先导。康德对"力的美"的注重、席勒对"激情"的偏爱、狄德罗对"粗糙的自然"的肯定、尼采对"酒神精神"的推崇、凡·高对原始冲动的展示、鲁迅对"摩罗诗力"的向往等，都显示出在现代文明境遇中对感性的生命活力的重新确认。我们这里讲感性教育，就是强调美育对于保护和提升个体如童真般的生命活力的意义，并确认美育对于发展个体创造力的重要作用。

第四，以体验为核心的一种心理能力。人的感性方面的能力主要包括感觉、知觉、想象、情感、直觉，它们在审美、艺术活动中作为综合性的直觉体验能力和情感交流能力而起作用。直觉体验能力是个体的一种深度感受性，亦即生存体验，它是个体的自我和价值观念形成的基本条件；情感交流能力对于人与人之间的非语词化的沟通和理解是至关重要的，因此，这些能力的高低直接关系到个体的生活质量。直觉体验能力在认知领域也有特殊作用，特别是在创造性工作过程中，往往发挥着关键性作用。美育作为感性教育，就是要促进人的感性能力的发展。

第五，体现于直观形式中的观念意识。观念意识并不仅仅体现于概念之中，还体现于形象、话语等直观形式，从而有别于理论形态。这种感性的观念意识又被称作"审美意识形态"。直观形式中的观念意识往往比概念形式中的观念意识更丰富、更真实，而且经常先于理论概念而对人们的心灵和风尚产生深入细微的影响。审美意识形态直接表现为审美趣味和审美观念，它们又与一定的政治观、道德观，特别是人生观有或隐或显的联系，体现为一定的人生理想、生活态度和价值取向。我们讲美育是一种感性教育，就是强调美育以其特殊的方式对个体的审美趣味和审美观的影响。

作为一种感性教育，美育具有鲜明的特征和独特的功能，是其他任何教育形态所无法替代的，随着时间的推移，美育的感性教育价值会越来越显现。

---

① 详见朱光潜：《文艺心理学》第四章，《朱光潜美学文集》第一卷，上海文艺出版社1982年版，第72页。

第二节　美育是人格教育

一、美育的人文性

美育,就其目标而言,就是培养全面发展的人。美育的这种人文性集中体现在其作为人格教育的维度。所以,如果说以"感性教育"界说美育是偏重于美育的根本特征,那么以"人格教育"界说美育则是偏重于美育的根本目标。

人格是人的各种能力和素质的综合,是人之所以成为人的各种特质的总和。美育的特殊性在于,它不仅能够促进人的感性发展,而且有助于人的其他方面的发展,特别是道德发展。席勒在《美育书简》中写道:"有为健康的教育,有为认知的教育,有为道德的教育,还有为审美能力和美的教育。最后那种教育的目的是培养我们整个感性和理智的力量达到尽可能全面的和谐。"[1] 而且,美育能够为人的各种精神能力和素质的充分发展提供基础和助力。正如席勒所说,美育的目的不是单独地促进某一种心理功能的发展,而是通过在内心中达到审美状态而使各种心理功能达到和谐。他把这种审美心境称为"零状态",认为它虽然不能对认识和道德带来直接和实际的成果,但是,它却为一切能力的充分发展提供了可能的基础[2]。这种观点的深刻性在于把人性的完整与人的各种能力的发展统一起来。只有在个性生命完整和谐的状态下,各种精神能力才可能充分健康地发展起来,并达到互相协调。因此,整个教育过程都必须充分保证受教育者各种潜能的发挥,应该充分调动主体的各种能力,使个性生命保持旺盛的活力和创造性。因为,从事认识、实践、道德等活动的能力都是各种心理功能综合的产物,只不过它们的结构方式有所不同。思维能力的发展和意志力的发展都离不开感受力、想象和情感等感性心理功能的发展,只有完整的个体生命才具有真正的能动性和无穷的创造力。各种专门能力脱离了人格完整性而片面发展,不仅会给个体生命的发展带来不幸,而且这些能力的发展也不能持久。这方面的一个典型例证来自达尔文在其自传中的自述:"到了 30 岁,或 30 多一点,各类诗歌,诸如弥尔顿、格雷、拜伦、华兹华斯、柯勒律治和雪莱等人的诗作给了我很大的乐趣,我甚至像一个中学生似的从莎士比亚的剧作中获得强烈的快感。……以前,绘画也给我相当大的乐趣。但是,经过许多年后的今天,我不能容忍一行诗,……对绘画和音乐的兴趣也差不多丧失了。……我的思想几乎已成了机器,只会机械地从无数事实和材料中剔出一般规律。"[3] 这也从反面为人的各种能力发展的整体协调性原理提供了支持。

优秀的艺术品是人类文化的形象记录,采用经典艺术对学生进行的美育教学也是一

---

① Friedrich Schiller: *On the Aesthetic Education of Man, In a Series of Letters*, tran. Reginald Snell, New York, 1954, p. 99.

② 详见[德]席勒:《美育书简》,徐恒醇译,中国文联出版公司 1984 年版,第 111—112 页,第 116—119 页。

③ 转引自 M.Rader, B.Jessup: *Art and Human Values*, New York, 1976, p.286.

种人文教育。学生不仅能从古今中外的优秀艺术品中了解不同历史阶段各国文明的特点,而且能从中领悟人生哲理和人生价值。这种伴随着形象直观和体感体验的人文教育对于学生养成良好的人生观、价值观是很有帮助的。

二、中国的人格教育传统

以感性体验的方式培养人格,是中国传统儒家一直倡导和践行的,由此形成了悠久而丰富的美育思想传统。正是基于这样的传统,在 20 世纪初西学东渐时,不少知识分子不约而同地选择了美学,其根本的目的是倡导和推进美育。中国现代第一代美学家王国维、梁启超、蔡元培等,同时也是现代史上大名鼎鼎的学问家、政治家或教育家,王国维、梁启超还是清华大学国学研究院的导师,而蔡元培曾担任过中华民国教育总长、北京大学校长等重要职务,其著述的影响也很深远。他们十分重视审美、艺术对于人与社会的功能价值,他们不仅论述美育理论,强调美育的重要性,而且倡导美育。而系统构建中国现代美学的朱光潜,尽管专门论述美育的论著不多,但他的美学却被后人称为"美育理论"①。相比之下,欧美美学家中有比较系统美育理论的就是席勒,其他美学家很少涉猎美育问题,论述审美和艺术的功能价值的理论也不多。进入 20 世纪,欧美国家研究艺术教育的论著比较多见,美育论著很少。而在我国,不仅研究美育的论著越来越多,而且党中央、国务院多次强调要加强和改进美育,实施美育已经成为国家意志,这在全世界都非常罕见。究其原因,还是和我国注重以感性体验的方式实施人格教育的传统有密切关系。

2020 年中共中央办公厅、国务院办公厅印发《关于全面加强和改进新时代学校美育工作的意见》,开头就讲:"美是纯洁道德、丰富精神的重要源泉。美育是审美教育、情操教育、心灵教育,也是丰富想象力和培养创新意识的教育,能提升审美素养、陶冶情操、温润心灵、激发创新创造活力。"而在"指导思想"部分更是明确要求"以立德树人为根本,以社会主义核心价值观为引领,以提高学生审美和人文素养为目标,弘扬中华美育精神,以美育人、以美化人、以美培元",美育被明确地定位于人格教育,且特别关注道德人格的养成。虽然时代不同,关于人格培养的具体内涵有所差异,但是强调美育的人格养育作用,注重以情感陶养的方式培育高尚情操的理念是一脉相承的。美育其实就是"培根铸魂"的工作。

美育对于青少年的人格养育作用突出体现为美育使学生有追求人生品位的自觉性。"爱美之心,人皆有之",可是,现实世界会使孩子们的心灵蒙受尘埃,变得世俗。美育,用纯净的景色和高雅的艺术让孩子们脱俗,拒绝平庸,丰富内心的涵养,追求有品位的人生。现在总说不要急功近利,其实美和高雅艺术是没有实际用途的,却能使人摆脱粗俗的物欲,在精神上有更高的追求,这就是"无用之用"。美育就是要让人在高雅艺术和优美或壮丽的自然景观的熏染中,不断纯洁内心情感,提升精神追求,养成超然脱俗的人生品位。伟大的艺术品和壮美的景观就像神圣之光,会点亮人内心智慧和品位的灯,收纳

---

① 阎国忠:"朱光潜虽以绝大部分精力讨论文艺创造与欣赏问题,但其真正的落脚点却在审美教育,他的著述,从《给青年的十二封信》开始,几乎篇篇都离不开审美教育。"引自《朱光潜美学思想及其理论体系》,安徽教育出版社1994 年版,第 159 页。

的神圣之光越多,那内心的灯就越亮。这种内心的灯能把光亮照进日常生活,使平淡的生活显现出超凡脱俗的意义。私心过重的人往往人格猥琐,做人做事缺乏格局和视野,限于琐碎的利害关系之中不能自拔。而拥有审美智慧与品位的人就会有开阔的视野和胸襟,做人做事大气,有大格局。所以这种审美的品位同时也是一种人文素养,一种人生境界,是高尚道德和精神的根基。蔡元培不遗余力倡导美育,正是因为美育可以教人超脱个人私利,人人相爱。他说:"既有普遍性以打破人我之见,又有超脱性以透出利害的关系;所以当着重要关头,有'富贵不能淫、贫贱不能移、威武不能屈'的气概;甚至有'杀身以成仁'而不'求生以害仁'的勇敢;这是完全不由于知识的计较,而由于情感的陶养,就是不源于智育,而源于美育。"① 这段话不仅是就感情是行为的推动力而言,而且,这里讲的那种"气概"和"勇敢"当属于儒家讲的"义",就是要用美育引导国民走出"小我",成就"大我",培育高尚健全的人格。

我国传统的人格教育思想在今天仍具有鲜活的生命力,值得我们深入研究并借鉴。健康人格的培养,甚至道德人格的养成,绝不能简单倚仗由外而内的、生硬的"灌输",如此的人格教育只能培养出人格分裂或虚伪的人。我国的人格教育传统是要把做人的道理、道德的原则通过情感体验的方式内化于人的内心深处,使人心悦诚服地领悟,然后诚心诚意地践行。当代美育在这方面是大有可为的。当然,传统的人格教育思想也有历史局限,需要在新的历史条件下不断丰富和更新。

― 第三节　美育是创造教育 ―

一、创新时代与创造教育

我们身处一个创新的时代。创新已经成为我国最重要的发展战略之一,创新发展已经成为我国"新发展理念"之首。

创新的关键在人才,人才的基础在教育。而对于培养具有创新意识和能力的人才,美育具有非常重要的作用。表面上看,科技创新和以艺术为主要途径的美育似乎沾不上边,然而,不仅艺术与科技有着深刻而紧密的联系,而且审美和艺术活动本身对于儿童、青少年创造力的发展具有积极的促进作用。

长期以来,我国的美育理论比较重视人格培养,对于美育促进创造力发展的功能认识不足。1998 年,在教育部颁布的《面向 21 世纪教育振兴行动计划》中,美育培养创造能力的作用引起了重视。在《关于全面加强和改进新时代学校美育工作的意见》中,强调美育既是情操教育、心灵教育,"也是丰富想象力和培养创新意识的教育",能"激发创新创造活力"。这些表述既顺应了世界潮流,也符合美育的特点和规律。但是,要使这些真正落地并成为学校美育的常态,则需要及时、具体、突出地把培育创造力纳入国家相关课程标准,并在各级各类学校中推广。这就需要我们深入研究美育促进学生创造力发展的

---

① 蔡元培:《美育与人生》,《蔡元培全集》第七卷,浙江教育出版社 1997 年版,第 291 页。

巨大作用以及规律和方法,并开展多学科参与的实验和探索,积极推动我国美育课程设置及其教学的进一步改革。

二、美育促进创造力发展

美育促进感性发展,培养与理性相协调的丰厚感性,促进人格的协调平衡,使个体生命充满活力,具有持久的创造性。审美和艺术是人类的创造性发挥得最为充分的领域之一。美育,特别是其中的艺术教育,是开发和培养儿童、青少年创造性的最佳教育形态。创造力可分为两个层面:一个层面是指专门的创造能力,如发现与解决新问题的思维能力,发明与制作新事物的实践能力等;另一个层面是指不断实现和更新着的生命活力,是健康的个体生命的基本特质与能力。后者是创造力的最基本的内涵,又是前者的基础与源泉。教育对人的创造力的开发和培养,特别是在基础教育阶段,应该更加重视生命活力。人本主义心理学家马斯洛曾要求区分“特殊天才的创造性”和“自我实现的创造性”,后者“首先强调的是人格,而不是其成就,认为这些成就是人格放射出来的副现象”。这里所强调的是“自我实现创造性的表现或存在的品质,而不是强调其解决问题或制造产品的性质”[1]。因此,自我实现的创造性实质上是指全面实现人的潜能的能力和状态,即生命的完美。美育发展创造力的功能主要在于激发和丰富个体生命,使之具有自发涌现的创造欲望和动力、高度灵敏与发达的创造能力和自觉的创新意识。具有审美创造力的人,不仅能够不断开创生命的新境界,而且具备思维和实践等方面的创造力(包括创造技能)发展的良好基础。

创造力发展的关键期在童年。儿童时代是生命力勃发的时期,也是创造性发展最自由、最迅速的阶段。对儿童来说,创造是一件自然、自发和充满乐趣的活动。马斯洛曾写道:“几乎所有的儿童,在受到鼓舞的时候,在没有规划和预先意图的情况下,都能创作一支歌、一首诗、一个舞蹈、一幅画、一种游戏或比赛。”[2] 在这方面,丰子恺的漫画给我们提供了丰富生动的实例:用两把蒲扇搭成一辆自行车,一个男孩跨在上面,快乐地“骑”着(《瞻瞻的车·脚踏车》);给凳子的四条腿分别“穿”上鞋子(《阿宝两只脚,凳子四只脚》);神情专注地用一堆积木造成一座建筑物(《建筑的起源》)。儿童可以在成人感到平淡无奇的地方发现无穷乐趣,创造新奇的意义。心理学家阿恩海姆则评论说:“我想不出有什么艺术与艺术创造中的基本因素是在儿童作品中看不到其萌芽的。”[3]另一位心理学家通过对“自我实现者”的观察得出结论:“他们的创造性在许多方面很像完全快乐的、无忧无虑的、儿童般的创造性。”他们至少在独创性和自发性这两个方面“或者保留了、或者恢复了孩子般的天真”[4]。虽然从总体上来讲儿童的创造力并不能为社会带来实际有用的成果,但是,它是创造力发展的人格基础和内在动力。事实上,任何有独创性的作家、艺术家、科学家、发明家都在童年时代就具有了不同于常人的创造力。

---

① 详见[美]马斯洛:《存在心理学探索》,李文湉译,云南人民出版社1987年版,第131—132页。

② [美]马斯洛:《存在心理学探索》,李文湉译,云南人民出版社1987年版,第124页。

③ [美]马斯洛:《存在心理学探索》,李文湉译,云南人民出版社1987年版,第124页。

④ T. Munro:*Art Education*:*Its Philosophy and Psychology*,New York:Liberal Arts Press,1956,pp79—80.

　　然而,儿童那活泼的创造力并非自然而然地得到发展,除少数人才之外,多数人往往在成长过程中部分地或几乎完全地丧失了生命中的创造活力。正如歌德所言:"倘若儿童能按照早期的迹象成长起来,那么我们就都是天才了。但成长并不仅仅是发展而已。……过了一定的时期之后,这些能力与机能表现就根本不复存在了。"① 因此,教育应当对儿童珍贵的创造天性和活力加以保护,并促进其成长。发展心理学的研究表明,儿童在 4~7 岁时"是极富创造性的。对于所有的孩子来说,这个阶段正是最自由的阶段"②。但是,这种状况不能持久。英国艺术评论家里德在综合了一些心理学研究成果的基础上提出,约在 11 岁前后,由于单一性和分解性的逻辑思维能力的发展,儿童的表现性、综合性和造型性的创造能力开始衰退,甚至丧失 ③。这表明,创造力的培养应特别重视早期的开发,并在关键的发展阶段和衰退期要特别予以保护。

　　培养儿童创造力的最佳途径是美育。因为以自由创造为本性的审美、艺术活动可以充分保障儿童创造力的表现,并促进其发展。儿童创造力的表现具有审美或泛审美表现的性质,它是个性化的、想象的、造型的、自由的、富于情感色彩的、专注和投入的、注重过程和愉悦的,这些都具有审美创造的特征。儿童身心投入的艺术活动又集中体现了创造力的所有主要特征。美国教育心理学家 E.P. 托兰斯曾列举了体现创造能力的特殊行为,它们包括:"能在不受刺激的情况下,占用自己的时间;超过指定任务;提出简单的为什么或怎么样之外的问题;提出不同的工作方法;不怕新的尝试;尽管教师正在讲课或提供指导,他仍乐于进行设计或描绘图画;即使他显得与众不同,但仍作一个观察者,不介意结果,而且乐于对熟悉的事物进行实验,而非熟视无睹"④。这些特征都可以在作为美育过程的儿童艺术活动中看出。美育在发展儿童艺术心灵的同时,也发展着他们的创造力。而且,有连贯性的美育可以使个体在成年之后,仍保持着活泼健全的"童心",使创造性持续地发展。

　　美育发展创造力的功能集中体现在以下三个方面:

　　第一,解放无意识,保障自发性。创造性的发生与发展固然离不开对象世界,但在主体方面,创造性的源泉和动力却来自深层心理。美国心理学家 S. 阿瑞提深入研究了创造过程,认为它是由原发过程和继发过程结合而成的第三级过程。所谓原发过程,就是心灵的无意识活动方式,体现为原初冲动;所谓继发过程,则是意识处于清醒状态下,使用正常逻辑时的活动方式。上述两种过程的特殊结合是构成创造力的根本原因。他指出,创造的精神并不拒绝原初的心理活动,而是以一种似乎是"魔术"般的综合把它与意识的逻辑过程结合在一起,"从而展现出新的、预想不到的而又合人心意的情景"⑤。马斯洛也认为:"对于理解创造力(以及游戏、爱、热情、幽默、想象和幻想)的源泉来说,比压抑冲动要紧得多的是原初过程",深层心理是人的"一切欢乐、热爱和能力等的源泉;而且……也

---

　　① 转引自［美］加登纳:《艺术与人的发展》,兰金仁译,光明日报出版社 1988 年版,第 28—29 页。

　　②［美］加登纳:《艺术与人的发展》,兰金仁译,光明日报出版社 1988 年版,第 332 页。

　　③ H. Reed: *Education Through Art*, Londen: Faber and Faber, pp165-166. 关于创造性衰退的问题,还可参看［美］加登纳:《艺术与人的发展》,兰金仁译,光明日报出版社 1988 年版,第 333—338 页; V. Lowenfeld, W. Briton: *Creativity and the Growth of Mind*, New York: Macmillan, pp242-244.

　　④ V. Lowenfeld, W. Briton: *Creativity and the Growth of Mind*, New York: Macmillan, p.66.

　　⑤［美］阿瑞提:《创造的秘密》,钱岗南译,辽宁人民出版社 1987 年版,第 14—15 页。

是创造的源泉"①。因此,开发和培养创造力的教育应该通过激发创造性的深层源泉,为创造性的发展提供活力,在这一点上,美育具有独特的作用。

由于美育过程是情感自由解放的过程,具有解放无意识并使之得到适当释放和文化提升的功能,从而能减轻对深层心理活动的压抑与束缚,使之不断受到激发,保持旺盛的活力。创造活动的自发性源自深层心理冲动的自由涌现,在自由的审美活动中,深层心理获得了自由表现的机会。这种表现的另一层意义在于使深层心理进入意识或前意识层面,并与之融合,从而形成完整的创造性机制,即原发过程与继发过程的有机融合。在某种意义上说,创造性程度的高低取决于这两种过程相互转化的灵活性,即意识层面与无意识层面的沟通程度。美育具有促进它们相互沟通和转化的功能,艺术创作和欣赏的灵感状态正是这种沟通和转化的产物。

第二,发展心灵的独创性。创造总是个性化的,独创性是它的一个基本要素。美育是鼓励独创性的教育,如果说智育和德育从一开始主要是要求儿童接受一些已知的知识和普遍的规范、法则、定理,那么,美育则始终把个性化的探索和发展心灵的独创性放在首位,鼓励在艺术课程中自由探索和个性化表现,保护儿童的好奇心和对新颖性的热情。在美育过程中,探索新事物和新方法、产生新感受和新经验、表现新观念和新题材不仅不受到压制,而且受到保护和激励,这对于形成追求独创性的兴趣、自觉意识和价值观念十分有利。独创性的表现起于独立的观察力和心灵敏感性,这种素质或能力的培养首先要求儿童与事物的原初形态保持直接的接触,从而在独自的观察中形成自己观察和感受世界的能力和方法。事实上,从事物的原初形态中发现新东西就是创造过程的开端。在美育过程中,充分鼓励学生从自己的观察和感受出发,构思、创作艺术品,自己选择、评价他人的艺术品。美育保证了儿童与事物原初形态的直接接触,并鼓励他们大胆地自由地尝试表现的内容和方式,这就能有效地促进他们的创新意识的养成。

第三,促进直觉能力的发展。创造力的实质就是在不同事物或同一事物的各要素之间建立新联系的能力,这就是创造性直觉的特征。"认知心理学研究表明联系是认知和意识的核心,只有当众多神经节在一个网络状的结构中被同时激活才能形成认知。在学习和创造力之间有两个重要的因素,一是隐喻。隐喻的思维过程不是要寻求两个事物之间的一致性,而是发现两个事物的不同并重新构建原事物。"②直觉能力是个体形成创造性心理特征的重要因素,它是生命完整性的体现,作用于问题的建构和解决的整个创造过程。许多有关创造力的研究结果也表明,直觉能力是具有创造力的一个先决条件③。直觉能力就是整合外来信息和内心经验,给它们赋予新的秩序,使之形成一个新的整体性意象的能力。一些有创造性成果的科学家常常把这种综合能力叫作"直觉",由于这种直觉创造的意象不仅有均衡、对称、简洁等多样统一的结构,而且富于情感意味,所以科学家们又把它称为"美"(或"科学美")。事实上,创造性直觉的综合性与审美能力的构造性具有一定的同构关系。在审美过程中,知觉、想象和情感体验均具有将感觉材料和

---

① [美]马斯洛:《存在心理学探索》,李文湉译,云南人民出版社1987年版,第128页。
② 易晓明:《论当代社会以及艺术语境中的艺术创造力及其培养》,《美术研究》2020年第2期。
③ [美]马斯洛:《存在心理学探索》,李文湉译,云南人民出版社1987年版,第126—127页;[美]阿瑞提:《创造的秘密》,钱岗南译,辽宁人民出版社1987年版,第69页。

情感经验整合成为有机整体、创造出审美意象的能力。因此,以培养审美能力为主要任务的美育内在包含着发展创造性直觉能力的功能。从个体发展的角度来说,儿童几乎生而具有整体性的反应能力[1],但在以后的发展中却逐渐丧失或被压抑了。而美育为保护和发展这种能力提供了有利的条件。即使是成人,经常投入美育活动也有助于直觉综合能力的发展,许多伟大的科学家都有浓厚的艺术兴趣和较高的艺术能力,这就是一个例证。创造性的综合能力是依靠自由联想瞬间发现事物间新奇联系的能力,凭着这种想象力,人们能在似乎毫无联系的事物之间发现它们的内在关联,这就是新发现产生的基础。自由联想能力的培养也可以在美育过程中进行,因为审美想象具备自由联想的特征,它脱离了联想的惯常进程,从而创造出崭新的意象,这在神话、童话和魔幻作品中表现得最为显著。儿童在艺术创作和欣赏中,可以使自由联想的灵活性、广阔性和丰富性得到提高。

— 第四节 美育的情感体验特征 —

一、"情感体验"与"审美体验"

作为美育的基本性质和特征,情感体验是一种审美体验,与日常的情感体验相比,具有超狭隘功利性和人文性。所谓超狭隘功利性是指审美体验本身并不涉及感官和实践的功利目的,是一种纯粹的情感愉悦;所谓人文性是指审美体验暗含丰富深厚的人文内涵。在《判断力批判》里,康德从审美鉴赏的无利害性[2]开始,通过逻辑的层层推演,进入理性压倒感性的崇高,最后导向人的目的,即道德。这说明人只有超越了感官和实践的功利目的,才可能回归其自身的目的。由此可见,审美体验的超狭隘功利性和人文性是高度一致的。席勒将康德的这种逻辑现实而简洁地表述为:"要使感性的人成为理性的人,除了首先使他成为审美的人,没有其他途径。"[3]后来,王国维阐发康德和席勒的美学和美育理论时,审美体验的这种双重性就被本土化为一个著名的话语——"无用之用"。这句出自《庄子》的古语在王国维那里获得了新的含义:"无用"就是超狭隘功利,而后面的"用"就是有助于人的情感纯洁和精神成长。审美体验的这种双重性是理解美育的深刻育人作用的关键,也是美育特殊功能的集中体现。因此,审美体验不是简单的感官直觉或情绪过程,而是蕴含了人文要素的情感品位、鉴赏,可以被称为"深度体验"。这种深度体验不断积累,就可以为个体的精神成长提供厚实、真诚的基础。

---

[1] 例如,加登纳认为:"儿童到了三四岁时,其完形知觉已经相当成熟了。"罗斯指出,儿童赋予音响材料以结构的能力在 3~7 岁这一阶段就形成了。参见[美]加登纳:《艺术与人的发展》,兰金仁译,光明日报出版社 1988 年版,第 201 页;M.Ross: *The Aesthetic Impulse*, Oxford: Pergamon, 1984, p.129.

[2] 康德把审美鉴赏的"无利害性"作为判断审美鉴赏是否成立的第一个条件(契机):"鉴赏是通过不带任何利害的愉悦或不悦而对一个对象或一个表象方式作评判的能力。一个这样的愉悦的对象叫做美。"详见[德]康德:《判断力批判》,邓晓芒译,人民出版社 2002 年版,第 45 页。

[3] [德]席勒:《美育书简》,徐恒醇译,中国文联出版公司 1984 年版,第 116 页。

正是因为美育是以情感体验来实现教育目标的,所以美育实践必须要唤起学生的情感体验,引导学生投入审美活动之中,而不是让学生无动于衷地旁观。由于一些教师不了解美育的特殊性,简单套用数学、物理或历史、地理的知识教学模式,在艺术课堂上让学生以认知为主,把落实知识点作为美育课程的主要教学任务,学生很少有机会接触具体的艺术活动,更谈不上获得审美情感体验。美学知识对于学生投入审美活动、获得审美体验是有帮助的,但是,这不是美育课程的主要内容,美育课应该让学生更多地参与审美活动(主要是艺术活动),使其获得丰富深刻的情感体验。

二、过程即目的

美育是自觉运用审美活动的规律实现审美活动内在的人文价值的教育活动。在中国美学中,审美一直被看作是一个情感游历过程。中国艺术特别重视线条,实质上,线意味着流动逶迤、气脉相贯的节奏,意味着曲折婉转、情意绵绵的旋律,正是这种"线"的审美感悟与表达方式,使空间转化为时间,变静物为心态,将情感体验贯穿其中。宗白华曾发挥钟嵘的"流美者人也"一语,云:"美是从'人'流出来的,又是万物形象里节奏旋律的体现。"[①] 作为对中国艺术精神的把握,宗白华用"流""节奏旋律"道出了中国艺术鲜明的体验过程性特征。美育就是要让受教育者在审美活动过程当中获得情感体验,从而使内心得到感动、有所领悟。可以说,美育是以情感体验过程为目的的,过程即目的,离开了受教育者个体的情感体验过程,美育的目标就不可能实现。具有一定人文内涵的情感体验和共鸣过程本身就是美育价值实现的过程,因为在这种情感体验和共鸣过程中,个体的情感需要得到了满足,精神由此得到了提升。因此,美育的目的本身就蕴含在美育的情感体验过程之中。所以,这种情感体验过程既是个体感性生命的成长过程,也是"以美育人、以文化人"的主要实现途径。在情感体验中实现美育功能的过程,是潜移默化、"润物细无声"的。教育界在描述某个教育活动的效果时常用的一种句式是:"通过"某种教育活动,使学生"懂得了"什么道理或者"学到了"什么知识。而美育效果的实现却不是这样,王国维讲审美的效果是"无用之用",后面的"用"是作用于情感和精神的,很缓慢且不太容易发现。这和目前追求立竿见影的急功近利的教育观有较大差异,但是,这种作用很深入,也很持久,是对学生心灵最基础性的养育。

美育的任务之一是促进个体审美能力的提高,而审美能力的培养不是靠外在于审美活动的任何训练,它主要依靠个体审美经验的积累,这个积累过程贯穿于审美情感体验过程本身。离开了审美创造与欣赏过程,离开了在这种过程之中产生的审美经验,个体的感知力、体验力、想象力和直觉能力都不可能得到提高,也就无审美能力的培养可言。而且,审美能力作为一种审美直觉体验能力,本身就是审美经验的组成部分之一。就如同学习游泳,我们只能在水中学会游泳,一个人的水性是不可能离开水而习得的。因此,审美能力的培养同人的审美情感体验过程是相一致的,寓目的于过程之中,手段与目的的直接统一,正是美育过程性的要义之一。

作为一个促进情感生命成长的过程,美育的情感体验过程又显示出自由愉悦性,这

---

① 宗白华:《美学散步》,上海人民出版社 1981 年版,第 143 页。

也是其情感体验过程性的深层意义。美育情感体验过程的动力来自个体自身的情感表现要求,它决定了美育是个性情感不断开放、伸展与升华的过程,这一过程在本质上是自由的。当然,审美自由不是内心随心所欲、胡思乱想,而是合目的、合规律的心理活动。另外,审美自由亦不同于认识自由,认识自由是对必然性的把握,而审美自由则是感性与理性相协调的心理自由,个性情感得到充分的、创造性的表现与升华。没有情感的表现与升华便无任何情感自由可言,审美愉悦也失去了真正的根源;而情感表现一旦成为毫无控制的宣泄,失去与必然规律的适当协调,"情感自由"便失去了积极的人生意义。美育过程的愉悦性特征只有在这个意义上才真正具有教育价值,受教育者才能体验到一种贯通生理和精神的高品位的愉悦。席勒曾把"通过自由去给予自由"作为"审美王国"的法则[①],如果我们把它限定在心理领域,那么它也是美育的法则之一。以创造性的审美情感体验活动为基本过程的美育正是通过个体内心自由境界的不断实现,在自由愉悦之中培养创造与领悟心灵自由的需要、能力与意识。

美育的审美情感体验特征决定了美育教师必须想方设法引导学生在艺术活动中沉浸在情感体验里。目前的教学过程集中关注使学生知道(记住)和会做这两个环节,以一个数学公式的教学为例,教师不仅要求学生理解这个数学公式的意思是什么,而且还要能运用这个公式来解题,这就是知道(记住)和会做,这是在认知领域完成的教与学。在实践领域,例如教学生掌握篮球三步上篮的技术,不仅要让学生了解三步上篮的主要技术环节,而且要让学生通过反复练习,掌握三步上篮的动作要领,这些都是解决了知道和会做的问题。美育的特殊性在于,不仅要让学生知道一些审美和艺术的知识,掌握艺术创作的基本技能,更重要的是,要让学生投入审美活动,产生审美的情感体验。也就是说,美育教学不仅要解决知道和会做的问题,更重要的是要让学生获得审美情感体验,解决"有感"的问题。有感就是有感觉、有体验,只有这样,才能达到美育的效果,如果普通艺术课程只是解决了知道(记住)和会做,那就还没有实现美育的主要目标。目前承担着美育任务的艺术课程存在的突出问题就是"无感",学生可以将一些经典艺术作品的主题、思想内容、艺术特点等说得头头是道,却没有任何艺术感受。这种状况在各级各类学校的音乐、美术、戏剧、语文等课堂上比比皆是,我国近几年去英、美国家考查艺术教育课程的教师,感受最深的一点就是学生在艺术课堂上的自主性、积极性以及课程进行中的浓厚情感氛围,与我国的美育课堂形成巨大反差,那些无视美育"体验性""过程及目的"的特点,违背美育规律的实践做法是当前需要着力纠正的。

本章小结

> 纵观古今中外的美育思想,美育最基本的性质是感性教育,这种感性教育的性质又可展开为:人格教育和创造教育。美育的这三个性质是相互联系在一起的。美育的突出特征是情感体验性,这是美育区别于其他教育的最显著的标志。

---

① [德]席勒:《美育书简》,徐恒醇译,中国文联出版公司 1984 年版,第 145 页。

思考练习

1. 美育作为感性教育的现代性体现在哪里？
2. 美育作为人格教育与中国传统的"修身"有什么关系？
3. 美育对于发展人的创造力有哪些独特的作用？

第二章 美育与普通教育

学习目标

通过了解美育与德育、智育、体育、劳育之间的关系,进一步认识美育的性质和特征,认识美育在普通教育中的基础性地位。

内容概要

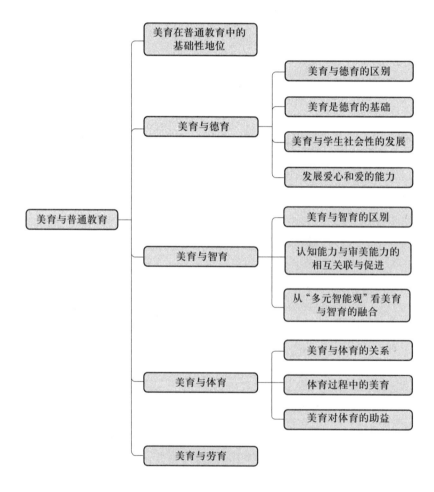

— 第一节 美育在普通教育中的基础性地位 —

美育是普通教育的一部分,任何以培养全面发展的个性为目标的教育都不可缺少美育。同时,美育又最充分、最直接地体现了教育的人文目标和素质教育的宗旨,它把促进个体平衡健康地成长和提高个体综合素质作为最根本的任务。美育以人为对象,致力于使人的各种潜能得到协调平衡的发展。因此,美育不仅伴随人的一生,而且也渗透到其他各种教育领域之中;不仅为各种能力的发展提供动力,而且使它们的发展时时不脱离个体生命的完整性。美育以这种突出的人文性和面向整体人格的全面性而成为普通教育的基础。

如果从教育应当培养全面发展的个性这个意义上来考虑,那么美育为受教育者各种能力的充分发展和平衡协调提供了基础。美育作为普通教育的基础体现在两个方面:一方面,通过美育使受教育者具有协调和谐的心理状态(即"审美心境"),从而为各种能力的高度发展和充分协调提供基础;另一方面,德、智、体、劳诸育都渗透美育的因素,使道德意志力、思维能力和体质技能等核心素养的培养都能围绕整体人格的培养,增强具体教育教学活动的丰富性和全面性。

如果从感知是一切学习活动的基础这个意义上来考虑,美育为各项教育活动的开展提供了感受力的基础。美育的一个重要任务是发展审美能力,审美能力的提高能够极大提升个体的感受力,比如通过培养感知的辨别力和综合构造能力,使人的感受力达到高度敏锐。具有较高感受性的听觉不仅是能听见,而且能详细地聆听;具有感受性的视觉不仅是能看见,而且能辨别出差异和细节。同时,具有审美感受性的感觉还能够创造性地构造具有整体性的知觉形式(即格式塔),这种综合能力有着理论思维不可替代的独特认识功能和创造性。正如英国美学家赫伯·里德所指出的:"人类个体的意识,以至于终为智慧与判断所依据的那些感官的教育。只有这些感官能够与外界有了和谐与习惯的关系,一个统整的人格才能够建立。"[①] 在教育思想史上,直观教学理论的提出具有划时代的意义,而这种理论的哲学基础是英国经验主义的感觉论。培根主张,感觉是一切知识的源泉,是认识的起点。从这种观念出发,教育活动也必须以感觉为基础。著名的教育家夸美纽斯曾明确主张:"在可能的范围以内,一切事物都应该尽量地放到感官的跟前。一切看得见的东西都应该放到视官的跟前,一切听得见的东西都应该放到听官的跟前。气味应当放到嗅官的跟前,尝得出和触得着的东西应当分别放到味官和触官的跟前。假如有一件东西能够同时在几个感官上面留下印象,它便应当和几种感觉去接触。"[②] 当然,直观教学理论不仅仅是强调了感觉是一切知识的源泉,还考虑到直观形象教育唤起受教育者的兴趣,有助于发展其想象力,激发创造的热情,使整个教育活动具有综合全面的性质,而这些方面恰恰同美育是一致的。

①［英］赫伯·里德:《通过艺术的教育》,吕廷和译,湖南美术出版社 1993 年版,第 13 页。

②［捷］夸美纽斯:《大教学论》,傅任敢译,人民教育出版社 1957 年版,第 152 页。

如果从教育是开发每一个人的各种潜能,使之自由、充分、全面发展的意义上来考虑,美育则以其开发潜能的直接性和全面性成为教育的基础。朱光潜曾指出:"教育的目的在'启发'人性中所固有的求知、想好、爱美的本能,使它们尽量生展。中国儒家的最高的人生理想是'尽性'。他们说:'能尽人之性则能尽物之性,能尽物之性则可以赞天地之化育。'教育的目的可以说就是使人'尽性','发挥性之所固有'。"① 所以,美育就是开发儿童、青少年爱美、爱创造的本能,这种本能源自活泼泼的、元气充足的生命本真。

E. 霍姆斯曾指出六种可通过教育来开发的天性:

——交流的天性,说与听的需要;

——戏剧的天性,行动的需要;

——美术的天性,绘画和造型的需要;

——音乐的天性,舞蹈和唱歌的需要;

——探究的天性,了解事物原因的需要;

——构造的天性,建造事物的需要。

虽然上述六种天性中,只有第二、第三和第四种天性直接属于审美(或艺术)天性,但是,交流的天性可以通过诗的艺术得到审美的表现;而构造的天性不仅与建筑艺术相关,而且与上述的美术的天性紧密相连;探究的天性是一种认识的天性,它与艺术天性仍有联系,特别是在童年期,儿童对于事物的好奇和探究往往是通过艺术方式表现出来的。E. 霍姆斯列出的六种有待教育开发的天性都同审美天性有直接或间接的关系,这也说明美育能够而且应该成为以全面发展为目标的普通教育的基础。

因此,全面开发儿童潜能的素质教育应该始于综合性的美育,而且,各种潜能的发展也总与美育密不可分,综合协调的审美活动以及学生审美能力的发展,的确为人的各种潜能的开发和成熟奠定了基础、开辟了道路。教育的实践也表明,审美感受力充分、健康发展的学生,在德育、智育、体育、劳育等方面的发展也容易达到较高的水平,这是因为美育通过广泛地开发潜能为其他各种教育创造了"可教育性"。因此,认识到美育在普通教育中的基础地位,把美育渗透到各类教育中去是有效地推进素质教育的重要环节之一。

如果把教育看作是受教育者在一定的引导下,积极主动地创造和更新自我、自觉和自由地发展其个性的活动的话,那么美育以其个性教育和创造教育的特征而成为教育的基础。如前所述,教育过程是一个把人的各种潜能从沉睡的或受压抑的状态下解放出来,使之充分自由发展的过程。在此过程中,受教育者本身的能动性和创造性是第一位的,没有受教育者本身的能动性和创造性就没有全面发展的个性人格可言。事实上,重视教育的解放功能,正是尊重人、尊重个性自由的体现。这种教育观念和实践时刻把受教育者当作一个活生生的人来看待,充分考虑个性的差异和心理发展的水平,以及由此带来的兴趣、能力、需要等差异。美育作为一种个性教育和创造教育充分体现了教育的解放性质,审美的自由解放特征决定了美育只能是受教育者在一定的引导下,积极地创造、更新自我,在愉悦的心境中发展潜在能力,陶冶个性心灵的过程。因此,美育的方法必然是引导性的,以能动的受教育者为主体的、创造性的和自由的。整个教育过程应当置于这种美育的基础之上。德育、智育、体育和劳育都应该贯彻美育的这种个性化的自由创造

---

① 朱光潜:《谈美感教育》,《朱光潜全集》第四卷,安徽教育出版社 1988 年版,第 143 页。

精神,充分尊重个性发展的内在需要,充分调动和发挥受教育者的能动性,使学习知识、发展能力和提高素质的教育过程成为一个积极、主动探索和创造的过程,成为一个与受教育者的个人兴趣相适应的过程。对于我国目前的教育改革来说,使整个教育过程渗透着美育的自由创造精神,克服普遍存在的僵化的、教条式的、灌输式的、"统一制式"的教育方式,使教育过程充满活力,从而提高教育教学的效率,具有特别重要的意义,这与培养全面发展的、具有创造才能的个性的现代教育要求是一致的。

肯定美育在普通教育中的基础地位,是就美育最广泛、集中地体现了教育的基本性质的意义而言的,也是就美育直接体现了培养全面发展的个性人格的教育目的而言的,并不是说以美育来取代其他各类教育。美育作为普通教育中的一个组成部分有它自己独特的性质和功能,作为偏重于感性的教育,美育同发展道德意志力、智力和体质的德、智、体、劳四育有着不同的规律和任务。同时,由于美育贯通了从生理到精神的广阔领域,因此,与德、智、体、劳四者又有着内在的联系。这种联系主要体现为两个方面:一方面,美育向德育、智育、体育、劳育的渗透,以其综合协调性促进道德、智力和体质的发展;另一方面,德育、智育、体育、劳育本身亦包含着某种美育的因素,而且,道德、智力和体质的发展对于审美发展也是有益的。总之,无论是从促进人的全面发展,还是从开发与提高人的某种需要和能力来说,现代教育都不可能脱离美育。特别是在有着悠久美育传统的中国,更应该大力弘扬中华美育精神,加强美育的研究和实践。

第二节 美育与德育

美育与德育的关系是最紧密、最复杂的,这也是美育学中基础性的核心问题。从逻辑上讲,美育与德育既有所区别,又有着内在联系,对这一关系的理解既关联着哲学上对美与善、审美与道德关系的理解,又直接受制于特定时期对教育目标的设定。因此,不同历史时期、不同民族对美育和德育关系的理解都有所不同。

一、美育与德育的区别

审美具有不同于道德实践的独特规律和价值,审美与道德的差别在一定程度上决定了美育与德育的差别。"德育是培养学生思想品德的教育"[1]。德育过程是将一定社会约定俗成的行为准则和一定阶级的观念意识内化于受教育者,它的目的是使受教育者掌握基本道德原则,具备一定的道德认知和判断能力,并能够自觉服从社会的普遍道德规范和一定阶级的政治利益,使其成为一个有道德的人。所以,德育是普通教育中一个极其重要的组成部分。

---

[1] 檀传宝:《德育原理》,北京师范大学出版社2017年版,第2页。关于德育的性质和范畴,我国教育学界一般认为有大小之分:小德育就是指道德教育,大德育包括思想政治教育、道德教育、法治教育、心理教育等。参见马建军:《构建德智体美劳全面培养的教育体系:理据与策略》,《西北师大学报(社会科学版)》2020年第3期。

德育与美育的差别主要体现在以下几个方面:第一,道德是一种规范教育,它偏重于对善的行为的逻辑判断,注重发展受教育者的意志约束力,自觉地用社会的普遍行为准则来规范自己的言行举止,带有一定的强制性。德育偏重于培养个性对社会的服从,它努力使受教育者以社会普遍的规范和法则作为自己的需要和准则。在这个过程中,个性的发展要求常常被克制或牺牲,而这种由外向内的约束必须依靠受教育者的理智和意志才能实现。美育则是一种偏重于发展个性的教育,具有心理解放的特点。它偏重于在有引导性的审美活动中,使受教育者的感性生命得到表现和升华,注重发展其审美感受力和创造力,从而自发地、自由地发展自己的个性。与德育偏重于规范与强制的特点不同,美育具有自由和愉悦的特点。美育偏重于发展个性,在最具个性化的审美体验中,受教育者往往超越了现实社会的某些限制而使个性得到充分的伸展。由于美育直接从个性的情感冲动中获得主体心理冲动的支持,所以受教育者往往自发地投入教育过程中并乐此不疲。

　　第二,德育的教学过程经常采用的方式是讲道理,告诉学生什么是好的,什么是坏的,什么应该做,什么不应该做,以及为什么。所以,德育的一个重要特点是说服。尽管道德说服也可以采用一些生动活泼的形式,但与生动活泼的审美和艺术活动相比终究是枯燥的,受教育者也常常是被动的。而美育过程是一种体验,是一种情感诱发,它通过培养受教育者的审美能力,使其个性情感得到自由表现和升华。在这个过程中,一切都得靠受教育者自己去体验,这种体验是主动和创造性的,也是生动活泼的。美育虽也包含知识传授,但它主要的方式不是说理,更不是灌输,个体的感性自我和审美趣味不是通过说理来培养的,也无法直接从外部输入。美育具有引导性,应该让受教育者接触适合于他们心灵的健康的审美对象,但受教育者对美的辨别力,以及审美趣味和理想的建立均基于个性化的审美经验积累,审美人格根本上是个体在情感的创造性表现和升华过程中自我建构的。

　　第三,德育偏重于培养社会人格,通过磨炼意志力养成人的自觉性和遵从意识。而美育偏重于培养个性人格,它通过培养敏锐的感受力,发展个性情感,养成人的自发性和创造性。因此,德育和美育的价值取向有不同的侧重:前者偏重于社会的尺度,后者偏重于个性的尺度。德育偏重于现实的原则,帮助受教育者适应现实环境;而美育则偏重于超越的原则,它不可能帮助受教育者从现实环境中获得实利,但是,在带有理想性的美育中,受教育者会从个性发展需要的基础上产生变革现实,使社会秩序更合乎人道的理想和动力,因此,美育包含着改造社会的超前的理想性。

　　需要说明的是,德育与美育的差异体现为各有偏重,但是,偏重不等同于偏废。例如,美育偏重于发展学生的个性,但并不完全排斥社会性;德育偏重于发展学生的理智和意志,但并不排斥情感陶冶。另外,正因为美育与德育有上述诸多差异,所以,美育和德育"同一说"或美育"手段说"都是缺乏根据的。所谓"同一说"就是认为,美育等同于德育;所谓"手段说"就是认为,美育只是德育的一种手段,本身没有独立的意义。这两种观点实质上是一致的,那就是只看到美育与德育的某些联系,强调了德育对某些审美或艺术手段的借用,从而片面地把美育放在附属于德育的地位,却忽略了美育相对独立的性质和功能。

二、美育是德育的基础

美育与德育有着密切的联系,可以从两个方面来分析:一是外在的,二是内在的。美育与德育的外在联系就是采用美育的感性体验方式来达到德育的目标。例如,采用艺术的形式,在形象生动、活泼有趣的过程中,传授一些德育内容,这样做是为了避免抽象枯燥的说教,易于让学生接受,但目的还是德育。因此,这种所谓的美育实质上是德育,只不过是借助了美育的一些方法。美育与德育的内在联系则表现在审美和艺术自身具有的道德养育价值,其目的既是美育的,又是德育的,这就是美育的内在德育功能。以白居易的《卖炭翁》为例,从德育的角度讲,这首诗的作用是通过诗歌生动形象的方式和情感体验的渠道,使学生了解普通百姓劳作的艰辛、生活的不易,培养学生尊重劳动、同情普通劳动者的观念;从德育的观点看,引导学生对这首诗产生感知和体验是手段,而帮助学生透过形象和感动来学习道德观念是目的。所以,在德育过程中,"动之以情"只是手段,"晓之以理"才是目的。而从美育的角度讲,通过对诗歌形式的了解,由对诗歌的体验而产生的想象和共鸣,才是美育的目的。因为学生通过学习诗歌的知识,对诗歌产生了兴趣,使学生的审美能力和审美意识有所提高,这就是美育的任务。所以,"动之以情"就是美育的目的,同时,学生也能够从这首诗里领悟到底层百姓劳作的艰辛和生活的困苦,产生对他们的同情,这也就实现了德育的某些目标。人们在谈论艺术教育时总喜欢讲"寓教于乐",如果把"教"简单狭隘地理解为道德教化,似乎生动形象的艺术活动最后非要落实到某个抽象说教才算落实了教育的目的,好像不在艺术作品里发掘出一点教化的微言大义就不算在从事教育,这种观念未必都是正确的,因为这有违美育的自身特点和规律,就使得一些学校的美育课程的教学效果不佳。美育的独特之处恰恰是"以乐施教",这个"乐"就是对艺术作品的体验过程,而美育的内在德育功能也蕴涵其中。

中国有着美育和德育紧密融合的传统,这种传统强调理想人格的养成要从感性入手、注重情感体验、实现教养的内化。所谓"潜移默化""陶冶性情""怡情养性"等都是不脱离感性、不断深化感性、持续提升生命境界的教化方法。20世纪以来的中国美育思想基本上继承了这个传统,并有所发扬光大。

拓展阅读

中国传统的美育与德育的融合,是在人的道德内在性意义上讲的,具体来说就是在"德性"培育上的高度一致。《礼记·中庸》中说:"故君子尊德性而道问学。"郑玄注:"德性,谓性至诚者也。"孔颖达疏:"'君子尊德性'者,谓君子贤人尊敬此圣人道德之性,自然至诚也。"[1] 这里的德性是指人的自然至诚之性,既是个体最深层的道德本性,也是个体最高的真诚道德涵养,包含了道德认知、道德意志和道德情感,表现为一个人对世界的人文态度和为人境界。用儒家的话说,就是"心正""意诚";用道家的话说,就是"赤子之心"。从德性养育的意义上说,美育和德育的融合实质上就是二者的一体化,从德育的角度看,德性养育的情感陶养是与美育重合的;从美育的角度看,至性真情的陶养本身就具有德育功能。

审美情感具有使感性与理性协调和交融的中介功能,因此,美育对个体的成长有综

---

[1] 《礼记·中庸》,《十三经注疏》(下),上海古籍出版社1998年版,第1633页。

合协调的作用。事实表明,情感生活的满足、人格的和谐平衡发展对于道德的发展具有重要意义。感性与情感是完整人格不可缺少的重要成分,应该让它们顺其本性健康发展。如果让它们与理智、意志分裂、对立,或长期受到压抑,那么它们就会变态发展,走向道德的反面。卢梭较早地指出了对道德的绝对理性原则的怀疑,认为"道德不是推理思维的事,而是自然的感情问题",因为人的本性中就有良好的道德倾向,只要任其自然发展,就能成为有道德的人,所以他主张自然教育,主张自由发展儿童的自然而未变坏的冲动①。卢梭这种不无偏激的思想事实上是对理性过分压抑感性的文明的抗议。当然,从道德的立场来说,对感性和情感的适当约束是必要的,但过分的压抑必然导致感性与理性、情感与道德的两败俱伤。长期克制、压抑个人情感冲动的人,一旦让情感欲望冲出堤坝,一定会是病态的发泄。从历史上看,提倡禁欲主义的时代,同时也往往是道德败坏的时代。这种道德败坏的根源就在于那被压抑得太久、从而以病态的方式发泄出来的变态情感。在中国的某些陈旧意识中,感性、肉体的东西往往被视作是卑劣的、丑恶的。事实上,使它们真正变得卑劣、丑恶的重要原因之一,就在于僵化、陈腐的道德理性的过分压抑和束缚。

上述关于美育是德育基础的观点,从不同角度支撑了席勒在《美育书简》里提出的一个基本判断,那就是美育是德育的基础。席勒在《美育书简》里明确把美育作为德育的基础,他用德国古典哲学的表达方式写道:"道德的人只能从审美的人发展而来,不能由自然状态中产生。"② 这是因为,道德只能在内心和谐的审美状态中成长。③ 而且,情感体验也是道德内化的必要途径,正如一位美国学者所言:"除非通过学生们的艺术实践使之内化,否则我们拥护的道德价值不会'生效'。只有他们体验过所做的一切,才能掌握我们的道德观。"④

三、美育与学生社会性的发展

把美育作为德育基础的观念,关注的重点是美育的情感体验性和内在性与德育的关联,美育是道德人格的养育。这种基于修身的美育和德育观念还需要拓展,这就是在现代社会培养人的社会生存能力和责任意识,也就是发展个体的社会性。社会性是与个体性相对的概念,是指个体在与他人和群体交往过程中形成的适应社会的意识和能力,⑤ 包括"掌握参加社会生活所必须具备的道德品质、价值观念、行为规范,以及形成积极的生活态度、善于自我调节、掌握交往技能等"⑥。发展学生的社会性本来属于"群育"的目标,

---

① 参看[美]梯利:《西方哲学史》(下册),葛力译,商务印书馆1979年版,第154—156页。

② [德]席勒:《美育书简》,徐恒醇译,中国文联出版公司1984年版,第118页。

③ 席勒的相关理论已经在本书第一章中做过引述,此略。

④ [美]埃德蒙·伯克·费德曼:《艺术教育哲学》(修订版),马菁汝译,浙江人民美术出版社2018年版,第113页。

⑤ "所谓人的社会性,主要指作为社会成员的个体为了自我发展和适应社会生活所应具备和表现出来的包括个性、情感、思维、知识、技能、行为能力等方面的综合社会特征。"孙远杰:《论学生社会性发展》,《教育研究》2003年第7期。

⑥ 李幼穗:《儿童社会性发展与德育》,《天津师范大学学报(基础教育版)》2000年第1期。

现在完全可以将其纳入德育的范畴。^①当前的德育乃至整个教育不能仅限于古代"修身"这个传统范畴,而应该在此基础上,适应当下社会转型和新型公民培养的要求,加强学生社会意识、社会交流能力和社会责任感的培养。

审美和艺术是人类最富个性化和创造性的活动,因此美育能够有效地促进个性发展,这是美育最具特征的功能。而且,美育不仅能够促进人的个性发展,还可以促进个体社会性的发展,这两种功能内在联系在一起。因为个体的发展都是在与社会的交互作用中进行的,个体人格中的个性与社会性也是在相互作用中形成和发展的。个性的审美体验总是处于与社会性的相互作用之中,情感引发、体验、表达与理解均寓于社会情境之中。情境具有生物学和社会学两种意义,社会情境是个体与社会的融合,也就是人与社会的一种关系。个体情感活动是在社会情境中展开的,个体的情感体验与表达是自身和他人的相互作用过程。从社会学的观点看,审美是社会情境中审美主体的感性自我与社会的相互作用过程:个体的任何审美体验、表达、交流和理解都是自我与社会交互作用的动态过程,它把他人和环境等社会性因素内在地包含于自身,离开了与社会的关联,审美情感无法形成和发展,更谈不上交流与理解。因此,美育过程中的审美体验、艺术创作、欣赏和批评都可以为学生的社会性发展提供良好的机会。俄国著名作家托尔斯泰充分肯定了艺术是社会交际手段,有助于消除人与人的隔阂,达到融合^②。艺术的这种社会性功能可以使美育在促进学生社会性发展方面发挥独特的作用。

在个体的发展历程中,社会意识的萌发是从自承开始的。自承是一个心理学术语,意思是自己对自我的确认,只有确认自我才可能有对他人的确认,人的自我意识和社会意识就是在这种区分性的认知过程中形成的。儿童的艺术活动为他们提供了认识自我、并对自己产生良好自我感觉的途径。首先,儿童画出的图形,就是他们自己创造出来的属于他们的标记。这种创造是儿童把自己投射到对象上,并把自我作为对象来观察、欣赏,这样的艺术活动有助于儿童自我意识的萌发,也有助于其确立自信。这种自承心态是儿童积极的社会态度的心理根基。其次,在艺术课程中,大力鼓励学生自由探索和尝试,尽可能让学生有自由表现的机会,也可以让学生在友好、安全的人际环境中获得良好的自我感觉,使他们的自我意识得到发展,同时培养其对他人和环境的建设性情感态度。

学校的艺术课程给儿童提供了一个与同龄分享思想感情的场所。通过观看同龄作品,获得同学与教师的赞同或不同看法,可以使儿童在相互作用过程中进一步了解和调整自我,同时也有了对他人的认知。特别是在合作性集体艺术活动中,儿童可以发现自我与集体的相互意义,逐渐形成自我与他人和谐相处的团队意识。在这种意义上说,以美育为主要任务的艺术课也可以是一种人际关系课,在这种课程中,儿童开始学习如何与人交往与合作。人们在合唱队歌唱时,不仅能够表达自己的情感体验,而且能够时时感受到自己与集体之间和谐的呼应、配合;在和谐有序的集体舞中,每一个人都能够在错综复杂的排列组合中感受到自己与集体的协调一致。在这种集体的艺术活动中,个体不

① 徐俊:《作为"大德育"概念框架的"社会性教育"初探》,《湖南师范大学教育科学学报》2017年第3期。

② "艺术是人与人之间相互交际的手段之一。""如果一个人读了、听了或看了另一个的作品,不必自己作一番努力,也不必设身处地,就能体验到一种心情,这种心情把他和那另一个人联合在一起,同时也和其他与他同样领会这艺术作品的人们联合在一起,⋯⋯""艺术的主要吸引力和性能就在于消除个人的离群和孤卑之感,就在于使个人和其他的人融合在一起。"引自伍蠡甫主编:《西方文论选》下册,上海译文出版社1979年版,第432—444页。

仅能够体验到充满友爱的人际关系,而且还能由此养成积极的社会意识,与他人相处的团队意识和交际能力,这些正是我国当代教育所应该追求的目标。

审美和艺术具有超越性,可以突破某些群体、文化和历史的隔阂,达到人与人更普遍的交流、理解和联合的目的。这也是当年蔡元培倡导美育所追求的目标。优秀的艺术品都是在特定的民族、文化和历史语境中产生的,必然会带有特定的历史痕迹,但千百年后,这种痕迹渐渐淡化了,作品所包含的人生经验、生命意义和人性光辉却更加凸显,被世界各地的人们所认同。在我们今天看来,米开朗基罗的《大卫》已不仅仅是文艺复兴时期意大利的英雄,也是全人类的英雄;达·芬奇的《蒙娜丽莎》也不仅仅是文艺复兴时期意大利美的化身,还是全人类美的象征。自古至今,艺术品的主题与功能之一是对生命的关切,对生活的热忱,对自然的赞美和对他人的理解与爱。因此,当前国际上经常出现的人文交流中艺术交流是主体,这种活动对于增进不同国家人民之间的相互理解、相互认同起着不可替代的重要作用。鲁迅在他的小说集《呐喊》的捷克译本出版时说过:"自然,人类最好是彼此不隔膜,相关心。然而最平正的道路,却只有用文艺来沟通,可惜走这条道路的人又少得很。"[1]鲁迅对文学艺术在人们相互沟通了解方面的独特作用给予了充分肯定。美国美学家门罗表示,艺术能够也应该被作为获得世界性理解与同情,从而获得和平与积极的文化合作的手段来加以利用。它们可以被运用来减缓种族、宗教、社会和政治集团之间的敌对,并发展相互的宽容与友谊。美育可以在艺术欣赏、批评和创作过程中,培养学生对人类命运的关切,对生活的热爱和对世界和平的期盼。这些美好的社会意识是公民终身需要拥有的。

美育促进人际交流的功能还来自审美、艺术的非语词化表现和理解方式,这是美育在促进学生社会性发展方面的独特作用。非语词交流的主要形式有动态无声的、静态无声的和有声的。人的声音、脸、手势、动作具有十分丰富的表现力,据研究,光人脸就可以做出大约25万种表情[2]。艺术的语言不同于人们的日常用语,音乐、绘画、雕塑、舞蹈甚至文学都以各自感性形象的方式传达思想感情,却能够比日常用语更真切完整地把人类的生存感受与经验活生生地传递开去。所以,庄子的"得意而忘言",陶潜的"此中有真意,欲辨已忘言",司空图的"意在言外",严羽的"不落言筌"等,都指出了日常用语在表达与交流人生经验方面的局限。而艺术却超越了这种局限,它可以把人内心丰富、复杂、细微的思想情感真切地表达出来,正如英国艺术评论家里德所说:"艺术必须被看作是人类掌握的最精确的表达方式。"[3]而且,超越了语言界限的艺术也突破了各民族语言之间的隔绝,人们即使不懂法语,照样可以体会乔治·比才歌剧的深远意蕴;人们哪怕不会说俄语,也还是可以从芭蕾舞《天鹅湖》中感受到美和爱。因此,非语词性的艺术对话是人类彼此交流的普遍和有效的手段。美育培养非语词的交流能力,不仅能够使学生深入理解优秀艺术品,而且有助于他们在社会生活中提高沟通和理解的能力。在日常生活中,人与人的沟通和理解,不仅需要语词类话语,也需要非语词类话语。有时候一大堆话还不如一个手势、一个眼神更能传达内心感受,这就需要人们有比较敏锐的非语词理解力,这对于

---

① 鲁迅:《〈呐喊〉捷克译本序言》,《鲁迅全集》(编年版)第10卷,人民文学出版社2014年版,第90页。
② [美]巴克主编:《社会心理学》,南开大学社会学系译,南开大学出版社1984年版,第316页。
③ [英]里德:《艺术与社会》,陈方明、王怡红译,工人出版社1989年版,第7页。

消除误解、增进了解是十分有意义的。

美育能够培养分享式的情感理解力。审美能力的功能之一是可以在情感和想象的交互作用下,达到移情与分享共鸣,因此,具有审美能力的人能体会他人的内心活动,获得感同身受的理解。这种理解能力在社会交往中显得十分重要,因为情感的理解不能仅仅是"设身处地"地替他人设想,还应该把他人的体验当作自己的体验。审美和艺术的理解恰恰就是这种分享式的理解,这种理解过程与其说是立普斯所讲的"由我及物"的扩张性移情,不如说是谷鲁斯所讲的把对象作为我自身的"内模仿"。托尔斯泰在创作《安娜·卡列尼娜》时,写到(或想象中发生)安娜卧轨自杀的刹那,他感到自己也躺在铁轨上,一列火车正隆隆地向自己开来。巴尔扎克在阅读福楼拜的《包法利夫人》时,读到包法利夫人服毒自杀的段落,他似乎真切地尝到了砒霜的味道。这两种经验表明,在创作或欣赏的过程中,审美理解是一种把他人的经验与感受作为自己的经验与感受来对待的共享理解。作为一种共享的理解,审美理解力与理智的认知理解力是不同的。首先,清醒的理智不能把他人的感受作为自己内心深处的感受来加以体验,这种理解只能知道他人的快乐与痛苦,这种信息对于主体来说是抽象而隔膜的。而审美理解却把这种信息转化为自己的感受,伴随着压抑或解放、消沉或激动,伴随着心跳加速、热泪盈眶、身体的战栗、四体的软弱无力等生理反应,这种理解是深入细致、体贴入微的。其次,理智的理解是自身与对象保持清醒的距离,他人的情感被作为一个外在于主体的对象来分析或思考。而审美的理解则致力于突破这种距离,在一种共享的交流与沟通中,获得"认同性的共振"。这种理解不仅具有"知"的意义,而且具有"行"的意义,它把不同个体的情感经验汇入一个新的、可以共享的领域,由此使它们融合在一起。因此,以发展审美能力为主要任务的美育,对于培养个体共享的情感理解力,并由此促进他们的人际交流能力的发展,具有不可替代的独特功能。

四、发展爱心和爱的能力

爱,作为一种社会关系,是人与人之间有差异的协调;作为一种内心体验,是一种与他人的情感发生共鸣的和谐感和幸福感。希腊哲人柏拉图曾指出,音乐通过将相反因素导向和谐,体现了它的爱的本质。实际上,一切艺术形式都具有唤起人类心灵共鸣的作用。审美化、艺术化的人际关系是一种爱的关系,人与人之间情感的沟通与理解是爱的真正途径,而由此达到的共鸣的融合正是爱的发生。美育不仅发展个体各种审美素质和能力,同时也发展着各种爱的需要、能力和意识,它自觉而有效地把艺术使人类心灵相互沟通与融合的功能引入教育过程。因此,美育也是一种爱的教育。

爱是道德的根源。人生而有爱心,有爱人和被爱的本能需求。孟子说:"老吾老,以及人之老;幼吾幼,以及人之幼。天下可运于掌。"这里说的敬老爱幼是仁政的基础,这种由亲情推广开来的情感就是仁爱之心的具体体现。孟子还说"仁者爱人",这个"爱"也就是"不忍",用今天的话说,就是同情。朱光潜曾说:"道德起于仁爱,仁爱就是同情,同情起于想象。……儒家在诸德中特重'仁','仁'近于耶稣教的'爱'、佛教的'慈悲',是一种天性,也是一种修养。仁的修养就在诗。儒家有一句很简赅深刻的话:'温柔敦厚诗教也.'诗教就是美育,温柔敦厚就是仁的表现。"① 因此,美育在保护和培养爱心方面与德育是高度一致的。

没有一种爱的追求,没有真实地表达和感受内心情感的能力,没有沟通与理解的能力,便没有爱。爱就是创造性地突破人际的隔绝,透过心灵的栅栏,实现人类彼此融合的过程。美育发展情感的表达与理解能力,也就是培养爱的能力。与个体心理水平和个性差异相适应的美育活动,使心灵更加灵敏,更加宽阔,能够细致入微地体察他人的心灵,与之进行无言的对话。雪莱曾说,诗的想象力是实现道德上善的伟大工具,因为它能深入他人的内心,把他人的苦乐当作自己的苦乐。这种道德的最大秘密就是爱。②

爱又是一种追求爱和创造爱的态度。这种态度类似于审美态度,它是无私的,但不是无个性的,而是追求个性与他人的协调。它是热忱的,具有爱的态度的心灵是敞开的,怀有一种渴望与他人交流对话的热情,与之相反的是冷漠与麻木。美育无时无刻不在唤起个体内心的生活热情,帮助个体敞开心扉,克服心灵的麻木,打开心灵的枷锁。美是防止我们冷漠的措施。③ 人类创造美和艺术的能力实质上也是一种自救的能力,它使我们的心灵在与他人的沟通共鸣中获得真实的存在。而美育则使人们在同艺术和美的接触中,永葆生活的热忱。爱的态度又是一种注重过程的态度,这与无外在追求、不计较直接外在功利的审美态度又是内在一致的。爱美的人是追求情感超脱的人,而以这种超脱的心去看人待人,便可以克服由功名利禄设置的人际障碍,更加珍惜人类彼此交流情感的体验过程。在这方面,美育亦发展着我们的爱心。

爱是一种"共鸣的喜悦"④。它是一种幸福的人生体验,之所以是幸福的,是因为主体意识到自我的需要与他人的需要相一致,自我的满足不仅不会造成他人的贫乏,而且同时是一种奉献。这种体验的特征同时也是审美愉悦的特征,个体内心最个性化的审美体验与他人的个性化体验产生了共鸣,这在艺术创作和欣赏以及自然景观的欣赏时都普遍存在,为满足一己私欲而产生的快乐并不能带来真正的幸福,只有当个体意识到自己的快乐与他人的快乐沟通协调时,才能产生真正意义上的人生快乐。所以柏克认为,美是社会性的,美的表象也会很有灵效地引起我们某种程度的爱。

美育过程为人们提供了体验爱的良好机会。爱是人的天性,正如爱美是人的天性一样,在儿童的世界中,这种爱的天性的表现随处可见。但是,在人的成长过程中,由于各种压抑与限制,使得他们爱的天性被部分泯灭,心灵的冷漠和情感的麻木成为现代人的又一生存危机。而美育过程给爱的天性有一个继续发展的机会,在爱的体验中,爱的需要、爱的能力和爱的自觉意识可以得到保护和培养。为更好地发挥美育的这种功能,对于美育活动中的艺术品和教师的引导,应特别注意爱的价值。古今中外的艺术品并非都是进行爱的教育的合适材料,应当谨慎选择。同时,即使是一些充满爱的价值的作品,也可能体现为恨的形态,这就需要教师很好地发掘与引导。对于儿童与青年来说,爱的教

---

① 朱光潜:《谈美感教育》,《朱光潜全集》第四卷,安徽教育出版社 1987 年版,第 146 页。

② 伍蠡甫主编:《西方文论选》下册,上海译文出版社 1979 年版,第 54 页。

③ 参见[美]凯·埃·吉尔伯特、[德]赫·库恩:《美学史》上卷,夏乾丰译,上海译文出版社 1989 年版,第 312—313 页。

④ 参见[日]今道友信:《关于爱和美的哲学思考》,王永丽、周浙平译,生活·读书·新知三联书店 1997 年版,第 77 页。

育显然比恨的教育更有价值,这种价值不仅是对他们这一阶段而言,对未来也是如此,因为他们应该成为友爱社会和世界和平的维护者。对于竞争日趋激烈、正在日益强大的中国来说更是如此。

就学校教育的范围来说,美育与青春期教育有一个特殊的联系,那就是爱情的教育。青春期是一个情感充溢、敏感且变异极大的时期,这与学生的性心理和社会性的迅速发展有直接关系。在许多学校(包括中学与大学),爱情的教育基本上是空缺的,而在教育理论方面,这也几乎是个空白。事实上,青春期的爱情教育应该是教育的一个重要内容,它直接影响到青少年是否能够健康成长。

爱情教育的一个核心问题是如何使萌发着的性感和性意识得到正当的发展和适当的引导。虽然不提倡在学校期间谈恋爱,但爱情教育绝不仅仅是恋爱或择偶的指导,还包括帮助青少年逐渐养成爱情的需要、能力和高尚的爱情观。这种培养应当从性觉醒之时就开始,并且应该同性感和性意识的发展相协调,而不是在压抑中进行。苏联教育家苏霍姆林斯基从大量的教育实践中得出结论:"对学生的精神生活和他们的隐秘角落采取粗暴态度,最容易从男女青年的相互关系中驱逐出一切高尚的、有道德的、明快的审美情感,并把爱情的生物本能的一面推到了首位,激起不健康的好奇心,使男女同学更加疏远,对交往产生一种难忍的恐惧症。"① 这种观点体现了真正的辩证法,人作为一个有机体,某一方面的压抑或摧残会导致另一方面的损害,文明人在感性方面的危机往往是由于理性的过分强制,造成人格分裂而产生的。对青少年来说,一味地压抑和管教,只会使他们的性感成为一种更为强烈的欲望以及好奇与痛苦的罪感相混合的不健康情感,不能真正形成健康与高尚的爱情意识。目前,我国学校教育中已经增加了性教育,但是还只限于生理学范畴,应该有爱情的教育。

爱情教育主要涉及德育和美育,就美育而言,审美活动可以帮助青少年在情感的释放与升华中,形成对内心世界的审美态度,而且可以在优秀的艺术作品中,体验他人健康、美好的爱情经验和高尚的爱情意识,有助于他们建立健康、高尚的爱情观。美育在这方面可以起到一些积极作用,主要体现在以下几个方面:

第一,为日益丰富的内心情感提供健康的释放途径。处于青春期的学生渴望正当的情感满足,如果找不到合理的满足途径,便会造成心理的病态,这不仅会对他们的学习与生活带来消极影响,而且会导致某些破坏性行为的产生。美育活动可以为他们内心的情感,包括最隐秘的朦胧性情感,提供健康的释放和升华途径,有助于他们的心理平衡。在一些男女同学共同参与的艺术活动中,青少年获得了与异性接触、并增进相互了解的良好机会,有助于使他们学会与异性交往,并与之建立正常的关系。这意味着,美育可以把青少年的性感和性意识引向积极的方面,使之健康地发展。

第二,使生理层面的性情感发展为与心理和精神层面相互协调和渗透的爱情。爱情是一种丰富的人的需要和体验,它不仅仅是肉体的欲望,还有精神的共鸣。马克思曾指出:"男人对妇女的关系是人对人最自然的关系"② 。爱情关系应该是一种丰富的社会关系,单纯的生理欲望,即"粗陋的实际需要",并不是真正的、全面的人的需要。人的需

---

① [苏]苏霍姆林斯基:《爱情的教育》,世敏、寒薇译,教育科学出版社 2001 年版,第 15 页。

② [德]马克思:《1844 年经济学哲学手稿》,人民出版社 2018 年版,第 77 页。

要和情感是历史的产物,应该有感性与理性、个性与社会性协调融合的丰富性。对个体的发展来说,爱情的成长需要使萌发着的性感发展成为融合了精神性和社会性因素的对异性的需要。在这个方面,美育可以发挥一定的作用。在审美创造性的表现活动中,深层的情感欲望可以在释放与构造的相互作用中得到提升,逐渐与理性因素和社会性因素相融合。这种提升与融合不是压抑性情感,不是"去欲",而是使理性和社会性因素渗入其中,使之变得更加丰富、深厚和高尚,成为一种相对稳定的情感态度,这就是所谓的"潜移默化"。

第三,在性意识中渗入审美意识,促进高尚爱情观的建立。人的性爱,不仅有生理方面的价值,还有精神上的价值。因此,有必要在青少年性意识萌发之时,把审美判断引进异性关系之中。美育可以通过培养健康的审美趣味使青少年自觉远离庸俗低级的趣味。首先,审美的爱好使他们关注异性的美,这种美不仅是外表的,而且是心灵的,对美的追求,对艺术的喜爱,使他们在与异性的交往中更注重内心的体验和心心相印,自觉意识到精神上的共鸣是爱情的重要因素。同时注意在同异性的交往中,保持优雅的举止和品位,遏制粗俗与其他不良行为。其次,审美的追求使青少年注重异性之间情感交流与沟通的内在价值,而把陈腐的门第观、商品观从爱情中排除出去,使与异性的交往真正成为人与人的关系,而不是人与物的关系。

从另一个角度来说,美育不仅促进爱情的发展,爱情的发展也能促进审美的发展。爱使人充满活力,充满幻想,充满创造性,使审美体验洋溢着青春的生命力。正如瓦西列夫所说的:"爱创造美,提高审美能力,使人们用艺术的眼光看待世界。"[1] 这也表明,爱的教育与美育是相通的。

第三节 美育与智育

一、美育与智育的区别

美育与智育是普通教育中的两大类,二者的差别是明显的。从最基本的意义上说,智育是偏于理性的教育,包括知识的传授和智力的开发;而美育则是偏于感性的教育,旨在培养审美能力,促进情感的表现和升华。它们的区别主要表现在以下两个方面:

一方面,智育过程是知识的教学过程,这一过程的目的是帮助学生学习掌握科学文化知识和认知的技能,发展智力(智能)。在智育过程中,学生接触的是以概念—逻辑为特征的知识体系,例如公式、定理、概念、定义、法则,以及判断和推理过程等。美育则主要是培养审美能力,使学生的个性情感得到表现和升华的过程。在此过程中,学生接触的是以形式—情感为特征的审美对象,例如自然景观和艺术作品等。当然,美育必然包含知识的教学,"在全面发展的教育中,知识是基础。知识的传授,技能的培养,智能的发

---

[1] [保]瓦西列夫:《爱情面面观》(全译本),王永嘉、杨家荣、马步宁译,新世纪出版社1986年版,第25页。

展,不仅是智育的中心环节,而且是进行德育、体育、美育、劳动技术教育等所必不可少的基础"①。在美育中,相关知识传授是必要的,但不是主要的,艺术史论的基础知识等相关知识教学应该服务于审美能力和审美意识的培养,有助于个性审美的发展。因此,美育直接与需要、愿望、冲动、快乐、悲痛、幸福等个体生命的状态相联系,美育过程具有突出的情感体验特征,并以个性情感的表现和升华为主要目的。知识的学习犹如工具的掌握,它与个性的生命要求并无直接的关联。所以,智育过程往往缺乏受教育者内在的自发性,尽管可以通过各种途径来激发学生的积极性,但知识的传授从根本上讲是由外而内的输入。而美育则总是适应着不同个性在不同年龄水平上的情感生活要求,把知识的传授和能力的培养与个性生命的发展直接联系起来。

另一方面,智育的任务是促进观察力、想象力、思维力等智力的发展,其中又以促进逻辑思维能力的进步为核心。皮亚杰的认知发展理论比较深入地研究了逻辑思维能力的发展特征,这个研究的结果表明,逻辑思维能力发展从一定意义上讲是一种抽象力的进步。皮亚杰把儿童从出生到 15 岁的智力发展分为四个阶段,即感知运动时期、前运算时期、具体运算时期和形式运算时期,这个过程是智力从具体表象向抽象逻辑的发展②。而这个过程与个体的审美发展有着质的区别。审美过程永远不脱离激发美感的感性世界,审美能力的发展虽也需要知识的帮助,但它在本质上不是由具体表象向抽象逻辑的发展,而是愈来愈深入具体的感性形象中去。逻辑思维能力与审美能力两者不同的发展方向决定了智育与美育的重要差异。以发展逻辑思维能力为主要任务的智育注重培养学生的逻辑判断和推理能力,同时也要摆脱认识中的主观性,增加客观性,对情感和幻想力的发展往往有一定的抑制作用。科学的逻辑思维能力的发展,对于想象、情感、直觉等感性方面能力的发展有抑制作用,而且,感性能力的退化还会危及理智力本身。在这里,我们可以得到两点启示:一是美育和智育有着不同的、甚至在某些方面相反的功能;二是无论是从个性的全面发展还是从智力的发展来说,美育与智育的协调融合都是必不可少的。

二、认知能力与审美能力的相互关联与促进

认知力的发展对审美感受和理解能力的发展有着深刻而明显的影响。皮亚杰曾做过一个液体守恒(Conservation of Liquid)的实验。前运算期儿童相信,将水从一个粗而矮的器皿滴入一个高而细的器皿时,水的量增加了,而将这些水重新倒回原先的器皿时,水的量又减少了。具体运算期儿童则可以分辨出,同样数量的水,注入不同形状的器皿中时,它的量仍未改变。这表明,前运算期儿童以某种固定的知觉方式来判断,是自我中心的,缺乏客观性。同样,前运算期儿童在画一个向不同角度倾斜的容器的水平面时,会不顾水平面与容器底部不平行的事实,而把水平面与容器底部画得平行,只有具体运算期儿童才会按客观事实来画。显然,科学的认知方式影响到儿童的艺术观察、构图与表达方式的发展,随着几何、力学等科学知识的获得,儿童对比例、对称、均衡和运动等形式组

---

① 黄济:《教育哲学通论》,山西教育出版社 2004 年版,第 476 页。

② [美]沃兹沃思:《皮亚杰的认知发展理论》,周镐等译,华中师范大学出版社 1986 年版,第 111—113 页。

织结构的观念也进一步得以明确。于是,在他们的艺术创造中,形式美的某些规律开始得到重视和普遍的应用。这也表明了认知力与审美能力还有协同发展的一面。

在艺术发展史中,我们随处可以发现科学的深刻影响。从达·芬奇到我们这个时代的先锋艺术家都承认科学影响了他们对自然和现实的艺术解释。如考尔德的活动雕塑所反映的物质是动态平衡状态的现代物质概念,或如相对论物理学对立体主义的影响,后者如同爱因斯坦那样,抛弃单一视点的传统,把共时性的不同视点结合起来。更加明显和无可争辩的是深层心理学,尤其是弗洛伊德主义对绘画中超现实主义和文学中的意识流技巧的影响。这种影响不是说艺术成了科学概念或理论的图解,而是说,科学的认知方式直接改变了艺术家原先的知觉和表达方式,就如同禅宗的思维方式改变了诸多中国古代艺术家的审美感悟一样。在个体成长过程中,认知方式的发展也同样多方面地影响着审美能力的发展,对提高审美能力有促进作用。事实上,认知力和各种知识的发展是儿童逐渐进入成人创造的广泛艺术天地的必要条件。因此,作为美育的艺术课程在小学和大学的知识含量和人文深度也应该是不同的,高校的艺术教育课程可能在技法上并不是很复杂,难度也不大,但是在人文内涵方面却可以是深厚的。

美育对智育的促进作用是巨大的,审美能力的发展一方面内在包含着认知能力的发展,另一方面也为认知能力的发展提供必需的基础和有利条件。

从某种意义上说,审美能力本身也是一种认知能力,不过它不同于逻辑思维的认知,而是一种直观的、特殊的悟解能力。达·芬奇(不仅是艺术家,同时也是科学家)曾把绘画和雕塑的意义说成是"教导人们学会观看"。当然这种"观看"不同于科学实证的观测,而是对于审美形式或形象的悟解。从实质上说,这种悟解就是对人类情感本质的悟解。任何审美形式都是感性生命的创造性表现,通过对审美形式的体验,我们可以直接领悟到其中的感性生命。艺术是一种不可替代的认识途径,它能使我们认识到科学语言无法表达和交流的内心情感活动。在审美活动中,人们对情感的认识是一种体验中的领悟,这种认识的对象是具体生动的情感活动,认识的结果是一种不可言喻或不能用言辞充分准确表述的意味和价值。从这种意义上说,审美创造和欣赏能力的发展也意味着一种特殊认知能力的成长,美育的这种功能是一般智育所不具备的。

美育过程中,学生要接触各种艺术品,由于艺术品不同程度地反映了某些生活真实,所以,对艺术品的欣赏和理解活动也具有增进认识的功能。孔子曾说,诗"可以观""多识于鸟兽草木之名",这里就指出了学《诗》可以增进认识的道理。中国古代的一些诗歌也包含着深邃的哲理,例如"沉舟侧畔千帆过,病树前头万木春""野火烧不尽,春风吹又生""年年岁岁花相似,岁岁年年人不同""今人不见古时月,今月曾经照古人"等,这些千古流传的佳句,于自然和人生的体悟中,显示了独特的智慧。

审美认知能力对一般知识认知能力的帮助不仅体现在社会文化领域,还体现在自然科学的学习中。受美国教育部和国家艺术基金会的资助,美国的艺术教育同盟(Arts Education Partnership)委托的一项研究结果显示:艺术与社会效益和学业成就之间存在65种显著的关联。已有多项研究表明,高中生学习艺术课程越多,他们的数学和SAT语言成绩就越高。还有人对美国各地25 000名学习艺术的中学生的研究发现,这些学生的标准化考试成绩超过了那些没有或很少学习艺术的学生。音乐教学可以促进数学技能所必需的时空思维的发展,同时也可促进对于比例模式和比率的学习①。这些新近的研究结果与早前许多科学家的自述经验高度吻合。例如,玻恩曾说:"我个人的经验是,很多科学家和工程师都受过良好的教育,他们有文学、历史和其他人文学科等方面的知识,他们热爱艺术和音乐,他们甚至能够绘画或者演奏乐器……"②这是合乎事实的,他本人会演奏钢琴,可以与管弦乐队一起演奏协奏曲,爱因斯坦也是小提琴手,普朗克也是钢琴家……而且,这些科学家的艺术修养是从小就开始培养的,他们的审美能力几乎与科学才能一起成长。这就要求创造力的培养要从小开始,并把美育作为一条重要的培养途径。

三、从"多元智能观"看美育与智育的融合

美国心理学家霍华德·加德纳于20世纪提出了一种新的智力理论:"多元智能"理论,他批评传统的智力"一元化观点",以及由此形成的"统一制式观念"和"统一制式学校",大大拓展了智力③概念。他提出:智能是"处理特定信息的能力""是一种解决问题或创造产品的能力"。④在此基础上,提出了最初的七种智能:音乐智能、身体—动觉智能、逻辑—数学智能、语言智能、空间智能、人际智能、自我认知智能。⑤加德纳的这种理论是从目标导向和问题导向出发的,专注于人所具有的解决问题和创造产品的能力,从而打破了传统智力理论仅仅关注理性认知和逻辑思维能力的局限,把诸多被人们认定为"非智力因素"的能力都收纳到智力概念之中。从多元智能理论来看,智育的范围大大拓展了,而且更注重灵活运用知识的能力培养,这也是和当前国际智育发展的趋势相吻合的。"智育的当代内涵是有目的、有计划地向学生传递系统的科学文化知识和探索问题的方法,打牢学生科学文化基础,发展学生智力,促进思维发展,激发创新意识,培养创新精神和创新能力"⑥。在这种观念和趋势下,美育和智育的融合比此前任何时候都显得重要。

值得注意的是,在加德纳所列举的"最初的七种智能"中,除了"逻辑—数学智能"不直接关涉艺术活动之外,其余的都与艺术活动有关联。"音乐智能"就是从事音乐活动的能力;"身体—动觉智能"不仅与体育有关,还和舞蹈等形体运动的艺术有关;"语言智能"与诗等文学有关;"空间智能"涉及雕塑、绘画等视觉艺术;"人际智能"和"自我认知智能"在艺术活动中也大量存在。此外,还有美国学者提出"情绪智能"(emotional intelligence)概念,指涉个体对自身及他人情绪的意识、感知、评估、理解和调节能力⑦。这个概念与美育的关系更是直接。而这六种智能的发展对于"逻辑—数学智能"的发展也是有帮助的。

① Pat Williams Boyd: *Eloquent Absence: Aesthetic Education in the United States*, *Journal of Education and Human Development*, Vol. 6(2), June 2017.
② 转引自周忠昌:《创造心理学》,中国青年出版社1983年版,第194页。
③ 加德纳讲的是"intelligence",翻译成中文可以是"智力"也可以是"智能"。
④ [美]霍华德·加德纳:《多元智能新视野》(纪念版),沈致隆译,浙江人民出版社2017年版,第7页。
⑤ [美]霍华德·加德纳:《多元智能新视野》(纪念版),沈致隆译,浙江人民出版社2017年版,第9—20页。
⑥ 冯建军:《构建德智体美劳全面培养的教育体系:理据与策略》,《西北师大学报(社会科学版)》2020年第3期。
⑦ 李成陈:《情绪智力与英语学业成绩的关系探究——愉悦、焦虑及倦怠的多重中介作用》,《外语界》2020年第1期。

在多元智能理论的框架里,我们可以看到美育与智育的关联度确实非常高。

如果仅就美育促进科学认知能力来说,审美直觉的培养可以说是美育和智育交叉重叠的重要领域。审美直觉是一种创造性的直觉能力,它既是认知能力的一部分,又是审美能力的最高形态。它不同于一般的智力,而是在既有知识和经验的基础上有所发现的认知能力,是人类智慧的集中体现。与任何能力的最高级形式一样,创造性直觉能力是复杂的心理过程,它主要体现于科学研究和思考之中,是一种属于专门人才的高级精神能力,具有心理综合与整体性的品质。具有创造性直觉能力的心灵是感知、想象、情感和理智等心理功能要素的交融综合,是意识与无意识的统一,它往往在感性直观的形式中,深刻地发现事物内部的新型联系,揭示其崭新的意义。创造性直觉是以长期的经验归纳、逻辑分析和推论为基础的,但在它发生之时,却超越了分析性的和循序渐进的逻辑思维方式,以一种形象的、整体性的和跳跃性的方式,直接而迅速地产生认识成果。许多科学家经常把最具创造性的灵感呈现状态称作"直觉",创造性直觉已成为科学发现与创造能力的代名词。①

由于直觉对科学创造有重要意义,一些国家已开始意识到要把培养创造性直觉能力作为教育的一项重要任务,以推动本国科学的迅速发展。美国著名心理学家布鲁纳指出:"直觉思维,预感的训练,是正式的学术学科和日常生活中创造思维的很被忽视而又重要的特征。机灵的预测、丰富的假说和大胆迅速地作出的试验性结论,这些是从事任何一种工作的思想家极其珍贵的财富。"②这位曾参与制定美国科学和教育发展计划的心理学家强调,学校的任务就是引导学生掌握直觉"这种天赋"。这对于正在努力创建"创新型国家"的中国,应该是有启发性的。这项新颖而迫切的教育任务是不可能光靠传统的智育来完成的,创造性思维的高度综合性与整体性要求各类教育协同合作,以促进其发展。在这个方面,美育具有独特的作用。

由于科学的创造性直觉具有某种审美性质,所以,许多科学家认为,在科学研究领域存在着一种特殊的审美现象——"科学美"。这种审美对象呈现出完整和谐、简洁有序的品格,由于它满足了创造激情和自由想象的要求,对科学家来说具有巨大的吸引力和强烈的愉悦感。由于这种科学美往往隐含着新的发现及其表达的最佳方式,因此,科学家自愿地受美感的引导去进行科学的探索。正如海森堡所说的,科学的探索者们最初往往是在美的光辉照耀下,去认识和发现真理的③。从众多科学家的自述与分析中可以发现,科学美往往是科学家发现新问题,激发进一步探索的激情和选择新的理论范型的重

---

① 爱因斯坦说:"我信任直觉。"玻恩强调指出:"实验物理的全部伟大发现都是来源于一些人的直觉。"有趣的是,这些伟大科学家往往把科学发现的直觉与审美直觉直接关联,甚至认为某些伟大的科学发现恰恰是来自美的指引。例如,热爱音乐的爱因斯坦说:"在科学的领域里,时代的创造性冲动有力地迸发出来,在这里,对美的感觉和热爱找到了比门外汉所能想象得更多的表现机会。"正由于科学中的创造性直觉具有审美的性质,所以,爱因斯坦称迈克尔逊是"科学中的艺术家"。而迈克尔逊则说,他的实验选题"要求研究者有着学者的分析的智慧,艺术家的审美知觉和诗人的形象性语言"。霍夫曼则认为,爱因斯坦"是个科学家,更是个科学的艺术家",他的方法"在本质上是美学的、直觉的"。这些事例都说明,加强美育对于培养创造性思维至关重要。

② [美]布鲁纳:《教育过程》,邵瑞珍译,文化教育出版社1982年版,第33页。

③ [德]海森堡:《精密科学中美的含义》,曹南燕译,《自然科学哲学问题丛刊》1982年第1期。

要因素①。然而,科学中的新问题或科学美并不是自然界自动呈示给研究者的既有之物,而是科学家们创造的成果。而那种对称、均衡、和谐、有序的完整意象何以与客观对象的真相和科学的解释相一致,在认识论上仍是一个有待揭开的"谜",但是,这种一致性的事实本身却向我们提示了认识中的创造性思维与审美创造力具有某种相通之处。这种相通并不排斥它们在所关心的问题、所使用的符号、有关的特殊技能和知识等方面的诸多差异,而是指心理活动方式上的异质同构关系。由此决定了科学思维中以美引真的可能性,也引出了美育对促进创造性思维发展的重要作用。科学美这一概念充分表明了人类精神的高度统一性,这正是美育与智育协同合作的基本根据。

科学美的一个基本特征是完整和谐。在科学发明的前期,思维的创造力表现为从散乱无序的现象中发现新的联系,从而创造出和谐有序的整体图式,这是发现问题,从而解决问题的关键步骤。有创造性的科学家往往追求对称、均衡、有序、和谐的完整意象,这种追求同时也是美的追求。在这里,美的追求成为科学创造的一个重要动机。彭加勒曾指出,科学家们不懈探索的是美和宇宙的和谐,"科学家研究自然,并非因为它有用处;他研究它,是因为他喜欢它,他之所以喜欢它,是因为它是美的。如果自然不美,它就不值得了解;如果自然不值得了解,生命也就不值得活着。当然,我在这里所说的美,不是打动感官的美,也不是质地美和外观美;并非我小看这样的美,完全不是,而是它与科学无关;我意指那种比较深奥的美,这种美来自各部分的和谐秩序,并且纯粹的理智能够把握它。正是这种美给予物体,也可以说给予结构以让我们感官满意的彩虹般的外观,而没有这种支持,这些倏忽即逝的梦幻之美只能是不完美的,因为它是模糊的,总是短暂的。"②理论物理学家狄拉克不断创造出理论物理的新成果,但他却说:"我没有试图直接解决某一个物理问题,而只是试图寻求某种优美的数学。"③美育可以使人从小养成追求美和创造美的自发倾向,并发展创造完整和谐意象的审美能力,从而与智育一道,为创造性直觉的成长奠定基础。

科学美的另一个基本特征是简单性。从科学的角度来说,简单性意指最大限度地表达了普遍规律的最简洁形式。海森堡指出,这种简单性的原则恰恰是"真理的美学标准"。他说:"如果自然界把我们引向极其简单而美丽的数学形式——我所说的形式是指假设、公理等等的贯彻一致的体系——引向前人所未见过的形式,我们就不得不认为这些形式是'真'的"④。而在美学方面,不少学者认为审美意象的丰富性与简单性不相容,这是一种误解。其实,真正的丰富性正是由简化形式中产生的。简化不是意义上的贫乏或单调,而是以尽可能少的材料创造出尽可能丰富的意义。阿恩海姆曾详细分析了审美知觉的简化特征,认为简化正是把丰富和意义同多样化的形式组织在一个统一结构中的能力。因此,简化也是"艺术品的一个极重要的特征"⑤。在中国美学中,简化也是一个重要的艺术原则。作画要求以最简练的笔墨来状物传神;写诗则追求用最经济的词句来创造"意在言外"的意境;戏曲艺术几乎不用布景,只用很少的道具,从而获得最大限度的时空自

① [美]库恩:《科学革命的结构》,李宝恒、纪树立译,上海科学技术出版社1980年版,第129页。

② [法]彭加勒:《科学与方法》,李醒民译,商务印书馆2017年版,第12页。

③ 曹南燕:《狄拉克的科学思想》,《自然辩证法通讯》1982年第2期。

④ [美]爱因斯坦:《爱因斯坦文集》第一卷,许良英等编译,商务印书馆2017年版,第320页。

⑤ [美]阿恩海姆:《艺术与视知觉》,滕守尧、朱疆源译,四川人民出版社1998年版,第66页。

由,创造出丰富的审美效果;而书法则把宇宙万物的生命与心灵的跃动简化为流动的线条,创造出最富有中国艺术精神的审美境界。以小见大、以少胜多、以一当十、以简驭繁已经成为千百年来中国艺术家进行艺术创造的座右铭。事实上,没有简化便没有完整和谐的意象,也没有丰富深邃的意味。因此,追求简洁性,不仅是科学创造的特征,也是审美创造的特征。美育可以培养审美创造力,同时也可促进科学创造力的发展。

另外,在一些科学课程的教学过程中,引进美育的方法,也可以促进创造性思维能力的发展。例如,鼓励儿童独立地观察,大胆地尝试,自由地想象,充分地表达自己不成熟的想法等,均为创造性思维创造了萌发和表现的机会。

― 第四节　美育与体育 ―

一、美育与体育的关系

体育,作为普通教育的一个组成部分,是培养全面发展的个性的重要方面。它的主要目的是:增强体质,发展体能,增进健康。这里讲的"体育"主要是指普通教育中的学校体育[①],而对于竞技体育的欣赏具有审美意味,所以也有所涉及。

现代体育的一个重要特点是注重身心协调发展。但是,目前有些学校的体育,在身心二元论的影响下,往往只注意身体本身的教育,而忽视了身体教育中必然包含着的心理教育方面。人是一个活生生的整体,对人的任何一个方面、任何一种能力的教育总是或多或少、或深或浅地涉及整体人格。以人的全面发展为宗旨的现代教育观决定了体育不应是单纯的身体教育,而应该是以身体教育为主要途径的人的教育。坚持学校体育的育人目标是讨论美育与体育内在联系的一个前提。

体育的一个重要目的是增进健康,而健康不仅仅具有生理学意义,从某种意义上说,一个人的身体健康包含着身体机能的健康和心理功能的健康,而且两个方面又是相互影响、相互促进的。体育过程包括传授锻炼身体的相关知识和技能,这也涉及心理学方面。任何一种运动技能的掌握都离不开一定的心理发展水平,体育活动本身包含着丰富的精神价值。自觉地把促进精神的发展作为体育的内在功能,有意识地把身体的发展与精神的发展有机结合起来,这是作为全面发展教育一部分的体育的应有之义。

从源头上来看,体育与美育是密切联系在一起的。原始的体育活动经常与娱乐或艺术活动是一体的。例如,具有宗教礼仪性质的原始歌舞,既是艺术化的情感表达和交流,又是身体的运动,有一定的健身、提高运动技能的功能。原始歌舞中的许多动作就包含着身体训练和竞技的因素。我国西周时,武王用一种武舞来训练士兵,这种舞蹈运动粗犷,刚劲有力,是一种军事武艺,也可看作是现代军事体育的源头。[②]在古希腊,体育的目

---

① 在现代汉语中,"体育"一词的含义很广泛,至少包含两个主要概念:一个是身体教育或学校体育,一个是竞技体育。

② 王其慧、李宁:《中外体育史》,湖北人民出版社 1988 年版,第 14—15 页。

的主要有两方面,一方面是培养强壮的身体,作为军事的准备;另一方面是对人体进行健美的塑造。当时的体育运动会都是"展览和炫耀裸体的场合",因为希腊人"把肉体完美看作是神明的特性"。正是在这种文化背景下,哲学家柏拉图提出了美育与体育结合的主张,认为身体的运动和声音的运动有一共同的节奏,所以,心灵的美化和肉体的健美是内在一致的。事实上,古希腊时代体育与美育的内在结合也是希腊雕塑创造繁荣的基础,正因为希腊人竭力以美丽的人体为模范,才促进大量健美的人体雕塑杰作的产生。这种健与美、肉体与精神浑然一体、完美统一的文化传统一直是后来体育和美育健康发展的重要源泉,也是如今将美育融入体育的一种文化资源。

从文化性质与功能上说,体育与美育有许多共同之处。首先,体育与美育都以活动本身为目的。体育和美育的教育过程充满着生命活力,它本身就是目的。如果说,道德活动和认识活动总以活动的结果为目的的话,那么,体育活动和审美活动的目的在于活动过程本身。虽然,体育与美育过程都包含知识、技能、技术以及道德的学习,但这些因素都不是根本目的,只是手段,它们都服从于身心协调发展的根本目的。如果说,德育与智育主要是使人掌握生活的手段,那么,体育与美育既使人掌握生活的手段,又是生活本身,而且尤以后者为突出。

其次,体育与美育就是人的身心全面投入活动。体育以身体教育为主,以身体带动着全身心的协调发展;美育以情感(心理)教育为主,以心理带动着全身心的协调发展。在体育活动中,身体的运动促进着心理方面的发展和提高;在美育活动中,情感活动也带动着生理方面的改善。身心全面协调发展的教育理想是体育与美育共同的基础,它们都直接体现了以满足人自身的生存发展需要、培养全面发展的个性的现代教育宗旨。可见,美育同体育有着众多的共同之处,实际上在欧洲的一些国家里,体育常常是被作为美育的一个方面来看待的。

关于体育中的审美和美育问题,近来国内学界出现了不少研究论著,其普遍特点是寻找体育中的"美"来谈论体育审美或体育美育的课题。这样做固然有其道理,体育运动,特别是竞技体育的确有越来越艺术化、可观赏性越来越高的趋势。奥林匹克运动在"更快、更高、更强——更团结"的口号里面或许该加上一个"更美"。目前各类体育赛事都很重视给观众以审美化感受,特别是电视转播收视率高的赛事,甚至会专门为观看赛事的电视观众增加艺术观感的设计。但是,从育人的角度讲,体育中审美和美育的核心问题在于运动过程中产生的美感或审美经验,正是这种身体运动和心理活动协调一致的美感使体育具有了审美的意义,也使体育具有了美育的内涵。学校教育中的体育与美育的内在关联不需要上述大型赛事那种商业支持和高科技手段,符合规律和目的的、有节奏的身体运动不仅可以实现体育的目标,还可以实现在感性体验中提升情感和精神以及促进创造力发展的目标,而这些目标则主要是美育的或者说是和美育共享的。《庄子》中有一个"庖丁解牛"的故事①,后人往往认为它讲的是养生之道,对其中"技"进于"道"的深刻思想注意不够。由于反复的练习和体悟,解牛人掌握了解牛的门道,从而使解牛的身体动作娴熟自如、简洁明快,其动作的流畅性和节奏感如同乐舞一般。事实上,人类诸多被

---

① 《庄子·养生主》:"庖丁为文惠君解牛,手之所触,肩之所倚,足之所履,膝之所踦,砉然向然,奏刀騞然,莫不中音。合于桑林之舞,乃中经首之会。"

称为艺术的身体运动正是起源于劳作。

理解体育包含着的审美性的关键是体育运动过程中动作合理、有序的节奏感,可以被称为"美"的体育运动,都内含节奏感,能够唤起运动主体和观赏者心理和谐的快感。这种快感既是生理性的,也是精神性的,也可以被称为"美感"。个体运动中动作的协调就能产生节奏感,例如田径运动中的跑、跳、投掷动作都具有协调性产生的节奏感,游泳时身体各部位的协调性、篮球三步上篮动作的协调性也能产生舒展的节奏感,传统武术圆熟而有节律、形神兼备的动作更是具有艺术的节奏感[①];篮、排、足等集体运动的配合默契和协调性也能够产生节奏感。正是这种节奏感使体育具有审美性,也使美育和体育具有了内在关联。需要说明的是,体育运动中产生的节奏感,对于运动者本人来说,是一种运动感觉和想象力相结合的产物,合理的节律本身就是令人愉悦的。但是这种愉悦产生于运动过程中的自我觉知,很难说是作为对象的"美"的感知。理解这一点很重要,用主客体二分的美学理论常常是无法理解体育中存在的众多审美现象,也不能准确把握美育与体育的内在联系。

对于体育中存在的审美现象也很难全部用经典美学理论来解释。例如,一说到审美,就会想到康德的美学理论。国内外一些研究体育美学或体育美育的论著往往喜欢引用康德的审美"无利害性"理论来解释体育中的审美性,但是要注意的是,经典美学理论基本排斥生理快感和审美经验的联系,这是常识。而体育运动产生的快感必然关联着生理快感,那些合理、有序的动作会让人感觉"舒服"。这个"舒服"对于运动者本人来说,首先是运动自如产生的舒适感,这主要是生理快感,当然也能唤起心理的和谐快感,超越了生理层面。所以,体育的审美性是包含着生理快感又不局限于生理快感的,否则我们根本无法理解身体运动所产生的美感。另外,从总体上讲,现代学校体育已经不是纯粹的"游戏"了,也就是说,它往往带有功利性,最突出的一点就是以健康为目的,而各种比赛总离不开争胜的目标。所以,完成一个漂亮动作或实现一次团队完美配合所产生的快感不能说是毫无功利目的的。一次集体球类运动的成功、默契的配合是由多种因素促成的,如技战术的反复训练达到成熟、对队友的信任、球队团结的氛围和集体荣誉感等,因此,实现了完美配合所产生的快感也是由多种成分构成的。事实上,体育不是纯艺术,体育美学或者体育美育本身就是复合的概念,没有必要追求美学的纯粹性,而更应关注美育与体育复合所产生的特殊育人价值。某种教育类型或者某类课程都不可能是完全单一目标的,而是力求在教学过程中实现教育的多元目标,美育与体育的结合就是一个例子。

体育中的美感或者审美经验可以分为两个方面:作为运动者的美感经验和作为观赏者的美感经验[②]。二者有联系,也有区别,其中最根本的区别在于,由自身运动产生的快感对于培养体育兴趣和提高运动能力有着直接的促进作用,同时还有助于运动者审美能力的增强。对于普通教育中美育和体育的研究,自然比较关注作为运动者的审美体验,因为这是直接产生育人效果的方面。

---

① 参看杨静、马文友:《论中国武术审美追求》,《体育学研究》2019 年第 4 期。
② 高强:《知觉、判断力与范例——从两种体育审美体验谈起》,《体育科学》2013 年第 5 期。

二、体育过程中的美育

体育本身就包含着许多美育的因素。一方面,体育作为身体的教育,具有促进人体健美的功能;另一方面,体育作为身体协调自由的活动,使运动者和观赏者产生强烈的审美体验。因此,体育是实施美育的一个必不可少的领域。

有学者指出:"体育运动的发展,同时意味着新的艺术现象出现,人类的运动美和人体形象特征在这种现象中被发现出来。"①而体育与艺术的结合依然成为全球体育的发展趋势,"体育与艺术、美学与日俱增的密切关系是当代体育的重要特征之一。今天的体育运动表现出了强烈的美学特征和艺术性、竞技运动的表演性、大众体育的休闲性以及体育教育中重视体验、情感和美育等,这些现象都充分说明了当代体育的艺术化趋势显著"②。在某种程度上,体育正是一种艺术创造,不过这种艺术创造的对象不是别的事物而是人体。因此,对身体的教育实际上应遵循健美一体的原则。

在体育中对人体进行的健美塑造主要包含两个方面:第一,使人合乎自然地充分发展,既健康强壮,又具有人体美。通过体育活动,可以使身体发展充分健全,骨骼匀称,骨肉丰满,皮肤光润而有弹性,这本身就具备了审美的意义,因此,对身体的教育实际上应遵循健美一体的原则,例如,健美操就是人对自己的身体进行健美塑造的一种创造活动。第二,人体的健美还体现在身体运动的协调平衡。体育是充分发挥人体潜能的教育活动,它并不单纯地追求体力的发达,而是更注重发展人体运动的协调平衡性,使人的体能以最经济的方式发挥最大的功效,从而使人体在运动中获得最大限度的自由。无论是体操,还是游泳,无论是打球,还是跑步,只有协调平衡的动作才能最大限度地发挥体能,同时,也只有协调平衡的动作才具有审美的意味,才能在运动者内心产生流畅、合乎节奏的美感体验。所以,在体育活动中,健与美往往是内在统一的。

体育活动中常常伴随着审美的情感体验。在伴有音乐的体操和滑冰中,通过视、听觉获得的审美体验自不待言,就是身体运动本身也会产生审美体验。这种体验首先来自运动中的自我实现感受,当人体抛弃各种多余的动作,摆脱各种束缚而协调自如地运动的时候,主体内心往往会惊奇地感受到生命力充分发挥和表现的自由状态。此时,不仅他的身体在运动,他的情感也随着流畅、协调的运动形式充分地表现出来,他的精神也在升华。这种感受产生于运动知觉和想象,产生于对自己身体运动的协调自由特征的领悟。此刻,运动着的人从自己和谐的运动形式中体验到自由的愉悦。心理学的研究证明了身体协调运动产生美感的可能性。肌肉活动可以产生全身心活泼运动的经验,肌肉和神经系统功能的协调起着十分重要的作用。运动的熟练正是通过肌肉和神经组织的协调活动而获得的,其最终结果是用尽可能少的精力消耗来完成某一动作③。心理学家指出:"有节奏的活动能达到最适宜的协调,使动作的能量消耗更加经济。"④另外,运动的节奏感也蕴含着和谐自由的美感经验。这就使得那些高度协调的动作不仅具有外在的美的形式,

---

①〔苏〕萨拉夫:《论体育运动美学》,姜晓辉译,《国外社会科学》1985 年第 12 期。

② 徐通:《当代体育艺术化趋势形成原因的美学阐释》,《沈阳体育学院学报》2013 年第 4 期。

③〔日〕松井三雄:《体育心理学》,杨宗义、张春等译,人民体育出版社 1985 年版,第 27—28 页。

④ 曹日昌主编:《普通心理学》上册,人民教育出版社 1980 年版,第 179 页。

而且也能唤起运动者本人内心的审美体验。从体育心理上说,正是"神经—肌肉活动这种运动能使人体本身及其活动具有获得美的可能性"①。

在上述意义上说,体育运动本身具有表现因素,值得注意的是,现代体育活动具有某种超越现实的特征,无论是普通教育中的体育活动,还是竞技性的体育活动,它们都不同程度地突破了现实社会的常规法则,而具有游戏和表现的意义。在充分协调自由的运动过程中,个体不仅证明了自己的体能和体力,而且还表现出内在的精神生命以及情感和欲望。在现代文明社会中,体育不仅是强身养生的手段,而且是个性情感的表现途径。正是在对有节奏的自由运动形式的感受中,个性情感以文明的方式得到表现和升华。可见,体育内在蕴涵着美育的功能。

随着人类文明的发展,体育愈来愈成为一种给人提供审美享受的运动,体育运动的观赏性愈来愈强,各种各样的体育运动项目为人们展示出精彩纷呈的审美对象。在音乐的伴奏下,女子自由体操和艺术体操展示出灵巧、活泼、舒展、婀娜的美;花样滑冰则创造出自由奔放、潇洒自如的艺术境界;高山滑雪令人惊叹;百米赛跑扣人心弦……在体现人类力量与智慧相协调的运动形式中,我们感受到了人类为超越自然界限、争取更高自由度的创造的伟大与壮丽。这种感受虽不如艺术欣赏那么精致高雅,然而,由于运动形式是健与美的结合,所以更激动人心、令人振奋,充满着生命力昂扬的情调,这就是"更高、更快、更强——更团结"的神奇魅力。从这个意义上说,体育观赏也包含着促进个性情感表现和升华的美育功能。

三、美育对体育的助益

由于身体协调的运动与心理和谐的活动有密切的关系,所以,美育对于体育有着重要的促进作用。

在体育中引进美育原则,在体育评价中结合审美评价可以使体育更符合培养全面发展个性的人文教育宗旨。把美育引入体育就要求注重发掘体育中的美育因素,克服单纯身体锻炼的片面倾向,把身体的协调发展与心理的协调发展结合起来。例如,在人体塑造方面,贯彻健与美相结合的原则,不仅可以达到塑造人体美的目的,也有助于人体合乎自然地健康发展。目前一些健美活动片面追求大肌肉块的隆起突出,忽视了身体整体的协调完整,结果身体本身也不是向更灵巧发展,反而显得笨拙。女子健美不应单纯追求健壮、有力,男子化倾向。从审美的尺度来说,女子健美应该既健康丰满,又不失阴柔之美,这种要求也是合乎女性生理特点的。因此,学校面向多数学生的健美运动应该与竞技性的健美有所区别,因为前者是以促进学生全面协调发展为目的的。

从体育教学过程来说,必要的审美能力是掌握一些运动技能与技术的重要前提。例如,通过音乐教育发展学生的节奏感,对于学习体操和花样滑冰等诸多运动项目就十分有利,一个运动员乐感的好坏直接关系到他在这些项目中的成绩。事实上,所有的艺术品都是有韵律节奏的,因此,审美欣赏往往内含着节奏感的培养。朱光潜曾指出,审美的节奏感不仅涉及心理层面,还涉及生理层面,引起全身肌肉的活动,"人用他的感觉器官

---

① [日]松井三雄:《体育心理学》,人民体育出版社 1985 年版,第 28 页。

和运动器官去应付审美对象时,如果对象所表现的节奏符合生理的自然节奏,人就感到和谐和愉快,否则就感到'拗'或'失调',就不愉快。"①在审美活动中培养出节奏感,会使人对运动的外部形式与内部状态的节奏十分敏感,对于掌握体育运动的节奏,促使动作的协调自如是很有帮助的。许多从事技术性很强的运动项目的优秀运动员都喜好音乐,这也绝不是偶然的。另外,作为美育之一的舞蹈教育,本身就有训练身体协调性的作用,审美化的动作与编排总是与身体的协调运动相一致,所以舞蹈的学习,可以为学习体育打下良好的基础。

美育可以促进生理和心理和谐平衡,这本身就具有增进健康的意义。美学史上早就有人指出审美促进心理健康的功能。如古希腊哲学家亚里士多德指出,悲剧和音乐具有情绪的"净化"(Katharsis)作用。朱光潜解释说:"'净化'的要义在于通过音乐或其他艺术,使某种过分强烈的情绪因宣泄而达到平静,因此恢复和保持住心理的健康。"②在我国古代也不乏关于通过艺术理气、养神,达到内心平衡的说法。例如:山水画创作可以"畅神",诗可以"贫贱易安,幽居靡闷"等。明代王阳明《传习录》中曾说"故凡诱之歌诗者,非但发其志意而已,亦所以泄其跳号呼啸于咏歌,宣其幽抑结滞于音节也",最后是"调理其性情""入于中和"。这实际上是一种艺术"宣泄说",宣泄的目的是达到心气平和。"气"是古人把审美与养生联合统一起来的重要纽带。古人作诗文书画和歌唱舞蹈讲究主体自身的运气、顺气,这种"气"的调理相当程度上是一种生理与心理贯通的运动,它不仅为艺术创造提供了条件,也有助于身心健康。中国的武术一直讲究身心协调,可以说是健身与养心有机结合的典范。"秦汉两朝,武舞的常态化和多样化带动了审美意识的快速发展;宋明以降,武术套路的虚拟化和程式化使得武术审美意识走向了成熟与独立;近现代,由民间武艺逐渐向体育过渡,增强了人们对其竞技性的审美需求;而在今天,以'读图'为主的视觉文化时代,武术的艺术化趋势又彰显其审美意识显著地发生了时代变迁。"③中国武术一直追求"形神兼备"之美,体现了中华美学的精髓。我国古代审美与健美相结合的传统是很值得我们研究和借鉴的,而如今国内外方兴未艾的艺术治疗更是进一步说明了艺术活动对人的心理和精神健康具有独特的效果。

心理的和谐平衡状态也是体育运动的基础。无论是在训练中,还是参加体育竞赛,都要求有稳定的心理素质。具有较高审美素养的人往往能比较自如地调节内心的平衡,也能够迅速地使自己兴奋起来,这种心理状态正是体育运动非常需要的。

因此,提高审美修养,经常参加审美活动,可以为提高体育运动素质提供良好的心理条件。在这方面,美育对体育是有所助益的。一些中小学已经在体育活动中引入美育因素方面做了有益的探索:学生在不同乐曲的激励下,做着各种活泼、有序的动作,身体的运动与心理的体验有机融合。这种活动不仅有利于健身,而且能激发学生的生命活力,培养良好的节奏感、协调感和流畅感,促进他们的身心健康。

---

① 朱光潜:《谈美书简》,长江文艺出版社 2008 年版,第 202 页。
② 朱光潜:《西方美学史》上卷,长江文艺出版社 2019 年版,第 52 页。
③ 马文友:《中国武术审美意识的发展历程与时代变迁》,《体育学研究》2019 年第 6 期。

第五节　美育与劳育

劳动教育是全面发展教育体系的重要组成部分,既有相对独立的教育内容,又与德育、智育、体育和美育有着内在联系。

在观念层面,劳育以培养学生正确的劳动观念为目标,在用心动手的教学过程中,引导学生正确理解劳动是推动人类发展和社会进步的根本力量,认识劳动创造人、劳动创造价值、创造财富、创造美好生活的道理,尊重劳动,尊重普通劳动者,牢固树立劳动最光荣、劳动最崇高、劳动最伟大、劳动最美丽的思想观念。而在美育过程中,可以培养学生热爱劳动,尊重劳动,尊重创造,热爱劳动人民的优良情操。古今中外有许多优秀艺术作品包含着讴歌劳动和劳动者、崇尚创造和创造力、同情底层劳动人民的内容,美育教育可以在情感和认知层面培养学生树立正确的劳动观和人生观。例如,歌曲《在希望的田野上》是一首讴歌劳动的优秀歌曲,我们在希望的田野上生活、劳动、奋斗,创造美好的未来。歌曲情绪饱满,充满了对劳动的创造未来的憧憬,是对学生进行劳育的好"教材"。李绅的《悯农》既描写了农民种粮的艰辛,道出了粮食来之不易的道理,表达了对劳动人民的敬意,同时又对辛勤劳作的劳动者表达了深深的同情。白居易的《卖炭翁》揭示了底层劳动者的悲剧性命运,同时表现出对于劳动者的同情。在美育教学过程中,要注意挖掘培养学生正确劳动观念的要素,培养学生热爱劳动、尊重劳动人民的良好情感。

通过美育教学,学生掌握了一定的艺术技能,具备了初步美化生活的能力。学校的劳动教育与美育相结合,组织学生美化校园、教室和寝室,用自己的双手和辛勤劳动换来整洁、美观的学习和生活环境,切身体悟劳动的价值。艺术教学过程中,教师也要多让学生自己参与,培养他们自己动手、不怕辛苦、独立完成的习惯。在以培养应用型人才为目标的职业教育学校中,美育可以同实践教学有机融合,引导学生把艺术要素整合到实践技能之中,提高实践教学的创造性和审美性。随着劳动教育教学和研究的不断深化,劳育与美育的有机联系还会有更多。

 本章小结

在普通教育中,美育具有独特性,又与德育、智育、体育、劳育等其他教育形态有内在联系。这种联系有两种方式:一种是美育本身内在地包含了其他教育的价值;另一种是美育可以作为其他教育的外在手段。认识美育在基础教育中的地位及其与其他教育形态的区别与联系,能够深入具体地把握美育的特点、规律和价值。

✏️ 思考练习

1. 美育在普通教育中的基础性体现在哪些方面？
2. 美育的内在德育功能有哪些？
3. 从多元智能理论看美育促进学生智力发展的作用。
4. 简述美育与学校体育的相互促进作用。

第三章 不同审美形态的美育

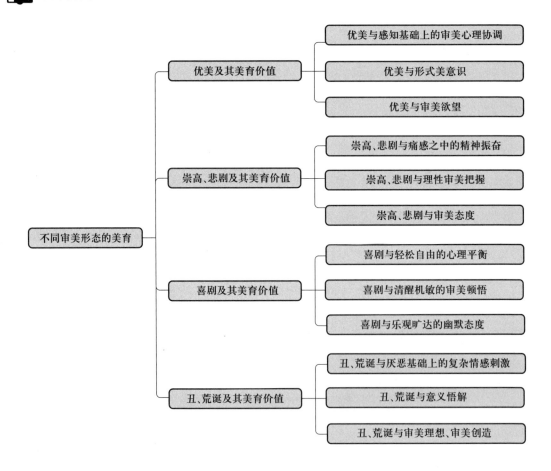

学习目标

　　认识优美、崇高、悲剧、喜剧、丑和荒诞等审美形态的特性,从它们与特定情感体验、情感陶冶和特定审美能力培养的对应关系中理解其独特的美育价值和意义。丰富情感体验,提升审美趣味,增强审美能力。掌握不同审美形态的美育方法;在具体的美育过程中,根据教育对象的实际情况进行有阶段性、有所侧重的审美形态选择,使学生获得丰富的情感陶冶,具备全面的审美素质。

内容概要

不同审美形态的美育

- 优美及其美育价值
  - 优美与感知基础上的审美心理协调
  - 优美与形式美意识
  - 优美与审美欲望
- 崇高、悲剧及其美育价值
  - 崇高、悲剧与痛感之中的精神振奋
  - 崇高、悲剧与理性审美把握
  - 崇高、悲剧与审美态度
- 喜剧及其美育价值
  - 喜剧与轻松自由的心理平衡
  - 喜剧与清醒机敏的审美顿悟
  - 喜剧与乐观旷达的幽默态度
- 丑、荒诞及其美育价值
  - 丑、荒诞与厌恶基础上的复杂情感刺激
  - 丑、荒诞与意义悟解
  - 丑、荒诞与审美理想、审美创造

在审美活动中,审美对象是有多种形态的。审美形态是多样的,也是不断发展的。在美学上,一般把审美形态分为优美、崇高、悲剧、喜剧、丑和荒诞等主要类型。在美育系统中,不同审美形态的教育具有不同的意义和价值。通过对优美、崇高、悲剧、喜剧、丑和荒诞等形态多样性的欣赏和把握,有利于丰富情感体验,提升审美趣味,增强审美能力。以往人们对美的认识往往侧重于狭义的美——优美,具有一定的审美局限性。因此,美育应使受教育者把握更多的审美形态。

不同的审美形态对应着欣赏者不同的审美心理机制,通过多种审美形态的教育可以有针对性、有所侧重而又全面地培养人们的审美能力。审美形态具有范式性,通过不同审美形态的教育,可以使人们掌握这些审美形态的审美规律、审美标准,以此衡量、鉴别审美对象的性质。对不同审美形态鉴赏力的提高,更利于人们认识、把握、分析艺术思潮和审美风尚的历史发展规律。审美形态的概括性、抽象性,便于培养对抽象审美意味的感悟能力。从某种意义上说,对不同审美形态意味的体验悟解能力是审美能力的集中体现。以往我们鉴赏、分析艺术作品、审美现象,或侧重认识性、偏理性的思想内容,或侧重形式化的技巧手段。而从审美的意义上说,更应侧重于审美形态意味的把握,体悟优美、崇高、悲剧、喜剧、丑和荒诞等不同的审美性质、审美内涵。可以说,能否悟解多样的、不同的审美形态意味,是审美能力成熟与否的重要标志。本章侧重探讨优美、崇高、悲剧、喜剧、丑和荒诞这几个基本的、主要的审美形态的美学特性,从它们与特定情感体验、情感陶冶和特定审美能力培养的对应关系中论述其独特的美育价值。

第一节　优美及其美育价值

优美是以和谐为基本特征的审美形态。它单纯整一,平衡稳定,比例匀称,给人以赏心悦目的审美快感。优美教育以其感知基础上的审美心理因素的协调性,在审美教育中占有重要的基础地位,它有利于培养人们的形式美意识,用美感愉悦吸引人们,唤起人们积极、强烈的审美欲望。

一、优美与感知基础上的审美心理协调

优美感具有感性、直觉的特点。在优美审美心理中,理性因素不明显、不突出,仿佛无须借助思考,便通过审美感官直接把握优美对象,唤起美感愉悦。"眼睛一看到形状,耳朵一听到声音,就立刻认识到美、秀雅与和谐。"[1] 在这里,没有心理的冲突,没有把握的困难。移情只介绍了愉快的解释,联想只使人想起愉快的观念。正因为没有骚乱,所以纯粹的美的价值总保持为一种表面价值。[2] 所谓"表面价值"并非缺陷,它正显示出优美的感性审美把握的纯粹性、自律性。优美的体验也可能由表及里、由浅入深,但不会因

---

[1] 夏夫兹博里:《道德家们》,转引自朱光潜:《西方美学史》上卷,商务印书馆 2017 年版,第 207 页。

[2] 玛克斯·德索:《美学与艺术理论》,中国社会科学出版社 1987 年版,第 141 页。

此而破坏感知的快感。而且,这种深化的体验不会脱离当前的知觉对象。优美欣赏锻炼,完善着人们的审美感官。

在感性愉悦的审美基调上,审美主体的各种审美心理机制和谐运作,既无矛盾,又无阻滞,从最初的审美感知到审美想象、理解,一直到审美快感的获得,自始至终充满着协调、平衡、轻松的气氛。理想的美是直接显现的形式的统一,这个统一不仅与内心活动的自然进程相合,而且与内心状态的和谐的共存相合。优美欣赏对促进人们感知、理解、想象、情感和谐统一的审美心理的完善,对保持和谐舒畅的心境,大有裨益。

优美感的感性直观性和心理和谐性,决定了优美教育在审美教育系统中的基础地位和广泛的适应功能。完满和谐的审美形式与人类的生命形式有着原初的适应性,自由协调的审美心理状态与人类追求协调平衡、完整一致的本能内在一致。优美教育适合不同心理水平和个性特征的人,尤其适合儿童。与其他美育形态相比,优美教育是儿童美育最基本的形态。完满和谐的形式很适合以整体反应为特征的儿童知觉,自由和谐的体验也与儿童相对完整的心灵相协调。优美的直观方式,对于理解力不足,而直觉创造力突出的儿童来说,是最合适的,优美感的愉悦性也符合儿童快乐无忧的天性。相对于不同欣赏能力水平的人,优美也具有广泛的适应性。其清晰可爱的外在形式,直接诉诸感官,引起快乐和喜悦,易于为人们普遍接受。优美的教育可以帮助人们树立基本的审美价值观。对人生来说,平衡是暂时的,矛盾冲突却是永恒的,但人的生命却追求平衡,渴望和谐。这体现在审美中,就是赋予瞬间的和谐自由以永恒的价值。因此,优美成为一切审美形态的基本价值尺度。美育宜从优美开始,然后逐步扩大学生的审美视野,提高审美素养。

二、优美与形式美意识

优美是以感性形式的和谐为主要特征的,其感性形式因素的情感意味及其组合规律,成为优美直观把握的重要内容。对优美的审美体验,有助于培养审美形式感,形成一定的形式美意识,从而以形式美标准指导审美欣赏和审美创造。

我们讲形式美,主要是指存在于优美形态中的感性审美特性。所谓舒缓婉转的曲线,悦耳动听的乐音,协调柔和的色彩、光线,以及平衡稳定、对称协调、比例适当、单纯整一、多样和谐等点、线、面、形、声的组合法则之类的形式美内容,都是优美形态的特征。美学史上有关美的形式因素和形式美规律的论述,基本上依据的是对优美对象的审美把握。毕达哥拉斯学派认为人体的美在于各个部分之间的比例对称,音乐的和谐来自声音的长短高低的协调;亚里士多德认为美的主要形式是秩序、对称和比例,一个美的事物不但其各部分应有一定的安排,而且其体积也应有一定的大小。因此,优美形态对形式美意识、审美形式感的培养具有直接的美育功能。

优美形态的教育,可以使人们形成一定的形式美意识,具备最起码、最基本、运用最多的审美能力。对大多数人来说,具有审美能力的最明显的标志便是看他能否感受或创造形式美。在很大程度上,形式美意识的确立也是审美标准的确立。人们在审美欣赏和审美创造中主要依靠形式美规律的指导。所谓"美化"——人的美化、环境的美化、产品的美化等,主要是形式美因素在各个领域的运用和体现,是以形式美法则为依据的。在装饰、设计领域,人们正是自觉运用形式美规律来进行审美创造的。我国古代彩陶工艺造型中就已有意识地运用了对比法、分割法、开光法、双关法、多效装饰法等形式美法则。对比法采用曲直、横竖、长短、大小、黑白、动静以及线、面、空间等方面的对比,产生丰富多彩的装饰变化;分割法以比例为手段,使装饰面产生不同的区域,使纹样之间产生各种间隔,以形成节奏和韵律的美;开光法用一定的轮廓外形划分出装饰面,突出主体,增加层次。李渔曾根据色彩、质感的形式特点论述了穿衣打扮的美化,提出"相体裁衣"之法:"大约面色之最白最嫩,与体态之最轻盈者,斯无往而不宜。色之浅者显其淡,色之深者愈显其淡;衣之精者形其娇,衣之粗者愈形其娇。……面颜近白者,衣色可精可粗;其近黑者,则不宜浅而独宜深,浅则愈彰其黑矣。肌肤近腻者,衣服可精可粗;其近糙者,则不宜精而独宜粗,精则愈形其糙矣。"[1]生产环境的美化运用或明亮、或沉稳、或活泼、或宁静的色调,悦耳舒畅的音乐,整齐而有节奏韵律的器物摆置,营造出优美和谐的气氛;产品的美化通过对造型上的形状、质感、肌理、量感等因素的巧妙处理达到实用与审美的有机结合;居室美化通过棚顶、地面、墙壁的装饰和家具等的摆设,呈现出既符合形式美规范又具有个性特点的审美情趣。这些都有赖于人们形式美意识的形成与逐步完善。

三、优美与审美欲望

优美形态以其赏心悦目的形式感染着欣赏者,其直接愉悦的性质适应着人类最基本、最深层的享乐天性,具有很强的吸引力。它充分唤起欣赏者的审美欲望,把人们吸引到审美活动之中。与人的基本天性相适应的美育,才能真正实现其满足个体的情感生存需求,发展其各种潜能的目的。美育不是说教,只有充分唤起受教育者的主动的审美欲望,才能达到理想的美育效果。优美形态的吸引力对唤起审美欲望起到极大的作用。优美的愉悦性和快感使人产生一种亲切感和爱的情感。"秀美的事物立刻就叫我们觉得愉快,它的形态恰合我们感官脾胃,它好比一位亲热的朋友,每逢见面,他就眉开眼笑地赶上来,我们也就眉开眼笑地迎上去,彼此毫不迟疑地、毫无畏忌地握手道情款。我们对于秀美事物的情感始终是欢喜的,肯定的,积极的,其中不经丝毫波折。"[2]亲切的、爱的感受,怎能不叫人心驰神往呢?

优美感是赏心悦目、宁静舒适的自由体验,优美的欣赏使人获得全身心的松弛与舒畅。优美教育使人们紧张而动荡的心灵获得松弛和宁静。席勒指出,优美可以使紧张的人得到放松。所谓"紧张",是指受到感性欲望和理性法则的强制,而融合性的优美既可以使感性欲望在审美升华中扬弃杂乱无序的非理性成分,"使粗野的生活和缓下来",又可以使法则规范重新获得生命的内容,"使概念回到直观,使法则回到情感"[3]。优美的松弛作用就是解除心灵的强制,使之达到有活力的宁静或有序的活泼。在现代社会,劳动的高度机械化、标准化,劳动过程的程序化,使人的生活处于高度紧张的状态。心灵长期

---

① (清)李渔:《闲情偶寄》,江苏凤凰文艺出版社 2020 年版,第 29—30 页。
② 朱光潜:《朱光潜美学文集》第一卷,上海文艺出版社 1982 年版,第 236 页。
③ [德]席勒:《美育书简》,徐恒醇译,中国文联出版公司 1984 年版,第 97 页。

受到强制是造成精神分裂和心理疾病的重要原因。对于这种紧张的心灵来说,和谐宁静的优美形态,具有灵魂抚慰的作用。松弛舒畅的心境是人们所喜欢的,而这种心境恰恰可以由优美欣赏来营造,因而人们对优美的向往之情随着审美活动的增多会愈加浓烈。

一 第二节 崇高、悲剧及其美育价值 一

崇高是侧重人与自然、主体与客体矛盾对立的审美形态,具有冲突、无限、模糊、神秘、粗粝、动荡等特征。

悲剧(具有悲剧性的审美形态,包括戏剧形式的悲剧和其他种类的悲剧艺术)是以具有正面价值的人的不幸、毁灭为特征的审美形态。

崇高和悲剧给人以痛感为基础的复杂的审美感受,对于振奋精神、升华理想、培育理性审美能力、端正审美态度,具有重要的美育意义。

一、崇高、悲剧与痛感之中的精神振奋

崇高形态以巨大的威力、无边无际的形式、神秘莫测的未知世界,给人造成恐惧、不安;悲剧人物的不幸、失败、灭亡的悲惨遭遇使人悲痛、哀怜,让人感到压抑、痛苦。但正是这些崇高性、悲剧性的痛苦之感对人产生了巨大的激发、振奋作用。

崇高感和悲剧感使人的心灵得到激励,精神得到振奋,从而摆脱、超越麻木、消沉的生活态度和精神状态。文明的发展和物质的丰裕可能会造成人性柔弱、精神漠然,因此,人们的心灵需要用痛苦来加以刺激,使之在惊讶中醒悟。崇高和悲剧能使人从中体验到激情,这种激情更能让人感受到生命的活力。一般说来,追求幸福和享受是人的本性,但是,耽于享乐,安于现状,却会使生命萎缩,精神颓废,从而使既有的幸福也失去意义。而艰苦、曲折、斗争的境遇却可以使生命力得到更新和提高,使和谐宁静的生活在更高的水平上重新获得意义。崇高和悲剧把我们的生命力提升到更高水平,把我们推向振奋的高处。崇高和悲剧的教育使个体心灵在痛苦中受到激发,超越生活的常态去追求更高尚、更有意义的生活目标。

崇高与悲剧形态的伟大力量、斗争精神、英雄气概更使人惊赞,受到莫大的鼓舞,感到振奋和高尚。"在悲剧中,我们亲眼看见特殊品格的人物经历揭示内心的最后时刻。他们的形象随苦难而增长,我们也随他们一起增长。看见他们是那么伟大崇高,我们自己也感觉到伟大崇高。正因为这个原因,悲剧才总是有一种英雄的壮丽色彩,在我们的情感反应中,也才总是有惊奇和赞美的成分。"[1] 悲剧有不幸、有死亡,但它更本质的特征却是崇高性、壮丽性、英雄性。那种英勇不屈的英雄品格,激烈悲壮的斗争境遇使人油然而生崇敬之情,自己的情怀也随之高扬。这种英雄气概更能激发我们的生命力感和努力向上的意识。

---

[1] 朱光潜:《悲剧心理学——各种悲剧快感理论的批判研究》,张隆溪译,人民文学出版社1983年版,第207—208页。

崇高与悲剧的精神振奋与提升的审美效应使我们的精神力量超出平常的尺度,摆脱低级、庸俗的趣味。它们具有使人脱俗的教育作用。对崇高怀有兴趣的心灵,必然对浅薄、卑下、空虚、造作等持蔑视态度,必然不满足感官的享乐,不满足既得的安逸。崇高与悲剧的教育具有使人胸襟开阔、对宇宙万物持有至高至善的生命关怀作用,这种教育更具有改善生存质量、振奋民族精神的意义。

二、崇高、悲剧与理性审美把握

崇高、悲剧不像优美那样强调感性直观愉悦,它更侧重于诉诸人的理性。崇高、悲剧形态的教育,有利于高扬理性精神,提高人们的理性审美能力。

崇高的形态是巨大、无限、无序的,因而它不能直接满足感性审美观照的要求。但是对于具有较高精神力量的审美主体来说,感性生命的暂时受阻,却为充分表现其理性力量提供了最好的条件。"崇高之感的产生,一方面是由于我们自觉无力,受到限制,不能掌握某一对象,另一方面则是由于我们感到自己宏伟无比的力量,不怕任何限制,在精神上压倒迫使我们的感性的能力屈服的东西。……一个崇高的对象,正是由于它抗拒感性,因此对理性说来是有目的的,它通过低级的能力使人痛苦,这样才能通过高级的能力使人愉快。"[①]优美感是一种通过感官便可直接感受的愉悦感,而崇高感则需通过理智与情感更为紧张地探索与激荡才能领会,它融合了感性把握的"不愉快"和理性把握的"愉快"的复杂情感。面对巨大的、威力无比的、超出主体实际能力的对象,主体却能以伟大的理性精神与之抗争,这种伟大的气概充分体现了人的尊严。我们在崇高的审美体验过程中,为这种人性的伟大所折服,从中意识到人的伟大,体验到人的力量,发出由衷的赞叹。在优美感受中,我们偏重于对合规律性的自由形式的欣赏,而在崇高感受中,则倾向于对合目的性的必然内容的探求,体现为在矛盾冲突中求取伦理情感与哲理思维的交融。对崇高审美的把握更需要一种克服感性阻碍而奋力趋向理性的心意能力。

悲剧之所以获得艺术的"最高阶段"和"冠冕"的殊荣,其重要原因就是其中体现着哲人们津津乐道、苦苦求索的理性意蕴。这些理性意蕴使人体察到深邃的哲理,获取强化人生理想和价值的经验模式。悲剧艺术对人生意义的探求,通过死亡来思索生的意义,通过痛苦而追求精神自由,使其具有了哲学的意味。"悲剧是哲学性的艺术,它提出和解决生命最高深的问题,认识存在的意义,分析全局性的问题"[②]。悲剧的理性意蕴具有不同的层面,其本体层面可以引导人们对人的本质、人的生存及其价值的思索,探求生命意义、生命精神;其认识层面促使人们进一步去把握真理,认识历史的必然规律,并提升反思的能力;其伦理层面往往表现出人们对善与恶的观照,表现出悲剧人物对善的追求,从而升华人们的伦理意识。在悲剧中充溢着自觉的生命意识、伟大的反抗意志和崇高的超越激情。悲剧主体清醒地认识到生存发展的各种必然局限,把生活理解为矛盾斗争的过

---

①［德］席勒:《论悲剧题材产生快感的原因》,转引自吴世常主编:《美学资料集》,河南人民出版社 1983 年版,第340 页。

②［苏］鲍列夫:《美学》,乔修业、常谢枫译,中国文联出版公司 1986 年版,第 99 页。

程,确信受挫和死亡之不可避免。同时,他也自觉意识到自己的崇高道德使命,把为人类幸福贡献自己的一切作为最大的幸福。由此,他获得了坚定的人生信念和不屈不挠的反抗意志。悲剧"使我们从平凡安逸的生活形式中重新识察到生活内部的深沉冲突,人生的真实内容是永远的奋斗,是为了超个人生命的价值而挣扎,毁灭了生命以殉这种超生命的价值,觉得是痛快,觉得是超脱解放"[①]。悲剧感以其对生存境遇与生命意义的自觉领悟而达到哲思的高度,以其对道德使命的充分确认和对人类不幸命运的深切同情而具有最高的道德感。

悲剧的理性意蕴及其领悟,对人生观教育具有重要的意义。悲剧意识是人生观的一个重要组成部分。悲剧可以唤醒人们自觉的人生意识,清醒地认识到人生旅途中存在各种不可调和的矛盾,正确地对待人生的挫折乃至死亡。同时,悲剧可以提高人们的道德感和精神力量,培养为实现人类的崇高理想而不懈斗争的勇气和激情。一般说来,青少年往往对生活抱有善良的愿望和美好的憧憬,但在他们的成长过程中,随着逻辑思维能力和批评精神的发展,他们会愈来愈多地发现社会现实的某些不合理性和矛盾的方面,发现理想与现实、个人与社会、人与自然之间某些对立冲突。又由于处于青春期的青少年对人生缺乏深刻的体察,逻辑认识带有浓重的自我和情感色彩,往往会对人生矛盾作出片面、武断和迅速摇摆的判断与反应,欢喜和悲哀、得意和失意、满足和后悔、希望和绝望,这些完全相反的情绪体验不断地涌现出来,混杂在一起,使他们常常处于苦恼之中。这种苦恼正反映了青少年的自觉意识的萌发,虽然这种自觉意识是朦胧而脆弱的,但它可以在适当的教育下,发展成明确而坚定的人生观。悲剧的教育可以培养青少年的悲剧感,使他们确认人生矛盾的必然性,确认人生的伟大意义在于艰苦卓绝的斗争之中。同时,悲剧的审美体验不断激发着他们的精神力量,推动着理性的提升。这样,就使他们的欢喜与悲哀、希望与绝望等正负相对的情绪体验建立在正视生存矛盾和敢于超越生存界限的清醒理智和崇高勇气之上,使一己的苦恼和绝望升华为坚定的信念。如此,原先的希望由于注入了对困难的充分估计而更加坚实,原先的欢乐由于被置于痛苦的体验之上而更加深厚和强烈。悲剧的教育是对心灵的磨炼,是现实的人生考验的有计划和有指引的预演,它能克服盲目乐观和消极悲观,使人的头脑更清醒、灵魂更坚强、心灵更有韧性。

三、崇高、悲剧与审美态度

在崇高与悲剧的审美中,审美距离感和审美态度是其重要条件。通过崇高、悲剧形态的教育,有助于培养人们适当的审美态度,以便在审美活动中保持清醒的头脑,使情感与理智达到和谐的统一。

悲剧中的死亡、苦难,给人以情感上的痛苦、恐惧。欣赏者如果不能跳出实际的、直接的利害关系,与对象保持一定的审美距离,便很难获得审美的感受。悲剧艺术用艺术方法使悲剧事件与现实隔开,一些艺术手段也产生一定的形式美效应。但在具体的悲剧欣赏中,尤其是在戏剧形式的悲剧欣赏中,仍然有人把戏剧当成现实,以致出现要枪击饰

[①] 宗白华:《艺境》,商务印书馆 2017 年版,第 93 页。

演反面角色的演员等事件。可见,审美态度的端正与确立是非常重要的。布洛在论述审美距离时指出:距离有两方面的作用,一方面是"否定的、抑制性的"作用,摒弃了事物实际的一面,也摒弃了我们对待这些事物的实际态度。这就是说,距离使我们从事物的实际利害关系中超脱出来。另一方面则是"肯定的"作用,"在距离的抑制作用所创造出来的新基础上将我们的经验予以精炼"①。摒弃了实际的利害关系后,通过审美的观照,对象就会呈现新的美学上的意义。布洛所列举的观赏海雾的例子便说明了这一审美上的转化:海上起了大雾,对水手而言,这预示着危险,会令他们烦躁不安。但如果抛开这种实际利害的考虑,把注意力集中在对象形式本身上面,这场大雾就成了赏心悦目的美景。那水天一色的透明的薄纱一般的雾境,那远离尘世、陌生孤独的感觉,还有那既给人安恬又令人感到几分恐惧的一片沉寂,都给人以异常的审美感受。可以说,优美的欣赏是由美的事物把人的注意力吸引过去,使人沉浸在审美情境中,其审美态度的确立是较容易的。而对崇高和悲剧形态的欣赏,其审美态度的确立则相对困难一些。这也正说明多进行一些崇高与悲剧欣赏,对锻炼、培育人们的审美态度是大有益处的。

悲剧艺术对现实生活中的悲剧性事件进行了距离化、审美化处理。现实中的悲惨的生活境遇是不应作为欣赏对象的,而悲剧艺术形态却是供人进行审美观照的。这种审美观照必须以审美态度为前提,悲剧审美态度是情感与理智的和谐统一。面对悲剧人物的不幸遭遇、邪恶势力的猖狂逞威,我们不会无动于衷,我们的同情、哀怜、愤怒油然而生。但是,"正确欣赏悲剧需要一定程度的自制和清醒的理智","在悲剧欣赏中,'我们常常感到的是审美的而非道德的同情。我们并不会为朱丽叶传递消息给罗密欧,只会同情地感到朱丽叶的焦虑和痛苦。我们不会向奥瑟罗喊道:'你这黑鬼,难道你不明白伊阿古在撒谎吗?他告诉你说你妻子送人作信物的那方手帕,其实就在他的衣袋里!'我们只会像奥瑟罗一样,让自己随着他一起受骗,一起悲叹。当然,也有一些头脑简单的人在产生强烈幻觉的时候,把悲剧情节当成真事,投身去干涉戏剧行动的发展。例如,有一位美国慈善家把50美分的钞票扔给舞台上的穷发明家,要他去买柴来生火继续做实验。还有一个中国木匠跳上舞台,一斧子砍死了扮曹操的演员。这种道德同情可以很容易地避免悲剧性结局,或证明正义原则的存在,可是,这样做的同时,它也摧毁了悲剧本身!"②悲剧欣赏者有"分享型"("参与型")和"旁观型"两种,前者重情感,后者重理智。而理想的悲剧审美欣赏应将"分享"与"旁观",情感与理智有机结合起来,"他在情感上把自己和剧中人物等同起来,多少能和他们共命运,这就使他对人物心理能获得第一手的直觉认识。这是理解悲剧的首要条件。他在理智上又能控制自己,把悲剧看成一件艺术品,并注意各个局部与整体之间的关系。完全进入情绪而没有超然的观照和清醒的理智,就看不到悲剧的形式美;完全超然而没有同情的渗透,则不可能像真正的审美经验那样达到情绪的白热化。"③对于这种情感与理智和谐统一的审美心理功能,不但要从理论上加

---

① 转引自蒋孔阳:《美学新论》,安徽教育出版社2007年版,第100页。

② 朱光潜:《悲剧心理学——各种悲剧快感理论的批判研究》,张隆溪译,人民文学出版社1983年版,第248—249页。

③ 朱光潜:《悲剧心理学——各种悲剧快感理论的批判研究》,张隆溪译,人民文学出版社1983年版,第249页。

以认识,更需要在大量的悲剧审美实践中进行磨炼。

— 第三节　喜剧及其美育价值 —

喜剧是具有喜剧性的审美形态,包括喜剧类型的喜剧、小品以及笑话、相声、漫画等,它以本质与现象、内容与形式、现实与理想、目的与手段等的不协调为主要特性,唤起欣赏者笑的审美反应。

喜剧使人获得轻松自由的心理平衡,对培养清醒机敏的审美顿悟能力、乐观旷达的幽默态度具有重要的美育意义。

一、喜剧与轻松自由的心理平衡

喜剧给人以笑的喜感,喜感在人类情感中占有重要地位。古人说人禀七情:喜、怒、哀、惧、爱、憎、欲。近代西方心理学家把人的情绪分为快乐、愤怒、悲哀、恐惧四种基本形式。我们平时常说喜、怒、哀、乐,可见喜的突出位置。喜剧性的笑可以调节人的心理状态。心理学家把情感分为愉快—不愉快、激动—平静、紧张—轻松三种度量。如果一个人的情绪经常处于不愉快、激动、紧张的状态,那么其心理就是不平衡的,心境是不好的。常处于不快状态便会使人郁郁寡欢、悲观厌世;常处于激动状态便使人易于急躁,减弱理智控制能力。在由不愉快到愉快,由激动到平静,由紧张到轻松的心理转化中,喜剧感的笑起着极大的平衡作用。喜剧给人以轻松感、自由感,使人获得心理的解放。

喜剧的审美活动不像悲剧欣赏那样是一种由消极到积极、由痛感到快感的复杂转化过程,而是直接地表现为一种积极、快乐的过程。如果说悲剧感使人处于一种紧张、激动、振奋的精神状态,那么,喜剧感则使人处于一种平静、轻松的状态中。喜剧也会制造一种紧张,但会使之在不付出主体代价的前提下得到解决;先惊后喜,先紧张后松弛,其间没有心灵的痛苦与意志的努力;由知觉、想象到理解、顿悟,感情的变化迅速;即使存在紧张、误会等不快成分,它们也会在快感的优势下无法抬头;即使存在"危险",也超不出轻松的氛围。欣赏喜剧时,既不会感到生命力的阻滞,也没有在反作用力下产生的过分强烈的情感喷射。审美主体的心理活动轻松自在地随着喜剧情节而发展着。先紧张后松弛的喜剧心理过程犹如一种"心理体操",心中先聚集起一定的能量,然后在痛快的大笑之中将它释放,心理达到缓和,精神得以休息。对于常处于紧张心境的人来说,这更是一种极好的心理补偿。处于喜剧情境中,人们感到轻松、愉快、自由自在,获得了自由的享受。"我们为何发笑?正如儿歌所唱的,因为我们'自由地成为你和我。'"①。

喜剧感的轻松自由,充分体现为一种自我肯定的优越感,喜剧欣赏者是以一种居高临下的姿态出现的。加拿大批评家诺思罗甫·弗赖在论人物与观众的关系时指出:"在一个英雄的和神话的世界里,观众把人物看作神或伟人;在现实主义的戏剧里,观众把自己

---

① [美]霍兰德:《笑——幽默心理学》,潘国庆译,上海文艺出版社 1991 年版,第 217 页。

看成跟角色处于同等地位;而在讽刺剧里,观众感到高于人物,于是鄙视和嘲笑他们。"[①]
以优越者的心境去欣赏喜剧,其审美心理无疑是相当轻松的。因此,一方面喜剧欣赏中优越、轻松的心境使人得到精神的放松、平衡;另一方面,喜剧欣赏也进一步培养了人们的自我肯定的优越感,增强了笑着面对生活的自信心,从而使人们的情感生活既轻松自由又充满活力。

二、喜剧与清醒机敏的审美顿悟

喜剧欣赏要求清醒理智的审美观照,机敏地发现其中不协调的喜剧性,顿悟其喜剧意义,从而锻炼、提高人们的审美思维和判断能力,使之更加机智、敏锐。

喜剧的主要特征是对象的不协调性。"我们发笑,是当我们看到一项不协调性的时候。"[②] 美学家们探讨了许多方面的喜剧不协调性和矛盾性,如丑—美(亚里士多德),渺小—崇高(康德),荒唐—合理(里赫特尔、叔本华),无限的预定—无限的恣肆(谢林),机械的—有生命的(柏格森),虚假、表面合理—意义深远、永恒和真实(黑格尔),内在的空虚—奢求高雅的外表(车尔尼雪夫斯基),等等。诺曼·N.霍兰德将不协调理论归纳成三种类型:一是认知的不协调性,"认知的不协调性诉诸我们的理智。认为人们是在感受到认知的不协调性时而发笑的理论家们如是说:当某物同时既肯定又否定同一命题时,你会发笑。当某事物造成混乱,而后又很快愉悦地解除了混乱,你会发笑。令人舒心的井井有条与令人心烦的杂乱无章之间的对比,会使你发笑。对于理智上的否定和情感上与之相反的反应之间的不协调,你会发笑。如果某个事物呈示了我们现实世界的局限性,由此来肯定另外某个理想境界的合理秩序,你也会发笑"[③]。二是伦理的不协调性,"伦理的不协调性更显见地诉诸我们的价值感。这一理论认为我们在看到如下的不协调性时会发笑,即高尚与卑贱、高贵与低下、神圣与渎神、荣耀与辱没——最终是善与恶之间的不协调"[④]。三是形式的不协调,这是一种"呈现的事物与它被显示的方式之间的对应"[⑤]。在喜剧欣赏中,只有捕捉到了某种不协调的喜剧性,才能获得具有审美意义的笑的体验。在这里,审美主体的认识能力是主客体喜剧结构对应关系激活的关键。

在喜剧欣赏活动中,欣赏者保持清醒的理智,感情的激动让位于心智的思考。审美主体以旁观者的身份对喜剧对象进行冷静的认识活动。主体不会让自身陷入情境之中,不会被情境所摆布而失去清醒的头脑。欣赏者在喜剧不协调性的审美发现中,更多的是理智的观照,而很少是情感的投入,因而能够捕捉突然显露出来的不协调矛盾。

喜剧感的理智认识是一种审美顿悟。刹那间的领悟是触发笑的强大动力。这种顿悟是既包含感性又包含理性的对喜剧性矛盾的突然的发现。里普斯论述了喜剧欣赏中的"愕然大惊"与"恍然大悟":"在喜剧性中,相继地产生了两个要素:先是愕然大惊,后是恍然大悟。实际上,可以更一般地这样表述喜剧性。愕然大惊在于,喜剧对象首先为

---

① 转引自[英]艾思林:《戏剧剖析》,罗婉华译,中国戏剧出版社1981年版,第66页。
② [美]霍兰德:《笑——幽默心理学》,潘国庆译,上海文艺出版社1991年版,第19页。
③ [美]霍兰德:《笑——幽默心理学》,潘国庆译,上海文艺出版社1991年版,第11页。
④ [美]霍兰德:《笑——幽默心理学》,潘国庆译,上海文艺出版社1991年版,第12页。
⑤ [美]霍兰德:《笑——幽默心理学》,潘国庆译,上海文艺出版社1991年版,第14页。

自己要求过分的理解力;恍然大悟在于,它接着显得空空如也,所以不能再要求理解力了"[1]。喜剧情境以其奇诡莫测、变化多端、荒谬悖理等给人以惊奇感。这种惊奇唤起欣赏者的怀疑、探究欲望,在顿悟了真相后,得到一种突然放松的快乐。如果把喜剧欣赏同悲剧欣赏、笑与哭的过程比较一下,更能看出喜剧性笑的顿悟性。哭是悲痛情感的表现,它的出现需要情感的积累过程;而笑则是审美顿悟后的突发性表现。

机敏的审美顿悟也体现出一种创造力。这种创造力把两种原不相干的事物豁然串通,别出心裁却又合乎情理地揭示生活的某些真相。因此,一些心理学家把喜剧感作为重要的创造性因素来看待。阿瑞提在《创造的秘密》中认为,对喜剧、妙语等的研究是一种能更好地理解创造过程的途径。可见,喜剧欣赏、喜剧感的培养,对发展人的创造性也是大有裨益的。

三、喜剧与乐观旷达的幽默态度

喜剧教育更利于培养人们幽默的审美心理和人生态度。喜剧艺术的幽默性给人以深刻的影响。

具有幽默态度的人乐观豁达,包容万方,微笑对待生活。幽默的人在观察世界时虽从理性出发,但更带着丰富的情感,他遇事都要设身处地,在严肃中蕴藏着宽厚仁爱;心胸博大,处逆境而泰然自若;在嘲笑别人的荒谬愚蠢的言行时,同时嘲笑自己的缺点错误;常存悲天悯人的心情,又有积极乐观的精神。具有幽默感,便能对他人采取宽容的态度。因为以幽默的心理去看待他人,可以站在人类整体的高度上,把自己与他人相联系。于是,他人的可笑行为与自己的缺陷有了相通之处。幽默的人能充分理解、认识自身的缺陷,将幽默体现为自嘲,成为一种要求与他人交流、沟通、友好的表示。"有幽默感的人并不孤僻怪诞,而和别人打成一片,无拘无束,自由奔放,善于反省,富于同情,因而使我们感到非常亲切,即使在嘲笑他的缺点错误时,也还感到他不无可以宥谅甚至可爱之处。"[2]幽默的乐观精神使人会对某些令人尴尬的境遇、缺陷、失误付之一笑,会在生活的波折面前泰然处之,因为他以人类社会的总体力量为依托,从人类文化的精神财富中汲取了力量,可以清醒坦然地超越自己所面临的矛盾与不足。"对将来抱有希望",是幽默的人含笑对待生活的重要力量,是喜剧艺术积极乐观的审美情感体现。当然,幽默的乐观不是盲目乐观,它有清醒的理智,以对社会发展规律的把握为依据。

幽默感的培养、增强,使人的眼界更加开阔,心胸更加宽广,在平凡的人生中识见深刻的价值,使自己的生活充满情趣。

---

[1] [德]里普斯:《喜剧性与幽默》,刘半九译,载于中国社会科学院文学研究所编:《古典文艺理论译丛》卷三,知识产权出版社 2010 年版,第 1267 页。

[2] 陈瘦竹、沈蔚德:《论悲剧与喜剧》,上海文艺出版社 1983 年版,第 87 页。

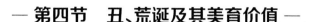

— 第四节 丑、荒诞及其美育价值 —

丑的本质是不和谐。作为美学范畴的"丑",是艺术创造的产物,是一种审美形态,与日常用语中的"丑"有差异。嘈杂、紊乱、畸形、病态等是丑的形态特征。表现在艺术中的恶与假也成为丑的形象。

荒诞是丑的极端化,表现为极度的不合理、不正常、无意义。

丑、荒诞是现代主义艺术的特征之一,给人以厌恶为主的复杂的情感刺激。有关丑和荒诞的教育丰富着人们的审美体验,锻炼了复杂意义的悟解能力,并进一步激发人们高尚的审美理想,唤起战胜丑、创造美的动力。

一、丑、荒诞与厌恶基础上的复杂情感刺激

丑感、荒诞感是一种复杂的情感体验。在这种复杂感受之中,厌恶感是最基本的。丑、荒诞的形象在形式、意蕴上与我们的审美理想相抵触,造成感官、心理上的痛苦、不安。丑的形式"看起来不顺眼,违反我们对秩序与和谐的爱好",因此"会引起厌恶"[1]。不协调、嘈杂、混乱的因素,畸形、病态的形体,邪恶、虚假的形象,无不激起人们的反感。荒诞艺术让人们面对一个无理性、不正常、杂乱无章的世界。在这里,人们过着平庸无聊、无目的、受习惯与本能牵制着的生活;言行像机器人般的机械,无休止地唠叨着琐事;麻木不仁,对单调、枯燥、空虚的生活习以为常。周围充斥着非理性的、盲目的而又险恶的力量,这种不可克服的力量统治着人。在荒诞艺术中,世界是陌生的,不可理喻的;人本身也是荒诞的,不明不白地被抛到这个世界上;人的行为是无意义的,人的命运是不可把握的……这一切给人以难以名状的痛苦、不安、恐慌,厌恶之情充满心境。

丑感、荒诞感的复杂性使其具有了与悲剧感、崇高感不同的审美内涵。其痛感是一种悲喜混合的感觉,是一种令人哭笑不得的情感体验。荒诞艺术的一个突出的美学特点便是悲喜剧的混合。荒诞派戏剧家尤涅斯库在《戏剧经验谈》中写道:"我从未弄懂人们对喜剧与悲剧所作的区别。喜剧作为荒诞的直觉在我看来比悲剧更令人绝望。喜剧不提供出路。……我称我的喜剧为'反戏剧','喜悲剧',称我的悲剧为'假悲剧'或'悲笑剧'。因为,在我看来,喜就是悲,人的悲剧是可笑的。对于具有批判意识的现代人来说,任何事情都不能看得太严肃,也不能看得太轻率。"[2]荒诞艺术常以喜剧手段表现悲剧主题。《等待戈多》便是典型的悲剧喜演:两个流浪汉无望地等待着"戈多",等待解救人生苦难的希望到来,明知枉然也要苦苦傻等。这是一种悲惨绝望的处境,但这种境况却由喜剧形式表现,舞台上充满了粗俗的玩笑、小丑的动作。这种悲喜混合达到了强烈的审

① [德]莱辛:《拉奥孔》,朱光潜译,人民文学出版社1979年版,第135页。

② 引自张容:《荒诞、怪异、离奇——法国荒诞派戏剧研究》,社会科学文献出版社1995年版,第67页。

美效果。滑稽可笑的徒劳等待显现着某些社会生活中悲惨无奈的生存处境,令人啼笑皆非的感受触动着人心。这里有同情、有嘲讽。荒诞感的笑不是开心的笑、乐观的笑、有希望的笑,而是无可奈何的笑、不置可否的笑。荒诞艺术的喜剧处理态度是冷漠的,它既不是幽默的"谑而不虐",也不是讽刺的彻底否定。传统喜剧中有丑也有美,但美已经或必将压倒丑。而荒诞艺术则展示现实世界中的丑,没有希望,没有光明,在给人以"强烈的喜""强烈的悲"的混合感受后,最终还是使人陷入痛苦。

但正是这些悲喜交集的痛感给人以强烈的情感刺激,给人以突出的审美震撼。对于丑、荒诞,我们不可能喜欢它们,但它们却不断吸引我们的注意。这种丑有着地狱一般的吸引力。纵使在一般生活中,丑的变形,令人作呕的东西实际上都能使我们着迷,其原因不仅是由于它以突然的一击而唤起我们的敏感,而且也由于它痛苦地刺激我们那作为整体的生活。① 丑、荒诞艺术的强烈感染力受到许多艺术家、美学家的重视。尼采说:"如果要求唯有循规蹈矩的、道德上四平八稳的灵魂才能在艺术中表现自己,就未免给艺术加上了过于狭窄的限制。无论在造型艺术还是音乐和诗歌中,除了美丽灵魂的艺术外,还有丑恶灵魂的艺术;也正是这种艺术最能达到艺术的最强烈效果,令心灵破碎,顽石移动,禽兽变人。"② 这种具有强烈情感刺激效果的丑和荒诞形态,对激发人们的审美热情和艺术敏感,具有相当重要的作用。丑和荒诞的审美刺激给人以独特的心理上的满足,使人获得"一种带有苦味的愉快,一种肯定染上了痛苦色彩的快乐"③。而艺术家往往正是通过丑陋、荒诞、骚乱、惶恐等给人以情感刺激,从而唤醒人性,以实现更高层次的审美超越。

二、丑、荒诞与意义悟解

丑、荒诞的感性形式给人们造成厌恶感、痛感,但那激动人心的审美刺激又深深地吸引着人们,使其调动审美理性,去悟解那深层的、复杂的意义。相对于一般的审美形态而言,丑与荒诞的批判性具有更深远的意味。"一旦放弃了通常的与和谐的,而且一旦形式的不平常的选择强烈吸引我们的注意时,我们便能领会到,那激发美感的东西表现了藏在内部的有价值的精神生活。……一般说来,丑如果突然出现,就会含义深长。"④ 荒诞的重要特点是无意义,但荒诞艺术恰恰要激起观众从无意义中体味出意义,要他们有意识地面对这种情境而不是模模糊糊地感觉到它。因此,意义的体味能力在对丑与荒诞艺术的审美鉴赏中得以锻炼、提高。

在丑和荒诞艺术中,表现方式具有非直接性,艺术内蕴具有哲理性,人物形象具有非确定性。暗示、隐喻、梦幻、象征等,成为丑和荒诞艺术重要的表现手段。荒诞派戏剧强调的是"情境",而不是具体明确的人物、情节。剧中人物多是没有个性特征的、脱离了具体的社会历史环境的抽象的人,甚至有的连姓名也没有。然而,这些人物富有象

---

① [德]马克斯·德索:《美学与艺术理论》,兰金仁译,中国社会科学出版社 1987 年版,第 156 页。

② [德]尼采:《悲剧的诞生:尼采美学文选》,周国平译,生活·读书·新知三联书店 1986 年版,第 178 页。

③ [英]李斯托威尔:《近代美学史评述》,蒋孔阳译,上海译文出版社 1980 年版,第 233 页。

④ [德]马克斯·德索:《美学与艺术理论》,兰金仁译,中国社会科学出版社 1987 年版,第 157 页。

征性,是整个人类的象征,其处境在一定程度上是人类生存环境的象征。他们超越了具体的、社会的现实,在某种意义上表现了人类普遍的生存状态,具有普遍的、深层的真实意义。

杰出的丑与荒诞艺术具有深刻的思想和情感意义,它体现了艺术家强烈的忧患意识、危机意识、社会责任感和批判精神,在丑陋、怪异的形象描绘中蕴含着对不幸的人们的同情,对邪恶势力的揭露和批判。当我们依靠敏锐的悟解能力窥见丑与荒诞艺术的复杂而深刻的内涵时,我们得到的就不仅仅是形式感受上的刺激,更为那巨大、强烈的情感力量所震撼,从而获得某种异乎寻常的丰富的审美体验。

三、丑、荒诞与审美理想、审美创造

丑、荒诞的教育与审美理想密不可分。人们对丑与荒诞形态的认识、理解,需要正面的审美理想的介入、指导。"把现象评定为审美上的丑,这表明为了人和社会的自由发展消灭这种现象的必要性。因此,否定以丑这样的审美属性表现出来的现象,同样是确证美。这就是对丑的正常的审美感知没有审美理想是不可思议的原因,审美理想使丑'适得其所',用对丑致命的美的光芒刺穿它"[①]。同时,在对丑和荒诞形态的审美实践中,人们的审美理想、审美标准也会更加完善。

丑、荒诞给人以厌恶感和强烈的复杂情感刺激,这种厌恶的反感必然激发人们抑丑扬美的意愿和理想。"'审美上的反感'(如果采用马克思的说法的话)——这也是审美情感。它之所以是审美的,因为它是由丑同美对立的意识(尽管这种意识也许还不太分明)和在这种对立中美的理想的确证所引起的。因而在这里以独特的形式产生审美满足,这种满足的获得由于审美理想参与其中,由于我们揭示丑的现象的实质的认识能力付诸行动,也由于我们激起了消灭一切丑陋、恶劣和卑鄙的意愿。"[②]大量事实说明,美的创造并不全是由美引发出来的,而很多是由丑引发出来的。丑则思美。丑的事物、现象引起人们的嫌恶、不满,便要求改变它们。丑和荒诞艺术集中描绘丑与荒诞形象,让人们充分认识社会中的丑恶,从而发愤图强,创造更加美好的未来。

📑 本章小结

> 本章论述了优美、崇高、悲剧、喜剧、丑和荒诞等主要审美形态的美育特性,探讨了它们在特定情感体验、陶冶与特定审美能力、审美意识培养方面的价值和意义。优美是审美形态美育的基础形式,它使人在感知愉悦的基础上获得审美心理诸因素的协调,形成丰富的形式美意识,唤起强烈的审美欲望。崇高与悲剧在美育方面具有一致性,它们使人的精神在痛感中得以振奋、升华,在深层哲理、人生意义的探寻中锻炼理性审美能力,在审美距离的把握中确立适当的审美态度。喜剧使人在轻松自由的审美气氛中获得由紧张到放松的心理平衡,在喜剧不协调性

---

① [苏]列·斯托洛维奇:《审美价值的本质》,凌继尧译,中国社会科学出版社1984年版,第131页。

② [苏]列·斯托洛维奇:《审美价值的本质》,凌继尧译,中国社会科学出版社1984年版,第132页。

的捕捉中提高审美顿悟能力,其更宽泛的美育功能还在于培养人们乐观旷达的幽默人生态度。丑与荒诞是同一序列的审美形态,其美育意义过去未受重视,本章对此进行了初步探讨。它们使人在以厌恶为中心的悲喜交集的痛感之中受到强烈、复杂的情感刺激和精神震撼,促使人们去思考其特定的思想、情感意味,并且产生抑丑扬美的强烈要求,从而锻炼人们的意义悟解能力,升华审美理想,促进审美创造的发展。由不同审美形态的美育特性所决定,在具体的美育过程中,可以根据教育对象的实际情况进行有阶段性、有所侧重的审美形态选择,使学生获得丰富的情感陶冶,具备全面的审美能力。

思考练习

1. 比较不同审美形态在情感陶冶、体验方面的特性。
2. 试述特定审美能力、审美意识与不同审美形态的对应关系。
3. 如何理解丑与荒诞的美育意义?
4. 谈谈你对不同年龄阶段的学生进行相应审美形态美育的看法。
5. 根据某受教育者的实际情况,拟定相应的审美形态美育计划。

第四章 美育的途径与范围

学习目标

> 了解美育实施的主要途径和范围,认识普通艺术教育和景观美育的主要特征及其美育方法,了解美育实施的主要场所。

内容概要

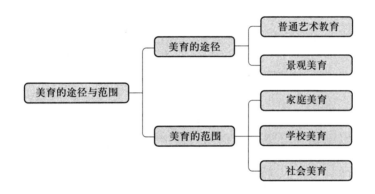

— 第一节 普通艺术教育 —

一、美育和艺术教育的关系

美育和艺术教育有着密切联系。众所周知,艺术是审美的集中、典型形态,艺术教育自然成为美育的主要途径。但是,美育和艺术教育不是等同的关系,而是相互交叉的,它们有相互重合的部分,也有不同的部分。在理论上对二者的关系进行探讨,对于美育和艺术教育的理论研究和实践改革有着重要意义。

从严格的学科意义上说,审美是一个包含了艺术,又不仅仅等同于艺术的概念。例如,自然景观属于审美范畴,但它不能被称作是艺术。从这个意义上讲,美育的范围比艺术教育宽,它不仅包括艺术教育,还包括景观美育等方面。另外,艺术教育的内涵和外延也不是美育可以完全覆盖的,因为,艺术并不完全等同于审美。例如,艺术具有丰富的人文内涵,不仅包含美,还包含道德、宗教、历史、民俗、语言、地理等众多的人文要素。审美是艺术的一个重要的基本属性,而艺术的内涵和外延都比审美宽。显而易见,在审美中,认知、道德等社会文化因素是隐含的,而在许多优秀艺术作品中,这些社会文化因素可能是相当突出的,甚至盖过审美因素。再则,艺术具有众多专门知识,例如音乐,基本乐理、和声、曲式、音乐史等都不是审美可以涵盖的。此外,艺术还有各种专门技能,也是艺术教育所要涉及的。当前,艺术教育也包含了一些传统美育观念所不能涵盖的方面,特别是近年来国内外艺术教育的内涵和外延不断拓展,艺术教育已延伸至心理健康、精神疗愈、社区文化融合、创意能力培养等方面。因此,艺术教育和美育是交叉关系。

从内涵上讲,美育更具有哲学意味,同德育、智育、体育、劳育相并列,是艺术教育的基础层面,而艺术教育则是美育的最主要的形态,更具有课程的意义。美育不是一门或者一组课程,也不是仅仅教人学会画画、唱歌或者跳舞等艺术技能,而是促进人的全面发展的教育的一部分,是国家教育方针的重要组成部分。中国是一个具有深厚美育传统的国家,从孔子开始的传统教育处处体现了礼乐教化的精神。到了 20 世纪初,西学东渐,席勒的美育思想重新激活了我国延续了 2000 多年的美育传统思想,固有的注重诗教乐教、强调教育的体验性和内在性的传统被冠以“美育”的名号。从历史上看,这种传统随着时间的推移有所变化,但重视在感性体验中实现教养内化的人格化育方法和路径却一直被保留了下来。正是在这样的传统影响下,中国人对“美育”的理解要比西方人理解的“美育”内涵丰厚得多,绝不局限于“感性”“审美”等形而上意义,而是具有思想性、伦理性等广阔深刻的人文内涵,形成超越性和现实性相融合的美育话语。

当今欧美国家的课程计划和教育研究论著里,提“美育”的并不多见,基本上都讲艺术教育,但是,其内涵还是与美育直接关联的。在中国,美育的教学和研究方兴未艾。《关于全面加强和改进新时代学校美育工作的意见》进一步强调了学校美育的重要性。在学校美育中,国家不仅重视美育的专门课程——艺术教育,而且还强调美育在学校各科教育教学中的渗透,要求美育与德育、智育、体育、劳育融合,尤其重视美育对于学生养成良好道德情操的作用,这是中国美育观念和西方国家艺术教育观念的重要差异。从这个意义上说,中国美育学所讲的美育是和艺术教育有着根本性区别的。

所以,在普通教育中,美育决定了艺术教育的性质、功能、规律和方法,成为普通艺术教育的基本导向,也就是说,普通艺术教育主要是美育。

二、普通艺术教育的美育定位

我国的“艺术教育”概念至少包含两个含义:一是专业艺术教育,二是普通艺术教育(也可以称作“通识艺术教育”)。前者是以培养艺术专门人才为目标,按艺术门类分为音乐教育、舞蹈教育、美术教育、艺术设计教育、戏剧教育、影视教育等专业,分门别类培养从事艺术创作、制作、表演等的专业艺术人才。这类艺术教育,也需要培养学生的审美和人文素养,也有促进学生全面发展的根本任务,同时,大量的艺术专门知识和技能的教学是为培养专门人才服务的。后者则是面向全体学生的通识教育,以美育为主要目标导向,以提升学生的审美和人文素养为主要目标。作为美育的主要途径的艺术教育指的是这类艺术教育①。这类艺术教育也需要进行艺术知识和技能的教学,但这是为了培养学生的艺术兴趣和艺术理解力服务的。因此,这两种艺术教育虽然有重合之处,但是,由于目标不同,所以它们的特点、规律、内容和方法也相应不同。作为美育的艺术教育,就必须遵循美育的特点和规律,紧扣美育的目标。如果在教育教学实践中混淆这两种艺术教育,简单地把专业艺术教育的一些做法"移植"到作为美育的艺术教育课程中,那必然会影响普通艺术教育的美育效果②。

由于普通艺术教育在艺术专业水平方面大大低于专业艺术教育,因此,人们存在一种认识的误区,以为只要学好了艺术的专业知识和技术,自然就可以胜任普通艺术教育的教学。事实上,即使是美院的教授也未必就可以不做准备直接胜任中小学的美术课教学,普通艺术教育课的任务和大学专业艺术课的目标指向是不同的。例如,当前不少学校的美术教学存在画法、风格"众人一面"的问题,原因是多方面的,其中一个原因是美育教师把大学里的师徒传授法带入中小学,一众学生模仿一个美术老师,结果就出现了"众人一面"的现象,如此下去,美育促进学生个性发展的目标不可能实现。目前,绝大多数培养普通艺术教育师资的专业,其课程结构与一般艺术专业并无大异,只不过增加了教育学、心理学和课程教学法等几门课程,而且这几门课程的教学也很不专业,尤其缺乏培养美育教师的针对性。我们应该承认,普通艺术教育的师资培养也是一个专业,具有其特殊性,必须让这个专业的学生掌握基本的美育知识和某一类艺术课程实施美育的具体方法。

既然美育不同于专业艺术教育,那么作为美育主渠道的普通艺术教育是否应该包含艺术知识和艺术技能的教学?

如果没有辩证思维,就不可能真正全面认识普通艺术教育的美育特性。一些强调美育育人作用的学者,常常会忽视学校艺术课程中的知识性、技能性教学内容。的确,目前学校美育当中存在着把知识技能教学等同于美育的状况,例如,目前有几种被冠以"××美育"之名的教材,里面却都是美学概论的内容,单纯的美学知识教学并不是美育的全部,也不是美育的主要内容。当今,儿童学习某一门艺术,有关机构还推出了一些艺术考级的办法,这虽然可以促进儿童学习艺术的技能,但是如果导向出错,只是强调艺术技能

---

① 在美育概念引进我国以后的一段时期,也有把专业艺术教育纳入美育的提法,但是,当时学科划分不明确,而在学科分类日益清晰的今天,各门类的专业艺术教育学科相对独立了,把专业艺术教育与美育作相对区分是必要的。

② 例如,专业艺术教育中,艺术史知识经常是从史前艺术讲起的,这对专业教学是必要的。但是,作为通识教育的艺术课程,面对几乎是零起点的学生,这样的专业艺术课程是否合适? 这是值得研究的。让基本上没有接触过西洋音乐的学生首先面对巴赫的作品,很可能使他们那么一点宝贵的好奇心彻底泯灭,从此对西洋音乐望却却步。如果从浪漫主义的抒情性小作品开始,可能使年轻学子从此就喜爱上了西洋音乐。对于艺术作品的学习,两类艺术教育的做法也很大不同。由于美育的目标是通过审美体验来提高学生的审美和人文素养,所以,艺术课程的学习主要是引导学生真切地领悟艺术作品的审美意蕴和文化内涵。专业艺术教育的作品分析课必须有对其创作手法、风格等的专业分析,要引导学生具体深入地掌握艺术创作的特定技术。对于艺术专业的学生来说,日复一日的专业训练是必不可少的,这是他们成为艺术家必须要经历的过程;而对于普通学生来说,艺术课程中的技巧训练只是初步的,是帮助学生进入某一种艺术之门的钥匙,更重要的是引导学生领悟艺术内含的人文意蕴。正因为存在这么多的差异,因此,普通艺术教育在课程设置、教学内容和方法等多个环节都有着不同于专业艺术教育的特点和规律,简单地用专业艺术教育的那一套来实施普通艺术教育,效果不会很理想。

的学习,而忽视了对艺术本身的情感体验和领悟,就容易误导人们把学习某种艺术技能简单等同于在接受美育,因此这是片面的理解。

但是,艺术知识和技能恰恰也是人们学习艺术的必要入门路径。例如,对于美术史上古典主义、浪漫主义、现实主义等艺术流派的基本特征的了解,是有助于对上述美术作品的欣赏的;如果不了解奏鸣曲式,那就很难听懂交响曲;对于艺术欣赏态度的养成来说,认识到艺术作品与论说文、广告语之间的区别也是很有必要的。而艺术技能是真正掌握某一门艺术的钥匙,所以,学习书法必须有正确的握笔、运笔姿势,必须要进行临帖的训练,否则,即使是欣赏书法作品也会不得其法。当音乐响起,学习过乐器或者歌唱的欣赏者所听到的要比没学过的人丰富得多;面对一幅国画,会画国画的人所看到的要比不会国画的人丰富得多。既然普通艺术教育是美育的主渠道,那么美育课程就离不开艺术知识和技能的学习。

如前所述,普通艺术教育和专业艺术教育是有区别的,普通艺术教育中艺术知识和技能的教学根本上是为激发学生的艺术兴趣、深入体验艺术作品的深层内涵服务的。这种教学是必要的,但不是主要目的,因为,普通艺术教育的目的不是培养专业艺术人才,而是提高学生的审美和人文素养。因此,美育教学中的艺术知识和技能教学要导向帮助学生培养艺术兴趣、提高审美能力、具备初步艺术创作能力这些目标,而不是单纯的知识和技能学习。

唯有以美育的目的来要求普通艺术教育,我们才能确定普通艺术教育的基本任务。在具体的艺术教育的实践中,有许多不同的具体任务,如一定的技能训练、知识传授和思想教育等,但是,这些阶段性的或不同层次的任务都应该围绕着一个中心任务,那就是以发展审美能力为核心的美育任务。因为儿童、青少年的审美发展是以审美能力的发展为基本杠杆。这个任务也为艺术课程的教材编写、教学方法的运用和每一堂课的教学设计提供了总体的方向,不至于造成技能训练与情感表现脱节、知识传授与审美感受分离、思想教育与审美兴趣割裂等偏离美育目的、违背美育规律的教学方法失误。

唯有以美育的基本目的和任务来指导普通艺术教育,我们才能找到普通艺术教育的基本教学规律。学生的审美发展是以个体审美经验的不断积累和丰富为基础的,而审美经验的获得有赖于个体积极参与的具体审美活动。因此,普通艺术教育的组织应以欣赏、创作(制作)和批评等审美活动为主体,审美活动的组织和引导又应该以使学生获得新鲜而真切的审美经验为目标。这就要求在具体的普通艺术教育过程中,充分激发学生的审美冲动,吸引学生全身心地投入艺术活动,鼓励个性化的审美创造性表现,探索出一套普通艺术教育的特殊教学方法。总之,认清普通教育中艺术教育的美育目的和任务,是使其真正发挥不可替代的育人功能的基本前提。

要把普通艺术教育转到审美育人的方向上来,必须以关心和理解受教育者的审美需要和审美发展水平为前提。目前,学校普通艺术教育对儿童、青少年的心理特征和审美发展状况的了解和尊重不够,这也违背了普通艺术教育的美育要求。普通艺术教育应该使儿童、青少年的审美发展需要和情感生活要求得到满足,使他们的艺术生活成为可能,这是决定普通艺术教育成败的关键因素之一。这就要求艺术教师对学生多一份关怀和尊重,要用科学的方法来研究学生的审美心理。应该意识到,学生的情感生活要求总要通过一定的方式寻求满足,学校普通艺术教育若不能完成这个任务就是一种失职。再则,学生的审美发展是以满足现有需要为基础的,只有在基本适应儿童、青少年审美需要和接受水平的艺术教育活动中,他们的艺术兴趣才能得到激发,他们的审美素质才能真正得到提高。然而,在目前中小学的普通艺术教育中,漠视学生的接受能力和艺术需求的"代沟"依然存在,严重阻碍了普通艺术教育功能的发挥。因此,应该改变居高临下的教学态度和由外而内的灌输方式,真正关心和理解儿童、青少年的审美需要和接受水平,加强对儿童、青少年审美发展状况与规律的研究,使普通艺术教育贴近学生的实际,这是中小学普通艺术教育改革的一个重要任务。

这里讲的普通艺术教育是就学校艺术教育课程美育总体而言的,具体的实施却是由各门艺术教育课程来承担的,例如音乐课、美术课以及综合艺术课等。

三、普通艺术教育的美育任务

从总体上说,学校普通艺术教育应该抓住艺术素养教育和艺术人文教育这两个基本环节。

(一) 艺术素养教育

艺术素质主要是指欣赏和创造艺术的心理素质以及相应的知识和技能,它既是艺术文化影响的结果,又是个体受纳与整合新的艺术文化的条件,所以,培养儿童、青少年的艺术素养应当是当前学校普通艺术教育的一项重要任务。这项任务又可以具体分为发展艺术形式感、丰富艺术想象力、培养艺术表现和体验能力、提高艺术知识和制作技能水平等四个方面。

发展艺术形式感是培养青少年艺术素养的重要内容。艺术作品的内容与形式是直接融合的关系,其思想、文化、社会内涵都直接呈现于艺术形式之中。就创作而言,艺术作品的独特之处就在于创造可以表现个性和社会、历史、文化意义的新颖别致的艺术形式;就欣赏而言,艺术作品的意义和价值都要通过对艺术形式的感受和理解而获得。因此,艺术形式感是人们从事艺术活动的基本心理特征,也是衡量学生艺术素质水平的重要指标之一。另外,从儿童到青少年时期是个体艺术形式感发展的关键时期。小学低年级学生的艺术感受是直观的,缺乏复杂的形式构造能力。从小学高年级到中学,由于认知水平的提高和审美经验的丰富积累,学生开始具备构造复杂艺术形式的意识和能力。国外有关研究资料表明,儿童在3—4岁时就开始产生艺术形式的感受力,但是,对艺术作品复杂形式结构的把握能力到14—15岁才逐渐形成。目前,由于学校普通艺术教育方法不当,我国儿童、青少年的艺术形式感普遍水平不高,表现为艺术形式意识淡薄、形式建构能力差和把艺术作品的形式与内涵相分离等。这些表明,在中学艺术教育中加强艺术形式感的培养十分必要。应该选择一些形式感较强的艺术品,引导学生学会感受、理解和创造审美的艺术形式,对艺术作品思想内容的揭示、艺术知识教学和技能训练等教学环节也应紧扣艺术形式感的培养来进行。

艺术想象力是从事艺术活动的重要心理因素。没有想象就没有情趣盎然、丰富多彩的艺术世界,想象贫乏的人很难养成良好的艺术素质。一般来说,儿童的艺术想象是自发的、自由的,受到的制约相对少一些。而青少年的艺术想象力往往会受到逻辑判断和社会规范的制约,因此,在普通艺术教育中,不仅要鼓励青少年大胆想象,保护想象的自发性和自由度,还应该引导他们进一步提高艺术想象的创造性质量。例如,扩大想象的范围,开拓想象的深度,特别要注意培养他们综合运用生活经验和文化知识进行创造性想象的兴趣和能力,这样才可以提高他们理解和创作艺术作品的能力。

艺术表现能力是指运用艺术手段传达个体内心体验和观念意识的能力。在艺术教育中,通过艺术表现内心生活,使学生的情感在释放和交流中得到升华,是促进他们健康成长的重要途径,也是培养学生创造力的重要环节。儿童、青少年的情感本来就比较丰富,在学习任务比较重的情况下,他们的情感表现欲望愈来愈强,他们渴望抒发、交流与表现自我,但又往往找不到他们认为最理想的表现方式,这就为艺术表现力的培养提供了良好的主体条件。但是,目前中小学的艺术教育偏重于让学生接受学习,而在鼓励青少年创造性地表现情感和自由表现个性方面做得很不够,需要加以改进。实际上,只有创造性的表现过程才能使学生更深入细致地理解艺术,作为美育的普通艺术教育只有基于学生的情感表现才能收到良好效果。培养艺术表现力的途径有很多,几乎包含于艺术教育的每一个环节。例如,把艺术技巧的学习与表现个体的内心情感结合起来,在艺术欣赏教学中,注意引导学生学会运用一定的素材和形式表现情感的方法。更要注意的是,艺术表现力的发展基于真诚的审美态度,只有"诚于中",才能有真正的艺术表现。因此,中小学的艺术课教学要倡导民主风气,允许个性差异,鼓励真性情的表现,避免学生为迎合教师的口味或害怕同学的讥笑而抑制真诚的艺术表现冲动。艺术体验能力是一种情感的理解力,它与表现能力是相辅相成的关系。审美体验能力是一种反思性的理解力,它不同于理性的分析和逻辑推理,而是一种分享式的、共鸣的直觉把握。在艺术活动中,体验能力至关重要,它是艺术创作和欣赏的一种基本能力。所以,在艺术欣赏教学中,不能培养学生的艺术体验能力,就无法让学生真正理解艺术作品。应该在艺术教育过程中,创设必要的情境,引导学生主动地仔细琢磨创作或欣赏对象的情趣,反复体会对象蕴含着的意味,而不是直奔"主题",概括出几句抽象话语了事。艺术体验能力的培养基于艺术经验的积累,不仅需要时间,更要依赖学生自己的悟性,千万不可操之过急,也不能灌输。艺术教师应该明白,任何艺术的体验都带有个性色彩,所以,应该鼓励学生按自己的方式去感受,只有这样,学生的体验能力才可能得到比较充分的发展。

学校美育课程中的艺术知识教学内容应该包括艺术的基本知识、艺术分类知识和艺术史知识等,可以帮助学生认识到艺术的性质、特点、规律和价值以及艺术体裁、流派等,这无论是对他们的艺术欣赏还是艺术创作都十分必要。把作为美育课程的艺术课当作单纯知识课来学习是不合适的,但是,艺术知识的传授又的确是促进学生艺术素质提高的一个必要环节。因此,关键在于要把艺术知识教学与学生艺术欣赏和艺术创作有机联系起来,并服从于促进学生审美发展的目标。艺术实践技能的教学也很重要,这不仅是因为青少年的艺术素养的发展具有身心协调性的特点,手与脑的发展是相互促进的,而且艺术实践技能的培养,对于加强青少年能动地美化世界和自我的意识,提高艺术化生活的能力,具有不可低估的作用。艺术实践技能的培养也是艺术教育的特殊任务之一,是其他美育形态所不具备的。就目前的中小学艺术教育来说,艺术实践技能的培养还存在不少困难,不仅受到课时、材料等条件的限制,而且目前的艺术实践教学脱离了实际(即中小学生能力的实际和当代生活的实际)。绝大多数儿童、青少年不会成为专业的艺术家,但目前的音乐、美术课太专业化,许多艺术技巧是多数儿童、青少年根本掌握不了的,而且即使掌握了也很少有运用的机会。因此,应该对儿童、青少年加强实用艺术技能的训练,例如,简单日用品的设计、室内装饰等。这种技能不仅易于掌握,便于运用,而且能够帮助儿童、青少年树立起处处"按照美的规律来构造"(马克思语)的审美观念和实践意识,这同培养新型的现代化建设者的目标相一致。目前中小学艺术技能教学的确存在着为技能而技能的不良倾向,这是应该加以纠正的,但是,这并不意味着要取消艺术技巧的教学。没有一定的艺术技能,不仅不能进行艺术创作,也不可能深入地领悟艺术的奥秘[①]。

(二) 人文素养教育

艺术活动是人类的基本文化活动之一,艺术作品全景式地、直观地记录和展现了人类文化的精神实质。因此,艺术教育也应该是一种人文教育,应该成为传播人类优秀艺术文化的桥梁。与审美相比,艺术的人文内涵更为丰富而深刻,因此,艺术人文教育这一长期被忽视的领域应该引起我们的重视。

与单纯的艺术教育相比,艺术人文教育的范围广,层次高,功能更全面。首先,艺术人文教育强调艺术的文化属性,把艺术作为人类精神文化的一部分介绍给学生。因此,艺术人文教育不仅要传授一般的艺术知识,培养艺术素养,还应注重使学生掌握艺术中的人文精神,突出艺术教育的人文性。例如,书法艺术的教学不仅使学生掌握书法艺术的基本知识,掌握欣赏书法的方法和基本书法技法,而且要让学生了解书法艺术中包含着的中国艺术文化精神:那种借助线条自由地抒情写意、追求气韵生动、洒脱空灵的精神境界。这种教育可以使青少年从精神实质上去理解书法和中国艺术,同时也能使他们受到优秀传统文化的熏陶。其次,艺术人文教育注重揭示艺术的一般文化内涵,把艺术作为人类文化集中而直观的体现来教育学生。综观人类文化的宝库,哲学和艺术是人类精神文化的最典型代表。哲学比较艰深,艺术则比较形象,是向儿童、青少年进行人类优秀文化传统教育的好教材。例如,文艺复兴时代文化的最杰出代表是当时的艺术作品,应该在欣赏达·芬奇、米开朗基罗、拉斐尔等名家的作品时,适当地介绍当时的优秀文化精神,这不仅能帮助学生更深入、具体地感受和理解这些作品,而且也达到了传播人类优秀文化的目的。

艺术人文教育具有不可低估的育人功能。艺术文化的熏陶是提高青少年艺术修养、丰富其精神世界的重要途径。不了解艺术的文化内涵,不掌握艺术作品的独特文化精神,就不可能真正懂得艺术,对艺术的理解充其量也只是一种肤浅的理解。目前,中小

[①] 艺术教育家丰子恺,以自己切身的经验,多次强调艺术技能训练是培养艺术欣赏能力的必要基础。在《音乐入门》一书中,他指出,虽然音乐欣赏不一定非要自己会唱会奏,但倘要真正懂得欣赏音乐就必须经过相当时期的实习。他所说的实习有两种,一种是自己唱奏,另一种是听别人唱奏。在他看来,音乐欣赏力的养成,最初必须自己练习唱奏,那样就有比较坚实的基础。这里虽然是讲音乐欣赏能力的培养,但是,关于技能与欣赏能力有机联系的观点,对于所有的普通艺术教育也都是适合的。

学艺术教育内涵不够的原因之一就在于忽视了人文教育这个维度,以致艺术课的教学内容单薄,对儿童、青少年的精神成长的影响也不深。艺术人文教育把艺术教育与传统文化(特别是中华优秀传统文化)教育结合在一起,使学生在欣赏传统艺术作品的同时,具体生动、心领神会地接受优秀传统文化的滋养,这对于他们人格的塑造、民族文化的继承和创新以及吸收全人类的优秀文化成果均有重要意义。艺术教育还涉及诸多外国艺术作品,在欣赏这些作品时,让学生们多了解其他民族的优秀文化,吸收域外文化的营养,有利于养成开阔的胸襟和文化视野,有助于建立全人类的文化意识和"人类命运共同体"观念。在跨文化交流与融合日益频繁的时代,这种教育将愈来愈显示其独特价值。因此可以说,发掘艺术教育中的人文教育因素,使学生在艺术欣赏中受到优秀文化传统的熏陶和在创作中注重文化品位,这也是加强和改革普通教育中艺术教育的一个重要课题。

第二节　景观美育

一、景观的审美意义及其分类

"景观"一词来自德语,这个词在英、德、俄语等欧洲语言中的拼写形式较为相似,而且意义也相近。它早先是指陆地上的景色、景物,后来范围扩大了,指自然风光、地面形态和风景画面。近代作为科学名词被引入地理学和生态学,具有地表可见景象的综合与某个限定性区域的双重含义,兼具经济价值、生态价值和美学价值[①]。从美学的意义上讲,景观是指环境中具有审美属性和价值的景色或景物。美学上所讲的景观突出了景色和景物的观赏性,并把这种观赏性归结为对象所具有的审美属性和价值。同时,景观的范畴还有一个从单纯的自然景观向包含了自然和人文景观的扩展过程:原先的景观仅仅是指自然景观,如我国古代诗论、画论中讲的"景",一般是指自然山水;后来景观概念得以扩展,不仅包含自然景观,还包含人工制作的景色和景物。从学科发展的角度看,这种发展也同地理学科中人文地理一支的发展壮大有关。

景观作为一个美学范畴是晚近才出现的,由于城市、环境等景观建设的需要,美学同某些自然科学和社会科学学科的交叉,形成了专门研究景观的美学分支,景观才成为美学专门研究的对象。例如,地理学中关于景观的研究同美学研究的合作、交叉,产生了一门新的学科——景观美学。随着环境科学、生态学的发展和美学研究范围的拓宽,产生了范围更广的环境美学、生态美学,景观又被纳入环境美学、生态美学之中,其含义更加深广了。由此可见,目前,"景观"是一个内涵丰富而外延又很广的概念,具有交叉学科所赋予的特殊意义。所以,景观美育也就不可能仅仅是纯粹的审美教育,它必然是包含着人文精神和科学精神的教育,也包含着生态环境教育的意义。这样,景观美育既可以作为完整的美育体系中的一部分,又可以作为生态环境教育的一个重要内容。

---

① 肖笃宁、李晓文:《试论景观规划的目标、任务和基本原则》,《生态学杂志》1998 年第 3 期。

美育学意义上的景观概念不完全是科学的概念,它总是同观赏者的情感体验和评价直接关联,因而也不是纯客观的。因为作为审美对象的景观是以其审美属性和价值为基本性质和特征的,而审美属性和价值是相对于审美主体而言的,不同于景观自身单纯的物质属性和构造。而且,由于景观(特别是自然景观)的欣赏在相当程度上依赖于主体的观念和原创性,所以,景观是一个偏向于主体的文化概念。中国古代讲"景"是同观赏者的"情"密不可分的,因为在古代的文人心目中,作为观赏对象的"景"是有灵性的,是在与观赏者的一种交融关系中被创造和呈现的。所以,古人讲对"景"的欣赏要做到"物我同一"①。也正是在这种主客观没有决然分割的观念影响下,中国人对景观总怀着一种亲和的态度,一种投入自然、与自然融为一体的态度。即使在科学精神不断发展的今天,这种观赏景观的态度仍是弥足珍贵的。否则景归景,情归情,物我分割,景观便没有了情趣和灵性,也不可能成为审美对象。

自然景观和我国当代有些美学理论中讲的"自然美"是两个范畴。概括地说,前者是具体的审美对象,属于审美形态范畴,是与欣赏主体相对的;而后者是抽象的美,属于审美哲学或美的哲学范畴,关涉美和美感的来源。美育活动中直接涉及的是自然景观,它是具体、生动的,并不是自然美。当前一些美育理论常常把美育活动中具体的自然审美对象与形而上的自然美混为一谈,提出"自然美育",是不合适的。

景观的范围十分广阔。随着人类的感知范围向宏观和微观两个方面不断伸展,由于人类生态意识的不断觉醒,新的审美景观不断呈现在我们的眼前。而且,人类对景观审美价值的确认也是发展变化的,大量以前不受关注的景观如今深受人们的喜爱。例如,随着城市现代建筑的普及,人们却对传统的民居越来越感兴趣,那渗透着民俗文化、体现出传统建筑风格和文化记忆的乡镇民居,在许多整日生活在高楼大厦的现代人眼里,是那么的温馨而有灵趣。又如,许多动植物以前并不特别受人关注,如今却深得人们的喜爱,在这方面,生态意识起到重要作用。所以,我们可以说,景观存在于人类生存着的整个环境之中,几乎是无处不在的。

美学界一般把景观分成两大类:自然景观和人文景观(或叫"文化景观")。这种分类着眼于景观载体的成因:天然形成的景观是自然景观,人工建造的景观是人文景观。自然景观就其本身的特点来说,是以形式取胜的。尽管欣赏者常常以移情的方式赋予自然对象许多观念性的内容,但是,自然景观的审美属性和价值首先在于其色彩、形状、体量、质地、运动以及自身的发展规律。而人文景观则是内容和形式的结合体,它不仅具有审美的形式,而且蕴含着文化、历史的内容。从一定程度上说,人文景观与艺术作品有许多共同之处,而自然景观则与艺术作品有相当的差别。

但是,这种分类也是相对的。事实上,诸多风景名胜是天然与人工混合而成的。如杭州的西湖,它是人工挖成的,既有自然的属性,又有人工的烙印,四周的亭台楼阁是人工建造的,而湖边的山色又是天然形成的。再加上关于西湖的诸多传说、故事和诗词文

---

① 王夫之曾说:"情景虽有在心在物之分,而景生情,情生景,哀乐之触,荣悴之迎,互藏其宅。"宗白华曾分析说,中国人真正发现自然的美是在魏晋时期,在陶渊明、谢灵运、宗炳这些诗人画家的眼里,"山水质有而趣灵"(宗炳语),山水灵虚化了,也情致化了,形成了一种"泛神论宇宙观"。其实,他所说的"泛神论",并非严格意义上的宗教观念,而是中国人观赏自然的一种观念或态度,即山水花鸟皆有灵趣,它的哲学源头在于"天人合一"的传统观念。

章,也给西湖增添了浓重的文化意味。又如泰山,可以说它主要是天然形成的,但是,自古以来,许多重要的文化事件使泰山成为中国的一处重要的文化名胜,它的自然景观意义或许还比不上它的文化价值。再如四川的九寨沟,就其山水而言,是天然的,但是,沿着山水而筑的九个藏族人的寨子,早已把浓厚的藏族文化风俗以及藏族人们关于那山水花木的神话传说注入自然景观之中了,不了解那些奇异的文化和神话故事,就不可能真正理解作为审美景观的九寨沟。所以,把景观分为自然和人文两类只是就其主导方面而言,这种分类的意义在于更具体地分析认识景观,而在实际的景观欣赏中有时确实是不能简单划分的。

由于景观存在于人们生活的环境之中,而且审美景观是知识和文化的综合体,因此,景观美育的价值不仅体现为促进学生的审美发展,而且具有环境教育、文化教育等多方面的价值。从培养未来公民的意义上讲,景观美育不仅能够培养自然景观和人文景观的欣赏者,更有意义的是还可以培养热爱自然、保护生态环境、进行审美设计的建设者。因此,景观美育作为一种美育的形态是应该加以重视的。尤其是在注重可持续发展、儿童与青少年的生态环境意识需要加强的今天,景观美育有着其他美育形态所没有的特殊意义。

二、自然景观的美育价值和美育方法

由于自然景观构成的特殊性,自然景观的欣赏有其自身的显著特点。但是,我国当代美学界长期以来比较关注“自然美”的问题,对自然景观和自然景观欣赏的特点注意不够,常常把自然景观的欣赏与人文景观的欣赏混同起来,没有深入地揭示自然景观欣赏的特殊性,不能为自然景观美育的理论和实践提供必要的知识和方法。所以,这里首先有必要对自然景观欣赏的特点做一番探讨。

我们把自然景观界说为“具有审美价值的自然对象”,它同人文景观、艺术作品有一个显著的不同,那就是自然景观本身不具备人工产品所具有的那种被赋予的“形式”。任何审美的创造,不论其构成材料如何,都内含着一个关键性的要素,那就是创造者对材料赋予一种形式,使其具有人工的构造特性。这个体现了人工构造特性的形式其实就是把材料组织起来的内在关系,它的意义在于改变了事物原先的组织结构,按照创造者的意愿对材料进行创造性的重新组织,使之成为一个艺术品。例如,一堆泥巴在雕塑家的手中被塑造为一个雕像的过程,就是泥巴被雕塑家重新赋予形式的过程,雕塑家的创造实质上正是体现于这个形式之中;作品的各个部分都是有序的安排,这种安排使一堆平凡的泥土成为一座有生命的艺术品,而艺术家的思想感情以及艺术理念、技术创新等,也正是体现于所构造的这个形式之中。这个形式是艺术家构思设计的结果,表现为作品中一种特殊的秩序。艺术史家贡布里奇曾指出:“我们所谓的‘艺术作品’并不是什么神秘行动的产物,而是一些人为另一些人制作的东西。”这个对象的“每一个特征是艺术家所作决定的产物”[1]。艺术欣赏必然要受到艺术家的影响,不论欣赏者是否关注艺术家的创作意图,艺术家的创造,特别是他所创造的形式或秩序,总是艺术欣赏的焦点

---

① [英]贡布里希:《艺术的故事》,范景中译,广西美术出版社2015年版,第32页。

之一。

因此,艺术欣赏(包括艺术性的人文景观的欣赏)首先是对人的创造性成果的欣赏,作品所体现出来的独特的思想感情、崭新的艺术理念、精湛的艺术技巧等构成了艺术欣赏的重要内容。真正内行的艺术欣赏总是围绕着艺术家对材料的处理而展开的,所以,艺术欣赏不是对一个自在之物的观照,而是对人(艺术家)的创造的体认。正是在这个意义上,有的学者提出艺术欣赏是以艺术家或设计者为中心的,欣赏者不仅直感式地对作品作出情绪反应,还要关注艺术构思及其体现、作品的创造者和创造过程,而这些又集中于对创造者所创造的形式或秩序的关注。这种由对象性质特征所决定的艺术欣赏,要求欣赏者不仅具备相应的审美能力,而且要具有一定的艺术史知识,并且对创作该作品的艺术家有所了解。

欣赏自然与欣赏艺术有较大的差异。由于自然不是由艺术家创造出来的,因此,它不是被构思、设计出来的对象,不同于艺术品。欣赏对象的不同决定了欣赏内容和方式的差异。即使是极富审美价值的自然对象,也并不是专为人们的欣赏而创生的,它自身并没有一个被艺术家所赋予的审美形式或秩序。而且,艺术品往往是一个相对独立的观赏对象,艺术家的艺术创造也常常考虑到使艺术品相对独立于日常生活。例如,一幅画的画框起到了把艺术品与周围环境分离开来并聚敛观赏者视觉注意的作用。另外,除了极少数的以外,自然景观总是天然地作为自然中的一部分而存在,它之所以成为审美性的景观,是由于欣赏者根据一定的观念或经验在意识中选择、组织的结果。因此,对自然景观的欣赏是偏重于主体意识的,而且,由于对自然景观欣赏的主观出发点不同,会形成不同的欣赏侧重和方式①。

除了上述哲学或伦理学意义上的观念之外,对自然景观的欣赏还可以依赖于某种传说、故事或其他生活经验。例如,神话传说在中国人的自然景观欣赏中常常起着重要作用,许多景点正是以神话传说中的人物故事命名的。在这种情景中,将自然景色同神话传说连接起来的是观赏者的比拟式联想,正是由于某一个自然景色看起来与神话传说中的人物故事相似,观赏者就用它来给自然物赋予意义。

无论是"比德"的观赏,还是依赖于传说、故事或其他生活经验的观赏,对于自然景观的欣赏来说,它们都可以被称作是"比拟的观赏"。这种自然景观的欣赏方式是从某种既有的观念或经验出发,通过比拟的联想,把文化的或生活的意义注入自然之中,使之成为相对独立完整的观赏对象,并赋予其意义。这样的观赏内含着一个在意识中将自然对象"人文化"的过程,自然对象实际上是一个观念意识或生活经验的载体。所以,对于这类

---

① 例如,孔子讲君子以玉比德,是从他的"里仁为美"原则出发的;晋人对自然注入深深的生命情调,讲自然的观赏可以"畅神",是从个性化的人物品藻生发开来的。由此,我们可以发现:对自然景观的欣赏在相当程度上依赖于人们对自然的某种观赏观念。从"比德"的自然欣赏观念出发,孔子对松柏的观赏注重于它的道德象征意义"岁寒然后知松柏之后凋"。而晋代文人更注重于在自然中映现个性生命,把在自然中生命情调的投射或发现作为自然景观欣赏的根本,所以,自然景观不再同孔子眼中那样是"德"的比拟、象征,而是清新、活泼,充满了人的天性的对象。宗白华在描述晋人对清新自然的赏爱时曾说:"晋人向外发现了自然,向内发现了自己的深情。""晋人酷爱自己的精神自由,才能推己及物,有这意义伟大的动作。""'群籁虽参差,适我无非新'两句尤能写出晋人以新鲜活泼自由自在的心灵领悟世界,使触着的一切呈露新的灵魂、新的生命。"这种主体意识与客体意义的相互作用却深植于主体意识的转换。

自然景观的欣赏,要求欣赏者具有较为丰富的文化积累、生活经验以及比拟的联想能力。例如,不了解《西游记》的故事,没有相应的联想能力,观赏者就无法领略"猪八戒背媳妇"(张家界一景点)的情趣。值得注意的是,在这种观赏过程中对自然对象的组织是以像某个比拟的人或物为原则的,选择的重点是自然对象的外形,其他如色彩、肌理、质地等则相对受到忽视。所以,观赏者常常可以发现,在诸多风景区里,景色更美之处往往由于没有被前人比拟地命名而被人们所忽视。看来,自然景观的欣赏还可以有其他的方式。

中国传统的自然观赏基本上依赖于欣赏者的人文知识修养,很少涉及自然科学的知识,这是民族特色,同时也存在着不足。自然科学的知识在自然景观的欣赏中可以发挥重要的作用,它可以帮助观赏者去把握、理解和感受自然景观的美。这就意味着自然景观的欣赏还可以从主体的自然科学知识出发,这是一种不同于"比拟"的欣赏方式。它关注的是自然对象本身的自然属性,如自然的形状、色彩、肌理、质地、运动和力。它依据自然科学知识来把握自然的秩序,发现和构造自然景观的审美形式,使之成为审美对象。这时,自然景观不是一个"喻体",而是带有原创性的相对独立的审美对象。观赏者在这种欣赏过程中获得的感受主要不是象形的或联想的乐趣,而是对自然界某些运动变化的秩序感或对自然伟大力量的惊叹、赞美之情。相对于"比拟的观赏",这种自然景观的欣赏更多地偏重于科学精神,因而也更具理性化。

主要依据自然科学的自然景观欣赏涉及以下一些内容:第一,相关的秩序是自然秩序。第二,由于没有艺术家甚至没有同化的过程和材料,相关的力是自然的力:地理的、生物的和气象的力制造了自然秩序,它们不仅构造了地球,而且构造了地球上的一切。虽然它们同构成艺术品的许多力不同,但是,认识和理解它们是自然欣赏的关键。第三,使自然秩序成为可视和可理解的相关缘由是自然科学所提供的关于自然的描述和故事——天文学、物理学、化学、生物学、遗传学、气象学、地理学、生态学,以及这些科学中的特殊解释理论。例如,认识和理解进化论就关系到对显示于某一地区或时代的植物和动物中的自然秩序的欣赏。对于欣赏者来说,这种欣赏除了应具备一般的审美能力外,还应具有相应的自然科学知识,在这方面,自然科学知识的普及和自然科学态度的形成是关键。由于这种欣赏是直接面对自然景观而不借助于人文意义上的比拟,因此具有较强的原创性,也更能体现自然景观欣赏的特点。从这个意义上讲,自然景观的美育对于促进学生的审美发展具有特殊作用。随着我国自然科学教育的加强和科普的兴盛,中国人的自然景观欣赏观念和方式会有所丰富和转变。

自然景观的欣赏还可以从描绘自然景观的艺术作品出发,也就是把风景诗、风景画的相应艺术知识和艺术欣赏能力迁移到自然景观的欣赏中去,使对自然景观的欣赏有一个可借助的形式,便于对眼前的景色进行选择、处理和组织。描绘自然的艺术作品中体现了创作者观赏自然景观的角度、方法以及对景观的理解,人们在观赏自然景观时常常借助这类艺术作品来构建自己的审美对象,并赋予其意义。通过学习艺术来增强对自然景观的创造性观赏能力,是提升景观审美能力的主要路径。

自然景观的美育是以自然景观欣赏为基础的,所以,自然景观美育的关键是培养学生相应的欣赏能力。当然,培养自然景观的欣赏能力归根到底是要学生自己多到自然中去发现、体验和领悟,但是,也需要其他方面的学习。只要方法得当,引导得法,这种学习对于促进学生欣赏能力的提高应该是有帮助的,与学生自己去摸索相比,也容易取得事半功倍的效果。

自然景观是一个综合性的审美对象,对它的欣赏涉及人文、社科和自然科学的多方面知识,所以,欣赏自然景观的能力中必然包含着相应的多学科知识。首先,自然景观具有鲜明的形式特征,在一定程度上属于形式美范畴,要学会欣赏自然景观,就有必要学习相应的审美形式构成原理,了解审美形式的各种形态。其次,自然景观的审美形式又包含着科学的秩序或法则,具有科学美的意义,所以,还应当学习相应的自然科学知识。必须认识到,学习自然科学知识可以帮助观赏者按照自然界的特点和规律来观赏自然,从而使观赏者在自然界创造性地发现自然景观的独特、奇异之美。教师应该经常引导学生从自然科学的角度来观赏自然,有的小学教师结合常识课教学,带领儿童走进自然,在指导学生认识植物、动物和山水的科学形状的同时,引导他们发现和体会自然景观的美。这是一个很值得推广的做法。

当然,关于文化方面的知识也十分重要。日本画家东山魁夷曾说:"风景之美不仅仅意味着天地自然本身的优越,也体现了当地民族的文化、历史和精神。"[①] 这种说法从一个侧面强调了自然景观欣赏对一定地域文化、历史知识的依赖。由于我国在自然景观欣赏方面具有深厚的人文主义传统,所以,对于诸多风景名胜的欣赏要依赖相关的神话传说、民间故事、历史典故、民俗文化等知识。从传统来讲,中国的自然景观欣赏观念里深刻地渗入了道家的思想,对道家思想的有益汲取也是增强对中国山水名胜的欣赏能力的一条重要途径。由于景观美育是综合性的,所以,在自然景观美育中还要特别注意引导学生养成对祖国大好河山的热爱之情,培养他们热爱自然、保护生态环境的现代生态意识。

通过艺术来学习观赏自然景观的方法是培养学生自然景观欣赏能力的一条有效途径。从个体的成长过程来说,儿童对自然的观赏兴趣主要是比拟性的,这一点可以从他们的艺术创造中见出。所以,对儿童的美育主要依靠艺术活动。随着年龄的增长,自然景观开始进入青少年的视野。但是,对自然景观的欣赏要求有较高的审美能力,直接面对自然景观的教学也受到多方面的限制。实际上,学习自然景观欣赏方法的最简便的途径应该是前人描绘自然景观的艺术作品。艺术家是最有创造性的观赏者,他们往往能以独特的方式把握自然的美。艺术中有大量关于自然景观的描绘,内含着艺术家观察、理解、感受自然景观和处理自然材料的方法,所以,对这类艺术作品的欣赏有助于人们领悟和学习观赏自然景观的方法。对于一般人来说,观赏自然景观的一个常见困难是如何把对象组织成为一个审美对象,这就可以通过多看风景画(山水画)来学习艺术家是如何"取景"的。通过观看这种作品,心中自然也有了一些"摹本"(观赏样式),再去看自然山水就比较容易把眼前的景色组织成为一幅画。而对于自然景观的理解更需要观赏者的主体创造,多读些描绘自然景观的诗词,增强对自然的领悟力,有助于对景观的情趣、意味的体会。当然,中国现有的山水诗、画主要是从人文的意义上把握自然景观的,要从自然科学的角度来学习欣赏自然景观则需要接触具有科学眼光的艺术作品。例如,现代科学家的一些摄影作品,就不仅仅关注自然的人文意义,其选景、

---

① [日]东山魁夷:《中国风景之美》,《世界美术》1979 年第 1 期。

构图等往往也关注着自然对象自身的一些物质特点。这也是学生学习欣赏自然景观的好教材。

随着人们对生活质量的追求不断提高,人们外出旅游观光的机会也越来越多。对于大多数旅游者来说,他们的观光往往是"走马观花",对自然景观的观察、体验不深,这不利于他们欣赏能力的提高。教师可以要求学生在旅游观光的过程中用画画、写诗等方式记下当时所见景观的特征和感受,或是在旅游观光之后再回忆对自然景观的印象,写游记或画画。这种方法的作用在于:引导学生仔细观察、自由想象、深入体验、反复揣摩自然景观,从中发现、创造和体验自然景观的美,并逐步培养观赏自然景观的能力。另外,还可以组织学生就某一处自然景观的美展开讨论,相互交流各自的取景方式和感受,培养大家对欣赏自然的兴趣和欣赏能力。

三、人文景观的美育价值和美育方法

从美学的角度讲,人文景观是蕴含了多重意义,又具有审美特征的文化综合体,因而区别于自然景观。另外,人文景观又不同于单纯的艺术品。不管景观的建造或形成主要是以审美为目的还是以其他为目的,人文景观除了具有审美特征外,还具有其他的文化意义,有时这种意义甚至比其审美特征更为突出。例如中国的长城,它是一个具有审美特征的人文景观,但是它的历史文化象征意义却大大超过了它自身的审美价值。而且,人文景观的文化意义还常常与其自身的审美形式相分离,例如庐山的建筑形式与庐山的历史意义就不是和谐统一的。所以,人文景观并不是单纯物质性的视觉对象,其丰富的文化意义常常是非物质性的,而且有时是不能用视觉直接感知的。正如一些学者所分析的:"文化景观还有一种凌驾于各物质因素和非物质因素之上、可以感觉到但难以表达出来的'气氛',它像区域个性一样是一种抽象的感觉,是文化景观构成的非物质成分。"[①]当然,也有一些人文景观具有比较浓重的艺术意味,例如中国古典园林,尽管它们包含着实用、经济、民俗、区域文化等因素,但是其审美价值十分显著;又如环境艺术,从分类上讲,它处在传统艺术和景观之间的边缘,虽然也可能包含着环境、生态和其他文化的因素,但它主要是艺术的创造。

人们容易把景观理解为静态的对象,其实不仅有些自然景观是运动着的,而且有些人文景观也是动态的。例如,某个村落,作为景观,不仅是指那些固定的建筑物或其他人造物,还包含着鲜活的劳作方式、生活方式、风俗习惯等,活动着的人群以及村落里的牲畜与静态的建筑物一起构成了动态与静态结合的人文景观。

从审美的意义上说,人文景观欣赏所涉及的面也很广,对于建筑艺术、造型艺术、艺术设计多有涉及,还涉及自然景观,因为人文景观往往同自然景观融为一体。由于所涉及的主要属于视觉审美范畴,所以,把握对象的视觉形式以及蕴含于视觉形式中的审美意味是人文景观审美欣赏的基本特点,特别是对那些艺术性比较强的人文景观更是如此。

但是,由于人文景观本身具有多方面的综合性的特点,所以人文景观的欣赏既不同

---

① 汤茂林、金其铭:《文化景观研究的历史和发展趋势》,《人文地理》1998 年第 2 期。

于自然景观的欣赏，又不同于单纯艺术品的欣赏。首先，它是对人类文化创造及其成果的欣赏。人们对人文景观的欣赏必然包含着对创造动机、过程以及精神力量和历史文化价值的认知和理解。其次，人文景观的欣赏既是一种审美的欣赏，又包含着对社会、历史、文化因素的认知和评价。由于人文景观的综合性，对人文景观的欣赏不可能都是单纯的艺术欣赏，还包含着丰富的非艺术因素。这就是说，虽然人文景观的欣赏要求主体以审美的态度来对待客体，也要关注对象的审美形式，但是，单纯地持审美态度还是不够的，也不应该仅仅关注对象的审美形式或艺术风格，还应该掺入多学科的认知和评价。所以，我们对人文景观美育功能的理解也不能仅仅限于审美方面，而是应该充分意识到它在增长知识、提升情感、陶养道德等方面的综合性教育功能。

人文景观美育在理论上的提出和实践是近几年才开始的，没有现成的模式，以下仅在中国人文景观中选择历史文化景观、园林景观和城市景观这三个有代表性的方面，做简要的论述。

首先是历史文化景观的美育。作为人文景观，历史文化景观是以历史文化遗迹为基础而形成的。虽然历史文化景观是以历史文化取胜，但它们也往往具有较高的审美价值。那是因为人们在设计、建造大型历史文化名胜时总会把审美作为一个重要的因素加以考虑，而且深厚的历史文化内涵也强化了景观的审美意义。所以，历史文化景观可以作为美育的一种资源。

当然，历史文化景观不仅仅是美育资源，还是人文教育的重要场所，因此，在组织学生观光时，要充分考虑到审美教育同历史文化教育的有机结合。人们讲起历史文化景观总会想到世界最著名的那些景观，如果有条件去观赏，那当然再好不过了。但是，对于大多数学生来说，这种机会毕竟是难得的，所以，教师应当注意发掘当地的历史文化遗迹。其实，每一个地方都有文化遗迹，虽然有的或许还不著名，却是本地的名胜，也可能具有特殊的教育价值。例如，历史民居、古戏台、少数民族文化、地方博物馆，还有历史悠久的桥梁、道路、城墙、牌楼、人工河等。这些历史遗迹保留着丰富的区域文化传统，与当地的民风民俗密切相关。而且，它们往往与民间艺术血肉相连，或者就是民间艺术的代表，所以它们是美育理想的乡土教材。目前学校美育中，本土艺术文化教育还需要加强，不少学生可能对贝多芬略知一二，却对本地民族音乐家一无所知；可能知道悉尼歌剧院，却从没有注意过家乡的古戏台。其实，乡土的艺术文化对学生来说，要比西方的艺术或历史文化名胜更容易理解和接受，也可以由此使学生认识生活于其中的城镇或乡村的历史文化和艺术，从而培养他们爱家乡、爱父老乡亲的美好情感和保护乡土文化的意识。

历史文化景观的观赏需要事先做好知识准备。教师的指导固然重要，也可以在教师的指导下，要求学生自己做准备。特别是乡土历史文化方面的材料，可能比较分散，若发动学生去收集和整理，更能发挥他们的能动性，培养他们的探索精神和实践能力。

其次是园林景观的美育。中国园林是我国审美文化创造的典范之一，蕴含着丰富的传统文化精神，若是从人工与自然妙合无垠、实用与艺术水乳交融这个意义上讲，又堪称世界人文景观之最，是对儿童、青少年进行审美教育和人文教育的理想资源。

中国园林是由建筑（亭台楼阁等）、山水、花木、奇石等组合而成的综合性艺术品。古典园林虽也有一些实用的功能,但是其主要作用在于悦目畅神、怡情养性,是富于诗情画意的审美景观。正因为园林不同于一般的庭院,所以,在组织园林观光之前,有必要先向学生介绍一些园林艺术的基本知识。这种知识准备的目的:一是让学生了解园林是一个艺术品,观赏园林要特别留意艺术创造的美妙之处,以及如何去观赏园林艺术之美;二是帮助学生去体认中国园林所体现出来的传统文化精神。重要的是,教师应该把这两种知识的介绍有机结合在一起。①

园林知识的介绍固然重要,更重要的是实地观赏,也就是"游园"。在这个环节中,导游的作用直接影响到美育的效果。就目前的情况看,很多导游并不能很好地胜任美育的任务,因为他们常常以猎奇、逗乐为目的,缺乏专门的园林艺术和文化知识,并没有着力发掘园林艺术的教育资源。所以,最好请园林艺术专家来做导游,或者教师自己通过学习来指导学生观赏。还要注意的是,每个好的园林都有自己的个性,李渔在《闲情偶寄》中曾说过,园林的构思、布置是为园林主人"摹神写像,以肖其为人也",是他的"神情"的体现。所以,无论是在游园前还是在游园过程中,都要向学生指出某个园林景观的特点,这样园林在学生的心目中就更加生动,也使游园更有情趣。游园讲究动、静相宜,就是既要在游历的过程中"面面观、步步移",又要停下来对一些主要的部位作细致的品味,切忌匆匆地"走马观花"。更重要的是,教师要设法让学生静下心来,细细品味园林艺术。目前一些学校组织的园林观光,往往贪图多走几个景点,结果没有一个景点给学生留下深刻的印象。学校组织游园要选择好时机,尽量避开旅游高峰,这样在相对清净的状态下游园,学生的注意力容易集中,精神比较放松,视野也比较开阔,也容易接受适当的指导,美育的效果也会更好。

再次是城市景观②的美育。城市是人类文化创造的重要成果,也是一定时代审美文化创造的象征之一。城市有许多功能,如政治、经济、社会、文化、军事和日常生活等功能。同时,城市是一部大书,蕴含着丰富的意义。尤其是近年来,城市的设计和建设越来越重视人文导向,更加追求城市的文化意蕴、区域特色、生态平衡和审美个性,所以,城市也越来越成为美育可以开发利用的有效资源。另外,我国正处在现代化进程之中,学生作为未来的公民和建设者,也就是未来城市的建设者和居住者,城市景观美育在一定程度上也会对未来城市的建设和发展以及城市的生活方式产生积极影响。

---

① 例如,园林艺术十分注意把人工建造的东西与所处的环境协调地组合起来,所以"因地制宜""借景"等既是造园的重要构思方法,又是观赏者发现、体味园林构思、建造之妙的一个重要角度。每当夕阳西下,漫步在颐和园昆明湖畔,抬头见西边一抹青山,玉泉山塔影倒映入湖,下面是长堤翠柳,玉带桥隐现于柳影中,真是园内园外融成一片佳景,足见古人造园"借景"之妙趣。这种借景之妙不仅具有审美的意义,在它的深层蕴含着中国传统的生态观念,那就是人与环境的和谐相处。其实,传统的"天人合一"观在古代园林的设计中常常有突出的体现。古人讲造园的理论很多,但最重要的一条是处理好人与环境、人工与自然的关系。李渔在《闲情偶寄·居室部》中讲述造园的理论时,曾对处理人工的建筑物与自然的关系提出过精要的见解,他认为,户外的山水与居室之间要有一些过渡性的点缀,这样一方面可避免二者之间由于对比强烈而有失整体的艺术和谐,又可以保持居室与自然的呼吸贯通。这种造园的原则不仅体现了审美的追求,还体现了"天人合一"的传统文化精神,即使在今天看来,它与现代生态观念也是相一致的。事实上,中国传统景观审美意识当中蕴含着丰富的环境、生态观念,所以,园林景观乃至大多数审美景观都不仅具有人文教育的价值,而且具有现代意义上的环境、生态教育价值。这就意味着,对古典园林的观赏,也要注意把传统文化的熏陶与当代现实融洽地联系起来。

② 城市景观既有历史形态,又有当代形态,我们这里谈论的主要是当代形态。

与园林景观相比,城市景观具有更复杂的综合性。从景观美育的角度讲,城市景观主要涉及城市建筑、城市公园、城市雕塑、环境艺术以及城市建筑的各种装饰等物质形态和城市文化氛围、城市精神个性、城市生活方式等非物质形态。当然,这两个方面是结合在一起的,而且,由于城市设施的多功能性,上述各要素之间也常常是相互关联的。一个城市往往是比较大的,对其面面俱到地观赏既不可能,也不必要。城市景观美育要抓住某一个城市最有特色和个性的局部景观,如上海这个城市,从历史角度讲,外滩和城隍庙是比较有个性特色的;而论现代城市景观,浦东的"东方明珠""国际会议中心"以及风格各异的摩天大楼则是其具有代表性的城市特色。其实,许多中小城市也是极富个性的,如杭州、苏州、绍兴等均有着丰富的历史文化底蕴,这种历史文化特色与现代化城市设计融为一体,使这些城市成为江南水乡城市的代表。组织学生去城市观光,就要选择有个性的城市,抓住有特点的景观。因为,城市景观的美就在城市的特色之中。当然表面装饰是一种美化,但那是比较肤浅的,城市深层次的美在于具有蕴含着文化内涵或时代精神的创造性视觉形象。只有抓住特殊景观这个重点,才能更好地发挥城市景观美育的作用,使学生在观赏中学会观赏城市景观,并接受精神上的熏染。

和其他的景观美育一样,城市景观美育也需要教师事先做好充分准备。城市比较大,最好给学生准备一些文字材料。有的学校在组织学生去城市观光时,发给学生一张旅游线路图,并附有主要景观的文字说明,这样对学生是大有帮助的。另外,城市交通相对发达,环境也比较复杂,教师应该充分考虑安全保障。

与自然景观的观赏一样,人文景观的观赏也需要事后的总结。教师可以根据美育的要求,结合历史文化教育,给学生布置一些写游记、感想之类的作业,这样可以帮助学生从感性观感上升为理性认识,加深印象,强化美育效果。

第三节 家庭美育、学校美育和社会美育

美育的范围讲的是美育实施的场所。蔡元培曾在《美育实施的方法》①一文中,按照教育的范围有家庭教育、学校教育、社会教育三个方面,认为美育的范围也是如此。因此,美育实施的范围可以分为家庭美育、学校美育和社会美育。

一、家庭美育

家庭美育是以父母为主实施的美育。家庭美育从胎教开始,直到孩子成年。上学之后的儿童,以接受学校美育为主,家庭美育为辅。

胎教阶段的美育既是为孕妇服务的,也是为胎儿健康服务的。蔡元培认为,要为孕妇提供赏心悦目的环境,让她们在优美、宁静的氛围里生活,避免过分的刺激,有利于孩

① 蔡元培:《美育实施的方法》,《蔡元培全集》第四卷,浙江教育出版社1997年版,第668页。

子的孕育,"要孕妇完全在平和活泼的空气里面,才没有不好的影响传到胎儿。这是胎儿的美育"①。这里讲的是为孕妇服务的胎教。为胎儿服务的美育主要采用音乐,给胎儿一些良好的刺激,使胎儿的大脑神经细胞得到增殖,神经系统和各器官的功能得到合理的开发和训练。

孩子出生后,父母的教育对孩子的成长十分关键,孩子成长真正的起跑线在初始几年的家教,美育也是一样。家庭环境的艺术化布置,儿童诗歌和音乐在幼儿日常生活各环节的陪伴,玩具色彩和造型的选择,对自然物的感知,根据幼儿特点有意识地进行节奏感、造型感、肢体律动感或者诗性语感等艺术能力的培养等,幼儿生活的各个方面都可以渗透美育要素。孩子上学以后,父母对孩子的审美发展还是有影响的。节假日去美术馆、音乐厅、剧场欣赏高雅艺术或者去观赏自然景观,不仅加深了亲子感情,对孩子艺术品位的提升也是非常有效的引导。随着父母受教育程度和美育意识的提高,家庭美育会越来越受到年轻父母们的重视。

二、学校美育

学校是现代人成长所必需的文化环境,也是延续和发展人类文化的重要途径。它们既是文化的体现,又是文化传播和发展的手段。教育是使人成为文化的人,学校教育的基本文化功能是促进个体的全面发展。在学校文化中,学校的审美文化是一个重要组成部分。在校园文化中,审美文化广泛地渗透到各个方面,以其突出的人文性,调节着师生之间、学生之间、师生与校园环境之间、师生与组织制度之间,以及学生的情与理、身与心的矛盾关系,始终与学校教育的根本目的——促进学生的全面发展——保持着最内在的同一性。

在校园中,审美文化可分为五个层次:艺术课、课外艺术活动、非艺术的课程中的审美要素、人际审美关系和审美环境。学校是实施美育的主渠道,而艺术课程又是学校美育的主体,保质保量地开设艺术教育课程是落实美育的关键。

课外艺术活动是校园审美文化的重要层面。它是艺术课的必要补充,特别在当前学校艺术课程和课时偏少的情况下,课余的艺术活动已成为创造校园审美文化的主要途径,发挥着不可忽视的美育功能。与艺术课相比,课外艺术活动的内容比较活泼,更适合青少年的身心特点;组织形式比较灵活,如文学社、艺术兴趣小组、艺术团、艺术节等活动,更能激发青少年的艺术兴趣,发挥他们的艺术特长。从形态上看,课外艺术活动具有明显的跨文化特征,它既是艺术课的延伸,又有社会审美文化的渗入。因此,它体现了校园审美文化的中间性和开放性特征。当前学校课余艺术活动对于促进儿童、青少年在审美方面的逐渐成熟,对于他们今后顺利地进入社会审美文化生活具有积极意义。

非艺术课程中的审美因素是指除艺术以外各门学科教学中的审美要素。特别是语文课,其中大量的文学作品本身就是对学生进行美育的教材,而其他的文章也具有一定程度的文学性,应该把语文课作为实施美育的一个十分重要而又切实可行的途径。在其

---

① 蔡元培:《美育实施的方法》,《蔡元培全集》第四卷,浙江教育出版社1997年版,第669页。

他各科的教学中,审美因素也是存在的,即使是在自然科学课程里也存在着美育的任务。美育向其他课程的渗透并不仅仅意味着在这些课程知识中简单地寻找"美",更要把重点放在开发和发展学生的审美感悟能力方面。

人际审美关系处在校园审美文化的深层,存在于校园生活的一切方面。在校园生活中,人与人的审美关系是一种真诚的交往和对话关系,在这种关系中,心灵的沟通和情感的交融成为可能。在校园的一切人际关系中,审美关系最充分地体现了学校教育的功能。因此,校园中的人际审美关系成为综合性地培养青少年完整人格的文化摇篮,它以无处不在、潜移默化的方式发展着青少年爱的心灵、理解人并努力与他人沟通的自觉意识和能力。

审美环境处于校园审美文化的表层,体现为物化了的校园审美氛围。环境的美化使物质具有精神内涵,使外在的环境与青少年的心灵发生共鸣,因此,审美环境成为青少年个性情感栖息与生长的处所,具有独特的美育功能。

三、社会美育

社会美育是指在家庭和学校之外的美育活动,主要场所有艺术机构、其他文化设施、校外艺术教育机构等。

艺术机构,如音乐厅、影院、剧场、美术馆等,是实施社会美育的主要场所。随着我国对艺术机构公共教育视野越来越重视,一些艺术机构开始设立公共教育部门,专门对大众开展艺术普及教育,颇受群众欢迎。学校的一些艺术课程和艺术活动也可以走进公共艺术机构,与原作面对面,甚至可以与艺术家交流学习,能够很好地提升学生学习艺术的兴趣,补充学校的艺术教育的资源。一些博物馆或者纪念馆也有不少优秀的艺术资源,可以发挥社会美育的积极作用。

校外艺术教育机构应该有利于提高学生审美素养,让有艺术兴趣、特长的孩子得到更多的学习机会。但是,目前社会艺术教育机构存在水平不一的现象,很多是为"艺考"服务的,主要还是以盈利为目的,偏离了美育的方向。社会上的艺术考级本来可以提高儿童学习艺术的兴趣,提高艺术技能,但是,如果导向出错,只是片面强调艺术技能的学习,而忽视了对艺术本身的情感体验和领悟,就容易误导人们把学习某种艺术技能当作是在学习艺术,那就不能实现美育的目标。

随着互联网的发展,网上艺术类数字平台不断涌现,出现了线上音乐、美术、建筑、影视等艺术欣赏平台,还有一些线上博物馆,极大地丰富了艺术资源。新媒体技术的运用也使得艺术生产更加丰富多样,吸引了不少受众。艺术类数字平台不受物理空间限制,打破了家庭、学校和社会的界限,使艺术资源唾手可得。美育工作者应该充分利用数字平台开展美育教学,为民众提供更加便利、优质的艺术资源,包括艺术课程、优秀艺术作品数据库以及艺术互动平台等。需要注意的是,数字平台上的艺术作品资源良莠不齐,家长和教师要及时为未成年人提供指导。

本章小结

　　审美活动的途径主要由艺术和自然景观两大部分构成,美育的主要途径也可分为普通艺术教育和景观美育两部分,普通艺术教育是实施美育的主渠道。从美育实施的物理空间划分美育的场所,美育的范围有家庭美育、学校美育和社会美育三个方面。目前,艺术类数字平台打破了上述物理空间的限制,形成了线上美育空间。

思考练习

　　1. 普通艺术教育与专业艺术教育的区别主要有哪些?

　　2. 如何在景观美育中引入自然科学的观念?

　　3. 列举几个你认为适合学生美育的艺术数字平台。

第五章　美育的实施原则

学习目标

　　理解并能用自己的语言阐述体验原则、交流原则、个性化原则、阶段性原则及多样化原则的含义及其美育价值,并能应用这些原则来设计、组织和评价美育活动。

内容概要

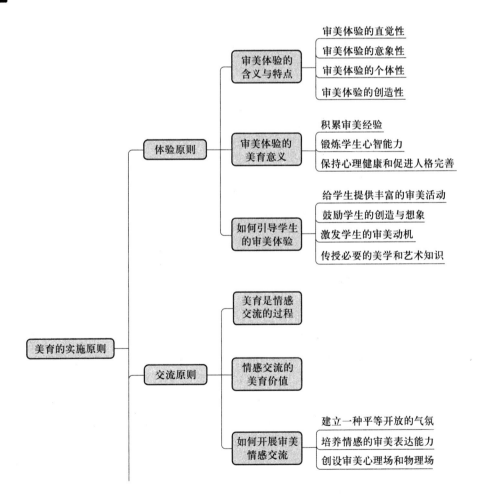

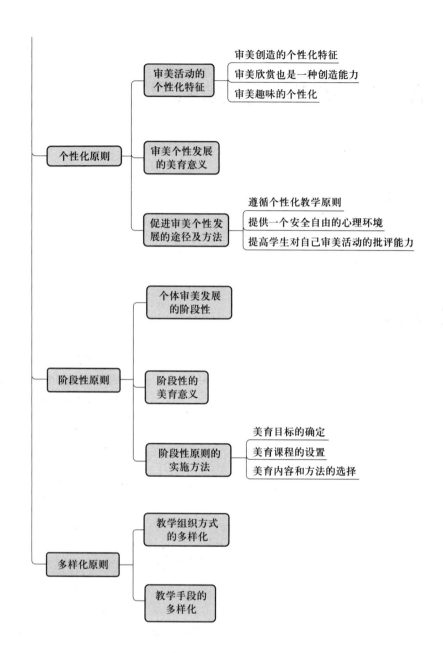

美育是一种教育活动,需要遵循教育的基本规律和原则。但是美育也是一种特殊的教育活动,为了有针对性地指导美育活动的开展,需要提出一套适合美育特性和规律的教学实施方法和原则。探讨美育的实施原则可以从审美过程的心理机制和美育过程的特殊性入手,并充分考虑儿童、青少年审美心理发展的特点和规律,形成具有美育自身特色的教学实施原则。美育的实施原则同时是评价美育活动的基本要素,可以借此设计、评估美育过程的方法和要素。

第一节 体验原则

美育过程主要是以意象和情感的激发与交流为基础的,这与一般教育理论所关注的知识和技能学习过程显然不同。如对于一般的教与学,可以找出一致的标准来衡量其效果,而美育过程所激发的意象和情感却是个体的独特体验,带有很强的直觉性,很难加以衡量。实际上,美育活动首先依赖一种特殊的学习方式即审美体验,因而体验原则可以说是美育实施原则中的首要原则。

一、审美体验的含义与特点

心理学意义上的体验是指主体对自身经历着的心理活动的评估和把握,是一种自我觉知状态,包括对个体内部和外部的各种刺激所激发的感知、想象、思维、情感和动机等各种心理成分的觉知,是一种综合性的心理反应。审美过程也是一种体验过程,也具有综合性特征。

审美过程包含着主体对审美客体的感知、想象、理解等心理成分,并且伴随着特殊的情绪情感状态,因而审美过程实际上也可以被看作体验过程,美学理论就以审美体验来概括这一过程。我国传统美学中的"感兴""妙悟"等指的就是审美体验。所以我们说,审美体验是主体调动自身的各种心理能力观察、感受和评估审美对象,进而产生审美快感的过程,它往往是在瞬间产生的,因而它也具有直觉性特征。审美体验也是主体积累审美经验、丰富审美意象的过程,"对审美主体来说,客观存在的客体还不等于被意识到的客体。只有经过主体的体验等审美心态加以感受,自在的客体才能成为'我'所心领神会的对象"[①]。换言之,只有通过审美体验才能形成审美经验。

(一) 审美体验的直觉性

审美体验的直觉性包含两层含义:一是指体验的直接性和直观性,它必须在某种审美对象或情景的直接刺激下才能产生,因而与个体的欣赏和创作活动同时产生、同时完成。特定的审美情景消失了,那么审美体验也随之消失或转化为审美经验。审美体验的直觉性使得审美体验具有鲜明的形象性特点,这就使它非常依赖个体的感知能力。二是体验的非概念、非语词特征,是一种"只可意会,不可言传"的状态。也就是说,审美体验无须借助抽象的逻辑思维而能直接作出美与不美的判断。一件让人产生快感的艺术品,不论使用的手段是图像还是声音,总是对我们的直观能力发生作用,而不是对我们的逻辑能力发生作用,因此当我们看见一件艺术品,我们心中只产生了是否有益于社会或者对个人有什么价值的考虑,这样的作品就不会使人产生审美快感。

---

① 王朝闻:《审美心态》,中国青年出版社1989年版,第406页。

（二）审美体验的意象性

体验的直觉性并不意味着体验是一种感知活动,它还包含着高级的心理活动,如想象、直觉性思维,只不过其媒介并不是抽象的,而是主体用以表征审美客体并带有强烈主观色彩的形象,即意象。无论是审美体验还是审美经验都与审美意象密切相关,审美体验是审美主体与审美客体借助审美意象进行的"沟通"结果,而审美经验通常是以审美意象的方式保存的。事实上,现代心理学研究早就用试验方法证明人们无论是对视觉形象的记忆还是听觉形象的记忆,都是使用心理意象(mental-imagery)实现的。

欣赏和创作过程常常表现为激活审美意象或创造新的审美意象的过程,即欣赏和创作活动可能会从过去的审美经验中提取相似的体验,印证当前的审美情景,并且在此基础上形成新的意象。因此,欣赏和创作活动通常表现为再体验或反复体验的特征,而其媒介都是主体头脑中的意象。这说明,意象的产生绝不仅仅受感知激发,还与审美主体的想象和理解相关,是各种心理能力综合的结果,而且难以分解。

意象的主观色彩一方面依赖于这种综合的方式,另一方面也与个体的情绪情感状态有关。审美体验主要是一种情感体验,个体经验中的审美意象及创造出来的审美意象都是与特定的情感相联系的。对于杜甫"感时花溅泪,恨别鸟惊心"的这句诗必须有悲伤的情感体验才能领会,原因即在于此。

（三）审美体验的个体性

审美体验的产生是以个体的方式出现的,它更多的与个体的经历与经验、心理状态和人格特征等相关联。可以说,不管个体的审美体验包含多少现实社会中流行的审美趣味和审美理想,它始终是个体主动活动的结果。

审美体验的个体性使得人们的审美活动呈现出个性化特征,"各美其美"说的就是这个意思。李白虽然见过带露水的花,听到过鸟叫声,却不会有杜甫"花溅泪""鸟惊心"的体验,充分说明了个人经历、人格特征等与审美活动的关系。从个体发展的意义来说,审美体验的个体性还具有年龄特征,就是说对于同样的欣赏对象,个体会随着年龄的增长而出现不同的审美体验。

（四）审美体验的创造性

审美意象的产生是一种创造过程,也就是说审美客体内化为审美经验并不是一成不变地复制,欣赏时形成的审美意象既不同于客体的感知特性,也与创作者的原初意象有异。审美主体反复体验的创造性是引起审美快感的动力。无论是艺术美的欣赏还是自然美的欣赏,如果不能创造性地发现客体所蕴含的美感价值,就无法获得那种陶醉感,那么再"美"的意象也毫无意义。

在审美创作过程中,创造性是其核心要素。形成富有创造性的构思,乃是创作的基本条件,而拾人牙慧是不可能被称为创作的。创造性的构思来源于创造性的审美体验,李白的"众鸟高飞尽,孤云独去闲。相看两不厌,只有敬亭山"一诗中,本来平平常常的敬亭山,在诗人眼中却是交流伙伴,多么新奇!齐白石曾以"学我者生,似我者死"赠予弟子,也是强调艺术创作中的独创精神。创造性实际上也是个性化,审美体验的创造性反映了审美主体的个性特征,也可以说个体在审美活动中表现出来的创新精神就是审美个性。

二、审美体验的美育意义

审美体验是主体完成对审美对象的领会和评估的主要途径,是引发审美快感、积累审美经验的主要手段。美育过程就是要促发学生的审美体验,形成主体与客体之间的审美关系。可以说,没有审美体验,就没有美育过程。因此,审美体验是作为美育的特殊学习方式而成为美育的首要原则和途径的。审美体验是主体与客体之间的沟通方式,是客体向主体转化的必经之路。可以说知识学习是一种理性的逻辑过程,技能学习则是动作的训练,美育中的"学习"则要依赖审美体验。

(一) 积累审美经验

作为审美领域的学习方式,审美体验的首要作用就是积累审美经验。人们在阅读文学名著、欣赏艺术作品、游览名山大川、创作艺术形象的过程中,绝不只是感官"享受",它们不仅会激发人们的审美情感,也必然会在人们的记忆当中留下各种各样的审美意象。这些情感和意象一方面作为审美过程的必不可少的因素而直接成为审美体验的一部分,进而成为审美经验;另一方面它们也是将来欣赏和创造过程中个体的审美参照,在以后的审美情景中受到激发而被重新唤醒。因此可以说,个体在不断的体验过程中,能够提高对审美客体的敏感性和辨别力,并且直接造就个体的审美趣味和鉴赏能力。比如,很多学生对书法艺术比对同是国粹的京剧艺术更容易产生审美愉悦感,主要的原因就是学生对书法有更多的接触机会和体验。

(二) 锻炼学生心智能力

审美体验是一种综合性的心理反应,需要感知、想象、情感、思维等心理能力的积极主动地参与和协同作用,因而体验过程不仅将获得令人愉快的审美经验,还能直接锻炼学生的各种心智能力。事实上,不同美育内容可以直接作用于人的不同心理能力,如音乐、舞蹈与直觉能力,诗歌、戏剧与情感能力是直接相关的。所以人们早就认识到在幼儿教育中提供丰富的审美体验机会是训练幼儿心智能力的主要手段,只是在中小学教育当中却并不很重视美育的这种作用,而更加强调通过理性知识的学习来锻炼各种理性能力。应当说,处在受教育阶段的青少年的感知能力、想象和思维能力以及情感表达能力并不完善,审美体验作为审美领域特殊的学习方式正好弥补了这个缺陷,能使人的心理能力完善起来,这也说明了在青少年阶段开展审美教育的特殊重要性。

(三) 保持心理健康和促进人格完善

审美体验也是个体内部状态与外部环境(审美客体)之间的整合过程,这种整合过程实质上是个体试图以情感方式把握审美客体与情景的努力。对个体来说,只有在内心状态与外部世界之间形成一种和谐、安定的关系,形成一种积极的、建设性的情感体验时,才有可能形成健康、完整的人格。而紧张的学习与应试压力却总是使学生处于高度的精神压力之下,似乎老师、父母、学校乃至整个社会都在压迫他们。近年来中小学生心理问题日益增多的趋势与学校不重视美育有着极大的关系。心理问题的产生是与学生学习生活的单调、缺乏情感的自由表达分不开的。审美体验的获得将平衡学生的心理活动的各个层面,并使他们能以平和友好的态度对待外界压力,得到情感表现的机会,从而求得内心的平衡与安宁。因此,审美体验也具有保持心理健康、促进人格完善的作用。

总之,审美体验是实现美育功能的关键,也是美育最重要的原则,它使美育与其他教育活动区分开来。能否激发学生的审美体验水平是评价美育活动的关键指标和依据,可以依据学生的审美体验来判断教师设计的审美活动和美育过程是否合理,即教育内容和教育过程是否合理。

三、如何引导学生的审美体验

审美体验是个体的主动活动,命令或灌输显然无助于个体体验的产生。有人指出美育具有"潜移默化"的特点,说明体验的产生是"不知不觉"的,但把它作为一种美育手段或引发审美体验的措施,就显得过于消极了,美育作为一种独立的教育活动应有其主动和积极的方法。

(一) 给学生提供丰富的审美活动

审美体验是在活动中产生的,教师不能代替学生去体验,也不可能把自己的体验原原本本地告诉学生,让他们也产生这种体验。因此,引导学生产生审美体验的最主要的方式是要尽可能地让学生直接参与审美活动,给学生创造丰富真切的审美氛围。如尽可能向学生呈现完整的审美对象,尽可能让学生自己"动手""动口"等,这样的参与才是主动的参与。同时需要给学生自由表达感受的时间,表达感受是审美体验的必然要求,人们在审美活动中必然会有"形诸于外"的欲望,这也是强化学生的审美兴趣、促进审美意象产生的重要手段。

(二) 鼓励学生的创造与想象

审美体验与创造性思维和想象能力有着密切的关系,因为审美体验要求主体在头脑中形成某种独特的审美意象,而这正是创造与想象的作用。放弃了创造和想象,一切就显得平淡和单调了,当然也就谈不上审美体验了。应当说,不同年龄的学生都不乏创造和想象,教师应鼓励和赞许学生的各种创造和想象,不管它多么离奇或不合理,这样才能保持学生这些可贵的心理品质。

(三) 激发学生的审美动机

动机是活动的诱因,激发起学生的审美动机,就会使他们产生追求美和创造美的行动,从而提高审美活动的自觉性和主动性。可以说,没有审美动机,人们对再美的事物也会视而不见、听而不闻,无法产生审美体验。

激发学生的审美动机应当从内部需要和外部条件两方面去考虑。个体的审美需要是高层次的需要,根据马斯洛的观点,它在个体的需要层次上仅次于自我实现的需要。因此,激发学生的审美需要必须保障学生的生理、安全等低层次需要,在他们获得安全感和自尊感的前提下才可能产生。从外部条件来说,应当保证学生有专门的从事审美活动的时间,向学生提供各种各样的审美和创造机会,即使是科学理论的传授,也应考虑给学生留下想象和体验的时间与空间。

(四) 传授必要的美学和艺术知识

一般来说,审美体验是难以用概念来描述的,但美学和艺术知识却蕴含着审美的线索。实际上,当人们面对审美对象和审美情景时,除了产生情感体验和意象之外,还会试图作出某种解释、归类和联想,以使审美体验进一步深入,这当然需要具备足够的知识和概念。然而,由于中小学生往往缺乏这样的知识和概念系统,因此很难完整深入地欣赏或理解审美对象。向学生传授必要的美学和艺术知识,其目的是让学生认识和明确有关概念,同时能运用它们解释审美客体。这可以帮助学生更快、更深入地进入审美状态。

第二节　交　流　原　则

任何教育都是以师生之间的交流沟通为基础的,美育作为一种教育活动自然也不例外。当然,在各种教育活动中沟通的内容和手段可能是不一样的。如知识学习显然以逻辑内容为中心,技能学习则是以动作为依托,而美育过程则是以体验为核心的交流和沟通。在教学过程中,师生双方审美体验的相互激发乃是促进和引导学生进入审美活动的主要手段,而学生独自的欣赏过程也是以情感体验的流动为特征的。因此,交流原则是美育的基本原则,也是美育过程的本质。

一、美育是情感交流的过程

美育是一种情感教育,是一种情感体验过程,这就直接规定了美育过程中师生交流的中心内容应当是双方的情感体验,它也是激发人们审美活动的基本动力。美育过程的动力来自个体自身的情感表现要求,它决定了美育是个性情感不断开放、伸展和升华的过程。人类的基本情绪(喜、怒、哀、惧)是种系发展的结果,具有先天性。但人们通过相互的情绪沟通,不仅使这四种基本情绪的理解和表达更为精细和复杂化,还形成了更多的情绪类型和更为高级的情感形态,如同情、爱等,它们对人类来说既有直接的生物学意义,也有社会适应的作用。审美情感则是更为复杂和精细的人类所特有的情操,它们不具有直接的生物学意义,因而不可能在适应性的情绪情感交流中发展完善起来,如果不加以有意识地引导还会出现衰退现象。

应当说,审美情感的体验和表达能力也是一种技能,但它并不是动作技能,而是一种情感技能,同样需要学习和锻炼。不过,审美情感又是"不可言传"的,难以拆分形成技能的、可以分析的步骤,因而不能照搬智力和动作技能的传授方法,只能让学生直接体会教师在特定情景中流露出来的情绪和情感,或快乐、或崇敬、或悲伤。这类情感流露一方面成为学生的审美体验的线索,另一方面由于情感所特有的感染性,也会直接成为学生的模仿对象,从而激发学生自己的审美情感。其实,学生在特定的审美情景中也会产生某种情绪体验,但常常是粗糙的生理性的激起状态或者表面化的情绪反应,需要外界线索的引导才能被识别和升华,教师的情感表达实际上就起到了引导和示范的作用。因此,师生双方情感的相互激发和交流是引发审美体验、实现美育过程的基本要素和重要手段。

通过情感交流激发审美情感,也是审美创造的前提。艺术创作首先取决于创作者的情感状态,有人甚至把艺术创作与情感表达等同起来,认为艺术是人类情感的符号形式的创造;康定斯基以艺术家的眼光指出:"为了使内在的因素(它最初仅仅是一种感情)变为一件艺术品,你须借用第二个因素(即外在的因素)作为表现形式。……然而重要的和起决定作用的却是内在因素。"[1] 袁枚曾论及"人必先有芬芳悱恻之怀,而后有沉郁顿挫之作",也是这个意思。情感通过媒介外化为艺术作品的过程不仅是技法技巧的运用,还是如何认识、修饰和表达的过程,教育者也只能通过自己的示范即把自己的情感倾注于笔端、声音,表现于形体等的具体艺术创造过程,学生才能懂得如何摆脱依样画葫芦的"作业"状态,而转入真正的艺术创作层次。

从学生的角度来说,欣赏过程中的审美体验不仅包含着对自身情感状态的评估,同时也包含着对审美客体及其创作者情感和意图的揣摩。从学生自身的表现内容价值的角度来看,审美体验通常具有更深刻价值的情感交流,欣赏者不仅可以得出关于创作者的感受的结论,而且还使自己受到相似情感状态的支配。情感自身互相交流,比如一张表现着深沉的忧伤的面孔能够唤起一种忧伤的情绪,而衷心的、无忧无虑的笑声则能够传染欢乐。这种交流实际上是凭借艺术作品达到创作者与欣赏者之间的沟通与理解,所以美育过程中的情感交流不仅在于实现师生双方的沟通,还可实现更为广泛的社会认同。这是美育过程中情感交流所特有的价值,对于学生的情感发展具有特殊的意义。

二、情感交流的美育价值

教育过程中的情感不仅作为影响学习和教学过程的一个重要因素而存在着,同时也是教育手段和目标。美育过程直接以个体的情感体验和交流为基础,对学生情感的发展与成熟、美育过程的实施都至关重要。

师生的情感交流是实现教学过程、建立良好师生关系的保证。美育过程中审美情感的沟通一方面可以推进美育过程中学生的审美体验,激发学生的审美欲望;另一方面也是促进师生双方相互理解、形成积极的情感如归属感的手段,这是美育过程的基本特征和内涵。当然,其他类型的教育活动如知识和技能教育也需要师生双方的情感沟通和相互认同,但不一定是开展知识情感教育的前提条件,但美育过程却必须要有充分和谐的情感交流,没有情感交流,也就不存在美育过程了。另外,学生在与教师的情感交流过程中使自己自然流露的情感得到艺术化、审美化的塑造,从而不断积累艺术修养和情感表达能力。

---

① [俄]康定斯基:《论艺术的精神》,查立译,中国社会科学出版社 1987 年版,第 12 页。

通过艺术作品、社会现象及自然现象而实现的个体与审美对象之间的情感交流，更是培养学生理解、同情和负责任等高贵品质的有效方法。因为人类宝贵的文化遗产体现着杰出的艺术家、思想家们所珍视的理想和价值，美育过程中的情感交流实质上也是借助于文学、艺术、科学等审美对象吸收人类文明的优秀成果的过程，美育过程蕴含着极为重要的德育意义。因为人类文明的这些优秀成果一旦转化为学生的自觉意识，必将使他们成为有德行的、具有高尚审美情趣的人。因此，美好的情感交流将使学生以审美的观点看待人生和社会，达到爱人、爱社会、爱自己的"仁爱"境界。可以说，情感交流原则之所以成为美育的重要原则并不仅仅是从美育过程来说的，还因为它具有重要的德育价值。《关于全面加强和改进新时代学校美育工作的意见》中指出，要将学校美育作为立德树人的重要载体，其理论依据盖出于此。

情感也是人格的重要组成部分，个体的情感生活也决定着个体的心理健康状况。人格缺陷和人格障碍最明显的表现就是个体情绪情感生活的异常。那些有心理问题的人往往情绪的紧张水平过高或过低，不能很好地识别他人的情绪情感，也不能有效地表达自己的情绪情感，这种状况使得他们不能与其他人形成正常的社会互动关系。青少年的心理健康问题常体现为紧张的学习生活带来了大量的情绪问题，如焦虑、厌烦、抑郁等，他们常常不能承认和接受这样的情绪状况却又找不到恰当的表达途径，因而长期积累就造成了很多心理问题。特别是中学生，他们处在特殊的人生阶段，他们的情绪生活具有闭锁性和动荡性特征，常常不能或者不愿意从其他人那里得到帮助。

《关于全面加强和改进新时代学校美育工作的意见》

美育过程中的情感交流恰能有效地针对上述情况，为中学生提供良好的情绪情感表达渠道，并使他们的情绪情感能力完善起来。美育过程中的审美体验集中体现了人类美好的情感，特别是优美和喜剧等范畴中的审美情感直接给人以轻松、愉快的体验，因而人类对此有着天然的需要，中学生也能积极地接受它们。而根据心理治疗理论，松弛或愉快的情感状态是消除对抗、紧张和令人不快的情感状态的最有效的方法之一。美育过程中的情感交流意味着对自身情感状态的接受和承认，也意味着对他人情感状态的尊重和理解，承认自身的情绪意味着放松并使自身的情感舒畅。尤为重要的是，美育活动通常是通过设立实际情景而使学生感到自由自在，如听带有某种情绪的音乐、欣赏大自然的美丽与壮观等，这就使得美育过程中的情感交流非常自然和谐，没有那种一方灌输、一方接受的强制意味，从而更容易使学生接受。因此，开展切实有效的美育活动可以有效改善青少年的心理健康状况。

师生交互是所有教育活动的基本特征，而以情感为主要内容的交流活动则是美育过程的基本特征。因此评估美育活动是否能够引发审美体验，可以通过师生之间、学生与学生之间是否发生有效的情感交流来判断，这也说明交流原则是美育活动评价的一个基本依据。

三、如何开展审美情感交流

审美情感交流是双方共同完成的过程，要达到审美情感的沟通自然需要师生双方共同的努力。但是美育过程作为一种教育过程，教师的主导作用依然会成为教育中的基本特征,在和谐融洽的交流气氛的营造方面,教师负有主要的责任。同时,情感交流也需要适当的条件,也就是心理"场"。所谓"场"乃是一种心理环境,是促使个体产生活动欲望的情景条件,也就是说要营造一种能引起和维持情感交流的环境和条件。

(一)建立一种平等开放的气氛

每个人都有维护自尊的需要,中学生特别希望获得教师的理解和尊重,教师居高临下的态度会导致学生的反感甚至反抗。平等开放的气氛需要双方的互相接纳和尊重,这就为学生敞开自己的情感大门、达到情感上的和谐提供了可能性。在这样的气氛中,学生不必害怕由于自己的幼稚而招致嘲笑。有试验证明,在这样的环境中学生所作的画要比高压或放任的环境中所作的画好得多。对教师来说,也需要解放自己的顾忌和束缚,不要害怕由于在学生面前流露自己的真情实感会破坏自己的形象,主动塑造亲切、自然的形象。

为了建立平等开放的气氛,教师需要有正确的学生观,应当承认学生是独立的具有自主性的人,他们有着无穷的创造性和丰富的情感体验。而对同样的审美情景,学生与教师的地位是同等的,谁也没有最终的决定权,因为学生和教师在交流过程中产生的审美情感体验都是独特的、个性化的。

(二)培养情感的审美表达能力

人类自然的情绪和情感表达经过长时间的进化和发展,可以说已经十分精细和完善了,但是,情感的自然表现与审美过程中高级的情感表现是不同的。如日常生活中的号啕大哭就很难被照搬到舞台上,在舞台上的"哭"应哭得美、哭得恰如其分;梅兰芳在表演《贵妃醉酒》时如果像某些醉鬼那样胡言乱语、呕吐挑衅,还会有人欣赏吗?欣赏和批评过程中的情感表达也应当是美的,像欣赏《白毛女》时拎起枪来想毙了台上的"黄世仁",欣赏《铡美案》时忍不住冲"秦香莲"高喊"俺不能要那臭钱!"之类的欣赏行为,就是混淆了现实与审美之间的差异,破坏了审美所应有的距离感,其情感也就不能说是审美情感了。梁启超曾说杜甫的作品是"三板一眼地哭出来,节节含着真美",即欣赏杜甫的作品如果没有"三板一眼"的体验和能力,是不可能得其真味的。因此,情感的审美表现能力是实现审美主体与审美对象情感交流的必要条件。

梅兰芳《贵妃醉酒》片段

这里需要注意两个问题:第一是要使审美情感与学生的情感能力相适应,任意拔高或压低学生的审美情感表达能力都会带来美育内容选择上的不当,从而造成师生情感交流基础的丧失。第二是要提高教师自身的审美情感表现能力。从艺术创作角度来看,想要使艺术表现的情感使别人信服,首先需要自己信服;要想感动别人,首先必须感动自己,就美育过程中教师的表现来说同样如此,教师必须首先沉浸在审美情感体验之中。当然,这种感动必须是审美的,不能是毫无修饰的自然流露。

(三)创设审美心理场和物理场

仅有交流的愿望和能力当然不足以真正实现情感交流,审美情感的交流还必须有恰当的心理环境和必要的物理条件。

除了应有一种平等开放的气氛之外,教师还应当以各种手段为学生营造一种审美氛围。如教学内容的选择应与学生的审美经验和欣赏能力相适应,教师的语言、行为应有与内容相适合的情绪色彩等。学生处在这种弥漫着特定情感色彩的心理环境中必然会受到感染、感动,进而产生情感表达和交流的动机和行为。如有一位老师布置学生写一篇纪念该校一位热爱教育事业、最后倒在讲台上的老师的作文,他首先与学生一起回忆交流这位老师的事迹,并播放了哀乐以示悼念。很快,每个学生都沉浸在悲痛的气氛之中,泪流满面,激发了强烈的写作冲动,结果学生写出来的作文情真意切,充满着对这位老师的尊敬和热爱。通过这一特定心理氛围的创设,不仅更好地达到了教学目的,更重要的是通过这一堂课使学生获得了崇高的审美体验。

借助必要的物质环境条件同样重要。毫无疑问,欣赏自然美要到大自然中去、欣赏电影要在电影院、欣赏音乐要有音响,这些物质条件和环境不仅是激发情感所必需的,也是情感交流内容的来源。实际上,它们不仅是物理环境,也是心理环境的一部分。对于美育活动来说,当然不仅限于此,特殊的教具设计、环境布置、甚至整个校园环境的整体考虑都是非常重要的。当前,人工智能、虚拟现实和5G通信技术等为创造有效的美育环境提供了更为广泛的选择,可以更有效地支持美育环境创设和美育活动组织。

第三节 个性化原则

"对于没有音乐感的耳朵来说,最美的音乐也毫无意义。"这句话常被用来说明审美欣赏对于审美主体的感觉能力的依赖性,更确切地说,它反映了审美的个性化现象。我们不能要求人们对所有的审美对象感兴趣,也不能要求人们对同样的审美对象产生相同的审美反应。虽然我们把全面的审美修养作为美育的理想,但是我们又必须面对这一现实,并且提出适合于审美个性化的教学原则和方法。

一、审美活动的个性化特征

审美活动是个体的活动,它不仅直接表现出审美主体的趣味、态度和理想等心理倾向,还与主体过去的审美经验密切相关,因而每个人的审美活动都是不同的,这便形成了通常所说的美感的主观性特征。"一千个人眼中有一千个哈姆雷特",这句话既表明了审美对象丰富的审美内涵,也很形象地说明了审美活动的个性化色彩。

(一) 审美创造的个性化特征

著名美学家冈布里奇曾指出:"艺术家去寻找周围风景中那些他所能表现的方面,画画是一种主动的活动,因此艺术家倾向于去看他所画的东西而不是画他所看见的东西。"[1]艺术家在过去的训练和经验过程中形成的审美倾向决定了他会怎样去看其周围

---

[1] [英]冈布里奇:《艺术与幻觉——绘画再现的心理研究》,周彦译,湖南人民出版社1987年版,第80页。

环境,艺术创作主要反映的个人情感或个性就是审美倾向形成的基础。而艺术家个人的创作意图、人格特征和审美观念犹如创作的过滤器,它们决定某个题材的作品为什么是这样而不是那样,从而表现出艺术家的创作风格,或者说创作个性。

一些人不能对"最美的音乐"产生审美反应,并不能说明他们没有审美修养,不能欣赏某种类型的美,也许就是欣赏另一种美的有利条件,审美欣赏过程是如此,审美创造过程更是如此。这是感知能力发展中的补偿作用,比如阿炳是一位民间音乐家,但他双目失明必然欣赏不了绘画艺术。要求每个人都会作曲画画或者要求每个人创作的作品都一样,那就不存在审美创造了。

学生的艺术创作当然还不能与艺术家相提并论,他们无法将其所感、所思熟练地反映到自己的作品中。但他们的作品也反映出他们的经验和个性,如中学生文学创作活动的多变性正是反映了其内心的动荡性的特点,而他们在美术作品中所透露出来的信息早已成为心理分析学家们研究个体人格特征的重要资料。

(二) 审美欣赏也是一种创造能力

有些人认为欣赏过程只不过是复现艺术家创作艺术作品时的体验,因而不承认欣赏活动存在创造性成分。其实,即使是复现也存在着深刻的创造性成分,因为复现本身就是一种创造性想象——艺术作品本身并不能直接告诉欣赏者创作者当时的情感和意图,需要欣赏者自己推测揣摩,形成某种意象。况且,欣赏者或创作者的情感体验不可能是完全一致的,实际上绝大多数欣赏过程中的情感体验与创作者的不同,莎士比亚心目中可能只有一个哈姆雷特,而不同欣赏者心目中的哈姆雷特却是千千万万个,这些哈姆雷特显然是欣赏者的一种再创造。正是欣赏者丰富的创造能力,才使欣赏呈现出个人的独特性,才使艺术作品具有某种永久的欣赏价值,而创造所具有的独特性正代表着个体审美活动的个性化。所以从某种程度上说,欣赏所包含的心理能力与艺术创造或其他复杂的心理物理活动所包含的能力是一样的。

对社会美、自然美的欣赏同样也是一种发现创造的过程,欣赏者必须独自去发现其中蕴含着的审美价值才可能产生审美情感和审美体验,否则就会出现视而不见、听而不闻的现象。因此,欣赏过程也可以说是主动创造的过程。

在欣赏过程中,欣赏者的个性倾向和审美经验也决定着个体的审美趣味和能力。"有音乐感的耳朵""能感受形式美的眼睛"并非是天生的。要清晰和全面地感知复杂的艺术形式需要训练和经验,培养这种能力是欣赏训练中的关键阶段。

欣赏所需的技巧绝不等同于创作所用的技巧,但也同样直接与个体的审美经验和知识水平等因素相关。比如,不懂得传统戏曲中的程式、道具、化妆等知识,就无法欣赏它们,这说明欣赏活动与个体的经验是分不开的,正是每个人不同的训练和经验才使欣赏活动表现为个体所独有的特征。所以,不同文化层次、职业和成长背景的人对于同样的审美对象,会引起不同的甚至截然相反的审美反应。这是审美活动个性化的重要表现。

(三) 审美趣味的个性化

对某个具体的人来说,能够激发他产生审美反应和体验的对象也可能是独特的,这就表现为审美活动的倾向性和选择性。如有人喜欢古典音乐,有人则更愿意听摇滚乐;

有人喜欢吟诵诗歌,有人爱看小说,等等。这便是审美趣味的差异,也是审美活动个性化最明显和最突出的表现。

审美趣味的个性化实质上是个体经验和教育的结果,也是个体人格特征的标志。研究发现,高中生喜欢什么样的绘画作品与他们对传统、权威的接纳程度存在着一定的关系。那些喜欢肖像画、风景画及传统题材画的学生,个性倾向于保守、严肃、仔细及负责任等;而喜欢探索性、感性和原始意味绘画和不规则雕塑的学生,其个性更倾向于悲观、情绪化及多变等。

二、审美个性发展的美育意义

审美个性的发展是个体内在审美能力和审美理想日益成熟的外在表现,意味着个体与环境协调适应能力的变化和提高,尽管它最终体现在人们不同的审美反应上,但其实质却是个体内在能力的改变和重组,是个体审美体验能力的提高和完善。可以说,审美个性反映了一个人独特的认识和评估世界的方法,反映了个体与审美情景之间独特的情感互动关系,因而审美个性发展意味着个体情感体验能力的成熟,意味着个体与环境关系的和谐发展。这种和谐关系的形成不仅是审美活动所必需的,也是个体生存和发展的需要。

审美个性的发展包含许多方面,如审美需要、审美态度、审美知觉、想象、审美动机和理想,等等。我们认为审美个性发展的最重要的方面是个体审美创造能力和审美趣味的发展。

审美个性是通过创造性的审美欣赏和审美创造体现出来的,其中包含着审美客体对主体情感、想象等的激发(审美经验的唤醒),但更重要的是由审美主体自主发现的审美对象中潜藏着的独特含义和价值,这些含义和价值是创造的基本素材,而对于欣赏活动来说,则是引起审美体验的重要保证。因而这些发现不仅具有语义上的价值,有利于提高人们对审美客体的理解,而且在发现过程中主体将会锻炼自身的想象力和创造力,真正使个体成为一个自由自觉的人。其实,创造能力并不是某个独立的心理成分所能包含的,它与个体的感知、记忆、想象、情感及思维等都有密切的关系,创造性也可从这些心理过程中直接表现出来。因此,审美个性的发展也意味着个体各种心理能力的完善。

审美个性最明显的标志是个体的审美趣味的成熟。成熟的审美趣味意味着个体对审美活动有自己的选择标准和批判态度,不再盲目地接受他人的指导。但对青少年来说,他们的认识、经验和批评能力都在增长,审美趣味还不够稳定,而且潜藏着审美个性发展倒退的可能性,兴趣的丧失、创作能力的丧失、审美知觉和感受能力的削弱等都会在青春期表现出来。青少年的审美趣味极容易受制于大众媒介的引诱,淹没他们真正的审美需要。实际上,大众文化必须有流行作引导,需要盲从的人群,而青少年恰好符合它的需要,从而成为大众文化竭力争取的人群。青少年审美个性的发展应增强对外界各种诱惑的抵御能力,避免庸俗文化倾向的侵蚀。

当然,个性化的审美趣味并不要求个体完全脱离社会的标准,好像每个人都有其不同于他人的爱好,这无论是从理论上还是从实践上来说都是不可能的。实际上,个性与共性总是并存且相互依赖的。审美个性的发展意味着主体具有适合自身的爱好,从中能体会到生存的意义和价值,而这种意义和价值无疑是有着特定社会标准的,因而审美趣味尽管是个体的,但其判断标准却是社会的,它有高尚与庸俗、健康与不健康之分。防止青少年陷入低级趣味和反社会的审美个性,是美育工作的一个重要任务,对培养符合社会期望和伦理要求的未来公民有着重要意义。

总之,青少年正处于审美个性形成的重要时期。作为整个人格的一个基本组成部分,青少年审美个性的发展也绝不仅仅具有审美的意义。事实上,审美个性的发展与青少年的创造能力、道德判断能力的发展是密切联系在一起的,它也是学生的一种人生态度,它真正使学生成为朝气蓬勃、富有创造性和同情心的人。审美个性的形成是美育的长期效果,不是一两次就可以达成的。但是在具体美育活动中个性化表现也可以成为美育活动的一个评价依据,只不过不是必备的要素。

三、促进审美个性发展的途径及方法

审美个性既是审美活动的必然结果,也是审美过程的基本特点。培养学生独特的审美个性是美育的重要目标,如何设计和指导学生的审美活动以保障审美个性的健康发展是美育学研究的重要课题。

(一) 遵循个性化教学原则

个性化教学原则在此有两层意思:一是要尊重学生的个性特征;二是要设计个性化的审美活动。尊重学生的个性特征是一直以来教育理论所奉行的因材施教原则的直接体现,根据学生的需要、兴趣及审美发展水平等确定美育目标、安排美育内容、设计美育过程、评估美育效果等,是个性化教学原则的主要内涵,也是满足不同水平、不同层次及不同类型学生审美学习的需要,最终达到美育目的的有效途径。

美育过程的个性化设计就是要求教师为学生设计个性化的审美活动,体现出创造性。实际上,按部就班、毫无想象力的美育活动显然无法真正激发学生的审美欲望和审美体验,更谈不上审美个性的培养。因此,美育内容(审美对象)的呈现必须是富有创造性的,整个教学过程的结构、节奏,乃至教师的语言、表情等都应充分体现教学目标和要求,真正激发学生的审美和创造欲望;鼓励学生的好奇心、幻想和多样性、首创性,也可直接体现为教学过程的独特性。另外,还须避免模式化和固定化的"正确答案"。

(二) 提供一个安全自由的心理环境

美育过程应体现民主宽松的气氛,减轻学生害怕出错、出丑的心理压力。审美活动需要交流和表达,这本身就是一种压力,与学生"听课"完全不同,它更需要教师的宽容。我国中小学生在基础知识学习方面有很好的积累,而在情感表达、自信心和创造力方面存在着明显的不足,这不仅仅是因为缺乏足够的锻炼,还因为我们的课堂缺乏安全和自由的心理环境。因此,除了我们已论及的应有平等开放的气氛之外,在美育过程中对任务和环境的规定不能过死,而应体现出弹性。某种程度的含糊性和不确定性,甚至显得有些混乱的情形,比起那些根据教师自己的标准预先确定的、整理得干干净净的环境更可能引发学生的表现和交流欲望,也更具有创造性。

不过,应注意避免两种倾向:一是放任和相对主义倾向,即完全由学生自己去判断、创作和欣赏。这实际上是放弃了教师的主导地位,也就不能称其为教育了。二是教师过分地以自己的审美趣味、审美理想及表达方式要求学生。如果五六十个学生全都和老师一样,那就不能说学生具有其个体的审美个性了。在美育过程中,教师表现出自己的审美个性无疑是必要的,但这绝非是学生学习的标准,而是一种参照,教师应同时指出其他可能的审美意义和表达方式,而不是以自己的喜好去强行引导学生。如教师会对某个作家或艺术家的作品比较推崇,因而会出现过分美化的言行,这是十分正常的,但应当注意的是,教师不能要求学生也像他那样喜欢他所喜欢的作品。

(三) 提高学生对自己审美活动的批评能力

过去,美育更多地关注于对经典艺术作品或其他典型审美对象的鉴赏批评能力的培养,这对于发展学生的审美个性自然十分有益。但是,个性的培养更需要学生对自我、自身活动及其后果的认知与评价。培养学生对其自身欣赏和创造过程及其结果的批评能力,既是一种自我意识,更是培养审美个性所必需的。事实上,如果学生不能恰当地评判自己在审美活动中的表现,就无法知道自己究竟适合于什么样的审美活动,以及不足在何处。这样,就没有明确的个性发展目标,而完全依赖于外在因素的引导,就会丧失自身的独立性,成为一个随波逐流的人,同时也会失去审美活动的动力。

中学生已经有了较强的自我意识和自我批判能力,而小学生也具有一定的自我意识和自我评价能力,只是这些能力还处于比较片面和初级的阶段。因而培养对自己审美活动的批评能力不仅是必要的也是可能的,这对于发展学生的审美个性非常有效。但应防止过分自信或过于苛刻的倾向,它们都会妨碍审美活动的进行及对自身的正确评价,不利于审美个性的形成,教师必须及时向学生指明。

— 第四节　阶段性原则 —

心理学的研究和理论都已明确指出,个体身心在不同的年龄阶段的发展速度不同,发展重点不一,这就是个体身心发展呈现出阶段性的特征。审美发展作为个体发展的一个组成部分自然也不例外,它同样具有自己的发展阶段。不同的发展阶段就必然有不同的发展任务及特点,这是我们进行美育的基本依据。美育阶段性原则的基本含义就是按照个体审美发展的不同阶段特点,选择适当的教学内容和教学方式,从而实现特定的美育任务和目标。

一、个体审美发展的阶段性

个体心理发展的阶段性已为许多心理学家所证实,如皮亚杰、埃里克森、科尔伯格等就儿童的认知、情感、社会性(包括道德)等的发展为我们提供了极有说服力的阐述。由于个体审美发展的特殊性,他们的研究不能直接用来解释个体的审美发展过程,但对于我们理解个体审美发展为什么会具有阶段性的特征却是极有启发性的。事实上,有关个体审美发展的研究,不管它们是否赞同这些心理学家的观点,它们都有意无意地以发展心理学的理论为参照。在此,我们着重探讨为什么个体审美发展会出现阶段性。

审美活动受制于人的心理能力。审美活动是涉及个体所有心理能力的高级精神活动,个体心理能力的发展状况会极大地影响个体审美发展,因而个体心理能力的阶段性特征必然会反映在审美发展当中。如洛温菲尔德曾指出,2—4 岁的幼儿的绘画能力的发展阶段可以被定义为涂鸦阶段,涂鸦可以被看成是儿童身体和情绪发展的写照,临床心理学中心理分析师就能根据一定的标准和自身经验分析儿童图画,以此来了解被测者的心理状态,判定其心理活动是否正常,这在心理测验中被称为绘画测验。对幼儿来说绘画活动实质上是一种探索客观现实的活动,与玩皮球之类的活动没有什么分别,涂鸦是幼儿的身体活动能力,特别是手的活动能力的体现,也反映了他们的身心协调的状况,虽然不是有意识的艺术实践,却是幼儿艺术发展的基础。

青春期个体情感的动荡性与隐秘性对青少年审美活动的影响非常巨大,它们使个体的审美发展呈现出明显的青春期特征。如青春期对表现内心情感的艺术作品的热衷及表演活动的减少等,均与其心理年龄特征相关。

审美活动受制于人的生理机能。在个体发展的早期,个体的身体发育水平,包括运动技能、神经系统等,在很大程度上决定了儿童的活动范围和活动方式,从而使得儿童的审美发展受到生理上的某些限制。这些限制通常不到一定的年龄阶段是无法突破的,而且如果在某个年龄阶段没能正常地发展某种能力,那么就有可能会失去发展机会。关键期或转折期的概念正是在这个意义上提出的,如语言能力的发展一般是在 7 岁之前完成的,如果错过了这个时期,那么儿童就难以很好地掌握口语。审美发展的阶段性显然也有这种深层次的原因,其中表现比较突出的有学前期儿童所具有的自我中心倾向及万物有灵论观念在其审美活动中的反映。

个体审美发展的阶段性也有教育和社会的原因。社会及学校为个体在各个阶段的发展任务作出了限制,学校的教学计划、社会的传统及各种价值规范等都会对不同阶段的个体活动内容和方式提出要求,审美活动的内容和方式自然也包括在内。如我们对学前期儿童的评价标准和对青少年的评价标准可以说是完全不同的。前者的评价标准通常是感性的、审美的,比如表演才能、音乐才能等,因而无论是家庭还是教师都会鼓励幼儿发展这些能力;而到了中学,人们对青少年的评价却重在理性的、科学的价值上,也要求青少年能以自己的理性来把握他们与外界的关系,以学业成就来评价学生的发展状况。这样,必然使中学生把主要的精力投入理性知识和能力的获得上。但是这并不等于青少年的审美需要不存在了,问题是青少年由于各种限制造成审美发展的停滞而无法满足其审美需要,可以说这构成了青少年审美发展的突出特征。《关于全面加强和改进新时代学校美育工作的意见》中要求"把美育纳入各级各类学校人才培养全过程,贯穿学校教育各学段",其前提就是承认人在不同发展阶段的美育要求是不同的,需要建立符合不同学段要求的美育活动,这使阶段性原则变得更为重要。

总之,审美发展的阶段性就像认知发展的阶段性一样,是个体发展的必然规律,要求教师必须遵循阶段性的特征进行美育活动,以保证美育过程的顺利进行。

二、阶段性的美育意义

个体审美发展的阶段性要求美育必须符合受教育者的审美需要和能力,这不仅是美育作为一种教育活动所应遵循的基本教育规律,也是实现美育的任务所必需的,同时也体现了教师对学生的尊重。

首先,审美过程与个体的情感、体验能力、感知运动能力等密切相关,它们都有其所能把握的心理限度,因而美育过程是无法超越个体身心发展的阶段的。美育内容和方法的选择必须与教育对象的审美心理特征和规律相适应,这是实现美育过程的基本条件。让儿童欣赏交响乐和超现实主义绘画显然是徒劳无益的,因为儿童还没有能力去欣赏和理解它们,这种教育显然也达不到美育的目标;同样,让中学生一味地欣赏"小马过河""猪八戒吃西瓜"之类的故事,也无法激发他们的审美兴趣,不可能达到理想的美育效果。

其次,美育适合年龄特征也是满足个体审美需要、促进个体审美发展的主要手段。审美发展阶段性的一个重要表现是个体审美需要和审美趣味的差异,只有满足个体的审美需要,让学生真正自觉地投入审美活动之中,才能真正提高学生的审美发展水平。在美育过程中,如果只是简单地照搬教材的内容或者想当然地以为学生需要什么样的审美活动,就可能脱离学生实际的审美需要和审美趣味,教师便会觉得是在对牛弹琴,而学生则认为教师在自言自语,无法达成交流与沟通,自然更不可能激发学生的审美体验,学生的审美发展也就无从谈起了。如流行音乐和通俗小说是中学生非常喜欢的,但在美育当中却很少见到它们的踪迹,这是不正常的。实际上,大众审美文化有其合理之处,对青少年的审美发展也有促进作用。但若个别作品中夹杂了不健康的甚至颓废、腐朽的内容,青少年往往缺乏必要的辨别力。美育能够让学生领会其优劣,提高对不健康的文艺作品的鉴别力及抵御能力。因而将这种流行文化引入美育课堂不仅满足了青少年的审美需要,也可以促进青少年的审美发展,防止大众审美文化的消极影响。严肃的、传统的内容是必需的,但不是唯一的,关键是如何以适应青少年的审美发展水平来设计适当的审美活动,促进审美发展。

再次,对于个体年龄特征的理解不能过于抽象或完全等同于发展心理学的观点。与一般心理发展水平相比,个体审美发展阶段的差异性可能更大。因此,按照一般心理发展规律理解审美发展的阶段性,可能会被误导而忽视个体间的重要差异,以及自己的文化与其他文化间的不同。这就是说,我们在设计美育活动时不能依据一般的年龄特征来进行,而应该从年级、班级以及个体的具体审美发展特点入手,这也是因材施教原则的具体体现。实际上,青少年审美活动和审美意识的变化之快超出我们的想象及任何教科书的描述,满足于一般性的讨论显然是不够的。美育教师只有亲自研究自己的学生,才有可能真正使自己的教学适合于学生的审美需要和兴趣。

阶段性体现了美育方法的适切性,也可以说是美育活动设计是否符合教育教学基本原则的主要判断依据。美育活动只有适合不同年龄特征,才有可能激发特定年龄阶段学生的情感体验,它是评估美育活动设计是否合理的一个基本依据。

三、阶段性原则的实施方法

审美发展的阶段性要求美育必须具有层次性,做到循序渐进,为处在不同发展阶段的个体安排不同的美育计划、美育内容及手段。换言之,阶段性原则必须贯彻到美育目标的确定、美育课程的设置及教材教法的选择等各个方面。

(一) 美育目标的确定

处在某一特定审美发展水平的儿童、青少年应有他们特定的审美发展任务,因而从教育的角度来说,美育的教学任务也是特定的。如在学前期,幼儿的审美活动被看成是探索和认识外部世界的主要手段,因而幼儿阶段的美育任务通常是全面性的,涉及各种心理能力,但重点应放在审美感知及操作技能的培养上。而小学的美育任务则主要体现为进一步发展儿童的审美感知能力,维持儿童表达的兴趣。由于小学生开始接受严格的逻辑思维训练,因而保护小学生的想象力及审美直觉能力、保障小学生的审美创造能力也成了小学美育的重要任务。到了中学之后,学生的欣赏批评能力大大提高,审美意识开始出现,而审美创作与表达能力有减弱的趋势,因此,中学美育除了培养学生的欣赏批评能力和正确的审美意识之外,维持和培养中学生的审美创作与表达能力也是个重要的任务。总之,美育任务的确定必须与个体总的发展任务和审美发展水平相适应。

(二) 美育课程的设置

不同的美育目标决定了学校美育课程设置的不同要求,小学美育课程与幼儿园美育课程必然要有差异,而中学美育课程更不能等同于小学美育课程,不然就无法满足不同审美发展阶段的学生的特殊需求。

由于小学生的审美趣味分化程度较低,因而在课程的设置上就相对较为固定和集中,目前小学中普遍开设的音乐、舞蹈、美术课就是如此,并在人文学科中渗透部分美育内容。而在中学阶段,学生的审美趣味和审美能力趋于多元化,就需要更多的课程满足其审美需要,除了与小学类似的美育课程之外,建筑、工业设计、服装等内容都可以包括进来。因此中学的美育课程不仅应该开设必修课程,更应该开设足够的选修课程,鼓励学生组织各种美育社团,以便尽可能地满足学生的不同需要。

美育课程的设置应特别重视隐性课程的开发。美育具有潜移默化的特征,学校教育中的许多方面都会对学生的审美发展产生影响。如学校的环境、师生同学关系、课外活动等都是美育潜课程中的重要因素,其实在学科教学中渗透的美育也可以说是美育的隐性课程的重要形式,这些隐性课程在学生不同的发展阶段也应有不同的要求。

(三) 美育内容和方法的选择

美育的内容和手段在很大程度上是由课程决定的,但在具体实施过程中美育的内容和手段受制于美育教材,目前的美育教材对审美发展阶段性规律的关注往往是经验式和无意识的,加之教师很难区分艺术教育与审美教育的差异,导致美育的内容选择和方法设计很难满足美育目标。

教师应当依据学生审美发展的特点和规律,自主地选择合适的教学内容和手段。一般来说,随着学生年龄的增长和审美发展水平的提高,美育的内容应当由易到难,从形式过渡到内容与形式的统一,从优美逐渐上升到崇高、悲剧和丑等。对于中学生来说,他们已经不满足于简单优美的内容,而希望欣赏和表达更能表现人类情感深层的内容,如表现痛苦、忧郁、愤怒、死亡等的艺术作品更让他们着迷;从审美类型来说,他们也不再满足于艺术美的欣赏,而扩展到了社会美、自然美的欣赏,这可以说是提高青少年审美发展水平的重要契机。

从教学方法来看,随着审美发展水平的提高,应当体现出由动到静及动静结合的变化,并逐渐由以教师为主过渡到以学生为主的教学方法。不同的教学方法当然需要相应的手段来支撑,中学生认知和运动能力等的逐渐完善为运用更多的教学手段提供了极为有利的条件,如中学生阅读写作能力的提高可以使教师更好地开展基于文学作品和创作的审美活动,而不必像幼儿园那样过分依赖教师的口头表达能力。

— 第五节 多样化原则 —

个体的审美需要多种多样,用于美育的审美活动也是丰富多彩,由个体组成的教育基本单位——班级的审美需要和审美趣味更是变化万千,单一的审美形态和美育手段不能满足学生多方面、多层次的审美需求。因此,为使美育价值得到真正的发挥,就必须从美育的内容、组织方式和教学手段等各个方面作出统筹规划,使学生接受多方面的审美熏陶,扩大审美视野,深化审美体验。

多样化也是个性化的另一种说法,只是个性化更注重美育目标和审美活动的设计,而多样化则注重多种审美活动的设计及组织。这就是说,多样化原则主要讨论美育活动的组织及教学形式的灵活运用。作为评价要素的多样化原则,不是判断美育活动本身是否有效的依据,而是判断美育活动组织方式是否合理的一个要素。

一、教学组织方式的多样化

不同的美育内容有其相应的教学组织方式,如美术教育较适合个别化的教学组织方式,而音乐教育则既可以是个别化的,又可以是班级制的;自然美的欣赏需要走出教室直接投身到大自然中去,而社会美的判断则完全可以通过课堂讨论来进行。从美育的整体考虑出发,美育过程既有独立性的艺术教育,又有渗透于各种教学的渗透性美育,它们都有不可替代的价值,都是培养青少年良好的审美素养和审美个性所必需的,很明显它们都有不同的教学组织方式。

一般的教育理论阐述教学组织方式的多样化和个别化的出发点是为了适应学生掌握知识和学习能力的差异,目的是消除这些差异。尽管教育理论也认为要保护学生的个性差异,但都有意无意地把个性差异看成是对教学过程的干扰。由于美育把情感培养和个性养成作为教育的目的,在教学过程中也特别强调情感交流和体验的作用,强调创造力的作用,因而美育过程必须坚持多样化和个性化的教学方式,并把多样化的教学组织方式看成是保护和激发学生审美个性的发展和成熟的重要措施。

为了便于教学,美育的教学组织也可以由同质的教育对象构成,特别是以讲授为主的艺术、美学概念等知识性教学,学科教学中渗透的美育更是如此。同质群体的建立可以采取分校、分班、班内分组及走班制等方法进行,这是普通教育学当中经常论及的问题。而美育过程由于常常需要借助于相互交流,具有不同审美倾向和审美素养的学生组成一个班级有时还是十分有利的。因此,美育教学组织方式不应与一般的知识学习和传授所凭借的班级完全相同,它可以是同质性的,也可以是异质性的,以适应不同的教学目标和学习方式。就如同一个乐队,必然需要由掌握不同乐器的人组成,美育活动的组织也可以使用这个思路。

美育活动组织方式可以更多地采用走班制形式。美育的教学组织方式可以打破年龄、班级的限制,根据不同的教学目标和内容并结合学生的兴趣和接受能力组织临时教学班,这种教学班可以采取与选修课制度相结合的方式组建。临时教学班的规模可大可小,如欣赏课可以人数多些,而对于技巧性较强的表演或创作课,人数则应少些,但都应以便于师生的情感交流和学生之间情感的相互激发为准,并且在美育目标评价标准的确定以及课程师资的调度上作出统筹安排。

班内分组也是美育活动可以采用的组织方式,在原来的班级和临时教学班内都可以进行分组教学。分组教学可以根据不同的目的让学生选择不同水平或不同内容的活动,可以随时组合,既有利于教师根据学生的不同水平分组指导,也有利于小组内学生共同研讨。实际上,分组教学势必要给学生留下"自由"的时间和空间,有利于学生去主动地体验和尝试,对激发学生的审美敏锐性和创造性是十分有利的。

社团或者课外兴趣小组是目前美育教学比较常见的组织形式,但一般仅限于传统的文学和艺术的技能性训练,应向更多的领域扩展,吸引更多的学生参与其中,如戏剧、电影的欣赏和批评、实用工艺设计等。竞赛也是一种有效的组织形式,可以组织多层次的竞赛,对于比较适合于艺术教育或者其他技能性的活动,我们可以把美育目标隐含在竞赛活动过程中。

二、教学手段的多样化

美育的内容丰富,且各有自己的特点和要求,需要不同的教学手段调动学生的情感和体验。教学手段的单一既容易造成学生的厌烦心理,也无法展示审美对象可能蕴含的多种审美价值,还会使教师本人失去兴趣和激情,这与美育的性质是不相称的。

教学手段多种多样,教学媒介的使用就有很广阔的选择。艺术具有丰富的存在方式,也具备常规教育中的媒介特征。因此,当各种不同的艺术形式、不同民族风格特点的同一种艺术形式作为媒介用以培养学生审美批评能力的时候,它们就是有特性的教学手段。有些教师喜欢用古典的、经典的艺术作品作为美育的媒介,这自然没有错,但还应当对现代的和其他民族的艺术作品给予更多的重视。这些艺术作品不仅可以开阔学生的眼界,丰富他们的审美经验,而且由于它们的情感表达更为直接,也更能吸引青少年的兴趣。值得注意的是,现代艺术的许多商业变种往往以随意篡改和过分夸张的方式出现,常常引起学生审美思维的混乱,降低学生的审美趣味,对此必须引起足够的重视。

在具体的教学设计上,应当尽可能地利用真实的教学空间,并采取让学生直接参与的手段,比如博物馆、艺术展览、音乐会、图书馆、影剧院等都能直接与美育教学相联系,都是教师可以利用的教学手段。实际上,社会为我们提供了大量的审美机会,正如人们常引用的罗丹的话那样,美是到处都有的,对于我们的眼睛,不是缺少美,而是缺少发现,我们周围的建筑、公园、山川、海洋都能增添学生的审美经验,更不用说发达的全媒体时代了。

丰富多彩的审美对象并不都是能够搬到教室里来的,即使通过技术能够在教室里呈现,也不可能有真切的现实感。当然,要想引导学生在现实中发现美,首先要求教师有广阔的审美视野,具备把现实的东西信手拈来地转化为教学手段的能力。这涉及教师的个人审美修养问题,要提高教师的个人审美修养比较困难。而在教学技术的运用上,则是完全可以快速改善的。事实上,审美教育过程中教师仅有高超的语言能力和示范技巧是不够的,这两个方面固然非常重要,但总有教师力所不及的地方,需要借助科学技术手段,一般的多媒体技术可以呈现大量的艺术形式,而最近发展迅猛的虚拟现实技术和人工智能技术等,为美育内容的有效呈现提供了更为广阔的前景。在中学里,还有一些常见的科学器材,如显微镜、望远镜之类,其实也是发现美的工具,它们不仅在科学美、技术美的教学中发挥巨大作用,在自然美的教学中也有其独特的作用,因为微观世界、宏观世界当中也包含着令人惊叹的美。美育过程需要有维持和激发学生审美与创造欲望的手段,这也是一个教学技巧问题。

处于青春期的中学生,由于其审美能力、艺术能力不再被看成是主要的评价标准而得到教师和同学的认同,审美和创造的欲望自然降低。因此,我们在此特别指出,有效的强化措施在中学美育教学中是极为重要的教学手段,甚至是关键性的教学手段。我们需要采取多种鼓励性的教学手段维持学生的审美需要和动机,如多采用表扬的语言、帮助他们提高批判和创作技巧、及时提供反馈(师生之间直接的情感交流)等都是十分有用的。应当说,许多从事美育实践的教师并不缺乏专业技能上的训练,但常不知如何去激发学生的审美体验,这是十分可惜的。

 本章小结

　　美育的实施原则是实施美育工作的方法论基础,本章着重从美育的特殊性入手,阐述了与作为一种教学过程的美育相对应的受教育者的学习过程——审美体验,并且以此为出发点,较为详细地探讨了美育过程所应遵循的几个基本原则及相应措施,包括体验原则、交流原则、个性化原则、阶段性原则及多样化原则等。这些原则都有各自不同的实施途径,对美育的价值也是不一样的。其中体验原则和交流原则体现了美育过程的特殊性,是最基本的教学原则,而个性化、阶段性和多样化原则则是设计教学过程的依据,是教育学和心理学理论在美育领域中的具体体现。美育实施原则的重要性不仅体现在它们的理论价值上,还体现在对具体美育活动的指导上,同时它们也是评估美育活动设计和实施有效性的基本依据,可以据此建立一套适合不同美育活动的评估体系。

思考练习

1. 试述审美体验的美育意义。
2. 怎样理解情感交流在美育中的作用?
3. 研究儿童审美特征有何现实意义?
4. 试举一美育案例,根据本章五个原则分析其过程的优劣。
5. 根据本章介绍的五个原则,结合自己的专业设计一个美育活动方案。
6. 利用本章介绍的五个原则,设计一个美育活动评价方案。

中编

学生的审美素养及其发展

中编集中探讨学生的核心审美素养和审美发展,由三章组成。

任何教育的对象都是活生生的人,而教育的效果是通过作为教育对象的人的身心改善来实现的。因此,任何教育都应该研究教育对象,了解他们的需求、身心特点、发展规律等,在此基础上选择适当的教育内容和教育方法,做到有的放矢,美育也是如此。20世纪80年代,英国的艺术教育专家M.罗斯组织了一系列关于学生审美发展的研讨,出版了一系列的著作,他在《审美经验的发展》一书中是这样表述其研究宗旨的:"帮助教师们更好地理解他们的目的,特别是鼓励艺术教师为儿童们创造一些适应他们变化着的需要的学习经验。"

美育的根本任务是促进学生的审美发展,最终实现人的全面发展。个体的

审美发展是一个客观的心理事实,每一个健康的儿童都有审美发展的潜能和内在需要,具体表现为爱美的天性,所以,审美发展是人的全面发展的有机组成部分。认知或思维的发展研究固然重要,但仅仅以认知或思维的发展以偏概全地囊括个体整体的心理发展,那是不完整的。人不仅有理性方面的发展,还有感性方面的发展,这两个方面的发展相互联系,总体上指向全面发展这个大目标。具体地看,感性发展同理性发展在性质、特点和规律上都有较大差异。有时,以从感性直观向抽象逻辑思维转化为特征的认知发展同不脱离感性直观、不断激发感性生命的审美发展,在发展的方向上甚至是相反的。从教育实践的角度说,单纯的认知发展心理学指导下的教育教学活动,实际上有极大的片面性:片面追求智育,把教育的任务简单地看作促进学生逻辑思维能力的发展,而忽视美育,或者是按发展思维的要求来实施美育。由于缺乏正确的心理学指导,不少学校的美育和艺术教育更多地受认知发展心理学的影响,把美育误当作知识教育来实施,结果与美育的目的和规律相去甚远。

所谓"审美发展"是个体感性方面能力和意识的发展,实质上是个体旧的审美心理结构向新的审美心理结构的转变和提升,它意味着个体感性方面素质的成长和成熟,意味着个体生命活力的充实。当然这种成长和成熟并不是单纯的理性发达,而是感性的丰富和深厚,是人的感性从肉体到精神的贯通与和谐,也就是个体感觉、知觉、想象、情感、直觉的活泼与深刻。在个体的审美素养结构中,审美能力和审美意识是主要因素,而从个体发展的可教育性方面来说,审美能力又是审美发展的最重要、最基础性的要素。所以,个体的审美发展是以审美能力为核心的个体审美心理结构的转变和提升,以促进审美发展为特殊任务的美育,应该抓住培养审美能力这个关键任务。在审美能力和审美意识二者中,审美能力是关键,因为审美能力是学生获取审美经验、实现审美发展的根本能力。离开了审美能力,审美意识的教育只能是脱离了审美经验的知识灌输。与其他的教育教学一样,美育的具体过程也应该树立"能力为本"的理念。

个体的审美发展具有阶段性,7 岁的儿童与 18 岁的青年在审美需要、能力和审美意识等方面有不小的差异。因此,还需要深入研究不同年龄阶段的学生的审美发展特点。由于国内外这方面的研究还比较少,本书只能在现有资料的基础上,粗略描述儿童、青少年的审美发展特点,希望引起美育工作者对审美发展阶段性特征的关注。

第六章　审美能力及其发展

🎯 学习目标

　　了解审美能力的意义、作用方式以及学生审美能力发展的规律,认识构成审美能力的各心理要素和美育促进学生审美能力发展的作用。

📖 内容概要

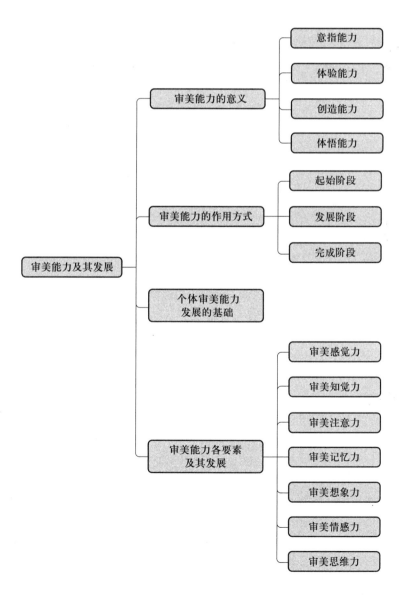

── 第一节　审美能力的意义、作用方式和发展基础 ──

一、审美能力的意义

审美能力是成功从事审美活动所必需的心理特征,具有高级心理能力普遍具备的综合性和复杂性,包含着感觉、知觉、注意、记忆、想象、情感、理解诸心理要素,是一个各部分相互关联、渗透与融合的整体。费尔巴哈说过:"如果你对于音乐没有欣赏力,没有感情,那么你听到最美的音乐,也只是象听到耳边吹过的风,或者脚下流过的水一样。"[1] 不仅音乐欣赏是如此,其他的审美欣赏也是如此。没有审美能力就不可能使潜在的审美对象在意识中呈现,不可能有审美体验和审美表现,也就不可能获得审美经验的积累,学生的审美发展也就不可能实现。因此,审美能力不仅是美学中的关键问题[2],更是美育学中的核心问题之一。

审美活动是感性与理性统一的感受和表现活动,是人类诸多把握世界的方式中的一种,也是确定审美能力性质和特征的基本依据。审美能力作为从事审美活动的基本心理特征,也具有感性与理性统一的情感性质,从而区别于其他的心理能力。审美能力不是单独具有的心理功能,而是人的各种心理要素被以不同的方式组合起来,从而形成的一种特殊能力结构。一般地说,审美能力是以情感为核心和中介的能力结构,无论是从它的作用方式还是从基本价值来说,情感的体验和表现都居于审美能力结构的中心地位。主体由审美需要产生情感冲动,从对象建构中实现情感的创造性表现,从对象的体验与理解中产生情感愉悦,这些都体现了审美能力的体验和表现性质。

审美能力是一种意指能力。审美意指是主体决定对象呈现方式,确立主客体的审美意识关系的心理功能,它以"无利害性"为基本特征。人与世界的审美关系是在实践的基础上历史地形成的,具有客观性。而就个体的审美活动来说,主客体之间的审美意识关系却不是既成的,而是以主体的一种意识指向为前提的。朱光潜曾以"我们对于一棵古松的三种态度——实用的、科学的、美感的"[3] 为题,说明了不同的意识指向会使主体与同一事物结成不同的意识关系,使该事物呈现为不同的对象。古松之所以成为一个审美对象与主体以审美态度指向它直接有关。由此可见,审美活动的发生依赖主体方面能动的审美意指功能。审美活动不是无来由地发生,它依靠主体有意或无意的意识选择,其结果是主体意识从非审美状态迁移到审美状态,使潜在的、客观的审美关系转化为实际发生着的、意识性的审美关系,使客观存在的美转化为主体意识而存在的审美对象。当然,

---

① 北京大学哲学系美学教研室编:《西方美学家论美和美感》,商务印书馆 1980 年版,第 211 页。

② 朱光潜指出:为明确起见,"美感"的第一意义应一律称为"审美的能力",第二意义应一律称为"审美的情感"(即快感或不快感)。这二者之中,有关审美能力的问题是更为基本的,也更为困难的,因为解决了它,有关审美情感的问题也就会迎刃而解。事实上美学史可以证明:不同的美学派别对第二个问题的不同看法大半取决于对第一个问题的不同看法。参见朱光潜:《美感问题》,《朱光潜全集》第十卷,安徽教育出版社 1993 年版,第 355 页。

③ 朱光潜:《谈美》,《朱光潜全集》第二卷,安徽教育出版社 1987 年版,第 8—13 页。

个体审美活动的发生也受到事物某些客观属性的影响,具有审美价值的景观和艺术品就容易触发人的审美态度。

审美意指的基本特征是无利害性。只有当主体心理超越了生理或道德动机的直接驱使,解除了逻辑思维方式的束缚,处于无直接实用功利目的的状态,才可能进入审美状态。而在功利性活动中,主体追逐着实在的对象,其心灵不可能达到自由洒脱的境界,故而无所谓审美主体可言。就对象来说,只有当主体以"无利害"的意向指向对象时,才会集中注意于事物的外观或形象,并以自由的心理活动去构造对象,对象才会以有生命情调的审美意象呈现给主体。因此,我们可以认为,"无利害性"的审美意指对于审美对象的确立、主客体之间审美意识关系的结成都有决定性的作用,它是审美活动发生的第一个契机(或条件)。而实用功利性的意向对于审美活动的发生往往是严重的障碍。从这个意义上说,"无利害性"的审美意指功能在审美能力结构中占有重要位置。

审美意指体现为主体的一种积极审美期待。当代心理学家桑福德曾做过一个有趣的试验,以探索动机对知觉的影响。他让十位被试儿童在饭前和饭后知觉模棱两可的图形,当问他们图形像什么时,处在饥饿状态的儿童将图形比作食物的概率比饱食状态下的儿童要高两倍。这表明,动机往往导致某种期待,而特定的期待会形成特定的心理定势,从而影响后继心理活动的趋向。实际上,审美意指也是一种期待状态,是审美主体准备以审美方式接受对象的心理特征。在审美意向发生时,我们期待着事物作为一种审美对象呈现给我们,准备接受一种特定的审美信号情境。一旦我们知觉到的东西与期待相符,我们就感到初步的满足;一旦知觉到的东西与期待相悖,我们就会产生上当受骗的感觉。这种期待不是全然被动的,而是积极、能动的,它使意识采取与期待对象相适应的接受方式。正如接受美学理论所强调的,没有审美期待,没有积极的审美接受方式,艺术作品就很难被作为审美对象来接受。马克思曾说:"忧心忡忡的、贫穷的人对最美丽的景色都没有什么感觉;经营矿物的商人只看到矿物的商业价值,而看不到矿物的美和独特性。"[①] 他们对美的视而不见首先源于他们没有审美的动机和期待,他们的需要处于低于审美需要的水平。他们为实用功利的欲望所迫,压抑了超越性的精神自由要求,也谈不上以审美态度指向事物。由此可见,审美意指功能受审美需要的支配。然而,审美意指的发生并不是纯粹主观意识引起的,还受到对象某些特征的激发和暗示。在这方面,知觉的认识和辨别力显得较为重要,因为由潜在的审美需要转化为审美冲动或审美动机是以知觉反应为中介的。波兰美学家英伽登曾详细描述了审美主体在对象某些客观特征的作用下,激发起审美冲动并能动构造对象的主客体辩证关系,这一观点对我们颇有启发。显然,审美能力中包含着知觉辨别力,当它获得某种特殊的知觉印象时,就会传递审美信息,唤起审美冲动,使主体积极主动地进行心理调整,形成审美的意向。因此,一些有经验的教师会在艺术课堂里营造艺术氛围,唤起学生的审美期待,提升艺术课程的教学效果。

审美能力是一种体验能力,它表现为一种特殊的审美形式感,并由此与一般的情感相区分。审美形式感具有特殊的含义,首先,"审美形式"主要不是指审美对象的感性材料或外观特征,而是指审美对象的组织秩序与结构关系。从对象上说,形式之所以具有

---

① 《马克思恩格斯文集》第一卷,人民出版社 2009 年版,第 192 页。

审美意义就在于它具有特殊的组织结构,这种组织结构体现为直观的、蕴含丰富的审美形式。对于一堆石头,艺术家可以把它们组合成一个艺术品,这里的关键就是艺术家使每一块石头按一种特殊的组织秩序组合起来,即赋予这堆石头以审美形式,作品的意义也由此而产生。一片风景本来是杂乱无章的,具有审美形式感的人,就能够在视觉上构想出一个美妙的"图景"。从主体上说,心理活动或经验之所以具有审美特征,就在于主体心理以某种独特的结构与活动方式来创造、体验和评价审美形式,主体的这种心理结构和能力就是审美形式感。美国艺术教育专家斯金纳曾指出:"任何一个致力于艺术工作的人关心的本质问题,无论是画画、作曲、写作诗歌或是跳舞,都是去创造令人满意的、富有表现力的能够组成一个整体的'部分'(parts)之间的关系。……部分是如何组成整体的? 某些部分起到主导作用了吗?"①审美形式感就是识别和建构这种关系的一种能力。其次,审美形式感是一种体验和领悟审美对象形式意味的特殊感受力,它与一般的认知能力有别,那就是它并不以概念、逻辑的方式来把握对象,而是以直觉体验的方式,在感性的层面上整体性地把握对象的内涵或意味;它并不以认知为主要目的,而是在情感的表现与升华中创造人生的意义和价值。从个体生存发展的最基本意义上说,审美能力是人获得情感满足,实现其个体性的感性生存的能力,其具体的作用方式是创造性审美表现。当然,审美的情感满足虽包含生理快感,但又超越了它,与丰富的精神性相贯通,所以是一种生理与心理、肉体与精神相互渗透的全身心愉悦。而且,个体的情感表现,作为审美表现,也不是纯粹的"自我表现",而是个体与社会交融关联的对象化和交流性的表现。审美能力作为一种表现能力,实质上是使个体的情感在感性和理性、个体与社会的有机联系中得以实现和提升的能力。

审美能力是一种创造能力。审美表现是对象化和形式化的创造性表现,主体不能在对象世界中创造与自己心理结构相契合的审美意象,就谈不上任何审美的表现。同时,对象要真正成为一个有血有肉、意味无穷的审美对象,也需要主体能动的创造性建构。关于这一点,接受美学的研究是很有启发性的。需要指出的是,审美能力的建构性并不与其反映的、认知的属性相悖。因为,审美的反映与认知能力不是一种机械模拟客观世界的能力,它本身就包含着对外来信息的加工处理,具有能动的选择、阐释、构造等性质,而且还包含着强烈的情感投射性质。这就是说,审美的反映和认知能力本身就含有建构性。另外,审美建构能力不是完全脱离客体的主观随意构造,而是以一定的对象存在和基本框架为依据,并受到特定对象的制约,所以,它本身就包含着某种反映和认知的成分。只是审美能力与认知能力相比,它的选择、补充、阐释、构造等主体意识创造的特点更为突出,更具有价值。人们常说"一千个观众就有一千个哈姆雷特",虽强调了审美接受的主体创造性,但哈姆雷特仍作为一个基本的对象制约因素,规范着审美建构的范围和意义,倘若把哈姆雷特当作贾宝玉,这种所谓的"创造性"就等同于主观随意性了。正是在这个意义上,我们把审美的创造性建构作为审美能力的一个显著特征加以强调。

审美能力的创造性和表现性是不可分割的整体。表现的冲动是创造的内在动力,并规定着创造的基本方向;创造过程亦即审美情感的释放和升华过程。由此,我们发现审

---

① [美]艾斯纳:《艺术与心灵的创造力》,朱珺译,中国社会科学出版社 2016 年版,第 75 页。

美创造能力的本体论意义,即创造一个超越了物质世界的心理时空,使个体的情感生命得以伸展、抒发、成长和提升。从这个意义上讲,审美能力正是人们积极地寻求情感解放和提升、并由此开创人生自由境界的特殊精神能力。

审美能力还是一种体悟能力。审美主体不仅能够以审美态度在意识中构造审美对象,实现情感表现,还能够对审美对象进行直观体验和情感判断,这就是一种体悟能力。审美体悟具有感性与理性统一的直观性,这与审美对象感性与理性统一的特征相对应。它是一种特殊的认识功能,类似于古代禅宗所追求的"顿悟",即在非语词、非概念、非逻辑的直接体认中,于瞬息把握永恒,于形象直取宇宙、人生的真谛,既有想象自由和情感愉悦,又有某种理性思维的成果。它甚至能揭示一般理智力无法发现的某些本质和意义。具有这种能力的艺术家往往独具慧眼,于人们熟视无睹之处,揭示生活的真理。它就像法国哲学家梅洛－庞蒂所说的艺术家内心的"第三只眼睛",能使"外行认为看不见的东西有一个看得见的存在"[①]。审美体悟的直观敏锐性,使它往往比哲学思维更早把握住某种时代精神。因此,古今中外许多优秀文艺作品能够开风气之先,最先把握和显示时代变迁的脉搏,具有独特的认识价值。

审美能力不同于单纯的科学认知,而是具有体验性特征。体悟是一种情感的理解力,它依靠知觉和想象,在主客体的融合交流中,达到分享的理解。在体验的理解过程中,主体深入对象内部,把握到某些不可言喻的深刻意味,这是一般理智力所无法达到的。由于审美体验离不开移情作用,所以审美体悟与审美构造和表现是内在一致的。例如,"明月松间照,清泉石上流"(王维),"感时花溅泪,恨别鸟惊心"(杜甫),"今宵酒醒何处,杨柳岸,晓风残月"(柳永)等诗词都表明,诗人对自然的体悟都包含着将一种心境和情调赋予自然的过程。

体验作为一种情感反应,具有评价性质。这种评价不同于批评,它虽也暗合着一定的普遍法则,但本质上是个体性的情感判断。康德曾指出,审美判断"不是知识判断,从而不是逻辑的",这种判断"凭借想象力(或者想象力和惰性相结合)连系于主体和它的快感和不快感"[②]。这种情感判断不是对对象实在性质或功能的客观认识,而是关于对象与主体关系的评价。审美评价涉及对象是否符合主体的审美需要、审美趣味和审美理想以及所能达到的程度,审美愉悦就是对象满足主体要求的情感反映。所以,审美评价是一种价值评判,它使审美对象的客观价值实现为主体的精神价值。一部艺术作品作为有待实现的价值载体,最终实现于审美主体的精神自由之中。

二、审美能力的作用方式

审美能力作用于审美活动全过程。在审美活动的发生阶段,其作用主要体现在以下几个方面:首先,敏锐迅速地抓住外在世界中的各种审美信息,并以审美特有的方式加以加工处理。外来的审美信息主要是事物富有特征性的感觉刺激材料,但有时却是某种独特的心理氛围或暗示。在初始阶段,审美能力如同高敏度接收器,接收各种审美

---

① 蒋孔阳主编:《二十世纪西方美学名著选》(下),复旦大学出版社 1988 年版,第 236—237 页。
② [德]康德:《判断力批判》上卷,宗白华译,商务印书馆 1985 年版,第 39 页。

信息并传送到大脑。接着,由大脑在知觉水平上对信息进行加工,其直接成果便是具有内在统一性的完整审美形式。其次,对富有特征性的感觉刺激材料作出情绪反应,形成初始的审美冲动,它不仅推动着知觉的加工组织,而且给感觉材料和知觉形式赋予情绪色彩,形成初步的表现。再次,对刺激材料和知觉对象持一种独特的意识态度,即所谓"审美态度"。这种态度作为特殊的意识指向,决定了感知方式乃至整个审美表现、建构和理解的方式,在这个阶段,它是使信息接受与加工进入独特的审美轨道的重要契机。

在审美活动的发展阶段,审美能力的作用主要体现在下列几个方面:首先,在知觉形式基础上,调动记忆、想象、情感等心理功能,丰富和完善审美知觉形式,创造出意味深长的审美意象。其次,情感随记忆和想象的展开而发展,并投射(移置)于对象之上,使审美意象在某种意义上成为审美主体情感表现的产物。再次,在对象建构和主体表现过程中,产生情感畅达舒展的体验,意识到对象建构的方向和主体表现的程度,对这个发展阶段进行有意识的或自动的控制。

在审美活动的完成(或称高潮)阶段,审美能力的作用主要体现在下列几个方面:首先,对审美意象进行体验式的理解,领悟其深长的意味。其次,由于审美领悟是情感性和创造性的,所以,领悟到对象的意味便可产生全身心的情感自由愉悦。再次,使对象的潜在价值得以实现,主体的审美需要得到满足和提升。

当然,审美活动并不完全照上述几个阶段按部就班地进行,有时审美主体在感受对象的一刹那就体悟到其意味,有时要经过反复的品味,甚至回复到初始阶段重新开始,以获得恰当的领悟。

三、个体审美能力发展的基础

曹丕曾说:"文以气为主。气之清浊有体,不可力强而致。譬诸音乐,曲度虽均,节奏同检,至于引气不齐,巧拙有素,虽在父兄,不能以移子弟。"《典论》这段著名的论述是说,写诗作文受制于个体的性格特征和才情,父、兄与子、弟也不能相同。中外美学家和艺术家也有不少关于艺术活动是天才的创造等诸如此类的论述。于是问题就来了:作为审美体验力和创造力的审美能力能不能教呢?一般来讲,任何能力都是从实践中得来的,但是,从事专业艺术活动是需要一定天分的,特别是那些顶尖艺术家除了勤奋学习之外,都是有天分的。而作为业余爱好的审美和艺术活动是人人都可以参与的,只要通过有效学习,人人都可以具备一定的审美能力。关键是需要从小积累审美经验,也就是在家长和教师的适当指导下,不断接触适合自己个性的优秀艺术作品和自然景观,从点滴中获得审美体验,不断积累,审美能力就可以得到发展。

审美经验的积累主要是通过学习艺术获得的。虽然欣赏自然景观对于培养学生的审美能力具有重要作用,但是相对艺术学习来说,欣赏自然景观的能力发展比较晚,康德就说过,能欣赏自然美的人是具有较高修养的。人们基本上是通过学习艺术来培养对自然景观的鉴赏力,学习中国写意画的人在观看山水时,更多的是从写意山水画的构图和表意方法出发来建构景观的,这和学习西方油画的人很不一样。喜爱王维的诗的人也经常习惯于观赏空灵、虚静的自然景观,他们能够从自然界的一草一木、山石和溪流中领悟到一种禅意。诗人、画家培养了我们观看自然景观的视野,这就是艺术学习对自然景观欣赏能力的深刻影响。

　　培养学生的审美能力要注意以下几个方面:美学和艺术学知识、艺术技能、鉴赏和创作,而这几个方面都应该围绕着使学生不断获得、积累和深化审美经验来展开。美育以情感体验为突出特征,但是,学生需要学习一些相关美学和艺术学知识才能更好地获得审美体验。例如,学生必须了解某一门艺术独特的艺术语言才能学会对这门艺术的欣赏和创作,不了解舞蹈的形体语言就根本不可能进入舞蹈艺术之门。艺术史的知识也很重要,例如了解浪漫主义时期音乐的一些基本特点,有助于更好地欣赏这一时期的音乐作品。但是,这些知识如果脱离了学生切身的体验,那就只是干巴巴的知识,所以,知识教学应该与具体的艺术体验相结合。如果教师仅把通用的对作品意义的概括告诉学生,让他们记住,这是远远不够的,特别是对培养学生的审美能力几乎没有帮助。只有引导学生自己去体会作品的意义,那才有可能促进他们审美能力的成长。每门艺术都有其独特的艺术语言,也有相应的艺术技能。弹琴、唱歌、作画、写字等,作为艺术技能是有专门的规范的。学习艺术有助于学生投入艺术的欣赏和创作活动之中,激发审美兴趣,获取宝贵的审美经验。欣赏和创作是获得审美经验的直接途径,应该引导学生循序渐进地深入体验艺术的奥妙,学会欣赏和创作。美育的目的是提高学生的审美和人文素养,并不是培养艺术家,所以,学生的创作要以体会和掌握艺术语言,从而获得更具个性化的审美经验为主要目的。

　　具体地说,学生的审美能力发展主要依靠具体的艺术审美活动,因此,学生审美能力的培养应该落实到具体的艺术学习之中,例如学习拉二胡、吹笛子、弹钢琴或者学习书法、画画、陶艺等。只有在具体的艺术活动中,学生才能获得真正的审美经验。从学生审美能力培养的角度来说,学习具体的艺术的关键是要掌握那门艺术的独特语言,具体来说,学习舞蹈就要掌握舞蹈是怎样运用形体语言来抒情表意的,只有掌握了某一门艺术的独特艺术语言,才能窥探其中的美妙。不同门类的艺术,其艺术语言是不同的,学生应该先深入学习一门艺术,然后再触类旁通,拓宽艺术审美视野。

― 第二节　审美能力各要素及其发展 ―

一、审美感觉力

　　感觉力是主体与对象发生审美关系的首要条件,没有感觉力,便不会接收外界的任何刺激,也没有审美活动的发生。正如帕克所说:"感觉是我们进入审美经验的门户,而且,它又是整个结构(指审美经验的结构——引者注)所依靠的基础"[1]。心理学家普遍认为感觉力是将环境刺激的信息传入大脑的手段[2]。由此,我们可以分析出感觉的两个功

---

[1] [美]帕克:《美学原理》,商务印书馆 1965 年版,第 50 页。

[2] [美]贝纳特:《感觉世界》,科学出版社 1983 年版,第 2 页。

能,一是从外界获取信息,二是为知觉等心理功能提供加工处理的感觉材料。

然而,对审美来说,感觉力的功能似乎要丰富和重要得多。与从感觉世界中抽象概括意义的认识过程不同,审美活动始终不脱离生动活泼、丰富多彩的感觉世界。尽管通过感觉力所获得的信息需要进一步的创造性加工才能上升为审美对象,感觉所唤起的情绪反应需要进一步的发展才能形成审美体验,但是,感觉印象的生动与丰富却一直作为审美感受的一部分,贯穿于审美活动的始终。感觉力虽然主要属于生理水平,感觉到自然当中纯真新鲜的光、色、声、质地等,未尝不具有珍贵的价值;对于习惯用符号、机械等手段来对待自然,而逐渐丧失天然敏锐的感觉力的现代人来说,恢复纯真的感觉力未尝不是一件具有文化意义和富于人性的事。

审美的感觉力以对事物的感性特征本身感兴趣为基本特点,并由此成为审美能力的基础。在众多的优秀艺术作品中,我们随处都可以发觉这种感觉力的作用[①]。审美感觉力是高度敏感化的,它不是粗略地感受外来刺激,而是十分精细、准确地去感觉,因此,它感受到的世界要丰富生动得多。试验表明,小提琴家对音高的感受性特别发达,可以分辨出常人不易觉察的极细微的音高差别;而画家对颜色的感觉达到很高的精确度,因而能创造出色彩丰富、层次清晰的视觉世界。敏锐的感觉力可以获取比一般感觉力所能接收的更多的信息,因而也为知觉和想象的创造提供了更丰富的材料。

美育对审美感觉力的培养首先要引导学生仔细观察对象的外观,以事物的外观作为关注的焦点。由于日常的感觉是自动化的,它对事物的外观本身并不关注,而是关注事物实用的方面,所以,要帮助学生从日常的感觉方式转变为审美的感觉方式。美育对审美感觉力的培养还要求细致入微地分辨光、色、音高、音量以及各种质感的细小差异,磨砺敏锐的感觉力,这是培养审美能力的初始阶段,又是极为重要的基础环节。

审美感觉力还可以引发情绪反应,通过抓住某些富有特征性的审美信息(刺激),唤起审美创造和表现的冲动,为审美活动的展开提供条件,这也使它成为审美能力的基础。远处飘来的几个音符、几片树叶上的色彩,或者是某种心理氛围,均会被它捕获,引起情绪反应。虽然感觉缺乏知觉的组织能力,但它却有知觉所缺乏的情绪色彩。有美学家曾这样强调感觉在艺术欣赏中的作用:"假如雅典娜的神殿巴特农不是大理石筑成,王冠不是黄金制造,星星没有火光,它们将是平淡无奇的东西。"[②]那是因为,感觉的情绪效果赋予知觉形式以感人的力量,没有它,知觉形式将是一堆枯燥无味的东西,不能成为审美对象。正是审美感觉的情绪反应,一方面赋予知觉形式以生命活动,另一方面为审美活动提供了初始的动力。

因此,在美育过程中,感觉力的培养应受到充分的重视,因为它是审美能力的基础,但是在当前的教育过程和文化体系中,感觉力可能不仅得不到保护和发展,反而受到压抑和抛弃。一种情况是感觉迟钝麻木,面对感觉世界无动于衷。习惯于关注事物的科学性质与实用功效的人,对事物的外观毫无兴趣,其感觉力便衰退了。另一种情况是虽有

---

① 例如,印象派画家雷诺阿的作品,常常把妇女鲜润、丰腴的皮肤质感表现得十分真切自然;而音乐演奏家则追求音色和音质的高度完善。著名雕塑家罗丹要求色彩能"给予观众那生命、幸福和强烈的感官印象"。他对维纳斯像的欣赏也注重感官的印象:"这是真的肌肉","抚摸这座像的时候,几乎会觉得是温暖的"。纯真敏锐的感觉力把人引向事物外观,把握其色相,享受自然的赐福。

② [美]桑塔耶纳:《美感》,缪灵珠译,中国社会科学出版社1982年版,第52页。

感觉力,但只把它作为认知过程的起点,随即就把感觉印象抛弃了。这对逻辑思维来说本是合理的,但这种认知方式已作为一种习惯无限制地扩展成为人们对待世界的心理定势,于是也被运用于审美过程,成为审美能力发展的障碍。因此,培养和提高人们的审美能力首先要解放和恢复其感觉力,发展感官敏锐性,使之与无限丰富生动的感觉世界保持密切接触,这是一切审美价值的基本资源。沉溺于感官享受固然不是具有健全审美能力的标志,但对感觉世界漠然,却对艺术名作津津乐道,恐怕也是缺乏审美能力的表现。后者体现出一种虚伪的趣味(鉴赏力),"我们颇有理由怀疑他们是学舌的鹦鹉;他们的语言知识和历史知识掩饰着天然的缺乏美感"①。所以,审美能力的培养首先不是告诉人们某件艺术品表达了什么意义,或者说它如何重要,如何著名,而是要让人们学会真诚地去感觉它,获得直接的感觉印象。唯有在纯真敏锐的感觉力基础上,才可能逐渐发展出具有高度精神性的、健全的审美能力。由于感觉力是审美主体与外界的初步接触,所以感觉力的培养要特别注意引导学生直接接触事物的原初形态,特别是要多接触自然,而且要让他们在没有任何概念和功利目的的情况下去发现和辨别自然对象的色彩、质地等。只有这样,学生的感觉力才可能敏锐、发达,审美兴趣也可能得到培养。

在审美活动中,各种感官起着不同的作用。自古以来,不少美学家均认为视觉和听觉器官是最主要的审美感官。这种看法的主要根据是这两种感官相对于其他感官来说,与理性认识的联系较为密切,对象领域也较为宽广,这种理性主义的观点有一定的合理性。但是,不能由于强调了审美感官的理性因素而排斥感性因素,不能因为重视对事物的客观认知而忽略了对自身的感觉。黑格尔曾认定:"艺术的感性事物只涉及视听两个认识性的感觉,至于嗅觉、味觉和触觉则完全与艺术欣赏无关。"②这是一种极端理性主义的观点,它是由强调理性认识而走向排斥感性的片面结论。事实上,虽然嗅觉、味觉、触觉等感官相对次要,但仍可获得独特的审美感觉印象。中国古典诗词中"冰肌玉骨,自清凉无汗""清辉玉臂寒""暗香浮动月黄昏""客散茶甘留舌本"等名句,都生动地记录了这种感觉印象。

值得注意的是,动觉感受器在审美活动中具有不可低估的作用。古典心理学比较重视视、听、嗅、触、味等对外在事物的感受器,而近代心理学则在此基础上进一步确立了人对自身的感受器。运动觉就是一种位于肌肉和韧带内的感受器,它提供身体运动和位置的信息。在审美活动中,对外在信息的接收,同时伴随着身体的内部运动,这种运动有时不易被他人察觉,却可以被自身的运动感受器官所感觉。而且,这种感觉还会随着知觉、想象等心理过程的展开而不断得到加强。谷鲁斯提出的"内模仿"理论就已揭示了审美过程中的这种现象。内模仿的审美意义不在于身体内部产生了运动,而是在于身体内部的运动感觉产生了强烈的情绪反应。德国美学家马克斯·德索把这种情绪反应称为"感觉情感",认为这种"身体的回声"是"经常而又重要的"。他既而分析说:"其主要的原因——一个极少为人注意的原因——是其表现能力。一个握紧的拳头适合于替代那些表现某些凝聚与紧张内容的无数的身体与精神活动。因之,当欣赏似乎与外观或者与这样一种精神状态的想象相联系时,许多人将会在那种简单的身体姿势里发现一种有效

---

① [美]桑塔耶纳:《美感》,缪灵珠译,中国社会科学出版社1982年版,第54页。
② [德]黑格尔:《美学》第一卷,朱光潜译,商务印书馆2017年版,第48页。

的激发这一欣赏的方式。"① 审美是一个时间过程,不仅音乐、舞蹈等艺术的欣赏是时间性的,而且书法、雕塑、绘画等艺术的欣赏也是时间性的。在审美过程中,相应于对象的感受、创造和理解,在主体内部也发生着筋肉运动,二者的契合协同产生了审美体验的综合整体效应,这是所谓"物我同一"、感性与理性和谐的最基本的条件。精神的愉悦若脱离了身体内部运动觉的快感,便不是完整的审美经验。美感包含着生理与心理、肉体与精神协调一致的快感,在生理和肉体方面,固然有耳、目、鼻等感官的快适,但更广泛、更强烈、更持久的则是运动感的舒畅。

因此,审美感受力的培养不仅要充分注意视、听等外感觉力的发展,也要注意运动感觉力的发展,这对综合性的审美能力发展十分有益。现代美育过程极为强调儿童与青少年主动投入艺术活动,引导他们在动作中理解艺术(如奥尔夫音乐教学法、达尔克罗兹音乐教学法),其目的之一就是要用外部的合规律动作来促进内在运动觉的发展,培养他们全身心感觉艺术作品的能力。

二、审美知觉力

感觉是将环境刺激的信息传入大脑的手段,知觉则是信息处理过程,是从刺激汇集的世界中抽绎出有关信息的过程。知觉力按照能使环境成为有意义的方式,对感觉材料进行加工,使之成为一种统一的、有组织的经验。所以,知觉力可以说是一种把感觉材料加工组合为整体性表象或经验的能力。关于知觉力,格式塔心理学的研究是卓有成效的。格式塔理论认为,每一种心理现象都是一个格式塔,即从背景中分离出来的整体或组织结构;整体不等于各部分的简单拼凑或相加,而是由若干元素组合而成的,恰恰是整体先于部分而存在并制约着部分(要素)的特定性质与意义。我们的知觉并不是对元素的逐一机械复制,而是对有意义的整体结构式样的把握。因此,阿恩海姆断言:"无论在什么情况下,假如不能把握事物的整体或统一结构,就永远也不能创造和欣赏艺术品。"② 从某种意义上说,格式塔心理学理论通过对知觉活动的整体组织性原则(格式塔原则)的分析和强调,为我们认识审美知觉力的特征和功能提供了崭新的方法论。

在审美过程中,我们是带着某种"图式"来加工组织感觉信息的。艺术史学家冈布里奇就指出:"没有一些起点,没有一些初始的预成图式,我们就永远不能把握不断变动的经验,没有范型便不能整理我们的印象。"③ 认知心理学家安德森则从认知心理学的立场指出知觉系统利用各种式样识别器和某些基本的格式塔组织原则去组织这种感觉输入。个体内在的审美图式就是审美知觉力的某种组织原则,它预先制约着审美知觉的作用方式和所建构的审美形式结构。审美图式像一个过滤器,选择某些与自己相适应的感觉信息,而忽略其他的信息,而且,它以整体反应的形式去把握对象,将感觉材料整合为完整的形式结构。冈布里奇曾比较了华人艺术家蒋彝的风景画与西方浪漫主义时期一幅典型的"风景如画"的作品,这两幅画同样描绘了英国的德文特湖,但画面的形式结构却极

---

① [德]德索:《美学与艺术理论》,兰金仁译,中国社会科学出版社 1987 年版,第 105—108 页。
② 蒋孔阳主编:《二十世纪西方美学名著选》(下),复旦大学出版社 1988 年版,第 329 页。
③ [英]冈布里奇:《艺术与幻觉——绘画再现的心理研究》,周彦译,湖南人民出版社 1987 年版,第 82—83 页。

為不同。这里,除去艺术家的个性因素之外,不同文化与艺术传统所造成的不同内在审美图式也有重要的作用。正如冈布里奇所分析的:"……(画家)扫视风景时,那些能够成功地与他所学会运用的预成图式相匹配的景象会跳入他的注意中心,……艺术家倾向于去看他所画的东西而不是画他所看见的东西。"① 这就是说,艺术家看到的是他依据某种内在的心理图式所建构起来的东西。当然,作为审美的知觉力未必就像艺术家那样运用特定的艺术语言和媒介去感受,但预成的审美图式却同样影响着人们怎样去看和看到什么。

内在的审美图式具有丰富复杂的内容,既有无意识的成分,又有有意识的成分;既有个性的成分,又有社会的成分;既受当代审美风尚的影响,又受历史、传统的制约;既从遗传中获得某些先天的因素,又从教育和文化的熏陶中获得某些后天的成分。它作为一种潜在的审美心理范型,在具体的审美过程中,成为显在的知觉样式。其作用方式常常是本能式的,在知觉中迅速地实现其规范功能。一个对传统书法艺术有较高欣赏能力的人,能自如地将一幅书法佳作知觉成适当的审美形式结构,但他对一幅立体主义绘画作品的知觉建构则恐怕要困难得多。由于内在审美图式具有丰富的内容,受其制约的审美知觉也就具有了丰富深广的意义。而对于美育来说,审美知觉力的培养不仅意味着发展知觉的整体性组织能力,而且需要在与大量艺术作品的接触中获得丰富的审美经验积累。英国艺术教育家 M. 罗斯在研究了个体审美发展的大量事实材料后指出,3 岁以前的儿童只能对感觉材料作感觉的关注和反应,3—7 岁的儿童逐渐培养起对感觉材料作整体结构性的把握的能力,而这种能力的完善则要到 14 岁左右。这显然与审美经验的积累、审美图式的形成与发展有重要关系。要使学生的审美知觉力有较广泛的建构领域,就要扩大他们审美经验的范围:传统的和现代的、本国的与外国的,以及各类审美形态均有必要涉及,从而使内在审美图式具有开放的广泛适应性,这对提高审美知觉力将是十分有益的。

审美知觉力的基本功能是在信息加工中,建构与内心审美图式契合一致的知觉形式,它具有两个显著特征,即创造性和表现性。审美知觉的创造性首先体现在所建构的整体形式超越了个别事物原初的形态,具有某种概括的意义。阿恩海姆指出:"视觉实际上就是通过创造一种与刺激材料的性质相对应的一般形式结构,来感知眼前的原始材料的活动。这个一般的形式结构不仅能代表眼前的个别事物,而且能代表与这一个别事物相类似的无限多个其他的个别事物。"② 正由于知觉过程所创造的一般的形式结构具有某种概括的、普遍的性质,所以阿恩海姆称之为"知觉概念"③。从这个意义上说,审美知觉力具有某种认知的理性品格,它不是主观随意的"创造",而是在知觉式样的识别过程中,达到对某些事物的结构共相的把握。其次,审美知觉力的创造性还体现为,在主体内心的审美图式的支配下,将客体知觉为具有内在统一性的形式结构,使之成为与主体内在审美图式契合一致的审美形式。一件艺术品潜在地具有审美形式结构,但对于非审美知觉力来说,这个形式结构不可能被建构和呈现出来,就像贝多芬的交响曲对于不懂交响

① [英]冈布里奇:《艺术与幻觉——绘画再现的心理研究》,周彦译,湖南人民出版社 1987 年版,第 80 页。
② [美]阿恩海姆:《艺术与视知觉》,滕守尧、朱疆源译,中国社会科学出版社 1984 年版,第 55 页。
③ [美]阿恩海姆:《艺术与视知觉》,滕守尧、朱疆源译,中国社会科学出版社 1984 年版,第 56 页。

曲的人来说,就是一片杂乱无章的声音。而审美知觉力却能够通过对感觉信息的选择、简化、调整、补充等加工过程,重新创造出审美形式结构。

审美知觉力的对象建构过程伴随着相应的内部心理调整过程。由于知觉力的整体性把握包含着对事物某种知觉特征的辨别,具有认知的性质,因此,对象的建构亦需要遵循一定的客观性原则,否则审美知觉便会失去一定的对象,成为某种主观臆测的活动。事实上,寻求或创造与内在审美图式契合一致的知觉过程包含着主观原则与客观原则两个方面,二者有时是大致相同的,但大多数情况下是有差异的。只要我们承认审美主体总是对既熟悉又陌生的审美对象感兴趣这个普遍规律,我们就不难理解审美知觉是一个同化与顺应相结合的过程,一方面,主体依据内在审美图式去规范感觉材料;另一方面,对象的某种独特的性质要求主体修正或调整惯常的知觉方式。认知心理学家安德森指出,知觉力构造知觉式样有两种方式:一种是"顶向下"(top-down,也可译做"自上而下")方式,即在一般性和高水平的知识指导下,对信息进行加工组织;一种是"底朝上"(down-top,也可译做"自下而上")方式,即辨别和组织对象的特征,从而融合成为式样[1]。他指出:"只有底朝上的或顶向下的加工是不够的。如果我们只按底朝上的方式加工信息,那么资料的重担就会是难以承受的。可是如果我们只应用顶向下的加工,那么我们就会永远陷于幻觉。"[2]因此,知觉应是这两种信息加工方式的结合与相互作用。这里,安德森论述的是知觉的认知方式,但对于我们了解认知的审美方式也是有启发的。"顶向下"的方式类似于主体利用内在审美图式去同化对象,"底朝上"的方式类似于主体顺应对象的知觉特征。前者是审美知觉力的主观原则,后者是其客观原则。因此,审美知觉力在建构对象时,为使自己适应对象必须修正内在审美图式,这种修正过程也是形成新的审美图式的过程。在同化与顺应的过程中,主体不仅建构着审美对象,也重新建构着自身的心理结构。

与审美知觉力的创造性内在一致的表现性,是审美知觉力的另一重要特征。这种表现性体现在表层与深层、一般与特殊两个层面。在表层的、一般的层面,表现性存在于知觉式样的"力的结构"之中。依照格式塔心理学的理论,知觉的大脑皮质机制是一个动力系统,这个系统中的各个元素在知觉过程中积极地相互作用,是一个整合过程,即"经验到的空间秩序在结构上总是和作为基础的大脑过程分布的机能秩序是同一的"[3],这就是所谓的"同形论"。根据这个原理可知,不是知觉直接与刺激逐一对应,成为刺激的复写,而是知觉经验的形式与刺激的形式相对应,如同地图与现实世界的关系。当知觉力以这种"同形"的对应关系来把握对象时,便会产生皮质的力的运动,主体把这种力的运动式样当作对象的性质来知觉,对象就呈现出扩张或收缩、冲突或协调、上升或降落、前进或后退等知觉样式的表现性。它们虽似抽象,却极富象征功能,是丰富的审美经验的基本框架。而且,由于"同形"原理,知觉的表现性直接存在于知觉所建构的整体形式结构之中,形式结构与它所表现的意义是直接同一的。例如,垂柳之所以看上去是悲哀的,不是由于它象征或抒发了悲哀之情,而是因为柳枝的知觉式样本身是一种被动下垂的力的结

① [美]安德森:《认知心理学》,杨清、张述祖等译,吉林教育出版社 1989 年版,第 56—63 页。
② [美]安德森:《认知心理学》,杨清、张述祖等译,吉林教育出版社 1989 年版,第 64 页。
③ [美]舒尔茨:《现代心理学史》,沈德灿等译,人民教育出版社 1981 年版,第 308 页。

构。知觉的表现性是普遍的,并不为审美知觉所独有,但是,在审美知觉中又显得最为突出和富有价值。培养体味知觉式样本身的表现性意义的能力,是发展审美知觉力的关键环节,也有助于养成以事物的"外观"为兴趣对象的审美态度。

审美知觉力的表现性还体现在深层的和特殊的层面,即在内在审美图式规范知觉式样的过程中,形成了知觉式样的表现性。在审美活动中,由内在审美图式的规范所造成的知觉式样的表现性,具有主观表现的品格。当知觉对象被按内在审美图式的要求建构起来,成为后者的直接对应物(或类似物)时,它就被赋予了超越生理水平和日常知觉性质的更丰富和更独特的意义。前述蒋彝的风景画与英国浪漫主义时期的风景画,其知觉形式的表现性差异,就是由不同的内在审美图式所造成的,包含了社会、历史、文化等方面的因素。

三、审美注意力

注意力是使心理活动以某种方式指向一定事物的能力,它的作用在于把对象与其他事物分离开来,将意识集中于所注意的对象。因此,不同的注意力就是不同的意识指向,由于它们不同的意指功能,同一客观事物可以被呈现为不同的对象。注意不是一种独立的心理过程,而是作用于感觉、知觉、想象、体验与理解过程的一种能力,它在一定程度上支配着心理活动的方向与方式。心理学家指出:"在一切水平上,注意似乎都在扮演经理的角色,它决定注意什么信息和试图去识别什么式样。某些高度熟悉的式样(也许还有格式塔的原则)是自动化地发生作用的,尽管有这些例外,注意也决定我们将要看什么和听什么。"[①] 实际上,这里所讲的例外,并不是说没有注意力的作用,而是指经过反复实践,使主体对某些式样十分熟悉,意识无须有意注意的引导便会自动地集中于它们,并将其识辨出来,也就是说,有意注意在反复实践中转化为无意注意。

审美注意力是审美能力的重要构成因素,对审美心理过程的发生与发展均起着重要作用。美学史上有关"审美态度"的理论,在心理学上说,其核心便是审美注意。审美注意力是确立主客体审美意识关系的能动心理功能。人与世界的审美关系是在实践的基础上历史地形成的,具有一定程度的客观性和社会性。而就个体的审美活动来说,主客体之间的审美意识关系却不是既成的,而是以客体的特征和主体的特殊意识指向为前提的,其中后者是能动的一方。当然,审美注意力并不像某些"审美态度理论"所认为的那样,不受客体的某些特征的制约,是全凭主观精神力量来决定对象是否具有审美属性的能力。但是,审美活动不是无来由地发生的,也不是以"刺激—反应"的模式被动地产生,而是部分地依赖于主体能动的意识选择和指向,其结果是主体从非审美状态迁移到审美状态,客体从潜在的审美对象转化为呈现于意识之中的显在的审美对象,客观的社会性的审美关系转化为主观意识的个体性审美关系。面对一件艺术佳作,没有艺术修养的人无法对它进行欣赏,就是有艺术修养的人,若不以审美注意力引导意识指向作品的审美结构,也无法对它进行欣赏。人们常常在以往熟视无睹的事物上偶然地发现美,也是这个道理。

---

① [美]安德森:《认知心理学》,杨清、张述祖等译,吉林教育出版社 1989 年版,第 74 页。

审美注意力有两个相互关联着的特征,即无利害性和以事物的外观为直接兴趣对象。夏夫兹博里曾把"无利害性"作为类似旁观态度的"审美态度"的实质,并由此把审美鉴赏力与有功利目的的实践性知觉区分开来。康德则把"无利害性"作为审美鉴赏的第一个契机,以此把审美活动与生理、道德活动分开。他似乎意识到,以一种"无利害性"的意识态度指向对象是审美鉴赏活动发生的首要主体条件,所以将它列为审美的第一契机。当然,审美"无利害性"不能被理解为审美与理智、道德、生理无关,或与社会生活无关,实际上,无利害性的审美活动恰恰包含着理智、道德、生理的因素,而且它还把社会生活提升到某种新的高度。但是,在审美过程中,主体超越了生理和道德动机的直接驱使,解除了逻辑概念的束缚,从而进入无直接个体的和实用的功利目的的状态。在对象方面,只有主体以"无利害性"的审美注意力指向对象时,主体才会把兴趣集中于事物的外观,并以自由的心理活动去创构审美对象,对象也才会以有情感意味的审美意象呈现给主体。由此可见,"无利害性"是注意力以审美的方式起作用的重要特征,而实用功利的注意力指向却往往是影响审美活动发生和发展的障碍,因为它把心理活动集中于事物的感性形式之外,更关心事物的实在性质或功用,而审美属性恰恰直接存在于感性形式之中。美学家门罗曾对审美活动力和实践注意力支配下的不同知觉方式进行过比较:实践的知觉有相当严格的选择性。它忽略了与当下行为不相干的特征,对感觉事实的解释着重在寻求在对象上可能存在着的目标。如猎人把雪地上的某个印记解释为鹿的足迹。另一方面,审美知觉在期待自然景观或风景时,倾向于较少严格的选择性和针对性,更倾向于自由的散漫观看,注意更丰富多样的眼前事物和特征。从这个比较中我们可以发现,实用知觉对事物的外观特征本身并不感兴趣,它注意的是与实用目的(如发现猎物)直接有关的事物特征,它不仅忽视与此目的无关的特征,即使知觉到与此有关的特征,也不把注意力集中其上,而是把它(如梅花鹿的美丽外观)作为一种追寻目标的标志物来对待。对于搜寻梅花鹿的猎人来说,梅花鹿外表的美与丑是无关紧要的,只要它是梅花鹿的标志特征就行。也就是说,实用知觉对外观的知觉特征本身并无直接的兴趣。而审美知觉则把注意力集中于事物外观的知觉特征,它的自由散漫特征是相对于实用知觉受特定搜寻目的支配而言。一旦抓住了某些具有审美意味的知觉特征,它便会即刻把注意力集中起来,进行审美形式的创造性组织工作。

发展审美注意力对于审美能力的培养有重要意义。缺乏审美能力的一个标志就是用实用知觉去对待自然景观和艺术作品,忽视了它们的外观特征,故而不能发现审美对象。在长期"泛德育化"观念的影响下,美育和艺术教育忽视学生审美注意力的培养,而往往是用一种极端功利化的实用认知方式来教学生理解艺术品,这种弊病目前仍存在于中小学的艺术课堂中,应该加以改革。

审美注意力的发生常常受到审美期待的影响,在审美活动中,审美期待也影响着审美注意力的作用。审美期待是审美需要的能动表现形式,它使主体形成特定的心理指向,从而影响后继心理过程的趋向。人们对美视而不见的原因之一是他们的审美水平低于审美需要,没有审美的期待,实用功利的期待使他们只注意事物的实用性状与功用。审美期待主要产生并作用于两个不同的心理阶段,其一处于审美接受之前,我们怀着审美期待走进影剧院、音乐厅或美术馆,打开一部小说、一本诗集或画册,步入一个自然风景区,在面对艺术品或自然景观之前,就做好了意识调整,准备用审美的方式去注意和感受对象;其二处于感知过程之中,主体或许在无意之中发觉了某种审美信息,审美期待被迅速唤起或加强,并驱使心理活动集中于事物的某些外观特征,以审美的方式来建构和接受对象。一般来说,前一种情况并不发生于每一次审美过程,而后一种情况则普遍存在于审美过程之中。审美期待是在长期审美经验过程中形成的,所以,审美注意力的培养应建立在丰富的审美经验基础之上。

一般地说,审美注意力是以"自动化"的形式作用于心理过程的,但是,在有些情况下,特别是在接受较陌生的审美对象时,伴有意志努力的注意在初始阶段往往有重要作用。对于习惯于欧洲传统风格的音乐爱好者来说,欣赏乔治·格什温那种具有现代美国音乐特色的交响作品,显然需要更多的意志努力。在这种情况下,音乐史和现代音乐美学的某些知识将帮助欣赏者把注意力集中于那个新颖独特的对象,使他采取与之相适应的感受方式。通过反复的欣赏实践,意志的努力会逐渐减弱乃至消失,对这类作品的注意力转化为自动化的形式。这就意味着,在美育过程中,审美注意力的培养需要适当的指导和反复的训练,说明引发与对象相适应的知觉注意方式是十分必要的。但是,这种指导应把注意力引向作品本身,促成审美经验过程的发生,而不是一味地引向作品之外的历史背景或主题思想。虽然背景知识也能帮助人们更好地感受和理解作品,但它们应该服务于审美感受,否则这种分析不仅会落空,而且会阻碍审美注意力的发展,因为它把注意力引向认知的方向。作为美育的艺术课程,其主要任务不是教会学生研究作品,而是体验和创造作品。

四、审美记忆力

记忆力是人脑贮存和重现以往经验的能力,它对于学习和传承人类文化十分重要。任何心理活动,即使是最简单的心理活动都必须以保留它的每个当前的要素为前提,从而把它与随后的要素联结起来。没有记忆能力,便没有经验积累,也就没有心理的发展和一切智慧活动。人依靠记忆力,不仅可以有效地把握环境,还可以使自己的个性具有自我的同一性。所以,记忆力在相当程度上决定了人的心理发展水平的高低和人格的丰富与否。

虽然目前中国美学界对审美心理中的记忆力不太重视,研究很少,但是,对美育研究、特别是审美能力研究来说,记忆力是应该被引起重视的。记忆力是审美能力结构中的一个重要组成部分,没有这种能力,审美经验便无法得以保持和重现,审美的感知、想象与理解也就无法进行。前面曾论述到,审美知觉过程受内在审美图式的制约或规范,而内在审美图式的积累和重现则依赖于记忆力。这种图式作为内在的审美心理结构作用于知觉,是以记忆力为中介的。在知觉某个对象时,过去知觉的记忆痕迹也活动起来,正是依赖于过去的审美经验,知觉才可能有审美的认知、创造和理解。而审美想象力的活动也有赖于记忆力,没有丰富的审美表象积累和重现,审美想象也就失去了必要的加工材料和活动定向。丰富的审美经验积累也是深入理解审美对象的基本条件,没有记忆力,就不能对对象进行特征辨别、意义填充和综合评价,也不可能产生审美共鸣。因此,审美记忆力往往决定着审美能力水平的高低和审美活动的成功与否,对于美育的学习至关重要。

记忆可分为运动记忆、情绪记忆、形象记忆和词—逻辑记忆四种。审美记忆也包含这些方面,但以情绪和形象相结合的审美形式记忆为主要内容。它往往把事物外观的某些形式特征,包括整体的和极细微的方面,加工贮存并在审美活动中重现出来,与此同时,还把相应的情感体验,特别是独特新鲜的感受保持在大脑中,并能够迅速地被激活。审美记忆还包含情境(或称"场合")记忆,情境记忆的外观特征或许不太鲜明,但其情绪内容却颇为丰富。它常常是对较大审美对象或审美心理氛围的记忆,虽朦胧,却极富暗示性。例如,面对整个建筑群、整部小说、一处风景或置身于群体性审美活动,就会留下整合性的审美情境记忆。

记忆过程主要有识记、保持(贮留)、重现(回忆)和遗忘四个基本单元。在审美过程中,审美经验的保持和重现最能显现出记忆力的作用。就某一次审美过程来说,过去的审美经验有助于组织、辨别、补充当前的审美对象,而在这一过程中的先前感受的贮存与重现,也有助于审美经验的扩大、完整和深化。美国音乐家科普兰曾提出:"对具有高度潜在的理解力的聆听者有一个最起码的要求:当他听到一支旋律时必须能够把它辨认出来。……不是唱这支旋律,而是当有人弹奏它的时候能辨认出来,即使在间隔几分钟之后并在弹奏几支不同的旋律之后也能辨认——你就掌握了深入理解音乐的钥匙。"① 这种记住旋律,并当它重现时能够加以辨认的能力就是记忆的一种表现方式——再认,它是先前经验的保持、重现与当前认知的结合。在音乐欣赏和其他审美欣赏活动中,记住某些有特征性的形象和效果,并在它们再次出现时辨认出来,或者将其变形的形式辨认出来,有助于在前后联系中把握对象的整体结构和丰富的内部关系。

以往经验在大脑中的重现就是回忆。从某种意义上说,回忆就是从经验贮存库中提取有关信息的能力,回忆并非一定要凭借有意识的努力,有时它是在无意中发生的,即无意回忆,这在审美过程中尤为常见。但是,不论有意还是无意,回忆总有选择性,心理定向、情绪状态、兴趣、正在进行的活动以及感知对象的特征等,都会制约回忆的内容、方向和丰富性。这表明,回忆不是简单的经验复现,而是受整个心理系统制约与影响的复杂过程。回忆的内容虽从根本上说是以往的某种经验,但由于其重现过程的复杂性,所以"回忆往往是重建工作"②,它是以往经验的再现与改造相结合的过程。丰富而深层的回忆,把贮存于内心深处的审美经验(有些甚至处于无意识水平)重现激活,使审美过程具有内省的或冥思的特征。由于深入到过去的内心经验之中,审美成为一种将过去的经验与当前的经验加以熔铸的过程,从而丰富和深化了审美感受和内在审美图式,所以品味优秀的艺术品有助于促进个体人格的完善。事实上,对古典艺术作品的欣赏具有深刻的回忆性质,我们作为传统文化的继承者,大脑中贮存着传统的审美信息,读《诗经》、看顾恺之所作《洛神赋图》,不仅是现代人与古代人的对话或对古典作品的阐释,而且也是通过深层的回忆,在内心当中对传统审美经验进行追忆和重建。因此,通过回忆能力,我们的审美经验突破了时空界限,有可能达到无限深广的境界。

由于记忆力对审美能力的培养具有重要意义,因此,培养记忆力是美育不可忽视的一项任务。提高记忆力的一个重要规律是对感知材料进行充分的加工。这种加工包含按感知材料的特征进行分类,对形式结构进行拆解和重组,对记忆对象做深入的理解,等

① [美]科普兰:《怎样欣赏音乐》,丁少良译,人民音乐出版社 1984 年版,第 2—3 页。
② [美]安德森:《认知心理学》,杨清、张述祖等译,吉林教育出版社 1989 年版,第 245 页。

等。加工过程中利用肌肉的运动也可增进记忆力,大声朗读一首诗比默读或聆听这首诗要便于记忆,在乐器上演奏一段旋律比只是聆听这段旋律更利于记忆……所以,伴随肌肉运动的活动是美育教学过程的基本形式之一。记忆力的另一规律是受心理定向和活动目的的影响,因此,适当地提出记忆的要求、明确记忆的目的也可促进记忆力的提高。此外,对对象的兴趣也是促进记忆力提高的重要因素,一个人审美经验积累的多寡,与他的审美兴趣有直接关系。所以,激发和保护审美兴趣也有助于提高审美记忆能力。

五、审美想象力

想象力是大脑对记忆中的表象进行加工,创造新形象的能力。想象过程源于对外在事物的感知,但它与知觉不同,不是对外界刺激信息的加工,而是对内心贮存的表象的加工,是更内心化的过程。

作为审美能力构成要素之一的想象力,除具有上述一般心理学意义外,还有着更复杂和更重要的意义。在审美过程中,想象力是一种意识超越能力,是创造主体与世界的自由观照关系,展开生存的情感之维的能力,因而具有本体论意义。人之所以需要想象是由于现实有缺陷,或者说现实不能满足其某些生存需要。马克思关于"任何神话都是用想象和借助想象以征服自然力,支配自然力,把自然力加以形象化"[1] 的论述,实质上也深刻揭示了审美想象的创造性和超越性,即通过自由创造来实现人的某些内在要求。审美想象力的创造性,不应被简单地理解为产生现实中没有的新形象,它的根本意义不在于把一些表象加以拼接组合,而在于实现由物质世界向精神世界、由现实世界向理想世界的创造性转化和飞跃。审美想象力把知觉形式提升为灌注着精神活力的审美意象,使它成为一种纯粹意识现象,一种自由而有序的心境。所以,审美想象力是一种"化景物为情思""化实为虚"的能力,这里的"景物""实"是物质世界,"情思""虚"是精神世界,审美想象力以前者为本源,又改造和超越了它,创造了后者。

因此,在创作与欣赏过程中,审美想象力的创造性没有根本的差异。欣赏的想象绝不仅仅是再造性的,而首先是创造性的,把一片景色转化为内心意象与把作品转化为内心意象的过程,都是把物质材料创造成精神产品的过程。所以,审美想象力所创造的新形象,首先不在于是否有所变形,而在于创造了一个超越物质世界的、个性化的审美意象,否则便会引出一种错误的结论,如认为鬼怪是最能体现想象的创造性的东西。事实上,许多创造性的审美意象并未对景物的外表作很大的变形。例如,柳宗元的《小石潭记》有这么一段描写:"潭中鱼可百许头,皆若空游无所依,日光下澈,影布石上。怡然不动,俶尔远逝,往来翕忽,似与游者相乐。"描绘极为逼真,读来却使人产生一种奇妙的幻觉,这是一种幻觉意象,有点像白日梦。文学艺术家就是创造这种梦幻般意象的大师,这种意象可以让欣赏者进入梦幻境界。从心理学上讲,这就是想象力的意识虚化作用的结果。又如,王维的《鸟鸣涧》,并无夸张的描绘,而我们在吟诵之时,却可凭想象体味到这景色的灵动与神韵。这种幽眇恍惚的感受非知觉所能产生,而是靠想象力使这个实境化为虚境,一跃而成自由恬适的心境。由此可见,审美想象力的根本意义在于,创造一种合乎审

---

① 《马克思恩格斯文集》第八卷,人民出版社 2009 年版,第 35 页。

美需要的心理时空,使心灵达到自由畅达的状态。陆机所讲的"观古今于须臾,抚四海于一瞬"(《文赋》),正是生动地描述了创造性想象的特殊作用。

在具体的审美经验中,想象力的创造性往往体现为对对象的补充、调整或变形。清人赵执信曾言:"神龙者,屈伸变化,固无定体,恍惚望见者,第指其一鳞一爪,而龙之首尾完好,故宛然在也。"(《谈龙录》)这里既涉及创作中的想象,又有关欣赏中的想象,这只露一鳞一爪的"神龙"是纸上之龙,但它作为想象之龙的对应物或类似物,也体现了想象之龙的非物质可传达性。想象之龙是流动的、气韵生动的意象,而有限的笔墨只可绘出其可视的部分,故而成了某种不完整的龙。然而,这纸上之龙,正由于是想象之龙的对应物或类似物,所以最能激发想象,那空白之处,正是想象展开的起点。不过,欣赏者的想象不应按一鳞一爪的线索去补全一条首尾完整的龙。试想,倘若审美想象力成为一种按图索骥的手段,还有什么审美自由和创造可言?艺术品的空白正是让欣赏者在想象中去创造意义之处,赋予意象一种生命活力,一种深邃意味。大足宝顶山的"卧佛"石刻,佛像只有半身,腿部以下隐入南岩,给人以无限开阔的想象余地。细细品味,确实会使我们产生一种博大、深远、永恒、神秘的感受。中国戏曲表演往往没有特定布景,道具也十分简单。如《秋江》一剧,船翁持桨,作划船的身段,陈妙常也乘势作摇曳的身段,这确实给观众留下了广阔的想象余地。但是,真正的创造性想象并不以在头脑中补全一个船行江上的实景为满足,而是给这虚虚实实的舞姿,赋予一种神游之态、闲适之情、自由之意,并给它一个空廓浩渺的空间,从而在内心里创构出个性化的审美意境。总之,审美想象力的"补充""填空"作用,主要不在于实景与具象的补足,而在于化实为虚,给表象赋予生命与情趣。

如前所述,感受、知觉、记忆等能力均有赋予对象以意味的功能,但唯有想象力能够更自由、更深刻、更富于情感色彩地创造审美意象,那是由于自由的想象过程同时受情感和理智的双重作用。审美想象受审美情感的驱动和定向,而想象的展开也不断激发着情感活动,因而想象具有情感移置(或称投射)的性质和功能。这就使想象创造的审美意象具有主体的情感因素和生命活力,这不仅明显地体现于"感时花溅泪,恨别鸟惊心"(杜甫)这样的意象中,就是在"采菊东篱下,悠然见南山"(陶潜)、"寒波淡淡起,白鸟悠悠下"(元好问)等几乎只写景物的意象中,也含有深远的情感意味。刘勰说"登山则情满于山,观海则意溢于海"(《文心雕龙·神思》),王国维说"一切景语皆情语也"(《人间词话删稿》),也正道出了审美想象的移情功能。只有审美想象力才能真正实现审美过程中的"物我同一""物我两忘",因为想象比感知和记忆更内心化,它使主体全身心地投入审美经验之中,去拥抱、体味、构造、理解审美意象,获得自由的愉悦。同时,由于调动了以往的经验并加以重构与重解,想象力也使人的审美经验在新的结构过程中得到提升。

想象又会受到理智的影响,所以,想象过程不是主观任意的和偶然的活动,而是受到一定规范的活动。

审美过程中想象活动的发生依赖于一定的审美经验积累,有了丰富的审美记忆表象,才可能有丰富的审美想象力,但是,审美想象的激发又需要一定的知觉唤起和情感激励。知觉水平上的审美形式既满足一定的审美需要,又唤起了进一步的更高的审美创造冲动,这是产生想象的重要契机。特定的心境也是引发审美想象的重要条件。在审美过程中,想象往往是在不知不觉之中浮现出来的,若用意志的努力拼命去想,恐怕不能展开自由的想象。所以,作家和艺术家很讲究创作机遇和心境,金圣叹曾说《西厢记》作者在创作时,"并无成心之与定规,无非佳日闲窗,妙腕良笔,忽然无端如风荡云"①。从某种程度上说,这正是创造性想象突发的状况。其实,艺术欣赏也有机遇和心境,所以金圣叹要求人们若读《西厢记》,就"必须扫地读之""必须焚香读之""必须对雪读之""必须对花读之"②,以一种闲适、虚静的心境和态度,有助于审美想象的自然发生。

在美育过程中,有意识地保障和引发审美想象是培养审美想象力的关键。一般来说,儿童的想象力是自发和旺盛的,这在他们的游戏活动中可以见出。但是,他们的审美经验积累还比较少,所以,美育发展儿童的想象力首先要为他们提供丰富的审美活动。在美育过程中,无论是创作活动还是欣赏活动,都应充分保障他们的想象自由,让他们的想象既不越出审美范围,又能像在游戏那样,随活动的展开而自发地、活泼地涌现。创造性的想象是充分个性化的,而且儿童的想象与成人的不同,艺术教育要特别注意发现、鼓励和积极评价学生新奇的想象创造,切忌以常规的、成人的套路来限制甚至压抑儿童、青少年活泼、新颖的创造性想象。

六、审美情感力

情感力有两个基本意义:其一是一种心理动力;其二是一种体验能力。在心理结构中,情感是一种心理功能,它表现为一种情绪冲动,从内部驱使心理活动的展开。作为一种与需要、愿望等个体特征相关联的动机,控制着心理过程的方向。所谓"情人眼里出西施",便是情感动力作用于知觉、想象过程的一个例子。当然,知觉、想象和思维等亦对情感动力有控制性影响。情感力又是人对自身与环境关系的体验能力,它不同于认识能力,体验的对象不是外在的事物,而是人与事物之间的关系。所以,体验是对处于这种关系之中的事物和自我的感受、评价。情感体验能力与个体内在的需要、愿望、期待有直接联系,因此,它以对象的性质与功能、愿望和期待为评价根据,从而形成一定的情感态度,如好与恶、恐惧与亲近、痛苦与快乐等。

情感力是审美能力结构中的核心因素,它作为审美心理动力和审美体验能力,对于审美创造、审美表现和审美理解均起着决定性作用。它与感觉力、知觉力、注意力、记忆力、想象和思维力等相结合,支配着整个审美过程,各种心理功能是以它为中介而结构成为审美能力的。所以,情感力的强弱直接决定了审美能力的水平。

情感力,作为一种审美心理动力,是主体方面的创造源泉。它是个体审美需要、审美期待的能动形式,作为一种感性与理性交融的情绪冲动,是审美经验过程的内部动因。它不期望实际地改变环境的客观性质,而是在经验中赋予世界一种全新的意义,从而在意识中改变主体与环境的关系,使主体的审美需要得到满足,审美情绪冲动得到实现。可以说,审美心理动力是审美创造与审美表现的动机与内驱力,它推动着心理诸功能去创造人与环境的自由观照和体验关系。

---

① 金圣叹:《读第六才子书〈西厢记〉法》,傅晓航校点:《贯华堂第六才子书西厢记》,甘肃人民出版社1985年版,第17页。

② 金圣叹:《读第六才子书〈西厢记〉法》,傅晓航校点:《贯华堂第六才子书西厢记》,甘肃人民出版社1985年版,第25页。

中国传统美学一直把情感看作是审美创造和表现的内部动力①。另外,传统美学强调创作者内心的"气""感兴",作为一种生气勃勃的创造活力,也是以情感为核心的心理动力。在西方,从英国经验主义美学到弗洛伊德的动力心理学都对情感动力的创造与表现功能做过较系统研究②。可是,他们在生理本能的意义上解释审美心理动力,还具有一定的片面性。因为,审美心理动力是人的一种生理与心理、肉体与精神统一的情感力量,虽有本能的成分,但又具有丰富和重要的精神内涵。而且,审美过程并不只受心理动力的控制,知觉、想象和思维等也控制着心理动力,否则,审美能力便是一种寻求迷幻与发泄的本能,审美过程也失去了其深刻的人生价值。

传统的审美动力论主要偏重情感在艺术创作过程中的作用,却忽视了其在审美欣赏中的重要意义。在感受自然和艺术品时,情感力不是被动的,它同样具有内驱力的功能。它的发生具有某种自发性特征,正如汤显祖所说的"情不知所起"。但是,它也是有感而发的,即所谓"触景生情"。在回忆、想象当中引发的审美冲动,也是与对外界的感触相关的。在审美过程之始,我们对事物的某种特征有所感触,便产生了最初的情绪反应,波兰美学家英加登把它称作"原初情感",认为它是"审美经验这一特殊事件的实际起点"③。这种情绪反应与审美需要有直接关联,可以说是一种内在审美图式的初步激活,由此形成一种寻求和创造审美对象的渴望和冲动。它驱动着知觉、想象的发展,并控制着它们以审美的方式来工作;而知觉、想象的展开,进一步唤起和构造着审美冲动。在这种交互作用中,审美冲动的实现和审美对象的创造与理解逐渐成为可能。因此,审美心理动力在一切审美经验过程中,均起着能动的作用。

审美心理动力是美育应该加以利用和培养的主体力量。"爱美之心,人皆有之",这首先就是说,趋向审美的情感冲动是人的天性。但这种力量需要得到保护、激励、提升和丰富,为达此目的,美育过程应始终使受教育者在丰富的审美活动中,保持内在活力,并通过感知力的敏锐化、审美经验贮存的丰富化和想象力的强化,来有效地发展和提高审美心理动力。

情感力作为一种体验能力,在审美过程中也有十分重要的作用。一般来说,审美体验能力具有使主体与对象融合和感受主体心理自由状态的功能。此外,它也具有理解功能。

情感体验具有弥散性,它可以在知觉和想象的帮助下,向四周扩展,使环境着上主体的情感色彩。在审美过程中,移情便是一个突出的现象。移情不仅创造了对象,而且由此而改变了主体与对象的关系。一处自然景观,作为物质的存在,本是外在于主体的东西,但在审美体验能力的作用下,可以使物我两分的关系转化为物我交融的关系。在"人

---

① 《毛诗序》曾云:"诗者,志之所之也,在心为志,发言为诗。情动于中而形于言,言之不足,故嗟叹之,嗟叹之不足,故永歌之,永歌之不足,不知手之舞之、足之蹈之也。"这分明是把艺术看作是受情感推动,并以情感抒发为动机的活动,甚至诗、歌(乐)、舞等不同艺术形态也是以情感要求来分类的。这种情感动力论在中国诗论、乐论、画论、书论、曲论当中随处可见,如《乐记》中的"情动于中,故形于声",陆机《文赋》中的"诗缘情",刘勰《文心雕龙·物色篇》中的"情以物迁,辞以情发",汤显祖《复甘义麓》中的"因情成梦,因梦成戏",等等。

② 例如,弗洛伊德把现代物理学中的动力学理论引进心理学,认为心理过程受一种心理能的驱动,这种能量是一切心理功能做的心理功,并通过心理过程得到能量释放,获得满足。他认为,审美活动就是在幻想中使心理能得到部分释放的途径。这是从科学角度分析了审美心理动力,揭示了这种动力在审美心理结构中的重要作用,对理解情感动力是有价值的。

③ [波]英加登:《对文学的艺术作品的认识》,陈燕谷译,中国文联出版公司1988年版,第197—198页。

闲桂花落,夜静春山空。月出惊山鸟,时鸣春涧中"(王维《鸟鸣涧》)这首诗中,我们可以发现,诗人对自然的情感体验,使一个物理境转化为心理场,对象具有了主体的生命,客体成了主体的对象,人与自然的关系顿时变得那么融洽、亲和。在人与人的审美关系中,体验力也改变着原先的人际结构。陀思妥耶夫斯基曾说:"我同我的想象、同亲手塑造的人物共同生活着,好像他们是我的亲人,是实际活着的人;我热爱他们,与他们同欢乐、共悲愁,有时甚至为我的心地单纯的主人公洒下最真诚的眼泪。"[①] 创作是如此,欣赏也是如此。我们读小说、看戏也会与其中的人物同悲欢、共命运。这种使我们与作为审美对象的人物相融合的能力,正是情感体验力所特有的。

与审美对象融为一体,是主体对它产生深入理解的必要条件,而且也是主体获得审美愉悦的必要途径。审美愉悦具有直接性,那就是审美冲动得以实现、情感得以释放和提升而产生的快感。同时,审美愉悦还具有间接性,那就是对处于主客体融合关系之中的主体自由状态的体验。主体在知觉水平和想象水平上把主体的情感赋予对象,并把这种对象化了的情感作为对象属性(即表现性)来体验时,便会感受到人与世界的某种自由的关系,此刻,美不再仅仅是一种对象,同时也成为主体的一种状态,这是在内心敞开了的情感生存之维,主体体验到这种生存的自由状态,从而产生审美愉悦。从创造主客体的融合关系,到对在此关系中主体心意状态的自我体验,充分体现了审美体验能力具有实现审美价值的功能。正是这种能力在意识中改变了人与世界的关系结构,使人的审美生存成为可能,由此,我们发现了审美体验能力的本体论意义。

作为一种以情感为核心的感性教育,美育能够有力地促进学生审美情感力的发展。一般的情况是,教师往往能够注意学生情感动力的释放,而对于体验能力的培养,却相对忽视。实际上,情感动力的释放是直接的,而体验能力却具有某种间接性,也就是说,审美体验实质上是一种对自我情感状态的体验。认识到这一点对于体验能力的培养十分关键。儿童、青少年感情充沛,往往有比较强的情感释放欲望,但是,直接的情感释放不同于审美体验,后者是"反思性的"。所以,教师应该引导学生对艺术作品作反复的琢磨,也要注意让学生对自己的作品进行认真、细致的评价,使他们养成深入体味审美对象的习惯,这些对于促进学生体验能力的发展是有帮助的。

七、审美思维力

思维力是探索和发现新事物的心理能力。思维力涉及多种心理功能,是从感性进入到理性水平的、概括地发现事物某些内部属性的能力。思维活动有不同类型,从目的上分类,有直观动作思维、形象思维、理论思维;从成果的性质分类,有普通思维(或称再现性思维)与创造性思维。思维力也由此有不同的类型,不同类型的思维力具有各自特殊的心理结构、作用方式和功能。

思维力是审美能力不可缺少的结构成分,那种从审美的特殊性出发来排斥审美过程的思维性质的观点,是不符合实际的。但是,审美思维力具有其特殊的性质与功能,它属

---

① 中国社会科学院外国文学研究所外国文学研究资料丛刊辑委员会编:《外国理论家作家论形象思维》,中国社会科学出版社 1979 年版,第 111 页。

于创造性思维,具有直觉性、体验性等重要特征,是一种不脱离感性表象却又可以由表及里的深刻审美理解力。在审美过程中,审美思维不是一个独立的思考过程,而是感觉、知觉、记忆、想象、情感诸心理功能协调综合的活动过程,又体现于知觉、想象和情感体验等不同的水平和过程。

审美思维力是一种形象思维能力。它与理论思维力不同,不是从感知表象中抽象地概括事物的某些本质,而是在不脱离表象的情况下,对表象进行加工,深刻地把握对象的内涵。法国当代现象学美学家杜夫海纳从雷蒙·贝耶那里借取了"归纳性感性"一语,用来揭示审美过程既不脱离感性,又"能够抽象"的特征。他指出:"审美感受已经有着思考的样子了。"这种思考就是在感性水平上把握审美对象的"感性的本质"或"意义",也就是它的"感性的组织、感性的统一原则"。杜夫海纳把这种能"抓住一种具体的共相(Universal)"的"感性"称为"归纳性的"①。这就涉及审美思维力的一种作用方式,即通过赋予表象以框架,来对表象进行重构,由此达到对它的理解。阿恩海姆指出:"知觉过程就是形成'知觉概念'的过程""眼力也就是悟解力",正是以上述观点为基础来立论的。

与知觉力相比,想象力的审美构造功能及其理解深度要更为突出。想象力在对记忆表象进行加工改造时,能够以分解和综合的方式,对以往经验中形成的暂时联系进行重新组合,因而更具有思维的品格。阿恩海姆曾分析过《亚当出世》(米开朗基罗作)的审美知觉,"它先使一种积极的力与一种被动的物体接触,然后又把这种被动物体接受能量之后由死变活后的过程呈现出来",由此理解了作品的"深刻含义"②。然而,想象力可以调动以往的丰富经验,在知觉式样的基础上,给"上帝身体的倾斜呈现出一种向前的运动"赋予伟大的爱和创造的意义;使亚当被动地接受对生命、力量与智慧的渴望。于是,作品的知觉式样被赋予了更深刻和更完整的生命结构,欣赏者由此达到对作品的人文意义的深刻理解。

审美思维力不同于逻辑思维力的另一个特征是直觉性,它不使用概念作逻辑推论,而是跳过思维的惯常步骤,在直观中直接达到对事物的某种深入的领悟,并揭示真理。一位心理学家曾分析了创造想象的跳跃过程:表店门前一块"修理钟表"的招牌引起的惯常联想是"我的表早该擦洗了,慢了……要送到这里来";"表店我们那个小地方有,可是鞋店到现在还没有开门营业",等等。而诗人却由此突发奇想:"请替我修理一下年代吧!它已不能按时度过。"③由修理钟表这个表象直接引申出"修理时代"的意象,作为审美意象,又渗透了诗人的深刻情感体验,具有独特的表现性和社会批判性。

审美思维力虽不采用概念——逻辑体系,甚至不用理论语言,却能在直觉中把握到理论思维常常未能把握的哲理。宗白华评论春秋初期的"莲鹤方壶"上站着的那只张翅欲飞的鹤"象征着一个新的精神,一个自由解放的时代","艺术抢先表现了一个新的境界,从传统的压迫中跳出来。对于这种新境界的理解,便产生出先秦诸子的解放思想"④。以审美直觉领悟和创造出来的感性形象,具有深刻的象征意义,常常达到极高的哲思水平。所以,古今中外不少优秀的文艺作品成为时代的镜子,具有艺术作品的独特

---

① [法]杜夫海纳:《美学与哲学》,孙非译,中国社会科学出版社1985年版,第62—65页。

② [美]阿恩海姆:《艺术与视知觉》,滕守尧、朱疆源译,中国社会科学出版社1984年版,第629—630页。

③ [苏]彼得罗夫斯基:《普通心理学》,朱智贤译,人民教育出版社1981年版,第380—381页。

④ 宗白华:《美学散步》,上海人民出版社1981年版,第36页。

认识价值。

　　审美思维力不仅是一种认识和理解的能力,还是一种在个性化的体验中实现审美价值、获得审美自由状态的能力,因而具有某种特殊的实践功能。情感体验是审美思维力的又一个特征,它使审美思维成为"物我交融"式的、分享的理解过程。李渔曾要求演员"梦往神游""设身处地"地去理解剧中人物的内心活动,即所谓"代此一人立心"(《闲情偶记》)。这正是审美理解的一种特殊方式,即深入对象之中,分享其生命,从而达到理解对象内在意义的目的。

　　在美育过程中,促进个体审美思维力的发展需要为学生提供大量思维品质高、意义深邃的艺术作品,特别是比较大的经典作品。当然,审美思维力的发展需要较长的时间,同时与个体理智的发展和生活经验的积累有关,所以,不能要求低龄的儿童理解高深的艺术作品。更重要的是,教师要引导学生在想象和体验中逐步体味作品的深刻意义。目前的主要问题是,教师往往只给学生提供有关作品的、知识性的抽象结论,而忽视了学生自身个性化的深层次体验。艺术教育(包括语文教育)应该在学生学习相关艺术史知识的基础上,把对作品意义的理解与学生的想象、体验紧密结合在一起,让学生自己去领悟作品的意义。艺术教师的作用是引导和启发,而不是给予现成的结论。任何脱离了学生自己想象和体验的艺术课教学,都不可能培养学生真正的审美思维力。只有遵循美育的特殊规律,才能促进学生的审美发展。

本章小结

　　学生个体审美能力是成功地从事审美活动所必需的条件,具有综合性。审美能力是一种审美意指能力、审美体验能力、审美创造能力和审美体悟能力,作用于审美活动全过程。审美能力的发展基于个体审美经验的积累,审美经验积累主要是通过艺术学习来达到的。审美能力的心理要素主要包括审美感觉力、审美知觉力、审美记忆力、审美注意力、审美想象力、审美情感力和审美思维力。

思考练习

　　1. 审美意指能力与具体审美活动的发生有什么关系?
　　2. 为什么说审美能力的发展基于审美经验的积累?
　　3. 如何理解审美想象力的虚化功能?
　　4. 搜集国内外关于学生审美能力培养的资料,并加以概括,掌握审美能力研究的最新成果。

第七章　审美意识及其培养

学习目标

认识审美意识的意义和审美意识教育的重要性,了解审美趣味和审美观念的基本意义以及培养学生审美趣味和审美观念的基本规律。

内容概要

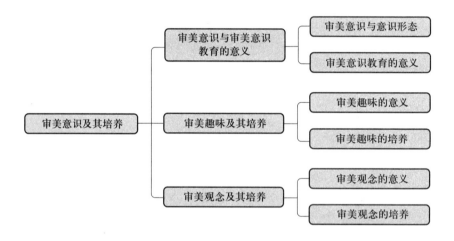

— 第一节　审美意识与审美意识教育的意义 —

一、审美意识与意识形态

审美意识是对审美活动的观念反映与评价,是一种审美的价值观念形态,具有意义规范和价值标准的作用。它主要包括审美趣味和审美观念(又称审美理想)两种形式,在审美过程中起着重要作用。[①] 作为一种社会意识,审美意识属于意识形态范畴,是个体的

[①] 在国内外的美学理论中,审美意识有两种含义。从广义上说,审美意识被理解为主体方面审美能力、观念等主观因素的总和,所以,审美意识这个概念基本等同于审美经验与审美心理两个概念;从狭义上说,审美意识是指审美经验与审美心理当中的观念意识成分,主要涉及审美的判断与评价。从个体审美核心素养分类和美育实践的角度来说,取后一种关于审美意识的意义较为合适。

世界观、人生观、价值观的主要组成部分之一,是个体的人生志趣与社会理想在审美方面的体现。

审美意识不是一种独立的心理过程,不是游离于审美心理过程之外的思想观念,而是内含于个性化的审美过程之中的一种观念意识的能动要素,因此,审美过程具有意识形态性质。作为一种判断力与评价力,审美意识是审美能力的一个有机组成部分,历史上就有不少理论家把审美趣味与审美观念作为审美能力或其中的一部分来谈论。不过,审美意识侧重于主体观念,而审美能力则侧重于主体的心理功能。在具体的审美过程中,二者是内在结合在一起的。审美趣味和审美观念直接包含、作用和体现于审美欣赏、审美创造、审美表现和审美理解的心理活动之中,而审美能力是审美意识发挥作用必不可少的条件。在此意义上我们可以说,审美意识是审美能力的意识形态性质与功能。对于一件艺术品,主体能否持审美态度、能否引起审美冲动、能否与它达到"物我同一"的地步、能否对它达到深切的领悟、能否产生审美愉悦,这些个性化的心理过程都或隐或显、或多或少地带有社会意识的性质。

审美意识具有意识形态的一般性质。首先,它是社会存在的一种反映,一定时代、一定民族的审美趣味与审美观念总是受特定的社会生活的制约。李渔在《闲情偶寄》中曾记下这么一件事:宜兴有位"周相公",千金购一丽人,人称"抱小姐",原来她脚小得无法行走,每行必由人抱。这种对"三寸金莲"的嗜好,正是特定的时代、民族文化、阶级的产物,腐朽没落的时代和阶级产生了病态庸俗的审美趣味和审美评价标准,而且这种审美意识又是以特定的生活情趣、人生理想为基础的。

审美意识与意识形态中的其他方面也有联系。虽然审美意识并不完全等同于政治意识、道德意识、哲学观念,但一定的审美意识总是有意无意地维护、加强或反对、削弱一定社会的政治制度、道德体系与哲学观念。中国古代秩序井然、排列严格的建筑,从故宫到四合院,都隐含着一种政治的、道德的法则。古代戏曲要求整个情节结构围绕着一个中心道德寓意、众多人物烘托一个中心人物[①]。这种结构原则,难道与严格的等级制度、与封建社会的道德原则没有血脉相承之处? 即使是人们服饰打扮的趣味也透露着某种意识形态的信息。

当然,审美意识的时代性、民族性、阶级性往往表现得比较曲折隐晦,它与政治、道德、哲学等意识形态方面的联系也不总是直接而明显的。由于审美意识的核心是对人的生存与发展的自觉意识,所以它与人生观的联系最为密切,是一种肯定与追求情感自由和精神享受,肯定与创造人与自然、个体与社会协调一致的人生境界的价值观念与生活态度。虽然,审美意识并不直接等同于人生观,甚至有时会产生部分的错位、背反或差异,但它们在实质上是相通的。

作为一种特殊的意识形态,审美意识具有感性、情感——评价性和理想性等特征。审美意识虽具有理性内容,但它又不脱离感性形式,因此,它是一种形象化、个性化的观念意识。无论是作为人类整体的,还是作为个体的,审美意识是一种非概念、非逻辑地反映与把握世界的方式,从而区别于包括美学观点在内的一切理论体系。它是一种范型或图

---

① 正如李渔所总结的:"一本戏中,有无数人名,究竟俱属陪宾,原其初心,止为一人而设。即此一人之身,自始至终,离合悲欢,中具无限情由,无穷关目,究竟俱属衍文,原其初心,又止为一事而设。"

式,有一定的概括性与深度,却又非概念可传达。因此,审美趣味与审美观念作用于审美过程,不是以概念、逻辑的认识、判断或评价的方式,而是采取形象、直觉的方式,内含于审美能力之中,直接影响审美的选择、判断、评价等方面。审美意识又具有情感性,因此它不仅具有反映功能,还具有评价功能。从某种意义上说,它是一种情感态度,是一种较稳定的、社会化的情感价值取向,它以满足与不满足及其感受的量的差异对对象做出评价。由于其具有情感—评价特征,审美意识所反映的也并非只是客体的性质,还有客体对主体的意义,是人与世界的特定关系,是处于这种关系之中的主体的特定生存状态。这就是说,审美意识的反映与评价功能是内在统一的。另外,审美意识与人类的审美需要有直接的关联,也可以说,它是审美需要的自觉意识与观念形态。因此,审美意识总是与人类自身的生存与发展息息相关。人的生存状态和发展要求往往直接决定了审美意识的发展变化,并首先通过审美趣味和审美观念体现出来。从历史发展的角度来看,每当社会发生变革,意识形态发生转变,某种新的政治观念、道德观念,某些有待在现实中实现的社会理想、人生理想,往往最先在审美趣味与观念理想中透露出些许消息。这不仅说明了审美意识对社会存在的依赖关系,也说明了审美意识的能动性,具有某种超前性,往往得风气之先,这就是它的理想性之所在。

从发生学的意义上讲,审美意识是在人类长期的社会实践过程中形成的。在原始社会中,审美意识是与其他观念意识浑然一体的,它从意识形态当中分化出来,并形成相对独立的形式,以艺术的相对独立为标志。作为旨在满足人们的审美需要而生产的艺术品,体现了人类审美意识的某种自觉。另外,艺术品也集中、鲜明地体现了一定的审美意识。就个体的发展来说,审美意识的萌发和发展主要是在艺术活动中实现的。通过艺术活动,创造性地接受社会的审美意识,丰富审美经验的积累,提高审美能力,是个体审美意识发展的最基本的条件。但是,审美意识的发展又受到整个人格发展的制约,特别是人生观和道德观的发展构成了审美意识发展的必要基础。

二、审美意识教育的意义

美育包含了审美意识的教育。培养良好的审美趣味和正确的审美观念,促进人们审美意识的发展,不仅意味着一定社会的审美意识的普及,也意味着为整个社会的审美意识的发展提供了条件。通过美育,培养了人们爱美、爱艺术,并且积极地创造美好生活的积极态度和人生价值观,这正是整个社会的审美意识的提高。另外,由于审美意识的意识形态性质,与政治、道德、哲学等有联系,所以,审美意识的培养既受到德育、智育的制约,又对个体的道德发展、知识积累以及人生观、价值观的健康发展有积极作用。审美意识的教育是美育的一个基本而重要的内容,忽视或取消了这一内容的美育是不完整的,甚至会使美育偏离正确的方向和理想的目标。

然而,美育中的审美意识教育有它的特殊规律,依靠灌输和说教只会收到事倍功半乃至相反的效果,更不能用强制的方法。在学校美育中,教师可以用分数或其他奖惩办法使学生按课本、大纲或教师的要求对艺术作品做出评价,但是,如果这种评价不是发自个体人格的审美需要,不是根据个体的审美体验和情感态度,那么,这并不意味着他的审美趣味与审美观念有真正的发展和提升,反而会形成在审美判断上的弄虚作假,即真实的审美趣味与虚假的审美评价的矛盾。有些儿童虽然并不喜爱也不理解某篇文学作品或某首乐曲,却可以用从课本或教师那里学来的一套言词,对它们的审美价值大加赞颂。可是,在另一场合,他们又体现出不健康的审美倾向,对低级庸俗的东西津津乐道。美国艺术教育家查尔德曾对小学一年级到六年级的儿童进行调查与实验,发现他们可以按专家们认为的"好的",来对绘画作品做出评价。可是,他们对专家们认为的"较差的"绘画的喜爱并不受任何影响。另一个由朗普与索斯盖特进行的试验表明,分别由 7 岁、11 岁和 15 岁儿童组成的三个被试组,其中 77% 的儿童在教师在场时,会作出与教师趣味一致的评价,而当教师离开后,竟有 71% 的儿童对相同的绘画作品作出与教师的喜好相左的回答。这种状况在我国的学校中也存在。一些中小学生的审美趣味出现二重化发展倾向,他们在课堂上所"赞许"的,同他们在闲暇时间所热衷的竟然大相径庭,这也是值得充分注意的问题。还有,当前各大学重视人文素质教育,并把艺术教育作为其重要的组成部分。但是,一些高校把艺术教育的任务规定为让学生知道多少名著名作,这对学生接触文学艺术的名著是有帮助的,但是还不够。知道只是理性的认知,从美育的意义上讲,这只是初步的,重要的是还要使学生在接触这些作品后真正理解和喜爱它们,并能够从中得到发自内心的乐趣,养成较高的、真诚的艺术品位,此所谓"知之者不如好之者,好之者不如乐之者"(孔子语)。

审美意识发展的特殊性要求对它的培养必须与审美能力的培养协调一致,应该在具体的审美活动中,在审美的创造力、表现力与理解力的发展中,让个体自然而然地、循序渐进地、自发与自觉地形成良好的审美趣味和审美观念。社会的审美意识应当通过对优秀艺术作品的欣赏和鉴别,通过训练有素的教师的引导,在适合学生接受水平与个性倾向的条件下,让他们自觉和能动地吸收,并整合到他们的整体人格之中,这就是所谓的"潜移默化"。离开了审美体验,离开了审美接受的可能,离开了个性的主动选择,就不可能有真实稳固的审美意识的发展与提高。而且,一味地灌输、说教或强制还会从根本上背离美育的基本目的。事实上,审美意识的教育并不是要束缚儿童自由活泼的心灵,压抑他们的个性情感,而应该是更有利于儿童自觉地肯定与追求审美价值,更主动地创造审美世界,使情感生活更丰富、更自由,使情感自我沿着健康、高尚的方向发展,这正是审美意识教育的基本价值。

第二节　审美趣味及其培养

一、审美趣味的意义

审美趣味是人在审美活动中表现出来的心理定式,它以喜爱或不喜爱的情感评价形式,决定对审美对象的取舍。它虽可体现为一定群体的共同审美倾向,却又总是具体地表现为个体的审美偏爱或选择。中国当代美学和美育学对于审美趣味的研究还很薄弱,所以有必要先对这个概念作一番辨析。

"趣味"这个词,在中国和西方,都是从味觉的意义上发展而来的。在中国美学史上,很早就出现了用味觉来类比审美感受的说法。例如,春秋时代的晏婴就用羹来讨论"同"与"和"的区别,并认为"声亦如味",各种音乐要素"相成""相济",如"水火醯醢盐梅以烹鱼肉"那样,达到五声之"和"。魏晋之后,"味""滋味""韵味"等概念被用来形容艺术作品的某种审美特性和风格类型,同时,审美欣赏也具有了咀嚼品味的意义。审美既然是一种品味,那就必然会有不同的偏好。例如,钟嵘首推五言诗"五言居文词之要,是众作之有滋味者也"。体现了他对五言诗体的偏爱;司空图虽列出了"二十四诗品",但他最推崇的是"冲淡"一类,体现了追求淡远、含蓄,于自然平和中见深邃意韵的审美趣味,这也就是他所追求的"韵外之致""味外之旨"。所以,他提出"辨于味而后可以言诗",不仅是要求对诗作审美的品味,而且追求一种独特的审美类型或风格。至此,"味""滋味""品味",作为一种审美的概念,已不同于单纯的味觉意义。

在西方,作为美学概念的"趣味",一直具有审美鉴赏力的含义,意指一种辨别、选择、判断与享受审美对象的能力。朱光潜曾指出,从罗马时代开始,西方一向把审美能力称作趣味[1],特别是在十七八世纪,西方人谈"趣味"几乎成为风尚。概括起来,这个美学概念有两个基本含义:一是指审美的偏爱或风尚。例如,法国的伏尔泰曾指出欧洲一些民族"鉴赏趣味的差别"体现为不同的文学风格,"意大利语的柔和甜蜜在不知不觉中渗入到意大利作家的资质中去。……词藻的华丽、隐喻的运用、风格的庄严,通常标志着西班牙作家的特点。对于英国人来说,他们更加讲究作品的力量、活力和雄浑,他们爱讽喻和明喻甚于一切。法国人则具有明彻、严密和幽雅的风格"[2]。这种鉴赏趣味的差异也就是审美的不同偏爱,从而造成了各民族在审美选择与评价上的差异、错位,甚至排斥、轻视。英国的休谟明确指出:"趣味是一种选择,青年人与老年人的趣味往往有差异,而且,人们对于各种文学体裁也会有趣味差异,与较为年长者相比,充满激情的年轻人更易被温柔多情的形象打动,而较为年长者则乐于从哲学的角度慎重地思考生活的行为,克制自己的种种激情。喜剧、悲剧、讽刺文学和诗赋,皆各有其欣赏者,他们喜欢那种特定体裁胜过其他一切体裁。"[3]很显然,休谟所讲的趣味就是一种审美的偏爱,他认为批评家不应局限于某一种趣味,而应去寻求某种普遍的或共同的审美趣味标准。

趣味的另一层意思是指审美能力。它包含两层含义,一是指主体对美的辨别力或敏感性,二是指审美活动中主体判定对象的态度或意向。伏尔泰说:"精微的鉴赏趣味在于对瑕中之瑜和瑜中之瑕的一种敏锐的感受力。"[4]休谟说:"对美和丑的迅速而确切的感知,也必定表明我们精神趣味的完善。"[5]康德则明确注明:鉴赏(即 Geschmack,又译作趣味——引者注)乃是判断美的一种能力;同时,他把审美判断称作"趣味判断",这种判断的第一个"契机"便是与对象的无利害观念的关系。在这里,"趣味"又意味着一种审美态度,即对对象的纯粹的观照,而对事物的存在绝不感兴趣。

① 详见朱光潜:《朱光潜美学文集》第三卷,上海文艺出版社 1983 年版,第 414 页。
② 伍蠡甫主编:《西方古今文论选》,复旦大学出版社 1984 年版,第 71—72 页。
③ [英]休谟:《论趣味的标准》,《休谟散文集》,肖聿译,中国社会科学出版社 2006 年版,第 215 页、第 229 页。
④ [美]韦勒克:《近代文学批评史》第一卷,杨岂深、杨自伍译,上海译文出版社 1987 年版,第 51 页。
⑤ [英]休谟:《论趣味的标准》,《休谟散文集》,肖聿译,中国社会科学出版社 2006 年版,第 222 页。

中西关于审美趣味的传统观念具有的几种意义中,有两种意义是最基本的,即审美的偏爱、倾向性、选择性和审美鉴赏、判断的能力。而且,这两种基本意义又是相互联系的,它们揭示了审美趣味的不同侧面的性质与功能。首先,审美偏爱与审美能力是相通的。审美判断是一种情感评价,对某一对象能够作出审美判断,这本身意味着对它产生了情感的肯定性评价,体现了一种审美的倾向性与选择性。另外,由于主体对某一类审美对象有审美心理定势,主体才可能对它倾注高度的注意力,使之进入审美视域,在反复的体味中,达到深入的理解。在审美活动中,审美趣味以一种直感的方式,迅速地对事物作出选择和评价,从此意义上讲,它本身也是审美能力的一部分。不过,细分起来,审美趣味侧重于审美价值取向,而审美能力侧重于实现审美价值的功能,前者具有观念意识的内容,后者则主要是心理活动的形式。其次,审美态度与审美偏爱也是相通的。审美趣味不仅具有对审美价值高低的评价功能,而且具有区分审美价值与非审美价值的功能。严羽所讲的"诗有别趣",就体现了他对诗的审美价值取向,作为一种审美的趣味,它要求区分诗的审美意义与非审美意义,使读者关注于诗的"言有尽而意无穷"的审美特征,而对于不遵循诗歌艺术规律的以理作诗,则采取否定态度。① 因此,审美偏爱体现为追求事物的审美价值、关注对象的审美特征的审美态度。

从狭义的审美意识角度来看,审美趣味主要是一种审美价值的取向,是决定审美选择和审美价值的一种观念意识标准。但是,与审美观念相比,它又是相对个性化和感性化的审美意识形式。在具体的审美过程中,审美趣味几乎以无意识的直觉方式作用于审美选择和判断。由于个性的差异和审美对象的丰富多彩,人与人之间的审美趣味存在着明显的差异。再加上审美趣味的易变性,使得人们觉得它难以捉摸,无法确认。于是,"趣味无争辩"这句拉丁谚语便获得了相当的"合法性"。

应当肯定,审美趣味是有个性差异的,这种差异性不仅是不可否认的事实,而且对于个体的审美活动和社会审美意识的发展也是有意义、有必要的。人们有权选择适合于个体审美需要的审美对象,而且,正是审美趣味的丰富差异,才为绚丽多彩的审美世界的创造提供了主体方面的能动源泉。因此,审美趣味的差异性是创造与实现审美价值的基本条件之一。

但是,审美趣味的差异性又是相对的,它有一定的范围,这种范围构成了它的共同性。首先,它限于审美价值的范围,这就构成了审美趣味的是非标准。如果把"趣味无争辩"限于这个范围,那就有了相当的合理性。因为,当我们说审美趣味时,就意味着对审美价值的肯定和追求。倘若某人缺乏审美价值取向,那么就会缺乏审美趣味;倘若某人喜欢审美价值很低甚至肮脏的东西,那么就会审美趣味低级。面对维纳斯雕塑,只追求生理欲念满足,与只作考古学分析一样,都体现了一种非审美的价值取向,在这种情况下,趣味是应该争辩的。其次,在审美价值范围内,审美的选择与评价还有高低和广狭之分。审美对象是丰富多彩的,它们在许多方面是无所谓高低之分的。人们对黄山与九寨沟的自然景观的审美价值很难做出客观的、令人信服的高低评判,因为它们各有特色、均

---

① 严羽:《沧浪诗话·诗辨》,转引自北京大学哲学系美学教研室编:《中国美学史资料选编》下册,中华书局 1981年版,第 78 页。

具有很高的审美价值,但是,如果对黄山与极为普通的、毫无审美特色的山丘也无法做出审美价值的优劣判断,那就表明了审美趣味水平的缺乏或低下;对于举世公认的优秀艺术品毫无兴趣,而只是对模仿性的、较肤浅的艺术品津津乐道,也是审美趣味不高的表现。审美世界无限广阔,个人的经验范围总是有限,所以,审美趣味具有局限性。但是,倘若只对某一部作品、某一位艺术家的风格或某一种艺术体裁感兴趣,并排斥其他方面,那就是审美趣味过于狭隘的表现,由此,审美趣味也不可能达到较高、较完整的水平。从培养全面发展的人的角度说,一种视野开阔的审美价值取向总比范围狭小的审美价值取向要好,因为前者可以较广泛地吸取各种审美价值,从而使个性的精神世界较为丰富。由于审美对象的意义是多层次的,即使对同一审美对象都有肯定性评价,不同的审美趣味也有高低、广狭之分。艺术作品的意义一般可分为三个层面:感觉层面、形式层面和情感意味层面。能对各个层面的审美价值作出全面选择与评价的审美趣味,显然要比只限于较浅层面的价值取向水平高、范围广。

审美趣味的形成又受到社会历史条件的深刻影响,一定社会、阶层的人由于生活方式不同,以及由此而产生的人生志趣的不同,使审美趣味具有了时代性和民族性,这就形成了审美趣味的另一种规范或范围的共同性。作为启蒙思想家和文学家的伏尔泰,他的审美趣味也不能脱出 17 世纪以来法国宫廷贵族的审美趣味,崇尚高贵、典雅和理性法则,他对莎士比亚的嘲讽与指责正基于这种趣味。伏尔泰认为,莎士比亚"是一个具有一定想象力的野蛮人",他不懂规范,不懂合宜,不懂艺术,混淆了卑贱与高蹈、打诨与恐怖。伏尔泰还指出:"高乃依的天才比莎士比亚更伟大,正如贵族的天才比百姓的更伟大。"①显然,伏尔泰不仅是站在法国人的民族立场,而且是站在古典主义的美学立场来做评价的。与伏尔泰相比,歌德显然更具有近代艺术的审美趣味,虽然他是个德国人,但是对《哈姆雷特》极为赞赏,他认为从来没有人创造过这样杰出的剧本。鲁迅把传统戏曲中简单化解社会矛盾冲突,用一个美满的结局来"安慰观众"的大团圆称为"团圆之趣",并对此做了严肃的批判,这也是对传统审美趣味的一种反叛,体现了一种新的审美趣味,这种趣味与"五四"精神是一脉相承、息息相通的。

审美趣味有民族的差异性,而各民族之间的趣味差异又意味着本民族成员之中的相似,它是某一民族的成员在审美价值取向上的趋同性,与这个民族的整体性格相一致。同样是山水诗人,中国的谢朓、陶潜、王维等人,喜欢把内心的情感引向自然,顺从自然,从而获得怡神平和的审美感受;英国的华兹华斯、柯勒律治等人,却倾向于把内心的情感注入自然,主宰自然,从而获得激情洋溢的审美感受。中国的古典戏曲较注重言情,故而形成了歌舞化的表演特色;而西方的古典戏剧较强调对行动的模仿,所以情节、人物与场面的再现性较为突出。这些都体现出不同民族各自具有的审美趣味的共同性。中华民族具有悠久深厚的艺术文化传统,其中凝聚着优秀的中华美学精神,学校美育应该在吸收全世界优秀审美文化成果的同时,更加注重弘扬中华美学精神,增强学生对中华民族的认同感和自豪感。

另外,不同阶层的人也会形成不同的审美趣味。例如文人画较多书卷气,而农民画则生活气息较浓。文人造园讲究神趣,追求精巧;而商人造园,则要求"显富"。如扬州有

---

① [美]韦勒克:《近代文学批评史》第一卷,杨岂深、杨自伍译,上海译文出版社 1987 年版,第 48—50 页。

一"何园",系当年盐商策划建造,入园处迎面有巨大假山,虽不乏体积之大,却少了点灵气与神韵,这是较典型的商人趣味之表现。

应该指出,审美趣味的共同性是约定俗成、自然趋同的,所以,审美趣味的标准是相对的,也不是靠行政命令或权威裁定而确立的。再则,审美趣味因人、因时、因心境而异,我们虽可指出它有审美的高低广狭之分,有一定的时代性和民族性,但是,构成审美趣味的共同标准的因素极为复杂,有些还比较隐晦,不易察觉;有些则比较模糊,不易确认。所以,这种共同标准往往只是一个比较宽泛的、不易用确定的概念加以确切界定的范围与倾向。另外,审美趣味具有感性特征,不十分稳固,又非常敏感,它往往会越出既有的趣味规范,追求一种新颖别致的审美价值。在这种情况下,新生的审美趣味往往是超前的,却又总是在一段时期里受到社会的攻击与指责。伏尔泰就是以其权威的地位对莎士比亚的剧作妄加批评。由于既定的审美趣味规范总以某种权威或大人物为代表,所以,新生的审美趣味往往处于劣势。明清时期,封建统治者千百次地禁止戏曲、小说,《西厢记》《红楼梦》均被列为禁书,这当中也含有新旧审美趣味的冲突。即使在同一个社会形态中,仍存在新旧审美趣味的矛盾冲突。

因此,在学校教育中,教师对审美趣味的评价,应本着"百花齐放"和充分尊重学生个性选择的原则,采取尽可能宽容、审慎与尊重差异的态度。同时,还要认识到,不仅受低级庸俗的生活趣味影响的审美趣味是不健康的,而且僵化死板、因循守旧的审美趣味也是不健康的,它们由于封闭凝固而失去了生命活力。因此,审美趣味的标准应是稳定与变化、规范与开放、确定与宽泛的有机结合。

二、审美趣味的培养

一般地说,健康的儿童都有爱美的天然倾向,但是,这种倾向并不天然地随着年龄增长而加强,而是需要加以保护并有待提高与充实。梁启超曾指出:"人生在幼年青年期,趣味是最浓的,成天价乱碰乱迸;若不引他到高等趣味的路上,他们便非流入下等趣味不可。"[1] "审美本能,是我们人人都有的。但感觉器官不常用或不会用,久而久之麻木了。……美术的功用,在把这种麻木状态恢复过来,令没趣变为有趣。"[2] 这就是说,一个人的审美趣味是需要精心开发与培养的,而美育正是实现这一任务的基本途径。

培养审美趣味的基础是审美经验的积累,虽然审美趣味的形成受到个体思想情操、气质、性格、生活方式与阅历以及社会方面的多重因素制约,但是,这些因素只有在个体的审美经验过程中,才会被部分地整合到个性的审美趣味之中。再则,审美趣味的形成与发展必须以个体内在的审美需要为根基,是一种自发与自觉相结合的过程。在此过程中,没有个体的兴趣和积极性,便不可能形成真正的审美趣味。所以,个体的能动的审美活动过程是审美趣味教育的基本途径。

审美趣味良好的基本标志体现为质与量的有机联系,即肯定与追求较高审美价值

---

① 梁启超:《趣味教育与教育趣味》,引自梁启超:《梁启超全集》第七册,北京出版社 1999 年版,第 3964 页。

② 梁启超:《美术与生活》,引自梁启超:《梁启超全集》第七册,北京出版社 1999 年版,第 4018 页。

的心理定式和范围较广的审美兴趣。欲达此目标,美育过程应在为儿童提供大量合适的审美对象,组织他们进行艺术创作(包括演奏、表演等)时,要充分考虑到审美趣味养成的质与量这两个方面,注意把学生的审美经验引向较高水平和较宽广的范围。优秀的艺术作品和风景胜地是提高学生审美趣味的良好“教材”。俗话说:“近朱者赤,近墨者黑。”经常接触具有较高审美价值的对象,可以逐渐培养起良好的审美趣味。另外,审美趣味的发展又依赖较广泛的审美经验,这样才能使人脱出狭小的圈子,具有广阔的审美视野。当然,人们常常对某一种审美类型特别偏爱,这是完全正当的,而且没有对某一种审美类型比较深入的体验和琢磨,也就没有比较和鉴别的基础,审美趣味的范围也无法扩展。但是,个体的审美偏爱不应成为一种封闭排外的偏见或陈规,更不能成为开阔审美视野的障碍。事实上,正如吃菜一样,趣味广泛有利于健康,审美趣味范围的广泛也有利于个体审美方面的健康发展。而且,审美趣味的提高也有赖于审美视野的扩大。休谟曾言:“一个人唯有习惯了观察、审视与衡量某些在不同时代、不同国家中都受到赞美的作品,才能鉴别展现在他眼前的作品的优点,判定它在天才之作当中的恰当等级。”①美育虽主要不是培养职业的鉴赏家和批评家,但经常对各种审美类型和特征做比较与鉴别,经常对各种艺术作品的优劣之处进行区分与评价,确实有助于审美趣味的敏锐化。在这一点上,休谟的上述观点对美育中的审美趣味教育应该是有启发的。

个体审美趣味的形成和发展是其人格、人生观与社会审美意识相互作用的过程。在此过程中,既有个性的社会化,又有社会因素被整合到个体人格之中的个性化。在美育过程中,处理好个性与社会性的矛盾关系,是十分重要的,特别是审美趣味的教育,更应充分尊重和爱护个性的独特倾向,教师、教材与美育的教学设计应考虑到儿童的个性心理特征和心理发展水平。

从个体方面来讲,审美趣味是社会的审美意识的个体性表现,与个体的气质、性格有密切联系。刘勰曾说:“慷慨者逆声而击节,酝藉者见密而高蹈,浮慧者观绮而跃心,爱奇者闻诡而惊听。”(《文心雕龙·知音第四十八》)这正是描述了个人的气质、性情与艺术创作风格的关系。审美的心理定式明显受到个性心理特征的制约,气质作为一种受个体生理组织特点制约的较稳定的心理特征,虽可能在环境与教育的影响下发生改变,但这种改变是相对缓慢的②。所以,审美趣味的教育要适应个性的心理特征,切忌简单划一、强求一致,而应在欣赏与创作活动中,允许儿童有相当的个性自由,有较大的选择范围。

另外,儿童的心理水平处在发展变化比较迅速的时期,不同的发展阶段,有其不同的特征。由于在生活阅历、思想情操、审美经验、审美能力等方面有差异,所以,完全要儿童接受成人的审美趣味,既违背教育心理学规律,又违背美育促进学生健康成长的根本宗旨。同是儿童,幼儿园的孩子与小学的孩子在审美趣味上也存在一定的差异。例如,较幼小的儿童偏爱构成要素较少、意义比较单纯的绘画,而年长一些的儿童则会偏爱结构复杂一些、意义丰富一些的绘画。无视儿童的个性倾向和心理水平,不适当地强调审美

---

① [英]休谟:《论趣味的标准》,《休谟散文集》,肖聿译,中国社会科学出版社 2006 年版,第 224 页。
② 杨清主编:《简明心理学辞典》,吉林人民出版社 1985 年版,第 37 页。

趣味的简单划一,还要用成人的喜好来为儿童选择艺术活动,这对儿童的审美趣味的健康发展是不利的,应予以纠正。

由于个体审美趣味的形成受时代与民族文化的影响,因此,一般说来,儿童比较容易喜爱当代的和本民族的艺术作品。事实上,这些作品较之于古代的和外国的作品也易于当代中国儿童理解。所以,审美趣味的培养宜从当代和本民族的优秀艺术品入手。这不仅可收到事半功倍的效果,而且与培养民族审美文化的继承者和创造者的美育目标相一致。

必须指出,强调审美趣味的培养应适合个体的个性特征与心理水平,重视时代性和民族性,并不意味着单纯地迎合儿童既有的趣味水平,排斥古代与外国的艺术作品。审美趣味的培养是一个循序渐进的过程,揠苗助长与停滞不前都是不可取的。就审美趣味的提高和丰富来说,唯有在适合个性心理特征与水平的前提下,从吸收当代和本民族的审美趣味入手,才可能更有效地培养对古代和外国的艺术作品的兴趣,并从中吸收营养。这种由低到高、由个性到共性、由今及古、由中及外的培养方法,是符合审美趣味的特征及其发展规律的。

── 第三节　审美观念及其培养 ──

一、审美观念的意义

审美观念又称审美理想,它是对审美对象的本质的集中反映,是关于审美价值的自觉意识和规范性观念。广义的美(即作为各类审美对象的本质)就是"美的规律",它的实质是人的自由自觉的创造本质的感性显现,它的根源是人的合目的与合规律的社会实践。在对象方面,它体现为真与善统一的形象;在主体方面,它体现为自由而又有序的情感状态;在主体与客体之间,它体现为自由和谐的关系。审美观念正是对体现于上述几个方面的"美的规律"的自觉意识。

审美观念又是一种特殊的价值观念,是审美判断与评价的最高范本和最根本的主观依据。审美观念具有理想性,所谓"理想性",就是对现实的超越。虽然就其根源来说,审美观念是现实的反映,但审美观念不是对个别审美对象的反映,也不仅仅是一种被动和机械的反映,而是对丰富的审美经验的概括的产物。而且,审美观念不仅是一种认识的结果,而且是审美需要的自觉形态,它借助想象力的超越性创造功能而形成,具有超越现实、超越个别审美对象,甚至超越既有艺术作品的理想性质。由此,我们再来考虑马克思关于艺术发展与社会发展的不平衡的论述,就会发现,艺术对现实冲突的解决方式是超越性和理想性的。马克思曾说:"任何神话都是用想象和借助想象以征服自然力,支配自然力,把自然力加以形象化;因而,随着这些自然力实际上被支配,神话也就消失了。"[①] 不仅是神话,一切艺术都是借助想象力来克服所有阻碍历史前进、阻碍人们不断获得自由

---

① 《马克思恩格斯选集》第二卷,人民出版社 2012 年版,第 711 页。

解放的现实条件的。艺术之所以有这种超越性,那是因为艺术家和欣赏者具有自觉地追求人类生存发展的自由的价值追求,这也就是审美观念的实质。直接表现审美观念的浪漫型艺术是如此,直接批判现实的不合理状况的现实主义艺术也是如此,即使是看似肯定现实美的某些艺术品,如宋玉在《登徒子好色赋》中所描述的"增之一分则太长,减之一分则太短;著粉则太白,施朱则太赤"的美貌,也表现了一种概括化的、超越了现实中个别审美对象的审美观念。

审美观念是最富于理性内容的审美意识形态,但是它与理论观念不同,又具有感性形式①。审美观念不同于理论形态的美学观点或概念,也不同于具体审美过程中产生的审美意象。它有一定的理性内容,具有概括性和普遍性,但是,这种理性内容不具备概念的确定性与抽象性(指理论抽象),而是具有直观形态、情感因素和模糊性。因此,审美观念是一种具有理性内涵的规范性图式,是感性与理性、个别性与一般性、模糊性与规范性的有机统一体。

审美观念最集中地体现了审美意识的意识形态性质。它虽然直接形成于审美活动之中,但明显受到各种社会关系和其他意识形态的制约。在一定意义上说,它是人们的政治观、道德观、人生观等在审美判断和评价上的体现。所以,审美观念有进步与保守、高尚与庸俗、先进与没落之分。一定的审美理想总与一定的社会理想有内在的联系。例如,陶渊明在《桃花源记》中所描写的"理想国",杜甫在《茅屋为秋风所破歌》中所吟咏的"安得广厦千万间,大庇天下寒士俱欢颜"的诗句,汤显祖在《牡丹亭》中所梦想的"有情之天下",都以审美意象的形式直接或间接地表现出一定的社会理想。一般地说,进步的审美理想又往往是进步的社会理想的萌芽状态,可能超前地以形象的方式传达出新时代的精神和历史发展的要求。

审美观念与人生观的联系最为直接和紧密。审美观念,作为一种独特的人生价值观念,在具体的社会生活中又往往体现为一种独特的人生态度,即追求人生的内在价值,注重人生境界的提高。这充分体现于审美态度的无私性。这种"无私性"不是抛弃任何价值追求或舍弃个性,而是与自私的、外在的、眼前的世俗利益保持距离,从而追求普遍的、内在的、永恒的人生价值。从这个意义上讲,"审美的无私性是功利性的最高形式"②。人生的审美态度通过扬弃对功、名、利、禄等外在价值的追求,而注重于人自身的生存质量;通过把个人的偏狭要求扩展到一定范围内的人类普遍性,而使感性自我与自然、社会融为一体;通过暂时摆脱急功近利的价值要求,而使现时的生活利益与未来的人类利益相协调。一个显而易见的例子便是,人对自然的友好态度首先是一种审美态度,而对自然的审美赏爱既是一种人生境界的创造,又具有生态伦理教育的积极意义,那就是人与自

---

① 在《判断力批判》中,康德特别指出,作为一种观念的"最高的范本、鉴赏的原型""更适宜于被称为美的理想"。因为,"观念本来意味着一个理性概念,而理想本来意味着一个符合观念的个体的表象"。在康德看来,"美的理想"是想象力与知解力相互作用而产生的,它一方面"筑基于理性能在最大限量所具有的不确定的观念",另一方面"不能经由概念,只能在个别的表现里被表象着"。康德把审美观念确定为一种具有充分理性内容的个别和感性的形象,是合理的。

② [苏]里夫希茨:《马克思论艺术和社会理想》,吴元迈译,人民文学出版社1983年版,第372页。

然的和谐共存①。宗白华写道："晋人向外发现了自然,向内发现了自己的深情。"②自然美的发现,不仅是审美观念的重要转变,也是人生观的重要转变。在《世说新语》当中,我们可以发现晋人那种审美化的人生态度,即追求个性化的自由高洁的人生境界。因此,对人的评价,更注重显现内在精神的风格;对自然的观赏,更注重其生命情调的象征。宗白华讲晋人的审美观念"是显著的追慕着光明鲜洁、晶莹发亮的意象"③,这意象不就是一种人生理想吗?

审美观念与审美趣味有直接关联,在具体的审美活动中,二者时常不易区别。一般地说,审美观念是审美趣味的"原型",是作出审美选择、辨别、判断与评价的主观根据和最高标准。在审美活动中,审美观念是通过审美趣味起作用的,一定的审美偏爱总在一定程度上体现了与之相通的审美观念。从形成的方面说,审美观念是审美趣味不断积累、沉淀、改造、综合的结果。审美观念与审美趣味也有区别,相比较而言,前者偏于稳定、理性、社会性,后者更具有变易、感性、个体性的特征;前者的形成较为缓慢,后者的形成较为迅速;前者处于审美意识的较深层次,后者处于审美意识的较浅层次;前者较为单一和概括,后者较为丰富和具体;前者往往是一种自觉意识,后者往往更具有自发性,甚至有无意识色彩。根据循序渐进的美育教学原则,审美意识的教育应该从审美趣味的培养入手。

二、审美观念的培养

通过上述对审美观念的讨论,我们理解了审美观念教育的意义。首先,它是一种审美价值观的教育,是使人们逐步提高审美需要水平,并自觉意识到人的这种需要的教育。它的主要任务是通过积累审美经验,提高审美能力和审美趣味,享受审美的自由愉悦,使人们确认审美价值,养成审美态度,追求更高的审美境界。审美理想的形成与提高,对于个体审美素质和能力的发展也具有积极的促进作用。因此,审美观念的培养是美育的一项重要任务。其次,审美观念的教育也是人生观、价值观、世界观教育的有机组成部分。显然,审美需要是一切健康儿童的自发要求,但并非自觉意识。在人生的历程中,现实的压抑和各种观念意识的偏执,会使这种自发的审美倾向趋于泯灭。具有物质主义、个人主义、享乐主义实质的人生观,以荣华富贵、功名利禄、吃喝玩乐为人生的最终价值,忽略、排斥和贬低人生的精神价值,根本不理解人的需要的丰富性和精神性。这种腐朽、庸俗的人生观在如今开放和市场经济条件下还有滋长的趋势,严重地腐蚀着儿童、青少年的心灵。在这种状况下,审美观念的教育更具有重要意义。

通过培养正确的审美价值意识,可以帮助人们在关心物质利益的同时,也追求精神价值;在关心外在功利目的的同时,也重视内心世界的丰富与提高;在寻求个人需要满足的同时,也充分顾及他人的要求。再则,审美理想的教育可使学生自觉意识到审美的情感生活的合法性与必要性。北京大学附属中学的一位学生曾写过一篇作

① 关于美育的生态伦理教育价值,参看曾繁仁:《关于当代美育的生态转型》,《美育学刊》2020年第5期。
② 宗白华:《美学散步》,上海人民出版社1981年版,第183页。
③ 宗白华:《美学散步》,上海人民出版社1981年版,第180页。

文,题为《寂寞的六弦琴》(署名寒夏)①。该文讲述了一位有强烈审美需要和一定艺术才能的高中生,在"应试教育"和"重理轻文"观念的重压下,被迫压抑自己的文学爱好与创造冲动,陷入内心矛盾的痛苦、甚至导致神经衰弱的故事。值得庆幸的是,她终于把这种矛盾苦痛的心情写了出来,创作了一篇优秀的作品。在这篇佳作中,读者不难体会到在学校教育中存在着的压抑青少年情感生活和艺术兴趣的普遍现象。在学校里,有不少孩子把自己的审美冲动看作"非分的要求",他们情不自禁地投入艺术活动,却又往往带着"负罪感",因为他们上学的唯一目的被歪曲为"升学",他们美好的情感生活和艺术修养被粗暴地视为没有实际的用处。因此,发展学生的审美价值意识,对他们自觉地追求生存的丰富性和发展的全面性,将是必要而有益的。同时,学校应该真正转变教育观念,确立现代素质教育观,真正把美育放在应有的重要位置。

审美观念的培养需要较长的时间,需要经过长期的、范围较广的感受、认识、评价与创造审美价值的过程,才可能完成。在一定程度上,它是审美趣味发展和提高的必然结果。所以,审美观念的培养应从发展审美趣味入手,应与审美趣味相适应。当前学校美育有一个误区,就是把审美观念的教育等同于美学知识的教学、甚至道德观念的教学。实际上,任何脱离具体生动的审美经验过程的审美观念教育,任何脱离个体的审美趣味的审美观念灌输,不可能取得应有的美育效果。但是,这并不意味着一味地迎合学生原有的趣味水平,而应该在基本适应的情况下,发展和丰富学生的审美趣味;这也并不意味着不需要适当的讲解和指导,而是应该使对某些优秀艺术作品中包含的审美观念的讲解,成为有助于学生主动和自愿地去感受、领会和确认的欣赏指南。另外,正如审美观念的提高有助于人生观的提高一样,世界观、人生观、价值观的提高,人生阅历和实践经验的丰富,也是审美观念发展的必要条件。由此可见,审美观念的教育,乃至整个美育,都是与学校教育、社会教育、家庭教育紧密相连的系统工程,都应该与"立德树人"这个总体目标相一致。

 本章小结

审美意识是对审美活动的观念反映与评价,是审美经验和审美心理结构中的观念成分,具有意义规范和价值标准的作用,是以感性形象的形态发挥作用。审美意识是个体人生观和价值观的有机组成部分,因此审美意识教育是立德树人的重要途径之一。审美意识主要由审美趣味和审美观念两部分组成,前者是人在审美活动中表现出来的心理定式,后者是关于审美价值的自觉意识和规范性观念。

---

① 袁中庆等编:《对世界笑一个—— 大陆、港、澳、台中学生优秀作文精选》,中国卓越出版公司1989年版,第1—5页。

? 思考练习

1. 找出审美意识与其他观念意识的异同,深入认识审美意识的特殊性。
2. 分析高雅艺术与娱乐艺术在审美趣味上的差异。
3. 个体审美观念与人生观有哪些方面的联系?
4. 搜索国内外关于审美意识教育的成功案例,并加以分析。

第八章 个体审美发展描述

学习目标

> 了解个体发展和个体审美发展的概念及其内在联系,理解个体审美发展的基本规律,并据此分析个体审美发展中的各类现象。理解影响个体审美发展的内部与外部因素,并据此分析学校美育工作中存在的问题。

内容概要

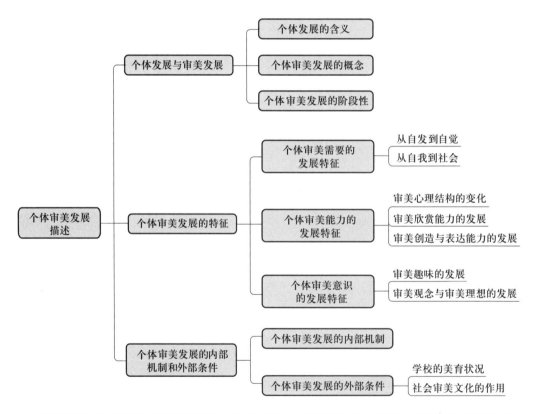

审美发展是个体身心发展的重要组成部分,对审美发展的认识也是实施美育的基本依据,同时,促进个体审美发展及全面发展可以说是美育的基本目的和任务。20世纪50年代以来,美育理论和普通艺术教育研究的进展之一就是对个体审美发展的心理学研究,这些研究提高了美育实践的针对性,能使教师更科学地确定美育的具体目标、内容及方法,因此,阐明个体审美发展的特点和规律应当成为美育学理论的重要组成部分。

第一节 个体发展与审美发展

个体从出生到死亡经历着许许多多的变化和发展,审美发展则是这一历程中的一个方面。理解个体的审美发展不能脱离个体总的发展趋势,审美发展只有被置于整个个体发展的背景下来认识和分析才是有意义的,因此分析个体发展过程与审美发展之间的关系也就显得十分必要。

一、个体发展的含义

简单地说,个体发展是在人的一生当中所发生的有系统的变化过程。发展心理学把个体发展分为四个方面:身体发展、认知发展、社会性发展和情绪发展。身体的发展或发育是所有发展中最基础的因素,它包含着认知、社会性及情绪发展所必需的各种身体结构和机能的发展,如身高体重的增加、第二性征的出现、神经系统和肌肉骨骼体系的完善等,身体发育不健全或出现衰退现象就会影响其他方面的发展。认知发展则涉及感知、记忆、思维、言语等活动,这是人类认识世界并与之产生各种联系的主要手段。社会性发展表现在任何包含着与他人相关的行为形式之中,个体的社会关系真正体现了人的本质,如道德行为、交往技能、分配活动等。情绪发展包含人类基本情绪和高级情感活动的发展,体现在表达和控制个体情绪和情感的能力上。

一般理解影响个体发展的因素多从后天的因素来分析,如家庭、学校、社会等。但如果从个体发展的直接形式来说则表现为两种方式:成熟与学习。成熟过程是由基因所控制的生理上的变化过程,主要体现为身体的发育与衰老。人们主要依据个体的成熟程度来划分不同的发展阶段,如婴幼儿、儿童、青少年、成年、老年等。当然,年龄阶段的划分并非只具有生理学上的意义,实际上它更重要的目的是确定每个阶段不同的心理特征及心理发展任务,它们构成了个体学习、生活和工作的内容。学习可以说是人一生的任务,并非只有未成年者才需要学习,审美也是如此。广义的学习乃是通过经验而导致行为或行为潜能的变化过程,是人类获取各种知识、技能及感受的主要手段。学校、家庭及社会对个体的影响实质上都是通过各种各样的学习方式实现的,并且由此带来个体认知、情感及社会性等方面的相应变化。

成熟是一个非经验的生理现象,人们不可能借助外部力量去加速生理成熟,否则会造成无法逆转的身体损害。而不同的成熟阶段可以被认为是为个体提供各种活动的条件和限度。其实,个体发展是一个整体的过程,任何方面的发展都不能脱离其他方面的进步。我们不能期望儿童在认知方面的进步比他们在身体、情绪和社会性方面的进步更迅速,因此学校只重视个体的认知发展是不可行的。

然而,目前儿童、青少年甚至大学生在学校接受的教育恰恰如此,教师们把主要精力放在认知发展这个目标上,其他方面的发展只是作为认知发展的条件而不被承认是同等的教育目标。事实上,过去心理学家提出的各种个体发展的理论及教育方法,包括我们现在所说的个体发展包括四个方面的观点,大多是以认知发展为中心展开的,即使是道德发展理论也是如此。这样,关于人的全面发展的理想逐渐让位于学校教育实际的目的,结果对个体的发展带来许多不利的甚至是极为严重的损害,如个体情感生活的单调与扭曲、对外界纯粹理性的实用观念等。

《3—6岁儿童学习与发展指南》

　　总之,个体发展是以整体的方式进行的,把各个方面分开来描述只是为了研究方便,并不表示它们可以不顾其他方面而独立发展,这个观点具有方法论意义。无论是教育活动还是学习都应当是全面的,如此才会造就全面发展的人,同时我们的理论研究也应遵循这个原则。

二、个体审美发展的概念

　　审美发展是一个内涵丰富的概念,从国内外的研究状况来看,还未见有大家一致公认的解释。但是有一点几乎都是相同的,就是审美发展与认知发展、道德发展是不同的,而且具有相对的独立性。因此,尽管皮亚杰为个体心理发展提供了杰出的研究范式,但他的认知发展理论却不宜直接搬用到审美发展的研究中来。美国的发展心理学家霍华德·加登纳就指出,皮亚杰所关注的抽象逻辑思维的发展并非是艺术发展的关键,而且它有时甚至是不利于艺术发展的。他提出了所谓的制作、知觉和感受三个系统,并从这三个系统由分立到不同的结合方式说明儿童的审美发展。换言之,这三个系统的不同作用及结合方式使儿童出现创作者(艺术家)、欣赏者、批评者及表演者的角色转换,即审美发展。但是有人也提出相反的观点,即个体的心理在最初几年是整合在一起的,审美心理之类是以分化的方式独立发展的。

　　无论如何,审美发展是无法与其他方面的发展分开的。帕尔森认为审美发展的阶段性是建立在认知结构基础上的,他认为审美发展与儿童从自我中心转向对审美对象的知觉或直觉认识是相互联系的。英国教育哲学家瑞德则更明确地指出,在审美发展中认知能力和感受能力(包含动机)是密切相关的,审美发展可以被看成是通过教育获得的对特定艺术的独特理解的发展,这种独特的理解是对包含在艺术中的价值观念的一种认知—情感的感受能力,它可以说是一种独特的认知能力,只不过无须像认知和道德发展那样需要以概念命题的方式来表现,作为一种认知性的感受乃是直接的直觉经验,无须作出概念和命题表述。

　　罗斯把感受能力看成是审美发展的核心,不过他所说的感受能力就是一种智力的功能,一种了解的方式,一种理解的手段。可以说,审美发展与人的认知能力肯定存在着某种关系,其实审美作为一种价值判断不是凭借情绪情感或其他单一的心理能力就能完成的,个体的感知、记忆、想象、思维、情感能力及有关审美对象的知识经验都会对审美过程产生作用,但是它们的作用又是难以分析出来的,至少目前情况是如此。

　　因此,一般的发展心理学研究尽管不能直接被应用到审美发展中,但对理解审美发展有所启示。美学家门罗就认为心理学的发展概念比较关注基本的和一般的人的特征,它们并不需要对人类在各种艺术活动中的表现作出详尽的阐述,研究审美发展必须把心理学与艺术联系得更加紧密,即把心理学的概念应用到艺术领域中。

　　从以上的分析可以看出,审美发展并不是一个确定的概念,其发展过程也没有一致认可的轨迹,但是我们仍然可以确定地说审美发展是人们进行审美活动所需的心理结构和能力的发展。描述个体的审美发展必须从几个方面入手:首先,是个体的审美创造能力的发展,即个体建构某种形式和表达观念的艺术能力是如何发展的;其次,个体的欣赏能力是如何发展的,包括审美需要、趣味、价值标准、对艺术对象及其他审美现象的知觉、习惯等;最后,是审美个性的形成,即不同年龄阶段、不同性别特征的个体在上述两方面究竟有何差异,形成差异的原因何在等。本章后两节将从这几个方面讨论儿童、青少年审美发展的特点及其规律。

在此需要指出的是,由于审美活动本身的丰富性,每个人的审美心理结构和能力是不同的,个体审美发展的方向也就可能多种多样,因此确定个体的审美发展不应当简单地以"取平均值"的办法决定谁正常、谁超常或谁落后,而必须就某一特定的审美活动类型并结合个体发展状况来讨论个体的审美发展水平。这一点对于从事具体美育工作的教师来说是应时刻牢记的。我们在本章中提供的材料是一种思路,而不是定论,必须结合具体情况做进一步的分析。

三、个体审美发展的阶段性

根据国际《儿童权利公约》界定,儿童是指 18 岁以下的任何人,广义上来说儿童包括了 0—18 岁的所有人。发展心理学一般将儿童的年龄阶段划分为婴幼儿期(0—2 岁)、儿童早期(2—6 岁)、儿童中期(6—11 岁)和青少年期(11—18 岁)。一般来说,婴幼儿期和青少年期是个体身心发展的两个高峰期,其发展速度和发展方式都有质的变化,尤其是青少年期引起的身心变化还常使青少年陷入困境。18 岁之后进入成年期,其中 18—35 岁为各种心理能力发展水平最高的青年期,35—60(有说是 65)岁为中年期,各种心理能力开始下降,但是从创造力角度来说,可能是人的一生中最强的时期,从艺术创作的角度来说,也可能是最高产的阶段;60(有说是 65)岁之后步入老年期,各方面的心理能力开始退化,却表现出前所未有的"智慧",很多艺术家都是在老年期做出重大贡献。18 岁之后审美能力、艺术创造能力的发展水平与其心理发展阶段性会出现更大的偏差,说明审美能力在一生中都可能持续提升,这也说明美育活动应该贯穿人的一生。只是许多处于青少年期和中年期的个体可能会有更为重大的责任和发展任务,他们不得不放弃审美与艺术活动,而到老年期反而会重新激发出强烈的审美欲望。本章的审美能力发展阶段性特征主要关注 0—18 岁儿童。

婴幼儿期儿童是心理发展的第一个高峰期,对个体心理发展来说具有开天辟地的意义,心理活动和心理能力实现了从无到有的飞跃。婴幼儿期儿童的审美发展也是处于萌芽期,表现为对某些艺术形式甚至具体艺术形式的某个要素如颜色或音调的偏爱,而且极不稳定;而儿童早期是儿童审美能力快速发展的时期,形成了初步的审美能力甚至极高的审美水平。

小学阶段通常是儿童发展的平缓时期,心理学家皮亚杰将小学生心理发展阶段命名为前运算阶段,其思维具有直观形象性、具体化等特征,以自我为中心的思维习惯还比较强。小学生的审美发展也与此密切相关,呈现出形象化、游戏化等特征,特别偏爱优美的审美形态,对其他审美形态缺乏足够的兴趣和审美能力,说明小学生审美教育一方面需要满足其前艺术审美的独特特征,另一方面也要防止小学生由于过于简单化的偏好而导致审美发展的缺陷,帮助他们完善审美心理结构。

整个中学阶段处于青春期,是青少年心理发展和生理发展的动荡期,也是儿童向成人转化的过渡时期,但是青少年心理上的发展速度往往跟不上生理上的成熟速度,很容易产生性的烦恼,害羞、恐惧、焦虑等不良情绪状态的出现非常频繁。另外由于骨骼发育十分迅速,身高激增,儿童期的活动习惯和协调性都遭到了破坏,对精细活动及需要高度协调的艺术表达活动的损害尤其明显。这是青少年时期形成闭锁性心理倾向的重要原因,从此中学生的心理活动(包括审美活动)的重点开始由外部转向内心,由此也扩展了他们的审美趣味。

从青少年的自我意识发展来看,儿童期建立起来的以自我为中心的思维习惯随着交往和思维深刻性的提高而肢解了,但并没有立刻建立一种稳定的自我观念,常常出现在儿童与成人意识之间摇摆的现象。这种自我意识和角色上的摇摆使青少年的心理活动呈现出不稳定及动荡的特征,心理上渴望自主与独立,而在现实中却不得不依赖家庭与父母;想以成人的方式思考和行动却总不被成人所接受。这些现实的矛盾和冲突也使青少年无法建立一种清晰统一的自我意象,不清楚"我"是个什么样的人、人家是怎么看"我"的。这种自我意象决定了青少年的可塑性,但也潜藏着危险,如过度的自我膨胀和以自我为中心,自卑与自怜等,反映在现实活动中就是不稳定。在审美活动中,由于找不到"自我"的确切基准,因而也会出现不稳定的现象,特别是审美趣味的变化。不过到了高中二年级之后这种情形会逐渐减少。

青少年与社会的联系日渐紧密,不再局限于家庭圈子里,这在青少年个体发展中是极为重要的转变。其中具有重要意义的是同辈群体的形成,它不仅成为个体重要的价值标准的来源,还成为寻求情感依托的对象,审美活动的从众化是他们最主要的特点。另外,青少年不再像儿童期那样依恋父母和老师,而希望能在朋友同学面前显示独立性,对成人的指导和教育不再完全顺从甚至会产生逆反或偏执心理,使得他们与成人之间出现所谓的"代沟"现象。这在很大程度上容易使青少年受到社会上不良因素的影响,如低级趣味及过度的偶像崇拜等。

中学阶段的学习生活也给青少年造成了深刻的影响。若学校教育过于偏重理性和知识的传授、学习负担过重等,很容易使青少年在课余陷入另一个极端,即寻求直接的感官刺激,如网络游戏等成为青少年最为热衷的活动,更有甚者还以破坏性的和恶作剧的方式来寻求发泄,中学生的审美活动变得荒漠化,这是特别需要重视的问题。当然学校教育主要还是积极的,但一旦其负面的影响与中学生特有的心理特点结合起来就可能成为一个社会问题。因此,中学作为青少年从家庭走向社会的第一站在他们个体发展的整个历程中是极为重要的,必须更多从社会化的角度来看待此阶段。

儿童发展的阶段性当然不仅表现在上述几个方面,也不是只表现在认知、社会性或情绪发展当中,它们会表现在儿童所有的活动之中,当然也包括审美活动,这就使儿童审美发展问题更显复杂。

第二节　个体审美发展的特征

个体审美发展在很大程度上反映了个体身心发展的特殊性,个体审美发展也会因为心理发展阶段的特殊性呈现出明显的年龄特征。比如说,儿童的绘画不一定是一种艺术创作活动,但它必然表达儿童在其作画时的状况,可以说儿童的每一幅画都反映了其情感、智力潜质、身体发育、知觉能力、创造能力、审美趣味乃至社会性发展等。当然,审美发展绝不是各种心理发展状况的简单相加,它具有自己的某些特性。

一、个体审美需要的发展特征

个体的审美需要是激起审美欲望的内在动因,它表现为情感交流及表达的要求,这是人类特有的一种情感需求。审美需要的发展意味着个体肯定的、积极的情感体验的发展,意味着个体积极的人生态度的提升。儿童审美发展在这一时期表现出特有的过渡性:从自发到自觉、从自我到社会。

(一) 从自发到自觉

儿童期的审美需要并不一定能被自己意识到,他们的审美和艺术活动与令人愉快的游戏是同一的、不可分割的,因此儿童早期甚至儿童中期的个体总是以极大的热情投入被我们称为审美和艺术活动、被人们称为"玩"的游戏活动中,游戏化是儿童早期和中期审美发展自发性特点的外在表现。而进入青春期之后,儿童完善自我、寻求自我价值的意识日渐增强,审美活动就常被用来实现这个目的,这表明中学生时期的审美需要已被个体清晰地意识到。到了高中阶段,儿童审美需要的认识更为明确,也更加深刻,其中一个明显的表现是对自己的活动包括审美活动的批评意识日趋完善,并由主观向客观转化。批评意识的出现可以说是从自发到自觉的转折点。

值得注意的是,我国儿童对审美需要的认识更多地与传统观念中的"修身"相联系,而对于审美活动直接情感效应的认识则相对处在比较次要的地位,加之目前学校的课业压力,使学生的审美需要处于被压抑的状态。这是学生的审美需要及审美能力常处在停滞和衰退状况的原因之一。

(二) 从自我到社会

小学时期儿童的审美需要直接表现在具体的活动之中,儿童决定是否从事某种审美活动的依据几乎完全是随意的和不稳定的,反映了儿童期的自我中心倾向。不过,小学时期儿童的审美需要也开始呈现初步的个性化和稳定性,很多小学生开始表现出对特定艺术形式的偏爱,同时也形成了初步的艺术创作能力。

到了青少年时期,他们的审美需要融入了更多的社会内容,也反映了学校教育包括美育的作用。他们不仅从自我的角度还从他人的、社会的角度来评价审美活动的重要性。

这既反映了审美活动的自觉性,也反映了青少年对社会的敏感性。他们开始把社会对个体的要求转换为个体的审美活动动力,这一特点与青少年社会化的速度加快、程度加深是密切相关的,如对同伴群体的重视、对传播媒介的接受能力的提高等都会使青少年的审美活动呈现社会性、群体性的倾向。不过"追星"这类现象的出现反映了青少年的审美活动特别容易受到大众传播媒介的影响,也说明他们的审美活动依然缺乏个性,而更多地被社会承认所制约,在很多情况下青少年审美活动的动力来自与同伴交往的需要。

应当指出,青少年(特别是高中生)正处于审美个性的形成时期,但个性与社会性并不矛盾。实质上个性乃是社会化亦即社会因素影响的结果,个性只有针对共性来说才是有意义的。因此,可以说审美需要个性化是个体审美需要与社会普遍的审美需要之间相互作用的结果。对青少年审美需要由个体向社会转化有重要作用的另一个因素是自我意识能力的提高。自我意识包含着如何认识社会对个体的评价,因而社会的审美价值观念必然通过青少年自我意象的建立而融入其中。

二、个体审美能力的发展特征

儿童的审美能力在不同的领域具有不同的特征。大多数儿童在批评意识不断发展的情况下,其创作能力常常没有明显的改变,甚至还会出现下降趋势。这说明青少年的审美能力还处在一个调整和重新组织的时期,这与整个儿童时期生理和心理的急剧变化是分不开的,青春期动荡的身心变化历程更容易使青少年的审美能力受到破坏。

(一) 审美心理结构的变化

有人(如加登纳)认为儿童在7岁之前就已具备了作为艺术家所需要的各种潜质,7岁以后的艺术发展似乎包含着各种技巧与感受性的一种日益精细的发展,包含着与传统及符号的日益加强的熟悉性,包含着自我感、他人感以及交流过程感。[①]这个观点似乎过于激进,青少年的确是儿童期的继续,但它们却是两个有质的区别的阶段。青少年时期个体的感知觉能力处于人的一生中最为发达的阶段,情感能力和思维能力也大大加强并趋于精细。只是情感的闭锁性特征及思维中对逻辑理性过程的过度强化,使得青少年似乎没有像儿童那样适合于感性过程的审美活动,青少年不再像儿童那样率真自由地表达情感,而且也不像儿童那样经常把活力与生命赋予他们所遇到的东西,这在很大程度上阻碍了青少年审美想象的丰富性。因此,可以说青少年心理能力的发展常常无法在审美活动特别是创造活动中表现出来。另外,青春期运动协调性的破坏及理性能力的提高,也必然会使审美活动的形式产生变化。因此从审美心理结构来看,儿童逐步从单一和简单的审美活动向多元化和复杂化的审美活动转变,反映了儿童审美心理结构的日趋完善,青春期的不协调也只是暂时的现象。

---

① [美]加登纳:《艺术与人的发展》,兰金仁译,光明日报出版社1988年版,第299页。

（二）审美欣赏能力的发展

青春期之前儿童的欣赏活动与对象缺乏成熟欣赏者所具有的那种距离感,儿童的欣赏过程特别依赖于个体的知觉和自身的情感状态,并且通常以主题而不是以形式来作审美判断。因此他们对没有明显主题和情节特征的审美对象通常不感兴趣(如对自然风景),儿童的审美欣赏通常是纯朴的、简单明了的,也容易陷入简单地以好和坏的价值判断、能否带来快乐来定义审美活动,其欣赏活动偏向优美简单的审美对象。同时他们的欣赏能力也是不稳定的,容易受到外部力量的影响,比如教师的喜好会极大影响他们的欣赏活动。

青少年的审美欣赏和批评能力却有很大的发展。青春期儿童开始形成自己的世界观和价值观,不仅局限于具体形象思维,抽象逻辑思维能力的发展使其批评的敏锐性也得到了初步的表现。首先,青少年感知觉的敏锐性增强,内心体验日益丰富,因而他们有极强的情感投射能力(移情能力),特别是对文学和音乐作品的欣赏更是如此。其次,青少年的审美欣赏和批评由于理解和思维能力的提高而更加深入全面。如进入青春期之后,他们才能从审美对象(艺术品)的风格、构成及情感等艺术特征来评价,并从传统的、社会历史的角度解释艺术作品,而这在儿童期几乎是不可能的。再次,青少年开始对自己的创作进行严肃的比较和批评,这可能会影响他们的创作兴趣。最后,青少年的欣赏对象也不再限于优美简单的东西,悲剧、崇高、丑等都已进入其审美视野,对反映现实矛盾,表现复杂情感,包含着痛苦、忧郁、伤感、愤怒、悲拗、死亡的艺术类型产生了浓厚的兴趣。同时,欣赏和批评的性别差异也日趋明显。

（三）审美创作与表达能力的发展

个体在儿童期具有很强的创作和表达欲望,但从技能和技巧来说他们还不具备将其所体验到的、所观察到的一切反映在创作和表达之中的能力。事实上,除非有特别的指导,儿童总是把艺术活动看成是了解外界、表达情绪的手段,并不存在明确的创作意图。但是青春期之后,他们就有了相对明确的艺术创作和表达的动机。如在绘画艺术当中,青少年已开始关注透视、构成及再现对象等问题,对细节和整体结构的关系也开始明确起来。这表明青少年对创作和表达的追求已进入自觉的阶段。

但是,有一部分青少年由于对自我的过分批评及他们所特有的过分自尊,往往因无法容忍自己作品的幼稚转而放弃艺术创作活动;也有一部分青少年则更为狂热地投入创作和表达活动之中,这很容易造成同伴的侧目,造成与同伴的疏离,而到了高中后期这部分人开始显示出某种个人风格。总的来说,大多数青少年的创造和表达兴趣及能力似乎并没有随着认知、情感和社会能力的提高而相应地发展起来,相反,它们处于一种停滞甚至倒退的状态。

三、个体审美意识的发展特征

随着思维能力的发展和生活范围的逐步扩大,个体的审美意识开始形成并逐渐趋于社会化。而审美意识"与一个人总的人格相关",因而真正的审美意识的形成可能要到高中阶段。这样,整个青少年时期都处在审美意识发展的关键期。

(一) 审美趣味的发展

审美趣味是审美意识的外在表现,也对个体审美观念和理想的形成起着重要的作用。儿童的审美趣味发展的总体趋势是多元化、社会化和个性化。

首先,儿童的审美趣味的发展表现为范围上的扩展和选择上的稳定。尽管在儿童早期和中期已表现出某种程度的审美偏爱,但范围有限,绝大多数都局限在简单优美、形象鲜明的对象上,且不稳定。而青少年的审美选择范围大大扩展了,如他们对崇高、悲剧等审美形态产生了真正的兴趣,对生活和自然的审美趣味也出现了。同时,青少年的审美趣味呈现出愈来愈明显的个性化倾向,形成了稳定的与个人的气质、性格特征相对应的审美倾向。

其次,儿童的审美趣味逐步地与社会影响因素相协调,并且出现了有趣的趣味二重化现象。儿童的自我中心倾向及其活动范围、经验的限制使其不可能对社会审美倾向有深刻认识,而青少年则开始关注现实,对现实的矛盾有了自己的思考。大众传媒对青少年的影响也已加强,这就使得成人的审美趣味及整个社会的审美倾向能够渗透到青少年的审美意识之中。如果说儿童早期、中期的审美趣味的形成较多受家长或学校的影响,那么青少年审美趣味的形成则是受到教师与社会的双重影响。青少年在学校接触的艺术活动通常都比较经典和传统,侧重于思想性和艺术性,而他们在社会上接受的艺术活动则以当下的流行文化为主,注重娱乐性。在学校的正规教育与社会上流行文化的双重影响下,一些儿童审美趣味的发展也呈现出校内校外分离的二重化倾向,突出表现为青少年的审美趣味在观念和行动上常出现矛盾和双重标准。从总体上来看,大众文化已经成为青少年审美趣味的直接刺激因素,而且大众文化所特有的利益驱动很容易对青少年的审美趣味发展产生不良的、甚至是有害的影响。

但是,学生毕竟是在学校中接受教育,而且对家庭有很大的依赖性。因此,传统的、偏重于思想与道德价值的审美意识必然会出现在青少年的审美趣味之中,这种影响在大多数情况下是观念性的,很少对他们实际的审美选择产生影响。他们知道什么作品是优秀的、感人的、深刻的,但他们并不一定把它们作为自己的欣赏对象。这种现象与儿童依据教师是否在场会作出截然相反的审美判断的现象是一脉相承的。可以说,青少年对通俗、流行、时尚艺术的偏爱有其合理之处,而对严肃的、经典的艺术作品的忽视也不能简单地看成是趣味不高,实际上他们没有足够的体验和经历,也没有足够的时间去领悟和理解被社会所珍视的那些艺术和文学作品。也就是说,二重化现象的产生具有某种必然性,但并不用过于担忧。

审美趣味的性别差异,是青少年审美发展的第三个重要特征。性别意识并不是青少年期才产生的,但真正让人感到性别差异及其后果却是在青春期。一般来说,由于青少年自我意识的提高,他们对表现各种心理活动的艺术作品非常感兴趣,特别是女中学生更是如此,女性青少年的审美趣味更趋于生活化和情感化,更富于幻想性。这与传统女性角色意识是相一致的,这也是青少年社会化加速的表现。而男性青少年则更喜欢抽象的思辨,因而对那些具有控制意味的作品及活动更为热衷,如他们对现实题材作品的关注、对具有硬朗风格的创作和表演的偏爱等,说明了他们对社会成年男性角色模式的认同——想成为真正的"男子汉"。值得注意的是,女性青少年的审美发展水平比男性青少年的略高,这很可能是各自的性别角色意识及审美活动特点所造成的。

(二) 审美观念与审美理想的发展

儿童早期和中期还没有属于自己的审美观念和审美理想,稳定的审美观念和审美理想是青少年末期才开始形成的。初中阶段青少年的审美观念和审美理想可以说是群体的,他们在作出审美判断时通常会考虑同伴的观点,因而社会上的"追星"群体主要是以初中生为主,说明他们常常不能自主地、独立地作出自己的审美选择,即审美观念和审美理想尚未形成。

到了高中阶段,由于生活阅历的增长,思维能力和情感判断水平都发展到了接近成人的水平,青少年的审美观念和审美理想接近稳定,特别是某些坚持艺术创作活动、把艺术作为自己的职业理想的高中生形成了自己独立的观点。趣味二重化现象也开始逐渐减弱,说明青少年是以自己的、而不是他人的审美观念作出审美选择、从事审美活动。调查发现,高中生的人格特征与他们的审美选择直接相关,说明高中生的审美观念与理想已经融入整个人格结构当中了。

高中生的审美观念与审美理想也呈现出性别差异,这可以在审美趣味的发展中得到印证。

— 第三节　个体审美发展的内部机制和外部条件 —

个体审美发展所呈现的特征有深刻的内部原因和外部条件,它们构成了个体审美发展的基本趋势和规律。研究个体审美发展的规律,不仅有助于理解形成个体审美发展特征的原因,而且还能帮助我们更好地设计美育活动,促进个体审美能力和审美意识进一步发展与完善。

一、个体审美发展的内部机制

个体心理发展的动力来源于心理的内部矛盾,从发展心理学的观点来说,这个内部矛盾就是个体原有的心理发展水平与他们所意识到的新的需要之间的矛盾。就儿童审美发展来说,儿童的审美发展动力来源于儿童所意识到的新的审美需要与满足这种需要的能力等主观状态之间的矛盾,这种矛盾在青春期表现得更为剧烈,从而更容易引起审美能力发展的分化。

儿童早期和中期,心理发展相对平缓,情感活动也不够丰富,其审美发展动力相对不足,审美发展也处于相对缓慢的阶段。到了青春期,青少年的内心情感活动随着年龄的增长而日益丰富、强烈,强烈的内心感情活动并没有很好的表达渠道,审美活动就成了他们重要的表达机会,这使得青少年的审美需要得以迅速发展。社会及学校也向青少年提出了越来越高的审美素质的要求,这也将内化为青少年个体的新的审美需要。然而,青春期学生的审美能力并不会自动地提高,这就使学校美育变得十分重要,因为无论是欣赏能力还是创作能力,都是需要学习和训练的,它们往往跟不上青春期学生审美需要的发展。这就构成了推动青春期学生审美发展最基本的因素,即审美需要与审美能力之间的矛盾。如他们对各种类型的艺术都会产生探索欲望,对古今中外的艺术名作和大艺术家都有崇敬的心理,但是,他们缺乏必要的艺术和审美知识,欣赏理解能力也未达到相应的水平,因而总是感到无法满足审美冲动。在创作活动中也同样遇到这个问题,他们希望能将自己的所感所思、所见所闻用文学、美术或音乐的方式表达出来,但总是感到力不从心,当然也害怕因自己的幼稚而招致别人的耻笑。应该说,这些矛盾将有助于青春期学生更加努力地投入审美活动,以期能提高自己的审美能力。而一旦青春期学生真正自觉地投入审美活动中,那么他们的审美需要在获得满足的同时又将得到进一步的提升,从而又会产生新的矛盾;在活动中个体的审美趣味、观念和理想也将得到发展和提高。

然而,在现实当中似乎并没有这样的现象产生。青春期之后的青少年似乎再也不去碰他儿时的画笔,他们只是热衷于流行艺术,这应该说是由于青春期学生的审美意识得到提高、新的需要无法得到满足而产生的负面现象。在目前我国的中小学教育中,审美能力和审美素养并不是一个重要的评价标准,绝大多数中学生没有足够的时间用于审美欣赏和创作活动,学校更缺乏有力的指导,因此学生的审美能力得不到相应的提高。这样他们只好放弃更高的追求,转而寻求直接简便的大众文化中的审美对象,或者只是把自己表达情感的欲望投入较安全、简便的日记当中。可以说,文学创作成为中学生主要的艺术表现手段,其中也有无奈的因素,如果他们有其他的表现手段,并不一定非得选择文学。

因此,我们认为在审美需要和审美能力这对矛盾当中,矛盾的主要方面是审美能力,解决这对矛盾的主要措施在于提高学生的审美能力,包括欣赏能力和创作能力的提高、美学和艺术知识的传授等。

审美能力的提高和审美需要的满足当然也受到个体其他方面发展的影响,实际上个体各方面的发展既是这对矛盾产生的重要根源,也是解决这对矛盾的重要的内部条件。儿童早期和中期的审美发展显然受制于他们的身体发育;青少年尽管没有像儿童期那样受到身体发育状况的影响,但青春期所带来的身体各方面的变化常常会阻碍审美发展,特别是创作和表演性的活动。如变声期就对青少年声乐演唱、朗诵等带来影响,第二性征的出现也容易引起他们的羞怯感而使他们失去表演的勇气。

心理和个性的变化对审美发展的影响更大,它们常常会影响到个体的审美选择,使得具有某种心理倾向和人格类型的人把他的审美欣赏和创作表达活动过多地集中于某个类型的艺术形式和风格上。在对更广泛的自然和社会现象进行审美评价时,学生的认知思维能力、道德和情感判断能力等的发展是一个重要的前提条件,如果学生不懂得什么行为是道德的,什么行为是不道德的,那么,他们就不可能真正领会人的美、社会的美。

因此,审美发展是与个体的总体发展不可分割的,我们不能随意地超越个体发展的水平而进行独立的审美教育,也不能在进行审美教育的同时忘了对个体其他方面的发展应负的责任。可以说,审美发展与个体发展的矛盾是审美需要与审美能力这对主要矛盾的具体表现形式,必须对其引起足够的重视,以防止阻碍主要矛盾的解决。

二、个体审美发展的外部条件

审美发展绝不是一个孤立的过程,它受到多方面因素的影响,学校的美育状况、家庭的态度、社会的审美观念和审美理想等都会影响个体的审美发展速度、方向及性质等。

(一) 学校的美育状况

学生的学习生活是由学校一系列的课程和规范所决定的,即便是其业余活动在很大程度上也是由学校引导的。许多学校不能正确处理美育与德育、智育的关系,常常忽视、取消甚至禁止学生的审美活动与艺术实践,学科教育更是为了应试。在这种教育思想的指导下,学生的审美需要自然得不到重视和满足,缺乏基本的审美机会。而对学生课余时间的审美活动,学校也无力关注和指导,因而各种流行艺术就毫不费力地把学生变成自己忠实的拥趸。更加令人担忧的是网络游戏的大量侵袭,许多学生被网络游戏占据了所有的课余时间。流行艺术和网络游戏有其自身的特点,但无论如何也不可能代表社会的审美意识和价值观念,学校不仅应该重视属于学校课程的美育和艺术教育活动,还应该重视对学生课余生活的引导。

从大量的实践来看,学生的审美发展水平与学校对美育的重视与否有着极大的关系。学校的教学计划和教师的教学工作都必须把美育放在重要的地位,为学生提供适合他们发展水平的、积极向上的审美活动,使整个学校的教学气氛和人际关系成为情感化的、能促进审美沟通和创造的心理条件。在设计具体的美育活动时,必须有利于激发学生的审美兴趣,提高他们的审美意识,如在内容和形式上应与学生的审美需要和审美能力相适应,在活动中提高他们的审美发展水平。

在进行艺术教育的过程中,教师不能完全以任务的观点把学生引入"作业"状态,而应当以引导学生的审美体验和情感交流为主线,同时提高学生的艺术创作表达和欣赏的技能。

(二) 社会审美文化的作用

社会文化是个体成长的参照系,也是个体发展的营养源。现代社会的审美文化日益复杂和丰富,对学生的影响也从没有像现在这样全面和深刻。

首先,传统审美文化塑造了现代青少年审美发展的民族性特征,如学生的审美方式和审美趣味与传统审美文化中追求抒情、含蓄和人格修养的特点有着十分密切的关系。不过,这些特点常常是在特定的文化氛围中不自觉地形成的,目前学生对我国许多优秀的传统艺术、文学作品却知之甚少,对许多新兴的艺术形态如设计艺术关注不够,这就使我们的审美传统面临逐渐弱化甚至消失的危险,因为它们正失去许多现实基础。《关于全面加强和改进新时代学校美育工作的意见》中特别强调"弘扬中华美育精神""强化中华优秀传统文化、革命文化、社会主义先进文化教育",对于开展基于优秀的中华美育精神的审美教育有着重要的指导意义。

其次,以现代社会文化和技术为依托的现代审美文化成为学生审美活动的主要对象,特别是在课余活动时更是如此。由于现代的文学艺术更注重个体情感的宣泄,主题、形式及构成要素都更通俗易懂,使得青少年学生更热衷于欣赏富于现代意义的文艺作品。这不仅是由青少年特有的喜好新奇与时髦的特点决定的,也与青少年没有足够的能力与时间从事更高级的审美活动分不开。因此,我们在学校中不但可以运用现代大众化的优秀艺术形态进行美育,更需要借鉴现代艺术的表达形式开展优秀中华美育精神教育。当然,大众化的艺术形态存在着许多不足之处,尤其要防止大众文化由于其商业化操作带来的过度娱乐化和过分借助感官刺激带来的不良影响。同时,必须从培养高雅的审美趣味和高尚的审美观念的角度出发,提高学生对优秀的文学艺术作品的鉴赏和批评能力,促进学生审美鉴别能力的提高。

毫无疑问,影响青少年审美发展的外部因素尚有许多,如家庭的态度及经济条件等。学校和整个社会都应该关注由于家庭原因带来的学生审美发展不平衡的现象,弱势群体和农村儿童审美发展相对滞后的现象正逐步成为教育不公平的一个突出表现。

本章小结

学生的审美发展是个体发展中的一个重要方面,并与个体其他方面的发展有着密切的关系。学生不同发展阶段具有各自的审美发展特征,在审美需要、审美能力和审美理想等方面都可以表现出来,尤其是青春期学生所呈现的过渡性、社会性及动荡性等特点与其审美发展的独特性息息相关,同时也可能成为审美教育的重要契机。影响学生审美发展的内部机制和外部条件则是设计和组织美育活动的重要依据,同时给学校美育工作带来了很多新的课题。

思考练习

1. 如何理解个体发展与审美发展之间的关系?

2. 儿童审美需要、审美能力及审美意识各有何特点? 如何看待青少年审美发展的特殊性?

3. 怎样运用儿童审美发展的规律来认识青少年的审美发展? 它有何意义?

4. 如何根据影响审美发展的内部机制和外部条件来分析学校美育工作存在的问题?

下 编

各类艺术的美育价值与美育方法

  下编主要论述当前学校实施美育的各艺术门类的美育价值和美育方法。艺术课程是实施美育的主要渠道,各级各类学校开设的以美育为目的的艺术课程以及相应的艺术活动担负着提高学生审美和人文素养的任务。这些课程与专业艺术教育课程在教学目的、教学内容和教学方法等方面都存在较大差异,所以,不能将专业艺术教育的观念和方法简单套用到普通教育中以美育为目的的艺术教育上。

  不同的艺术门类有不同的审美特点,主要表现为不同艺术媒介所形成的独特艺术语言及其表达方式,由此形成的美育价值也各有不同。因此,从各类艺术的独特艺术语言出发探讨其美育价值以及相应的美育方法,对于帮助艺术课程的教师完成美育任务十分重要。

第九章　文学的美育价值与美育方法

学习目标

　　识记、理解文学的艺术特征,并能举例阐释;理解文学的美育价值;掌握文学美育的方法,并能应用于文学教育教学之中。

内容概要

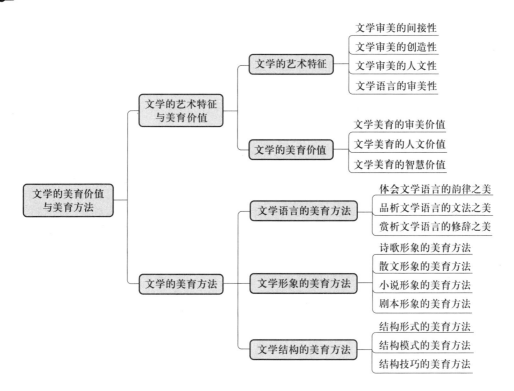

— 第一节　文学的艺术特征与美育价值 —

　　文学是艺术大家庭中的一员,是艺术的重要组成部分。克莱夫·贝尔把艺术定义为

"有意味的形式"①,苏珊·朗格则认为艺术是"人类情感的符号形式的创造"②。任何艺术都是内在生命意蕴与外在符号形式的统一。"情感、生命、有机体,这就是艺术的核心和本质,这就是各门不同的艺术共同的深层结构"③。人类情感、普遍人性等生命本性是艺术的审美本质,也决定了艺术的共性,而不同的符号形式,则形成了不同的艺术种类。文学用语言表现生命,语言不同于色彩、声音等能直接作用于人的感官,必须通过读者想象,把语言文字转化为形象,才能把握它的生命内蕴。由于语言符号的独特性,形成了文学不同于其他艺术的审美特征。

一、文学的艺术特征

(一) 文学审美的间接性

色彩、图形、声音、线条、光线等,是人的感官直接能够感受到的,它们直接刺激人的感官,引发人的生理与心理的反应。然而,语言,尤其是作为书面语言的文字则不同,面对一部文学作品,如果不识字、不理解作品内容,你便无法获得美感。如"落花",在"落红不是无情物,化作春泥更护花"中,表达出另一种形式的关爱;在"流水落花春去也,天上人间"中,体现出对生命流逝而无可奈何的伤感。而要体会这些语言文字背后的情感意绪,首先必须理解语言文字的字面意思,其次还需要把文字转化为读者内心的意象,接轨古诗词的审美经验,才能真正体会古诗词中的"落花"之美。可见,文学审美具有间接性。

(二) 文学审美的创造性

文学审美是一种再创造活动,一方面,体现为语言文字形象转换中的创造性;另一方面,体现为文学形象多元意蕴探寻中的创造性。

文学审美具有间接性,就是说读者要把语言文字创造性地转化为意象,这一过程是文学文本与读者视域融合的过程。尽管文学文本相同,但是每个读者的生活经验、审美经验不同,通过联想与想象形成的文学形象也不相同,正所谓"一千个读者有一千个哈姆雷特",这便为文学审美提供了很大的再造空间,也给予了读者更多的创造性。

另外,文学形象的象征性、模糊性、多义性也为文学审美提供了更多的创造空间。《雨巷》中的"丁香姑娘",是象征爱情? 理想? 还是无边的哀愁? 青春无以名状的惆怅? 朦胧的意象增添了诗歌意蕴的丰富性,也增加了鉴赏的创造性。《阿 Q 正传》中的"阿 Q"形象承载着社会、文化、人性等多重意蕴,为人物形象鉴赏提供了更大的空间。

(三) 文学审美的人文性

审美的人文性体现为艺术具有陶冶性情、锤炼思想、锻炼意志、树立价值观、完善人格的特性。

① ［英］克莱夫·贝尔:《艺术》,周金环、马钟元译,中国文艺联合出版公司 1984 年版。
② ［美］苏珊·朗格:《情感与形式》,中国社会科学出版社 1986 年版,第 86 页。
③ 胡经之、王岳川:《文艺学美学方法论》,北京大学出版社 2005 年版,第 144 页。

文学通过语言塑造形象的艺术特质,使文学更容易直抵人的心灵,凸显情感的丰富性与思想的深刻性,这便是文学审美的人文性所在。现代语言哲学认为:"语言不是供我们使用的一种工具,一种作为手段的装置,而是我们赖以生存的要素。"① 语言是人的基本属性,人以语言的方式拥有这个世界,并在语言中确证着自我的存在,发现自我存在的意义。正如维特根斯坦所说:"我的语言的界限意味着我的世界的界限。"② 我们认为,作为语言艺术的文学比直接作用于感官的其他艺术形式更具情感的丰富性与思想的深刻性,因为不管是人的感性生命还是理性生命都通过语言得以显现,语言负载着人的整个生命存在。也正因如此,文学审美通过语言来观照整个生命存在,从而引导读者思考生命的价值与意义,凸显出更强的价值引导、情感熏陶、人性思考等特征,具有更强的人文性。

(四) 文学语言的审美性

文学以语言为艺术形式,文学独特的审美特征也源于文学语言的审美性。文学语言的审美性主要体现在三个方面:

1. 文学语言的情感性

语言就其性质与功能而言,可分为三种:科学语言、日常语言与文学语言。科学语言指向理性认知;日常语言用于日常交流,服务于生活的实用功能;文学语言则服务于审美目的,即启迪内心感悟、唤起作者情感,可见,情感性是文学语言最基本的特性。

英国文艺理论家瑞恰兹说:"诗歌语言是一种建立在记号基础上的情感语言,诗歌语言关注的是所唤起的情感或态度的性质,而并非重视符号的正确性与指称的真实性。"③ 瑞恰兹的话道出了文学语言的情感性特征:文学语言不是陈述客观事实,而是表述主观情感态度的语言。"采菊东篱下,悠然见南山",不是在陈述东篱下采菊而看见南山的事实,而是在抒发一种田园生活的悠然闲适之情。

2. 文学语言的陌生化

文学语言的陌生化是指文学语言通过破坏日常语言规则,使语言产生变形,从而造成一种语言的疏离与陌生感,以表达特殊的情感意绪,让人获得一种独特的审美感受,包括矛盾、颠倒、重复、残缺、搭配不当等语言现象。

如鲁迅的《秋夜》开头一句:"在我的后园,可以看到墙外有两株树,一株是枣树,还有一株也是枣树。"这样的表达重复啰唆,违背了日常语言简洁明了传达信息的原则,却体现出作者无聊、单调、寂寥的心绪。

3. 文学语言的模糊性

文学语言的模糊性是指语言能指与所指的错位所造成的文学语言的歧义、多义甚至反义,从而形成文学表意的丰富性与模糊性。语言的所指是指语言的内容,即语言所指称的对象、传达的信息、表现的思想与情感;而语言的能指则是指内容的语言表达方式,是语言的结构与形式。文学要体现意义世界的丰富性、生命体验的复杂性,因此,文学语言要求语义的丰富性,追求通过语言能指与所指的错位,造成语言的歧义与多义,形成模糊性特

① [德]伽达默尔:《科学时代的理性》,薛华等译,国际文化出版公司1988年版,第44页。
② [英]维特根斯坦:《逻辑哲学论》,商务印书馆2002年版,第85页。
③ [英]艾·阿·瑞恰兹:《文学批评原理》,杨自伍译,百花洲文艺出版社1992年版,第215页。

征。如"东边日出西边雨,道是无晴却有晴",既有对景物的描写,更是对情感的抒发,形成语义的双关。文学语言的模糊性使文学作品具有了"言有尽而意无穷"的审美特征。

二、文学的美育价值

文学教育属于普通艺术教育,普通艺术教育则是美育的主要实施途径。然而在中小学乃至一些大学的课程中,并没有单独的文学课程,文学课程都是作为语文课程的重要组成部分存在的。语文课程是中小学的核心课程,也是各大学必开设的通识课程,因此,语文课程成为文学美育的主要阵地。大中小学的语文课程都非常强调美育,中小学语文课程把"审美"列为学科核心素养,尤其强调对学生"文学鉴赏与创造"能力的培养,大学语文更是强调文学教育,在大学教材中文学作品的比例达 70% 以上,有些甚至达到90%。可见,通过文学美育途径提高学生的审美与人文素养,成为大中小学语文课的共识,由此也凸显出文学美育的重要性。文学的美育价值主要体现在三方面。

(一) 文学美育的审美价值

文学美育是以文学作品为载体的审美教育,以语言为符号形式的文学,在对人的感性生命的丰富与提升方面有独特的价值,文学美育有助于丰富人的情感,提升人的直觉力与想象力。

1. 增强情感力

首先,就个人情感而言,文学具有调节个人情感的作用。"兴观群怨"说道出了诗歌的情感与社会功能,其中"兴"与"怨"是指诗歌有激发与宣泄个人情感的作用。文学审美不仅可以激发人的健康情感,也可以帮助人宣泄怨愤之情,对人的情绪与情感具有调节作用,可以提高人的情感调控能力。

其次,对他人情感理解而言,文学审美可以增强"同情心",促进体会他人情感的能力。文学语言是情感性语言,文学形象也承载着情感,因此文学审美过程也是情感的交流过程,其结果是情感的共鸣。在这个过程中,个人情感得以不断丰富,对他人情感的理解力也不断提升。

2. 提升审美直觉力

直觉是指不通过逻辑推理,直接领悟事物本质的思维形式,它具有敏锐性、直接性、突发性等特点。审美直觉力表现为对文学形式美的直觉与对言外之意的顿悟,文学审美有利于培养这种审美直觉力。

对形式美的直觉,包括对各种文学体式、音韵、文法之美的直觉,文学结构之美的直觉等。形式直觉的形成是大量审美经验积累的结果,文学美育通过经常性的语言、结构、形象的鉴赏活动,如在朗读中感受音韵之美,在品读中体味词句之美、结构之美等,帮助学生积累审美经验,提升审美直觉能力。

审美直觉还体现为对言外之意、象外之蕴的顿悟,如见"明月"而生思念,见"丁香"而生忧愁。"枯藤老树昏鸦,小桥流水人家,古道西风瘦马,夕阳西下,断肠人在天涯。"全文没有一个"愁"和"悲"字,读之却能使读者立即感受到:浪迹天涯的悲苦,现实生活的悲凉,思乡而不能回的惆怅。这些悲苦与思念、沧桑与伤痛都隐含在字里行间,隐藏于每个意象以及由意象构筑的意境之中,隐藏在几幅画面的结构组合之中。文学美育可以帮助学生捕捉这些隐藏在字里行间的情感意蕴,深化其对作品的感悟与理解,强化其对言外之意的审美直觉力。

3. 发展审美想象力

想象是文学的翅膀,以语言为符号形式的文学离不开想象。想象,是完成文学审美的重要手段,也是文学美育的重要途径,基于文学语言与文学形象的联想与想象活动是文学美育的常用手法。通过想象,丰满现实中扁平而有缺陷的形象;通过想象,把语言文字转换为具体生动的形象(情境);通过联想与想象,把文学形象与学生经验衔接起来,从而转换为学生的生命体验。文学审美充满想象,是训练学生想象力以及语言创意能力的重要手段。

(二) 文学美育的人文价值

以语言为载体的文学,能够突破时空的限制,展示天文、地理、人文、科学、历史、社会、自然等方方面面的场景、人物、事件,真可谓"思接千载,视通万里"(刘勰语)。因此从文学作品中,我们不但能感受到作者的情思意绪,还能认识广阔的历史文化、自然社会。文学的包容性使文学美育还具有人文价值,这也是文学人文性特征的体现。文学美育的人文价值体现在如下几个方面:

1. 拓展人文视野

文学宽泛的题材与广博的内容,无疑可以拓宽学生的人文视野。马克思赞扬巴尔扎克的小说"用诗情画意的镜子反映了整整一个时代",列宁称托尔斯泰是"俄国革命的镜子"。《红楼梦》通过一个家族的盛衰,揭示了一个王朝的盛衰,反映了中国封建社会后期的社会现实、世态人情、民俗风貌。在这样宏大的叙事中,学生不仅能身临其境地感受一些人和事,还能从中认识一个时代与社会,并深入思考历史的流转、社会的变迁,感受一个民族的生活风貌、精神追求。文学可以通过美育去揭示文学故事背后广阔的人文背景,从而拓展学生的人文视野,唤起学生的人文思考。

2. 传承人文精神

人文精神是对人存在意义与价值的思考,它是一个民族、一个时代的人性观、价值观、时代精神、民族精神的集中反映。人文精神体现为人类对自我存在价值的共同追求,如对真、善、美的追求;同时也体现为一个民族、一个时代的价值观与精神追求,具有民族性与时代性的特点。

文学是文化的重要内容,也是人文精神的重要载体,文学以形象的方式,负载着人类的共同情感与普遍人性。作为母语教育重要内容的中国文学则负载着中华民族的精神、智慧、价值观、人生观与世界观。同时,形象生动的文学形式又为人文精神传承提供了便利,生动的故事与情境容易吸引人走进人文的天地,然而,要透过语言形式、文学形象去理解故事背后所深藏的人文精神并非易事,而文学美育为语言文字走向人文精神提供了桥梁:文学美育可以通过对文学语言、形象的赏析,引导学生去体会文学语言、形象背后的民族精神、民族智慧,感悟人类的共同情感与普遍人性,并在这种感悟与领会中获得人文精神的感召,从而加深对文化的理解,获得文化认同与文化自信。

3. 提升人生境界

冯友兰把人生分为四层境界:自然境界、功利境界、道德境界与天地境界。这四层境界,体现出人不断自我超越的过程:对人自然本能的超越、对狭隘自私个体的超越,对人类道德规范的超越,最后抵达天人一体、万物一体的天地境界。天地境界也是审美人生境界,这样的境界要求人超越自然本能、个体私欲,甚至道德理性,实现人身心的和谐、人与社会的和谐和人与自然的和谐。

承载着丰厚人文内容与人文精神的文学美育,有助于引导学生在对文学形象与形式之美的欣赏中,透悟语言形象背后的人文内涵、人文精神,并在透悟中,意识到个体生命的局限,并能立足于整个人类甚至整个世界的视野,去观照人生,认识生命存在的价值与意义,从而一步步走出本能的自我、功利的自我,走向道德自我与天人合一的审美的自我,在自我感性与理性的不断超越中,净化心灵,陶冶情操,拓宽心胸,提升人生境界,完善自我人格。

(三) 文学美育的智慧价值

1. 发展形象思维

形象思维,又称艺术思维,是在艺术审美活动中发展起来的思维形式。"审美活动是人的以意象世界为对象的人生体验活动"[①]。然而这种体验活动并非浅层次的感知活动,其中蕴涵着理解、鉴别、分析等思维活动,审美活动中的思维活动,始终伴随着形象与情感,是以形象为载体、以情感为动力的思维活动。

文学是借助语言塑造形象、表达意蕴的艺术形式。文学审美过程是借助语言,发挥想象,形成形象(情境),并领会象外之意的过程,包括三个阶段:其一,语言文字的理解阶段;其二,语言文字的形象转换阶段;其三,感悟象外之意、言外之韵的阶段。这三个阶段都离不开形象思维,第一阶段,语言文字理解,文学审美中的语言理解是语境意义的理解,关注语句在上下文中的情感与意义,并指向文学形象(情境)的生成,因此文学语言文字理解始终依附情境,伴随情感;第二阶段,语言的形象转换,文学语言的形象转换通常通过想象实现,想象的过程就是把语言所指称的人、事物、景进行粘连,再结合自己的经验进行理解的过程,这个过程也始终伴随形象;第三阶段,对文学作品象外之意的感悟,并非是脱离文学形象的抽象理解,其感悟始终依附文学形象而存在。如"安得广厦千万间,大庇天下寒士俱欢颜"中所透露出的兼济天下的人文情怀,始终伴随着《茅屋为秋风所破歌》中杜甫的抒情主人公形象而存在,并因此而获得生命力,离开作品形象世界的抽象主题理解无助于文学审美的深入。

可见,文学审美过程主要是一种形象思维过程,以文学审美为重要形式的文学美育,无疑会增强学生形象思维的敏锐度、深刻度,促进形象思维的发展。

2. 提升思维品质

思维具有五种基本品质:深刻性、敏捷性、灵活性、批判性与独创性。在五种思维品质中,文学美育的价值主要体现为对思维敏捷性、深刻性与独创性的培养。思维的敏捷性是指能迅速抓住事物本质的思维品质;思维的深刻性是指对事物的思考能切中本质,对问题的分析能切中要害;思维的独创性是指对事物的认识或思考方式,新颖独到。这三种思维品质分别从思维的速度、深度与个性三个维度描述思维特征,是思维培养的重

[①] 叶朗:《美学原理》,北京大学出版社 2009 年版,第 14 页。

要内容。

文学审美以形象思维与直觉思维为主。始终伴随情感与形象的文学形象思维训练，有利于培养学生思维的独创性，因为情感是个体性最强的心理因素，而文学形象的形成与感悟乃是作品与读者视域融合的结果，深深打上了读者个体经验的烙印，文学审美中的审美体验最具个性化特征，由此可见，文学美育有利于发展思维的独创性。同时，文学审美也是一种直觉思维，直觉思维本身便具有在瞬间直抵事物本质的特点，因此，文学美育也有利于提高学生思维的敏捷性与深刻性。

第二节 文学的美育方法

文学美育是通过文学审美而实现的，文学审美是通过语言塑造（建构）形象，表达（体会）意蕴的过程，在这一过程中，读者的审美能力得以提高，情感得以熏陶，思想得以陶冶，从而促进精神成长，以实现文学美育的审美与人文价值。

根据文学审美的特点，文学美育可以从文学语言、文学形象与文学结构几方面展开。

一、文学语言的美育方法

文学语言是文学作品的表层，也是文学美育的切入点。文学语言由韵律、文法、修辞等要素构成，因此文学美育也可以从此三要素入手。

（一）体会文学语言的韵律之美

语音是语言的构成要素，也是文学美育的抓手，文学语言的语音具有表情达意的作用，因此文学美育可以从语言韵律之美的审美开始。在教法上，朗读是最好的方法，读准语音语调，读准节奏重音，读出情感意趣，是文学美育的常用方法。

首先，读出音韵之美。音韵由声、韵、调构成，三者之和谐便构成语言的音韵美。中国古诗词讲究平仄，平有平直之感，仄则有曲折之感，诗歌音韵平仄的交替更换使诗歌产生一种起伏跌宕、抑扬顿挫的韵律之美。

如杜甫《绝句》的平仄如下：

两个黄鹂鸣翠柳， 一行白鹭上青天。 窗含西岭千秋雪， 门泊东吴万里船。	仄仄平平平仄仄 平平平仄仄平平 平平平仄仄平平仄 平平平仄仄平平

奇句与偶句平仄交叉，奇句以仄韵收，偶句以平韵收，诗歌押平声韵，给人平直稳定感，而中间插入仄韵，使诗歌又曲折婉转，而不至于平铺直叙，一览无余，形成抑扬顿挫之

感,读起来朗朗上口。读古诗,从音韵入手,不失为一个有效的方法。

其次,读出节奏之美。掌握语言的节奏也是感受文学语言美的有效途径。如杜甫的《闻官军收河南河北》,节奏明快、急促,一气呵成,可读出杜甫的激动与兴奋之情。而其《登高》,节奏缓慢、凝重,给人以郁积、阻塞之感,朗读时要把握住诗歌的节奏,读出杜甫的沉郁之情。

再次,读出旋律之美。旋律美是指语音高低升降的规律变化以及相同、相近语音的反复或再现所形成的抑扬、回旋之美。如《诗经》中的诗歌,常用重章叠句的手法,读起来给人一种复沓的旋律之美。教师可以通过朗读,引导学生去体会这种复沓之美。

(二) 品析文学语言的文法之美

文学语言的审美性也通过其文法体现出来,因此品析文学语言的文法之美也是文学美育的途径。语言的文法包括词法与句法,在教学中,对文法的品析常常通过"炼字""炼句"的方法,引导学生从关键词句、残缺句式、矛盾词句、多义词等陌生化语言现象中把握情思意绪,体会文学语言之美。

第一,抓关键词句,品字眼、句眼的表现力。如"红杏枝头春意闹"中的"闹"字,作为动词,把抽象的"春意"具体化、形象化,又把红杏盛开枝头动态化,诗人由一枝红杏盛开枝头而感受到整个春天的热闹,拓展了诗歌的意境。一个"闹"字,画龙点睛,使得画面生动、意境深远。又如《记念刘和珍君》,在阅读时,抓住文中反复出现的关键句"始终微笑的和蔼的刘和珍君",结合上下文,便会深刻体会到鲁迅无法释怀的沉重、痛惜、愤懑、控诉交替的复杂情感。字眼、句眼是文学作品的眼睛,也是文学美育的关键点,结合上下文反复咀嚼品味,便能品出文学之美。

第二,抓矛盾词句,品复杂情思。如《为了忘却的记念》,抓住"忘却"与"记念"的矛盾分析作者的写作目的:正是因为不应被忘却,所以要记念;也正是因为人们正在忘记,所以要记念;记念是为了让人们不要忘记,作者希望唤醒民众的主旨便由此可见。语言的矛盾之处恰是作者复杂情思的集中体现,从此处用力,也是文学美育之道。

第三,从特殊句式,品言外之意。完整的日常语句至少包括主谓两个部分,然而在文学作品中常常出现名词句、无主句、独词句、残缺句、反复句、颠倒句等特殊句式,造成语言的陌生化,从而达到文学语言独特的审美效果。如"枯藤老树昏鸦,小桥流水人家",这两个名词句,没有谓词,却形成了两幅意蕴丰富的画面,体现出羁旅游子衰老、悲凉的现实境遇与回归温馨秀美的故土理想,悲凉、思念之情蕴含其中。如果给这两句诗加上表动作行为的谓词,反而会使画面更为具象化,从而失去了想象的空间,也失去了审美的韵味。另外,颠倒与反复的句式也能形成文学语言独特的美,如《祝福》中的"放下吧,祥林嫂"把谓语提到前面形成倒装句,强调"放下"的动作,是对祥林嫂禁止触碰祭器的强调,更是对祥林嫂"不干净"的强调,由此解读,可以帮助理解祥林嫂的悲剧与作品的主题。

总之,词句是文学语言的重要构成,通过品析词句去体会文学的文法之美是美育的主要途径。

(三) 赏析文学语言的修辞之美

文学语言通过修辞来强化其形象性与审美性,对不同修辞艺术效果的赏鉴也是品味语言之美的路径。如《荷塘月色》中"送来缕缕清香,仿佛远处高楼上渺茫的歌声似的"一句,引导学生品味"通感"的艺术效果:以听觉写味觉,打通味觉与听觉,使荷花若有若无的清香在整个感觉中弥漫开来,形成一种朦胧、缥缈的意境之美。同时还可以通过对比品读的方法,让学生感受不同的效果,从而体会"通感"的妙处。

二、文学形象的美育方法

形象是文学作品的核心层,是文学审美的主要对象,也是文学美育的重要内容。对于不同的文学体裁,其"形象"表现不同:诗歌的形象为意象、意境(画面);散文的形象表现为人、事、景、物;小说的形象为情节、人物、环境;剧本的形象表现为角色、场景。文学形象美育需紧扣不同体裁的文学形象展开。

(一) 诗歌形象的美育方法

意象与意境构成了诗歌的形象世界。意象是构成诗歌形象的基本单位,而多个意象的巧妙组合便构成画面,形成意境,诗歌通过意象和意境来表达情感意趣。因此诗歌形象美育可以遵循这样的路径:寻象—合境—味象(境)—悟情(意)。诗歌形象审美可以从寻找意象入手,然后通过想象,把单一的意象整合成意境,再品味意境的审美特征,最后从中领悟出诗歌的情感意趣。

以王维《鸟鸣涧》为例:

人闲桂花落,夜静春山空。
月出惊山鸟,时鸣春涧中。

寻象:人、桂花、春山、月、鸟、涧。
合境:春夜空寂的清山之中,闲人静观桂花的飘落,月亮升起惊飞山鸟,在山间小溪中不时地鸣叫。
味象(境):人乃"闲人",夜乃"静夜",山乃"空山",诗歌一开始便描绘出一幅空静春山图。之后,以月出惊鸟,时鸣春涧,以动衬静,强化了山之空与静。然而,画中之空,并非空无,而是空灵;画中之静,并非死寂,而是幽静。空灵、幽静的春山之中,乃有鸟语花香,明月小溪,空静的春山藏着勃勃生机。
悟情(意):空静的春山夜景是诗人闲静、空灵心境的体现,也是诗人对生命本质独特的观照与体悟,体现出中国诗歌独特的禅意与禅趣之美。

(二) 散文形象的美育方法

散文中的人、事、景、物构成了散文的形象层。散文形象美育就是通过对散文中人、事、景物的赏析,体会散文所表达的思想情感。可以从以下两个方面进行:
第一,品析散文形象的典型性。形象的典型性是个性与共性的统一,对散文形象典型性的挖掘需从其形象的个性与共性展开。如朱自清的《春》描绘了五幅春景图:春草图、春花图、春风图、春雨图与迎春图,每幅图各有特色:春草的活泼、春花的绚丽、春风的温润、春雨的柔密、春天里人的活力,五幅图又从各个层面描绘出春的春意盎然、生机勃勃,表现出作者对春的喜悦之情。可见,从散文形象的个性特色与共同主题赏析散文是有效的美育方法。

第二,品味散文形象的抒情性。散文以抒情为主,其中的人、事、景物多带有一定的情感性,表达作者一定的情感倾向。如朱自清《背影》中的"父亲"负载着生活的辛酸与作者的愧疚;《囚绿记》中的"常青藤"象征着希望,承载着作者对希望、生命的向往;《爱莲说》中的"莲花"是作者高洁志向的象征;《藤野先生》中藤野先生帮"我"修改笔记的事件,不仅表现出藤野先生的严谨,也表达了"我"的感激与尊敬。可见,散文形象的审美还要关注形象所负载的情感,才能从深层理解文学的意蕴。

(三) 小说形象的美育方法

小说通过讲故事揭示人类的生成状态与普遍人性。情节、人物与环境构成了小说的形象世界,因此小说形象美育也可从以下三方面入手:

第一,梳理故事情节,体会情节安排之妙。情节是小说中事件的排列组合,是小说的骨架。了解小说情节是赏析小说的第一步,教师可以引导学生概括小说中的事件,厘清各事件的排列顺序,梳理事件的前后逻辑,从而形成小说情节提纲,以此来完成对小说情节的把握。对小说情节的审美可以从事件的选择、安排与事件的组织结构方面入手,引导学生体会情节结构背后的主题。

以鲁迅的《祝福》为例,从事件的选择方面,引导学生思考:为何不交代祥林嫂来鲁镇前的事,她婆家、她第一个丈夫的事? 为何要花不少篇幅介绍"我"回鲁镇的一些闲事? 比如"我"与四叔的闲聊、四叔书房、"我"拜访亲戚,这些看起来与祥林嫂无关的事;从事件的组织方面,引导学生思考:为何要选择祥林嫂临死前的祝福夜为故事的开端,又在祝福夜的氛围描写中结束? 在这样的思考中,一步步引导学生体会《祝福》的主题:揭示整个封建社会文化对祥林嫂的逼迫与迫害,以引起学生对几千年封建社会文化的反思与批判。

第二,品味人物描写,揭示人物形象的典型性。通过细节描写赏析人物形象、揭示主题是小说人物鉴赏的常用方法。如《孔乙己》中通过众人多次"哄笑"的细节赏析,不仅可以体会孔乙己的生存处境,还能理解"社会对贫苦人的凉薄"的主题。同时,对人物典型性的分析也是小说人物审美的途径,如对《阿Q正传》中阿Q双重人格的分析,可以加深我们对人物的把握与主题的理解。

第三,品味环境描写,赏析环境描写的表达效果。环境是小说故事展开的背景。任何故事都是在一定的时空背景中发生的,环境可以奠定故事发生的情感基调、推动故事情节的发展、表现人物的性格特征。鲁迅的《故乡》中一开始的环境描写为小说奠定了悲凉、萧瑟的情感基调。《林教头风雪山神庙》中对暴风雪的环境描写,推动了故事的情节发展。《边城》中一开始的环境介绍,为小说奠定了恬淡的情感基调,同时也为小说中的人物性格的形成提供了合理的背景。

如鲁迅《故乡》开头对故乡环境的描写:

时候既然是深冬,渐近故乡时,天气又阴晦了,冷风吹进船舱中,呜呜的响,从篷隙向外一望,苍黄的天底下,远近横着几个萧索的荒村,没有一些活气。我的心禁不住悲凉起来了。

【赏析】深冬、隐晦的天气、冷风、苍黄的天底、萧索的荒村，一开始的环境描写就营造出一种悲凉的气氛，为全文奠定了悲凉、阴冷的情感基调。

又如《林教头风雪山神庙》中的雪景描述：

正是严冬天气，形云密布，朔风渐起，却早纷纷扬扬卷下一天大雪来。那雪早下得密了，但见：凛凛严凝雾气昏，空中祥瑞降纷纷。须臾四野难分路，顷刻千山不见痕。银世界，玉乾坤，望中隐隐接昆仑。若还下到三更后，仿佛填平玉帝门。

【赏析】正是由于风雪很大，林冲才出门买酒驱寒，并看到山神庙；也因风雪很大，草屋才会被压垮，也正由于草屋被压垮，林冲才到庙里过夜。也因风雪很紧，陆虞候一伙才直奔庙里来，而林冲才得以听到谋害他的阴谋，并出手杀死谋害他的人，走上了梁山之路。在这里风雪既具有烘托悲壮气氛的作用，更成为推动情节发展的动力。

（四）剧本形象的美育方法

剧本形象美育强调通过剧本角色与场景的赏析体会戏剧主题，获得情感与人文熏陶。戏剧形象美育可以从矛盾冲突、戏剧角色与场景赏析入手。

第一，品析矛盾冲突，体会人物形象。矛盾冲突是戏剧最显著的特征，戏剧需要通过矛盾冲突来推动故事的发展，完成形象的塑造，揭示故事的主题。剧本形象美育务必从矛盾冲突入手，通过理解矛盾冲突去理解人物与主题。如品析《哈姆雷特》，通过分析其内心感性与理性的矛盾冲突，理解哈姆雷特的复杂形象；品析《雷雨》，通过品析周朴园与鲁侍萍的矛盾冲突，认识到周朴园的自私与冷酷，鲁侍萍的善良与坚强。从矛盾冲突入手，是剧本形象美育的常用方法。

第二，品味角色对话，体会人物个性。人物对话是戏剧表现主题的主要手段。剧本中的角色对话具有潜台词，挖掘剧本对话中的潜台词，是剧本形象美育的重要方法。《雷雨》中，老年鲁侍萍再见周朴园的对话中便充满了丰富的潜台词，值得引导学生仔细品析。

如《雷雨》"喝药"一节中周朴园的语言：

周朴园："去，走到母亲面前！跪下，劝你的母亲。"〔萍走至繁漪前〕周萍（求恕地）："哦，爸爸！"周朴园："（高声）跪下！"（萍望繁漪和冲；繁漪泪痕满面，冲身体发抖）周朴园："叫你跪下！"（萍正要向下跪）周繁漪："（望着萍，不等萍跪下，急促地）我喝，我现在喝！"（拿碗，喝了两口，气得眼泪又涌出来，她望一望朴园的峻厉的眼和苦恼着的萍，咽下愤恨，一气喝下）"哦……"（哭着，由右边饭厅跑下）

【赏析】周朴园的三声命令"跪下"，一声比一声强烈，以显示他作为一家之长不可侵犯的权威，从中暴露出他的专横。他不顾儿子及妻子的痛苦感受，强行要求他们执行自己的命令，又显示出周朴园的冷酷无情。周朴园的三声"跪下"既符合他一家之长的身份，又充分揭示了人物性格。

第三，赏析场景描写，深化剧本理解。剧本中描写环境的语言不多，但对故事发展、人物塑造、主题揭示都有不可忽视的作用。如《雷雨》中开始一大段的场景描写，写出了雷暴雨来临前的沉闷、闷热、烦闷，奠定了整部戏剧的情感基调——闷；同时也预示着一场家庭暴风雨的来临，暗喻出作品的主题。结合戏剧情节、人物与主题反复品析剧本中的场景描写，是剧本形象美育的有效手段。

三、文学结构的美育方法

文学结构是指文学作品材料的安排与组合方式。不同的结构会产生不同的意义,形成不同的审美效果,学会从文学结构方面去感受文学的魅力,从而获得审美体验、情感陶冶,是文学美育的重要方法。文学结构美育可以从结构形式、结构模式以及结构技巧方面入手,重点放在对不同文学结构的不同表达效果的审美体验上。

(一) 结构形式的美育方法

文学结构形式是指文学安排材料的顺序线索,总体上可分为线性结构与非线性结构两种。线性结构是指文学按照时间或逻辑线索组织和安排材料,分为单线结构与双线结构;非线性结构是指文学按照空间或非逻辑线索安排材料,包括网状结构、循环结构、并列结构等。结构形式审美是文学美育中容易被忽略的方面,也是一个难点,不同的结构形式表达的文学意蕴不同,审美效果也不同。教师务必学习相关知识,在教学中关注作品的结构特点,引导学生从结构形式特点入手体会文学意蕴与表达效果,也可采用比较阅读的方法,引导学生探寻不同作品的结构之美。

回忆性散文常常用线性结构中的倒叙方式,从现在的视角回顾过去的事情,常带着作者现在的眼光,融汇着作者写作时对生活的理解。如《背影》,采用倒叙结构,从一个中年人的视角去审视20岁时的送别买橘事件,才会在文章的字里行间渗透出作者深深的负疚之情,如果采用顺叙便不能写出这样的感觉。有些线性结构作品还会采用双线结构形式以拓展作品内容。如鲁迅《药》的双线结构,一条线揭示国民的愚昧与麻木,一条线揭示革命者被迫害与不被理解的孤独与悲剧,两条线相辅相成,极大拓展了小说的意义空间,深化了小说的主题,增强了小说的悲剧性色彩。

非线性结构赏析。写景抒情性作品往往采用并列结构,以情感为线索,通过几幅画面表达同一个主题。如《春》《济南的冬天》《故都的秋》等作品。现代派作品主张文学抒写人对世界的感受,强调按照人的心理活动来安排结构,如《墙上的斑点》《尤利西斯》的结构,便以"我"为焦点,向人物的各种感觉、意识、梦境等方面辐射,构成一个网状的结构,网状结构很难理解,但却有着独特的审美效果。

(二) 结构模式的美育方法

结构模式是比结构形式更为宏观的结构类型,是通过对文学作品深层结构分析建构的一种普遍的分析模式,如"灰姑娘"模式、鲁迅的"看与被看"模式、"离去—归来—再离去"模式等。结构模式能从更深层揭示文学本质,揭示文学所反映的普遍人性。通过文学结构模式赏析,可加深对文学的理解。

文学结构模式美育可采用分析—概括—提炼的方法。第一步,分析。对单个文学作品结构作表层分析,如对构成要素、结构线索、结构形式等要素的分析;第二步,概括。从结构方面对多篇作品进行归纳、抽象,寻找其结构共同点,并总结概括以形成较为固定的结构模式;第三步,提炼。探寻结构模式所表达的共同母题,如从鲁迅的"看与被看"模式提炼出"爱与恨"的母题,理解鲁迅对中国国民性的深刻思考、对普遍人性的深刻揭示,从而唤起学生对人性的思考,达到美育的目标。

(三) 结构技巧的美育方法

除了从宏观层面进行文学结构美育之外,文学结构的微观技巧也具有美育价值。文学作品在结构方面常常应用一些技巧,以增强文学的审美效果。如照应、伏笔、蒙太奇技巧,奇正相生的技巧,开篇与结尾的技巧等。从这些结构技巧入手进行审美,也是文学美育很好的切入点。

如《再别康桥》的首尾照应,形成结构上的回环,凸显诗人依依惜别的不舍与留恋。《项链》中玛蒂尔德在舞会上的疯狂为其丢失项链埋下了伏笔,路瓦斋夫人只买了珠宝盒又为后面其项链是假的埋下了伏笔,伏笔让文学叙事显得更为真实与圆满。

蒙太奇是一种电影技巧,引入文学,指把不同时空的人物、事件放在一起,人们通过联想和想象,去领悟其表达的丰富的意蕴。如《天净沙·秋思》中"枯藤老树昏鸦,小桥流水人家",把现实与家乡两个不在一个空间的画面放在一起,在对比中表达出诗人悲凉、忧愁又思念、无奈的复杂心境。马尔克斯《百年孤独》的开篇:"多年以后,面对行刑队,奥雷里亚诺·布恩迪亚上校将会回想起父亲带他去见识冰块的那个遥远的下午。"把童年、现在与临死前的三个情境,汇集于一句文学语言之中,一开篇便概括了人物的一生,蒙太奇的构思增强了文学的表现力。

本章小结

> 文学是语言的艺术,文学既体现出艺术共性——审美性,又因其以语言为符号形式而具有独特的艺术特征:文学审美的间接性、创造性、人文性以及文学语言的审美性,由此,形成了文学独特的美育价值——审美价值、人文价值与智慧价值。基于文学的艺术特征,文学美育的实施需依托文学的基本要素展开,以体现文学美育价值为目的,因此,可以从文学语言美育、文学形象美育与文学结构美育等方面去探寻文学美育方法。

思考练习

> 1. 文学有哪些艺术特征? 请简要概括。
> 2. 文学的美育价值可以从哪些方面认识? 请举例说明。
> 3. 案例分析:下面是一位小学教师教学张继的《枫桥夜泊》的教学片段,阅读后,请你根据文学的艺术特征、美育价值以及美育方法,分析这位教师的教学。
>
> 环节一:读诗释义
> (1) 听教师读诗,一边听一边感受,这首诗都写了什么景色,表达了诗人什么样的感情?

(2) 学生跟教师读这首诗。

(3) 逐句地理解这首诗的意思。

(4) 在理解了这首诗的意思后,教师引导学生来思考。

环节二:理解诗歌内容与表现手法

(1) 这首诗描写的是什么季节里的景色?(深秋季节)从哪儿看出来的?(霜、枫树)

(2) 写的是一天里的什么时间?(深夜到黎明)从哪些词能看出?(渔火、夜半、月落、乌啼、霜)

(3) 哪些景物是诗人在黎明时间看到或听到的? (月落、乌啼、霜、江枫)

(4) 哪些景物是诗人在深夜时间看到或听到的? (渔火、钟声)

(5) 诗人为什么先写黎明的景色,而后写深夜的景色呢? (这首诗一定是诗人在当天黎明时写下的,所以先写眼前的情景,然后再采用倒叙的写法追忆深夜的情景)

(6) 看到的这些景色哪些是静的,哪些是动的,哪些是明的,哪些是暗的?

4. 教学设计:请结合诗歌形象的美育方法,为杜甫的《登高》设计一个美育教学方案,要求:教学思路清晰,符合诗歌美育特点,只需写出简单的设计思路即可。

第十章　音乐的美育价值与美育方法

学习目标

了解音乐的艺术特征,认识音乐与音乐教育所具有的美育价值,理解音乐教育的基本理念与原则,掌握音乐课堂教学、课外音乐活动、校园音乐环境、音乐艺术展演的实施策略与方法。

内容概要

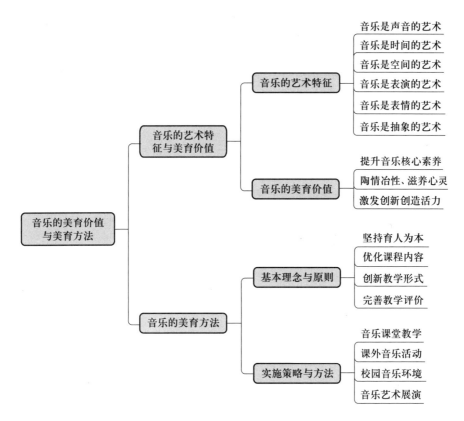

— 第一节 音乐的艺术特征与美育价值 —

音乐是具有普遍性,富有魅力与美感,能悦心怡情的精神生活形式,是艺术大家族中的重要成员。美育是音乐教育的本质属性,音乐教育是学校美育的主要内容与途径,也是深受学生欢迎与期待的课程与实践活动,具有重要而独特的美育价值,这是由音乐的艺术特征与音乐教育的学科特征所共同决定的。理解音乐与音乐教育的美育价值,首先要了解音乐的艺术特征。

一、音乐的艺术特征

对于音乐的艺术特征,可以从不同的视角去理解。一般而言,主要是从音乐的物理属性和音乐的美学属性对艺术特征进行理解与归纳。从音乐的物理属性看,其艺术特征体现在它是声音的艺术、时间的艺术、空间的艺术;从音乐的审美属性看,其艺术特征则体现在它是表演的艺术、表情的艺术、抽象的艺术。需要指出的是,音乐的艺术特征,彼此之间在内涵上是有交叉重叠的,从不同视角去审视音乐的艺术特征。能够让人们更加全面、深刻地理解音乐的艺术内涵。

(一) 音乐是声音的艺术

声音是音乐的物质材料,是音乐的基本存在方式,音乐是以声音为表现手段的艺术。任何音乐形象的塑造,都是以声音为材料来完成的,不存在无声音的音乐。但音乐的声音是一种特殊的声音,其特殊性体现在它是人们有意识、有目的、有组织地创造出来的,创造性是音乐这种特殊声音的最主要的特征。正如《乐记·乐象篇》所言:"乐者,心之动也。声者,乐之象也。文采节奏,乐之饰也。"虽然音乐是心灵的表达,但必须依托于声音。音乐的声音是通过听觉被人们所吸收并发挥作用的,因而一般也把"音乐是声音的艺术"这一特征表述为"音乐是听觉的艺术"。音乐诉诸人的听觉,通过耳朵来感受,一个人具有正常的听觉是欣赏音乐的前提条件。

(二) 音乐是时间的艺术

音乐以声音或音响作为物质材料,但它不能是一种静态的呈现,它必须通过时间的延续来展现与发展,并按照一定的规律进行组合和运动,也就是说,音乐形象的塑造是在时间中呈现、展开、发展并最终完成的,通过音符流动来塑造音乐形象。所以,音乐是时间的艺术,也是运动的艺术。比如,人们欣赏音乐,首先一定是从细节、局部开始,直到全曲演唱、演奏完成,才会对音乐留下整体印象。如果没有时间的延续,没有音响的运动,只是孤立地听到一个音或者音乐作品中的某个片段,都不可能获得完整的音乐意象,也不可能获得音乐的审美体验。

(三) 音乐是空间的艺术

音乐作为一种特殊的声音,其传播必须是通过空间来实现的。与此同时,音乐的节奏、旋律、音色、音高、速度、力度、调式、和声、曲式、织体等相互组合在一起,共同构成音乐的空间,这种由声音构成的结构性空间在听觉体验上具有强烈的立体感和流动感,因而,人们把音乐称为流动的建筑。音乐这种特殊的建筑在结构上具有规整形式和整体感、形象性,这便是人们在聆听一首乐曲时脑海中马上就会浮现出一幅画面的原因。

(四) 音乐是表演的艺术

作曲家创作出的音乐作品,如果只是以文本的形式停留在乐谱上,那还不能真正实现音乐艺术所具有的价值,音乐作品必须要通过演唱者、演奏者的表演,依托声音的传播才能传达到听众的耳中,这便是音乐的二度创作。随着音乐艺术形式的不断创新和发展,人们参与音乐活动也不再只是满足于欣赏音乐家的表演,而是更期待和满足于亲身参与音乐表演活动,通过演唱、演奏等来展示自我才华,表达情绪情感。

(五) 音乐是表情的艺术

与文学、绘画、戏剧、舞蹈等艺术形式相比,音乐和情感的联系是最直接的,可以说,音乐是一种直接表现人的情感体验的艺术,它是通过声音来言志抒情和传神写意的。《乐记》说道:"乐者,音之所由生也,其本在人心之感于物也。"音乐是情感的艺术,它直抵人的心灵。东汉王充则认为,"情性者,人治之本,礼乐所由生也。故原情性之极,礼为之防,乐为之节。性有卑谦辞让,故制礼以适其宜;情有好恶喜怒哀乐,故作乐以通其敬"。(《论衡》)强调音乐能够使人产生情感共鸣,连通人们喜怒哀乐的情感变化。之所以音乐长于传情,善于表情,是因为音乐家在塑造音乐形象时,着力刻画的是人的精神世界,着重表现的是人的心灵感受,而不是对外界事物的客观描绘和具体情节的真实叙述。欣赏者在欣赏音乐作品时,是把自己的情感注入音乐中,然后再通过音乐来表达自己的情感的。

(六) 音乐是抽象的艺术

音乐和语言都是用声音来表达的,因而人们往往把音乐也理解为一种语言,而且是一种国际通用语言。之所以通用,是因为音乐中的声音本身不具有特定的、确切的含义,这使得所有人都能够根据自己的理解"听懂"音乐,这便是音乐的非语义性。音乐能够反映与再现现实,但它不是如实地模拟和再现客观现实,而是通过声音来表现人们对于客观现实的内心情感体验,因而音乐所要表达的内容是不明确的、含蓄的,是只可意会不可言传的。音乐内容的不确定性,使得人们在欣赏音乐时可以尽情放飞自己的想象。音乐的非语义性和内容的不确定性表明音乐是一种抽象的艺术。

二、音乐的美育价值

音乐之所以能成为学校教育课程体系中的一门重要课程,音乐教育之所以能成为学校美育的最主要的内容与途径之一,是因为音乐具有重要而独特的育人价值,这种育人价值突出体现于其所特有的美育价值。

要想认识音乐的美育价值,首先需要了解什么是美育价值。对于这个问题,《关于全面加强和改进新时代学校美育工作的意见》中提供了明确答案:"美育是审美教育、情操教育、心灵教育,也是丰富想象力和培养创新意识的教育,能提升审美素养、陶冶情操、温润心灵、激发创新创造活力。"这表明,提升审美素养、陶冶情操、温润心灵、激发创新创造活力等就是美育价值的集中体现。可以说,这为我们认识音乐的美育价值提供了依据与思路,准确把握和全面理解音乐的美育价值,同样需要从这几个方面去深入和展开,换句话说,音乐的美育价值就是音乐在这几个方面所体现的独特而重要的价值。需要指出的是,音乐所具有的美育价值,是基于音乐的艺术特征和音乐教育的美育属性的,是音乐与音乐教育的一种内在价值追求。

(一) 提升音乐核心素养

音乐教育对于学生艺术审美素养的提升具有举足轻重的作用。一方面是因为音乐较之于其他艺术而言有着自身独特的育人价值与功能,是最能面向人人、最受广泛喜爱的艺术形式;另一方面是因为音乐课程与音乐活动是学校教育体系中主要的美育课程和最受欢迎的活动形式。艺术审美素养内涵丰富,我们认识音乐与音乐教育对于提升艺术审美素养的价值,可以从音乐学科核心素养的视角出发来审视和把握,因为一个学科的核心素养是该学科育人价值的集中体现,是学生通过学习该学科而逐步形成的正确价值观念、必备品格和关键能力。音乐教育对于提升学生音乐学科核心素养所发挥的作用,最能体现音乐在这方面所具有的美育价值。

《普通高中音乐课程标准(2017年版)》提炼出的音乐学科核心素养包括审美感知、艺术表现、文化理解三个方面。其中,审美感知是指对音乐艺术听觉特性、表现形式、表现要素、表现手段及独特美感的体验、感悟、理解和把握。艺术表现是指通过歌唱、演奏、综合艺术表演和音乐编创等活动,表达音乐艺术美感和情感内涵的实践能力。文化理解是指通过音乐感知和艺术表现等途径,理解不同文化语境中音乐艺术的人文内涵。[1] 上述音乐学科核心素养的提升,唯有依托音乐艺术和音乐教育才能实现。

第一,有效提升审美感知能力。音乐既是声音的艺术,也是表演的艺术,音乐教育通过听觉体验与艺术表现等审美活动,使学生理解和把握音乐艺术的听觉特性和表现特征,掌握音乐的基础知识和基本技能,培养学生的音乐听赏习惯与评鉴能力。如从作品题材出发认知音乐表现的对象和情感;从音响本体和音乐表现要素切入来深化美感体验与领悟作品表现意图;在听赏和表现音乐的过程中,感知作品表达的情绪情感、意境意志并产生共鸣;体验并描述音乐的时代特征和民族风格,了解与评价作品的社会功能等,以此形成良好的审美情趣,提升审美感知能力。

第二,有效提升艺术表现能力。艺术表现的方式有很多,其中音乐表现特别是音乐表演是学生最为喜爱的表现方式。音乐教育通过开展丰富多彩的音乐表现活动,能使学

---

① 中华人民共和国教育部制定:《普通高中音乐课程标准(2017年版)》,人民教育出版社2018年版,第5—6页。

生在音乐学习过程和社会文化生活中,乐于参与个体或群体的音乐表现实践,享受音乐实践活动的乐趣,激发学生参与音乐表演和创作实践的兴趣,在各类音乐实践和综合表演活动中提高艺术表现与创意实践的能力,增强艺术表现的自信,并掌握一至两项音乐特长,为学生终身学习音乐、享受音乐打下坚实的爱好与表达基础。

第三,有效提升文化理解能力。音乐艺术与社会生活密切相关,音乐作品是对特定社会、文化和历史的艺术呈现,它反映一个国家、一个民族文化创造的特色与水平。通过音乐教育,能够让学生体验、认识、领悟音乐的文化内涵,特别是领悟中国民族音乐文化的博大精深与丰富的精神文化内涵,增强民族自豪感,坚定文化自信;能够让学生以开阔的视野和包容的心态,学习、了解、体验世界其他国家和民族的优秀音乐文化,树立平等的文化价值观,拥有尊重文化多样性的人文情怀。①

(二) 陶情冶性、滋养心灵

音乐是表情的艺术,从古到今,音乐都是人类情感表达的一种最为普遍的方式,从对音乐作品的欣赏、表现、创作,到最终引起人们内心情感的深度共鸣,音乐无须借助概念而以其强大的感染力直接影响人的情感世界。音乐是人们真情实感的流露,对于语言无法表现的情感,通过音乐可以淋漓尽致地表达出来。人世间几乎所有的情感都能够在音乐中得以表现,不管是表演者、欣赏者还是创作者,其情感体验都是直接的。人们内心深处的忧伤、快乐、激情、崇拜、赞美、愤恨等情感都能在音乐中得到很好的体现。如安静的音乐能够调节情绪,使人平静;振奋的音乐能鼓舞士气,使人精神百倍、充满正能量;轻快的音乐能够缓解压力,使人放松等。音乐情感是音乐的生命与灵魂,没有情感就没有音乐。正如《乐记》所言:"君子之听音,非听其铿鎗而已也,彼亦有所合之也。"人们欣赏音乐,不仅是听音乐的铿锵声音,更重要的是还能与自己的内心情感有所应合而产生共鸣。阮籍在其《乐论》中更是明确提出:"乐者,使人精神平和,衰气不入。天地交泰,远物来集,故谓之乐也。"音乐直抵人的心灵,能把人心灵深处最隐秘的东西展示出来,让人体验到一种难以名状的审美愉悦。优秀的音乐作品能够把崇高的价值、美好的情感融入其中,引导人们向高尚的道德聚拢,从而给人以审美的享受、思想的启迪、心灵的震撼。音乐教育是情感教育,情感体验是实施音乐教育,实现以情感人、以美育人目标的重要通道。学生通过音乐学习,与优秀作品展现的艺术情境和所蕴含的价值观念产生共鸣,获得丰富的情感体验,陶冶情操,温润心灵,进而培养对人类、自然以及一切美好事物的关爱之情,并树立积极乐观的人生态度。

青少年学生正值生理、心理发展最为迅速的时期,情感需求强烈,情绪需要宣泄,心灵需要滋养,音乐教育通过让学生参与丰富多彩的音乐欣赏、表现、创造等实践活动,满足他们的情感需求,提供情绪宣泄的渠道,抚慰学生的心灵。音乐教育正是以其美丽的音符和动人的歌谣,以春风化雨、润物无声的方式作用于青少年学生的精神世界,这种作用就像蓝天上的阳光、春季里的清风一样,能够启迪思想、温润心灵。特别是通过音乐教育有效引导和激发学生唱响爱国主义主旋律,能培养他们的爱国主义精神。

---

① 中华人民共和国教育部制定:《普通高中音乐课程标准(2017年版)》,人民教育出版社2018年版,第7页。

（三）激发创新创造活力

音乐是声音的艺术、时间的艺术,也是抽象的艺术,音乐音响随时间的流动而展现,不具有语义的确定性和事物形态的具象性,这就为人们欣赏音乐、表现音乐、创造音乐,特别是在音乐活动中想象力、创造力的发挥,提供了广阔而自由的空间。

音乐和音乐教育所具有的激发创新创造活力的价值,可以说是音乐艺术自身创造性本质的呈现。音乐艺术的创造性主要体现在三个方面:一是音乐感性材料的创造性。音乐的声音与现实生活中的其他声音是有本质区别的,这种本质的区别就在于音乐的声音是非自然性的,是由艺术家精心创作出来的;音乐的声音是非语义性的,具有"不可翻译性";音乐的声音与真实的自然声音或语言声音并不是精准对应的,这些用音乐表现的声音对象和对象本身的声音之间是一种非对应性的关系。音乐感性材料的非自然性、非语义性、非对应性属性,均表明音乐作为一种创造性的艺术形式对个体创造性的培养具有得天独厚的优势。二是音乐形式存在方式的创造性。音乐形式的存在方式包括时间的表象、虚幻的空间、想象中的运动。时间是音乐形式存在的最关键因素,音乐形式的各种基本要素都必须在时间过程中才能体现出来,但音乐中的时间是一种主观的、内在的时间,是一种生命的、经验的时间表象,它离不开主观的感受与经验。音乐的空间不是一种实体空间,而是一种无形的声音造型,是依靠听觉去判断的空间幻象,主要是依靠人的创造性想象完成的。三是音乐内容的创造性。一般来说,音乐的内容分为非音乐性内容和音乐性内容,其中非音乐性内容是指音乐接受者不是从音响中直接感觉到的,而是由于音响而产生想象或联想获得的内容成分,而音乐性内容是音乐中客观的内容因素,它包括基本情绪、风格体系、精神特征三个方面。无论是非音乐性内容还是音乐性内容,都具有不确定性的特征,需要人们通过想象、联想、创造才能获得。由此可见,不管是音乐感性材料的创造性,还是音乐形式存在方式的创造性,或是音乐内容的创造性,都意味着创造性是音乐的生命与灵魂,人们参与任何音乐活动,都离不开想象、创新与创造。

音乐教育在丰富想象力和培养创新意识、激发创新创造活力方面具有独特而不可替代的优势。音乐创造、音乐表现、音乐欣赏都是学校音乐教育的重要内容与活动形式,音乐教育中无论是创作、表演还是欣赏,都是最具有创造性的活动,这些创造性活动的内容、形式和情境,能够有效促进学生想象力的发展,丰富学生的形象思维,开发学生的创造性潜质,释放创造性能量,激发创新创造活力。虽然学生所进行的音乐实践活动与专业音乐家们所从事的音乐实践不能相提并论,但它们在本质上是一样的,都是受审美经验支配的创造性活动,只是内容难度、专业程度、技巧水平不属于同一层次而已。但对于在实践过程中所获得的那种幸福、愉悦的审美体验,想象力的发挥,以及个性与创造性的展现,学生与音乐家之间是没有多少差别的。

— 第二节 音乐的美育方法 —

本节所讨论的美育方法,并非具体的操作方法,也不是诸如我们熟悉的奥尔夫教学法、柯达伊教学法、达尔克罗兹教学法等国外音乐教学法体系,而是在方法论意义上音乐教育教学实践所应该遵循的基本理念与原则、主要思路与策略等,是确保音乐与音乐教育所具有的美育价值得以实现的行动指南,音乐教育的具体操作方法要依据这些行动指南进行创新探索与灵活运用。

一、基本理念与原则

教学改革需要先进的理念来指导,发展方向需要科学的原则来把握。音乐教育要凸显美育的本质属性,真正实现以美育人、以美化人、以美培元的美育价值与目标追求,必须遵循以下基本理念与原则,而具体实施方法的创新与运用也必须以此为依据。

(一) 坚持育人为本

音乐教育要从全员育人、全程育人、全方位育人,着力培养音乐核心素养的高度,落实强基础、重体验、常展演的实施路径与策略,有效促进音乐教育以美育人目标的达成。要切实转变学科为本的传统理念下音乐教学中存在的专业化技能训练、碎片化知识传授,以及音乐知识技能、音乐审美体验、音乐专项特长彼此割裂的倾向,聚焦音乐核心素养培育,注重音乐实践能力培养。音乐基础知识技能学习、音乐审美体验实践、音乐专项特长养成三者相互融通,相辅相成,学以致用,为学生的现实音乐生活提供素养支撑。要面向全体学生,尊重个性差异,关注弱势群体,以学生为本,确保每个学生在音乐教育中拥有平等的体验、实践、展示机会,不断提升学生的音乐学习快乐感、成就感、获得感,实现陶冶情操、温润心灵、激发创新创造活力、促进学生全面发展、健康成长的美育育人目标。

(二) 优化课程内容

音乐教育课程内容要突出中华优秀音乐文化的主体地位,凸显中华美育精神,扎根中国、融通中外,兼具思想性和艺术性。其内容选择要遵循音乐学科知识体系和学生音乐发展规律,重视与生活的关联,满足学生的多样性音乐发展需求。根据国家有关完善美育课程设置的要求,基于现实情况和未来发展趋势,进一步丰富音乐课程内容。在突出音乐艺术特征和学科逻辑的基础上,切实落实学科融合理念,主动整合相关学科内容,保证有一定比例的跨学科主题学习内容。大、中、小幼各学段的音乐教学内容要有机衔接,体系完整,音乐知识技能、音乐审美体验、音乐专项特长三方面有机融合,共同构成音乐课程内容的育人体系。

(三) 创新教学形式

音乐教育要遵循美育教学规律,凸显体验性、实践性和创造性特点,创设真实的情境,设计生动活泼、趣味盎然、内涵丰富的教学活动,引导学生在音乐实践活动中学习掌握音乐知识技能,体验音乐美感,激发音乐表现与创造,并形成一至两项音乐专项特长。倡导大单元、项目式、跨学科主题实践活动等教学形式,为学生搭建音乐审美体验与展示的平台。要将音乐课堂教学与课外音乐活动、校园音乐环境、音乐艺术展演等方面有效对接,为学生音乐专项特长的发展创造更多机会。要整合社会资源,鼓励学校与社会公共艺术场馆、文艺院团合作开设学校音乐课程,有条件的学校要每年组织学生去音乐厅现场欣赏音乐会。要构建强基础、重体验、常展演"三位一体"的音乐教学实施体系,一是要帮助学生掌握扎实的音乐基础知识与技能;二是要为学生提供丰富而充足的音乐审美体验的机会;三是无论是课内还是课外都要为学生搭建展示自己音乐专项特长与音乐创作成果的平台。音乐基础知识与技能的学习要尽可能融入音乐审美实践中,避免孤立地、碎片化地传授知识技能;音乐审美体验与知识技能学习、音乐艺术展演相互融合,互为支撑。

(四) 完善教学评价

音乐教育评价要遵循美育评价规律,以课程标准为依据,丰富评价内容,完善评价方法。教学评价注重考查学生必备的音乐知识与技能,音乐欣赏、表现与创造能力,以及音乐专项特长,特别是学生在真实的音乐生活情境中解决实际问题的能力。要运用现代化技术手段创新评价形式和方法,倡导师生共同参与对学生的音乐学习评价,坚持终结性音乐考试评价与过程性音乐素质测评相结合,杜绝可能导致死记硬背等应试倾向的考核内容与方式,充分考虑和尊重学生的音乐艺术个体差异,确保每个学生都有在教学评价中展现音乐才能和学习成果的机会。通过教学评价激发兴趣、创造性,满足表现欲,获得成就感,为学生学习音乐注入动力与激情,并有效促进和引领音乐教学的改革发展。

二、实施策略与方法

根据国家美育政策精神和各地各校美育实践探索经验,学校美育工作包括课堂教学、课外活动、校园环境、艺术展演四个方面,这四个方面在音乐教育中所占比重不尽相同,但都不可或缺,都有自己独特的价值与作用,只有四位一体、相互融合,才能构成完整的音乐教育体系。因此,探讨音乐教育的实施策略和具体方法,可以从音乐课堂教学、课外音乐活动、校园音乐环境、音乐艺术展演四个方面来展开。

(一) 音乐课堂教学

课堂教学是音乐教育最为重要的内容与载体,是实现音乐美育价值的主渠道。从学习内容来看,音乐课堂教学主要包括音乐欣赏教学、音乐表现教学、音乐创造教学三个方面。

第一,音乐欣赏教学重在自我体验。音乐欣赏是以聆听、体验、探究、评价等方式对音乐作品进行赏析、品鉴,在产生艺术联想与想象、获得精神愉悦与美感的同时,对作品的艺术性、思想性、人文性作出判断和反思的音乐实践活动,它是整个音乐学习活动的基础。音乐欣赏教学对于丰富学生审美体验、提高审美情趣具有十分重要的意义。音乐欣赏教学应强调学生通过聆听音乐来获得对音乐作品整体性的审美感知和亲身体验,切忌教师一味说教与肢解音乐的专业化作品分析,切忌教师以自身经验来替代学生对音乐的自我体验。除了聆听之外,在音乐欣赏中要鼓励学生通过演唱、演奏、随乐律动与舞蹈、综合性艺术表演等自己喜爱的实践活动方式,以及口头交流与文字描述内心感受的方式,来加深对音乐的理解,深化对音乐情感的自我体验。音乐欣赏教学还要对接学生现实音乐生活,为学生创设体验音乐的情境,引导学生运用现代信息技术搜集各种音像、图文资料开展研究性学习和互动交流,鼓励学生走进音乐厅和剧场,现场聆听音乐和体验音乐氛围。

第二,音乐表现教学重在自信展示。音乐表现教学是学生最喜爱、最期待的音乐学习内容,主要包括演唱、演奏,以及以音乐为主要内容和载体的综合性艺术表演等,这些内容是以人声、乐器为主要媒介表现音乐、抒发情感的艺术形式。学生通过亲身参与演唱、演奏或音乐剧表演等综合性艺术表演活动,能有效激发其音乐学习兴趣,积累音乐表演经验,体验演唱、演奏等的艺术感染力和情感表现力。音乐表现教学最重要的是要给学生搭建展示的平台,这种平台可以是课内课外的、校内校外的、正式非正式的。要尊重学生的艺术个性、艺术爱好与表演创意,鼓励学生自信表现,切忌以专业化思维和标准来评价学生的表现,以免伤害其表演兴趣和表现激情甚至身心健康。要引导学生积极参与各种形式或题材的演唱、演奏以及综合性艺术表演活动,在完成独立或与他人合作表演任务的过程中,学习掌握音乐表演的基础知识和基本技能,学会用音乐来表达个人情感并与他人交流、融洽感情,丰富对音乐的感知和体验,促进对音乐的理解,不断提高艺术表现水平。

第三,音乐创造教学重在自主创意。音乐创造是发挥学生想象力和思维潜能的艺术实践活动,是提高学生创造性思维能力的重要途径,对于创新人才培养具有十分重要的意义。音乐创造教学并不等同于学习作曲,主要包括两类学习任务和教学内容:一是以开发创造性思维和潜能为目的的即兴表演活动;二是运用音乐材料,遵循艺术的创作规律,学习艺术创作的基本方法,进行有目的、有计划的音乐编创活动。普通音乐教育培养的不是专业作曲家,而是具有创新创造活力和创意思维的人,因而与表演教学一样,音乐创造教学同样要避免专业化教学模式,特别是要尊重、欣赏、鼓励学生个性化的自主创意。在教学中,教师应指导学生积极参与各种形式的音乐创造活动,通过所创造的作品自信地、充满创意地展示与表达自己的审美感受、想法和观点。音乐创造教学要与欣赏教学、表现教学相结合,创造活动要渗透于音乐欣赏与表现活动当中,在表现与欣赏中创造,在创造中表现与欣赏。同时,要鼓励学生借助现代信息技术和人工智能技术等来开展音乐创造活动,创造出新颖别致的作品,并乐于与同伴分享交流。

(二) 课外音乐活动

课外音乐活动是学校音乐教育的重要组成部分,最能体现出音乐教育的实践性、体验性特征,具有独特和重要的育人价值与功能。课外音乐活动不仅是音乐课堂教学的延伸,而且它本身就是音乐教育的独立存在形式与内容。学校课外音乐活动的载体主要包括学生音乐艺术社团、音乐兴趣小组、班级年级校级集体音乐活动等。课外音乐活动要凸显美育的本质特征,要实现以美育人的目标,就必须坚持常态化、群体化、生活化、课程化。

第一,常态化。这是从活动频次上讲的,就是指课外音乐活动的开展是经常性的,是不拘规模大小、规格高低的,一般来说,每周都开展活动,每逢节庆则可能活动更为集中。课外音乐活动应该开展得越多越好,成为学生艺术生活与校园文化的常态。时间安排上可以是固定的,也可以是灵活的;活动内容上要丰富多彩,尽可能满足学生的个性化需求;活动形式上可以是班级的、年级的、校级的,也可以是艺术单项的、专项的、综合的,还可以是个体的、群体的、全体的。课外音乐活动必须训练与展示并举,要尽可能多地为学生搭建展示的平台和提供展示的机会,这是课外音乐活动可持续发展和充分发挥育人成效的关键因素。

第二,群体化。课外音乐活动与音乐课堂教学一样,一定是面向人人的,它并不是音乐特长生俱乐部。与课堂教学相比,其最大的特点和优势就是能够满足学生的个性化需求,无论是活动的内容、形式和规模,都可以为学生量身打造,真正做到因材施教,因地制宜。这是学校开展课外音乐活动首先必须树立的正确观念和基本策略。国家印发的多个美育文件都对包括课外音乐活动在内的学生艺术实践活动提出了明确要求,强调全员性与群体性,强调惠及全体与面向人人,不断提高美育活动的参与面和受益面。《关于全面加强和改进新时代美育工作的意见》中特别提出要大力推广惠及全体学生的合唱、合奏、集体舞、课本剧等,正是基于这样的目标。

第三,生活化。课外音乐活动要真正实现常态化、群体化,就不能滑向技术化、专业化的误区,而必须走生活化之路。长期以来,课外音乐活动的技术化、专业化倾向是较为普遍的,育人意识比较淡漠,习惯于枯燥的技能训练,学生的音乐学习兴趣与爱好因此被磨灭。课外音乐活动必须对接学生的现实音乐生活,树立为学生音乐生活服务的意识,无论是内容的选择、形式的组织、指导的方式、评价的标准、展示的样态等都必须走生活化、业余化之路,真正让课外音乐活动融入学校教育与学生生活的全过程。

第四,课程化。课外音乐活动是美育实践活动中最普遍、最重要的方面,实施课程化管理,有助于实现课外音乐活动的常态化、群体化,有利于提高活动质量和育人成效。课外音乐活动的课程化管理可以从三个方面着手:一是时间安排上的课程化,活动时间要相对固定,编排上课表,要保持活动的一定频率;二是活动内容的课程化,这需要根据学生需求和学校条件做出科学系统的安排;三是活动评价的课程化,学生参与课外音乐活动的表现情况要作为音乐课程成绩评定的一个重要考查指标。

(三) 校园音乐环境

校园文化环境建设是学校教育的重要组成部分,校园音乐环境是具有独特育人价值的隐性音乐课程,它和显性音乐课程相互映衬交融、形成合力,共同构建学校音乐课程的完整系统,协同实现以美育人的目标。

校园音乐环境的育人功能尤为体现春风化雨、润物无声的特点。校园音乐环境可以分为硬环境和软环境两个方面。

所谓硬环境主要是指体现出音乐艺术特色的校园自然环境和供学生开展音乐实践活动的各种设施设备等。无论是学生还是教师，若走进校园就能感受到一种体现音乐艺术特质的设计感、画面感，如将音乐家雕像与图片、音符与旋律图案、乐器模型等巧妙地布局在校园里，那么就会很自然地让师生产生一种走进音乐乐园的美感。学校广播台、电视台、LED 显示屏、宣传栏等，都是十分重要的音乐文化传播硬件，尤其对传播高雅音乐、弘扬民族优秀音乐文化具有独特优势。另外，无论是音乐课堂教学的延伸还是课外音乐活动与音乐艺术展演的开展，都需要为学生搭建展示、交流、分享的平台，这就要求校园室内、室外环境建设都要为学生设计诸如表演厅、音乐角、合唱台、卡拉 OK 厅等场所，以及提供各种可供学生随时使用的音响设备、乐器等。这些设施设备建设必须因地制宜，根据学生需要和学校条件来进行配备，不求有多好，而要确保有。要让学生在校园生活中随时都可以想唱就唱、想弹就弹、想舞就舞。

所谓软环境是指各种体现音乐文化内涵的教育教学资源与艺术文化氛围，它主要体现于学校的音乐文化特色与品牌以及形成校园文化传统的各种创新做法。许多学校都有自己的音乐文化特色与品牌，如传承地方音乐文化的特色，节庆音乐文化、红色音乐文化、主题音乐文化品牌，校园内歌声回荡、班班课前有歌声，自发的或有组织的音乐表演活动在校园内随处可见，各个学科的课堂上播放的轻柔的背景音乐，校园集会活动前的音乐暖场表演，等等。这些都属于校园音乐文化环境的载体与内容，能够潜移默化地对学生施加美育影响，具有良好的育人成效。

（四）音乐艺术展演

将艺术展演纳入学校美育体系，这是近年来随着艺术展演在学校美育中所体现出的独特育人价值越来越明显而得以实现的，可以说，艺术展演已经成为新时代学校美育不可或缺的重要组成部分。音乐教育离不开艺术实践活动，没有艺术实践活动的音乐教育和不能参与艺术实践活动的学生审美生活都是单调而苍白的，而音乐艺术展演既是学生艺术实践活动的主要形式之一，也是学生艺术实践活动成果最好的呈现形式。

音乐艺术展演不是一种比赛活动，主要不是展示音乐专业技能水平的高低，而是给学生搭建展示平台以展现他们的音乐才华与青春风采。但长期以来，学校的音乐艺术展演活动在一定程度上被功利化了，锦标至上的倾向比较严重，因而音乐艺术展演往往成为极少数人的专利，而这种专利是以牺牲绝大部分人参与展演活动的机会为代价的。为此，要想真正发挥艺术展演的美育价值和功能，音乐艺术展演必须从实施上由膜拜技术转向崇尚艺术，从目标上由热衷功利转向专心育人。

音乐是有技术的，但音乐艺术不等同于技术，艺术包含着技术，但比技术层次更高。音乐艺术展演有技术展示的成分，但技术水平的高低不是展示应该关注的主要方面，尤其不应该成为评价展示水平的主要指标。音乐艺术展演应该崇尚的是对艺术与美的热爱与敬畏，对情感与心灵的表达与共鸣，它是一种美感的浸润，激情的传递，青春的彰显，如果我们把如此走心的活动降低到技术层面，以美育人的目标试图靠技术来达成，那不仅是忘记了展演的初心，降低了展演的品位，而且还是对艺术与美的庸俗化理解。

音乐艺术展演不是为了满足某种功利追求而存在的，它是一种美育的实践体验形式与载体，如果以获奖为目标，那么展演就失去了其存在的价值，展演活动开展得好不好，评价的唯一标准就是它的育人功效。为此,要鼓励音乐艺术展演公益化,因为公益本身就是一种非功利的行为,具有良好的育人功效,对助力艺术展演从功利化转向育人的正轨,具有很强的促进作用。艺术展演公益化可以从两个方面入手:一是学校要鼓励和组织学生经常性地参与社会公益性展示,如节假日参加街道、社区、公共场所的节庆演出,定期或不定期到社会福利机构、特殊学校、乡村等开展送温暖献爱心的慰问演出;二是要杜绝任何以盈利为目的的艺术表演行为,这是学生音乐艺术展演活动不可触碰的一条底线。

以上从基本理念与原则、实施策略与方法两个方面对音乐的美育方法进行了探讨。应该强调的是,无论是最先进的教育理念还是最好的教育方法,都需要由教师去践行和落实,可以说,有什么样的教师就有什么样的育人成效,音乐教育育人成效的高低主要取决于教师。这就要求音乐教师必须以育人为使命,要做一个名副其实的"育人之师"而不是"授艺之师",要具有美育理想和教育情怀。只有音乐教师充满教育情怀与爱,不忘美育初心与使命,音乐教育才能真正从学科为本转向育人为本,真正从追求功利转向专心育人,真正春风化雨、润物无声般地实现提高学生音乐核心素养、陶情冶性、滋养心灵、激发创新创造活力的美育价值。

音乐数据库
参考

📝 本章小结

> 音乐既是声音的艺术,也是时间的艺术和空间的艺术,还是表演的艺术、表情的艺术和抽象的艺术,正是这些独特而鲜明的艺术特征,使得音乐成为人类最具普遍性和感染力的艺术形式之一。音乐是学校教育课程体系中的一门必修课程,它具有重要的美育价值,主要体现在能够有效提高学生的音乐核心素养,陶情冶性、滋养心灵,激发创新创造活力。音乐教育实践必须坚持育人为本,优化课程内容,创新教学形式,完善教学评价。要构建音乐课堂教学、课外音乐活动、校园音乐环境、音乐艺术展演"四位一体"的教育教学体系,并采用与这四个方面相契合的实施策略与方法。只有这样,才能充分发挥出音乐的美育育人功效,实现音乐以美育人的价值追求。

❓ 思考练习

> 1. 如何理解音乐的美育价值是基于音乐的艺术特征,以及音乐教育的美育属性?
>
> 2. 为什么音乐教育在丰富想象力和培养创新意识、激发创新创造活力方面具有独特的优势?
>
> 3. 音乐教学在实施国家美育文件提出的"艺术基础知识技能 + 艺术审美体验 + 艺术专项特长"教学模式时,应该注意哪些问题?
>
> 4. 如何构建音乐课堂教学、课外音乐活动、校园音乐环境、音乐艺术展演"四位一体"的音乐教学体系?
>
> 5.《乐记》是我国最早的一部具有比较完整体系的音乐理论著作,其中蕴含着丰富的音乐美育思想,这些思想对今天的学校音乐教育具有哪些启示?

第十一章　舞蹈的美育价值与美育方法

学习目标

　　了解舞蹈的艺术特征,认识"面向全体学生"的舞蹈美育的价值内涵及其方法原理,理解"通过'舞蹈'实现'教育'",即以舞育人的理念与实践,对舞蹈美育如何帮助学生在其创造性审美活动中获得全面发展有深入认识。

内容概要

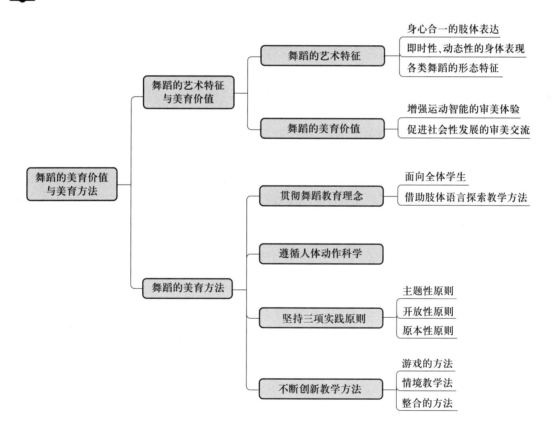

— 第一节　舞蹈的艺术特征与美育价值 —

舞蹈，作为一种特殊的审美运动，一种人类精神通过肢体的诗意呈现，其丰富性与深刻性远远超出了人们对它的直观认识和表象理解。它那指向无限深广的优雅身姿引领人类对真、善、美的向往。从这个意义上说，舞蹈作为"美的教育"承担着激发与提升人类理想情怀的使命。

一、舞蹈的艺术特征

(一) 身心合一的肢体表达

物质的身体：人类的一切精神活动莫不仰赖身体的物质存在。身体是舞蹈发生发展的条件。[1] 在与地球引力的顺应或对抗中，人特有的身体结构与系统功能不断地完善着自身的平衡与控制，并在与外部世界互动中形成感觉、反应与记忆等。正是这种复杂的肢体运动反映出人类高度发达的身体素质。由此，个体得以借助身体这一媒介，从现实世界进入舞蹈世界。

精神的身体：人的本质在于心灵、情感、思想、意志等精神因素，并非仅仅是物质的身体。因而舞蹈自身强烈的形而上特质赋予舞蹈"有意味的"身体运动，其中的意味莫不源自人类与生俱来的灵性与无比丰富的精神世界。

身心合一的肢体表达：正如英国心理学家哈夫洛克·埃利斯精辟的表述："如果我们漠视舞蹈艺术，我们不仅对肉体生命的最高表现未能理解，而且对精神生命的最高象征也一样无知。"[2] 身与心的合一、灵与肉的不可分离，致使舞蹈"作为人的意识的载体"[3]。彰显出身体和精神高度统一的艺术形象与意象。

(二) 即时性、动态性的身体表现

舞蹈不借助于其他媒介，直接生发于人的身体。人自身作为舞蹈的载体，决定了其即时性、动态性的特质。

舞蹈的即时性体现在，当人跳舞的时候，舞蹈就存在，一旦停下来，舞蹈就消失。所有通过其他媒介和技术留存下来的文字、图像或视频都无法被界定为舞蹈本身。而舞蹈的动态性，则呈现在"舞蹈是人体造型上'动的艺术'"[4]，即身心合一的肢体运动与时间、空间、力量三者丰富的互动变化。由此生发的肢体语汇就从身体扩展出一个统摄诸多运动元

---

[1] 刘青弋：《现代舞蹈的身体语言教程》，中国人民大学出版社 2011 年版，第 105 页。

[2] 吕艺生：《舞蹈美学》，中央民族大学出版社 2011 年版，第 55 页。

[3] 吕艺生：《舞蹈美学》，中央民族大学出版社 2011 年版，第 57 页。

[4] 吕艺生：《舞蹈美学》，中央民族大学出版社 2011 年版，第 64 页。

素的舞动系统,其中包含:身体、时间、空间、力效(力量的质感)、运动(动作及动作性质)、形式(动作组织方式)等。正是这些元素的复杂交互与无限变化,使生命之舞跃然而生(表 11-1)。

表 11-1　舞蹈运动元素

舞动元素			
身体	**部位:** 头、颈、手(腕、指)、臂、肩、脊柱、躯干、腿、脚(踝、跟、尖)等	**关系:** 局部与整体、个体与群体、群体与群体、定点与移动、失重与平衡等	
时间	速度、节奏、节拍 / 非节拍、呼吸等		
空间	**地点:**自空间、外空间 **尺度:**大 / 小、远 / 近 **水平:**高 / 低 **方向:**上 / 下、左 / 右、前 / 后、对角、倾斜 **路线:**直、曲、点等		
力效	**八元素:**轻 / 重、快 / 慢、延伸 / 直接、流畅 / 阻塞		
运动	**原地:**弯曲、扭转、伸展、摇摆、松懈、轻颤、提、沉、冲、靠、造型等	**移动:**走、跑、跳、跃、爬、滚、转、疾驰、滑行等	**路线:**笔直、弯曲、锯齿、圆形、不规则等
形式	重复(卡农)、短句、组合、ABA、叙事、抽象、打破 / 重组等		

(三) 各类舞蹈的形态特征

1. 民间舞的形态特征

被称为"一切舞蹈之母"的民间舞蹈源远流长,从古至今,蕴藏在世界各地及各类族群的传统文化与日常生活中。由于地域、气候、文化、语言、风俗、禁忌等诸多因素的影响,演变出了千姿百态、五彩斑斓的艺术形式和身体形态。民间舞的身体形态最突出的特点就是多样性、即兴性与社交性。如中国汉族春节社火中几乎全民参与的秧歌,因节日聚会或为驱邪祈福可以随时随地跳起来的藏族的踢踏舞,维吾尔族的刀郎舞,朝鲜族的鹤舞,蒙古族的萨满舞等。此外,还有非洲部落欢庆狩猎的舞蹈、德国与奥地利的华尔兹、捷克的波尔卡、波兰的玛祖卡、西班牙的弗拉明戈、阿拉伯国家的肚皮舞、美国夏威夷的草裙舞等,不一而足、美不胜收。

2. 古典舞的形态特征

舞蹈的古典美主要体现在其程式化、仪式化、技术化的过程中,其身体形态被不断规范出秩序、优雅、精致、表意等特征。这种美多存在于宫廷礼仪社交、寺庙祭祀以及舞台表演等类型中。

如,中国汉代宫廷里的"以舞相属",就是王公贵族们在宴会间乘兴而舞并以礼相邀的交谊舞;法国路易十四时期的宫廷舞,贵族们的舞步变化多端、体态矜持典雅;中国孔庙里每年举行的祭孔大典则呈现出神情肃穆、体态庄重、步态持稳的形态特点。舞台上,东方最具中国传统古典美的代表,当属梅兰芳的《天女散花》,其身体动作形态以"圆"为美,演绎出圆润周游、婉转往复的流畅感,以及动中有静、静中有动,阴阳相生的身体美学追求;而西方的古典芭蕾经典《天鹅湖》,其身体形态则钟情于"黄金分割"的美感,以轻盈的体态演绎出强烈的向往天堂的意识。虽然,东西方舞蹈的身体表现形态差异极大,但究其内在的特质是具有统一性的,即程式化的规范和典雅,以及与各自传统文化密切相连的象征意味。

3. 现代舞的形态特征

现代舞的形态特征,发端于美国现代舞之母伊莎多拉·邓肯,她将舞蹈拉下神坛,强调"人"的身体,并随之得到现代舞蹈先驱们高歌猛进的开创性发展。他们极力推崇人的觉醒、自由意志以及自我肯定,从而反映出风格迥异的个性化舞蹈身体形态。如德国玛丽·魏格曼的现代舞中原始的、神秘的身体;美国玛莎·格雷姆的现代舞中紧张的、反抗的、怪诞的、内省的身体之美,以及多丽斯·韩芙莉在现代舞中不断打破平衡,又不断克服失衡的身体表现等。

4. 时尚舞的形态特征

这类舞蹈可以说在全球化进程中与城市、商业、媒体的联系最为紧密。颠覆性的高新科技以及互联网与自媒体的迅猛发展,加剧了现代商业文化与流行文化的国际交流密度与深度,从而激发了各类舞蹈在当代文化生态中的融创与新变。例如,具代表性的美国街舞、爵士,日韩的劲舞,印度宝莱坞歌舞等,以及广泛流行于世界各地的大型演唱会、大型实景剧、跨界融合的实验艺术形式(如环境舞蹈、快闪、人机互动等),还有电视台、网络媒体上极富当代特色与时尚气息的舞蹈或准舞蹈形式,如二次元宅舞。通常这类舞蹈的身体表现强调个性,动作语言追求标新立异,时尚流行感鲜明,因而更受青少年的追捧。其中最具特色的身体表现莫过于节奏劲爆、活力四射、动作令人目不暇接的技术技巧,从而形成强烈的视觉冲击和艺术感染力。

二、舞蹈的美育价值

不容忽略的是,赏心悦目的舞蹈表象始终隐含着生命的冲动、身心的自由、意识的显现、思想的外化、情感的表达、审美的喜悦等丰富的人文内涵。正是这种将自我意识、身体表现以及精神情感高度统一的独特性,赋予"舞蹈美育"不可替代的育人价值——通过创造性的审美运动使人获得和谐全面的发展。

(一)增强运动智能的审美体验

舞蹈美育的优势之一,在于人可以借助肢体动作的审美体验发展其运动智能。这一基于情感的创造性审美运动,使得舞蹈区别于以技术技能见长的体育运动,以及其他日常功能性运动。

1. 舞蹈动觉的多元素质

舞蹈活动赋予人的动觉素质是多元的。一旦进入舞蹈世界,身体与外界就会发生某种错综复杂的互动。例如,无论是在节奏鲜明的律动中,还是在旋律性的抒情流动中,舞者自身在保持平衡、控制肌肉、感受空间、掌握速度、判断距离、把控力度、配合同伴等方面要敏感灵活得多。可见,舞蹈积极地促进了身体审美表现的协调性、敏感度和控制力。此外,贯穿肢体探索过程的"模仿、即兴、编创、表演、欣赏、评价"等实践活动,均关联着学生对自我感受的反思与表达、个性鲜明的情感外化以及批判性的思考和审美性的品鉴。

2. 舞姿动态的形象感知

当今处于视图时代,觉察和分析形象的能力必不可少。对此,舞蹈美育的优势突出。如描述身体在空间中的多维变化,解释各种舞姿动态的意味或象征以及解构与重构肢体语言符号等,为学生提供了大量获取非语言文字信息的锻炼机会。总之,无论个体驾驭自身的审美运动,还是对他人肢体动作的捕捉、分析与解读,都有助于其视觉世界中对一切动态或静态形象的洞察和把握。正如德国舞蹈教育家多罗特·军特所说:"动作敏感的人一旦使自己的身体获得觉醒,就能够用视觉来体验动作。"①

3. 肢体语言的知识迁移

从理解与表达的角度来看,舞蹈是一门"语言",是一种以肢体动作为符号的语言,因而有其自身的语言结构与逻辑。例如,可对应语文中字词、句子、段落的"单一动作、动作短句、组合片段",以及不断动态演化的"语法"等。在舞蹈美育活动中,这一肢体语言的具体实践不仅有助于学生思维上的转换,如形象化与概念化之间的互换,也有利于他们知识上的迁移,如自觉不自觉地将舞蹈思维或经验带入其他情境或领域中创新应用。

(二) 促进社会性发展的审美交流

如果我们肯定人的复杂性,那么以"人"为载体的舞蹈就不应被简单地理解。作为一种审美性语言,舞蹈发生的动态即时性、身心合一以及意识与精神的肢体外化,为学生的社会化提供了多种可能。事实上,除了美的启迪,舞蹈还具有多种功能,其中促进文化理解与社会性发展尤为突出。

1. 理解文化的多样性

舞蹈文化特有的历史性、多样性、审美性,为舞蹈美育活动提供了文化交流融合的丰富维度。加之,从文化传承与创新的角度强调开放性与创造性,必然促使舞蹈美育对不同地域、不同民族的舞蹈进行借鉴、引进以及融会贯通。由此营造和创设的多元文化情境,有助于不同背景和个性的参与者在特有的审美愉悦中进行交流互动。其间,因"不同"激发理解,因"合作"形成包容的具体实践,有助于加强和提升学生对文化多样性的理解力以及个体差异的尊重意识。

2. 支持促进"社会化"

舞蹈美育活动中存在大量的学生间表达、理解、交流、合作、赏评等环节。比如,通过肢体语言,学生需要进行"双人舞"或"三人舞"的积极互动与默契配合;通过小组"集体舞"的编创,组员间需要进行民主协商、集中智慧、通力合作,以便最终完成作品的创作与展演等。由此引发的欣赏与评价,则有助于学生们在友好的氛围中表达赞赏并提出建设性的意见。显然,舞蹈的审美创造性实践,不仅锻炼、提升了学生的沟通、合作、领导等能力,也为他们的"社会化"成长提供了更多的支持和激励。

---

① 多罗特·军特:《节奏与育人》,载于[德]芭芭拉·哈泽尔巴赫主编:《奥尔夫教学法的理论与实践》(第 1 卷:经典文选 1932—2010 年),刘沛译,中央音乐学院出版社 2014 年版,第 32 页。

— 第二节　舞蹈的美育方法 —

"面向全体学生"的舞蹈美育的实质是通过"舞蹈"实现"教育",即追求完善人格与人的全面发展的审美教育。它不同于"专业舞蹈教育",而是属于"非专业舞蹈教育"范畴。易言之,在面向人人的学校舞蹈美育中,"舞"只是手段,"人"才是目的,即以舞育人,以美化人。

一、贯彻舞蹈教育理念

(一) 面向全体学生

教育部 2002 年发布的《学校艺术教育工作规程》中明确要求:学校艺术教育工作应"贯彻面向全体学生、分类指导、因地制宜、讲求实效的方针"。面向全体学生也是国际上学校艺术教育的通行的要求。舞蹈教育家、舞蹈美学家吕艺生直击中国艺术教育中"特长生"与国家提倡的"素质教育"目标的偏离。他呼吁:"真正实现素质教育就要惠及多数人,要实现艺术教育的'有教无类',就要在包括舞蹈教育在内的艺术教育面前做到人人平等,公平公正,就是要努力使它'面向全体学生'。"[1]吕艺生身体力行十余年、创建出与国际先进国家接轨的、服务全体中国学生的舞蹈美育课——素质教育舞蹈。该课程有教无类、以人为本的美育精神,有力推动了我国学校舞蹈美育课程的多元化发展。

(二) 借助肢体语言探索教学方法

动态性与即时性作为舞蹈最突出的特点,决定了舞蹈美育理应围绕"实践",即借助肢体语言的创新发展来进行教学方法的探索。唯此,才能避免把"概念式说教"用到舞蹈美育上来。

实事求是地讲,无论多么擅长"欣赏"舞蹈,如果没有"跳"的经验,即没有运用肢体语言的经验或能力,遑论理解舞蹈。没有学生亲自参与实践的舞蹈美育,其关键缺陷在于学生无法通过运用和发展自身的肢体语言,浸入舞蹈特有的审美运动意境中,从而真切体验身体变化万千的动作质感和无限的表达空间,也无法在探索和发现的身心喜悦中获得联系、整合以及创造的感性经验。因此,借助肢体语言探索与创新的教学方法极为重要。这里也包括相对侧重理论的舞蹈史、舞作赏析等课程。经验表明,这类课程若能在舞蹈文化的关照下,进行不同程度的"舞蹈化"设计,如针对不同时期、地域或类型的舞蹈专题或现象,引导学生发展特定意义的肢体语汇并由此展开多元的理解与诠释,就可以把相对枯燥的理论、抽象的概念转化为生动有趣的舞蹈实践活动。

总之,舞蹈美育的使命之一,就是帮助无数久坐在教室里的学生进入舞蹈的世界,张

---

① 吕艺生主编:《素质教育舞蹈》,上海音乐出版社 2014 年版,第 8 页。

扬天性、释放潜能,而不是继续坐着听讲,把那些与自身经验缺乏联系的舞蹈知识点记在笔记本上,以备考试之用。这与只有在舞动中才能彻悟"何为舞蹈、为何舞蹈、如何舞蹈"的美育精神是背离的。唯有通过肢体语言的探索与创新,舞蹈美育才能更好地发挥其动感与美感高度统一的实践影响力。

二、遵循人体动作科学

19世纪末20世纪初,舞蹈先驱们不乏以哲学的思想、科学的精神,探索舞蹈艺术的新维度,从而赋予舞蹈别开生面的新发展,并由此广泛而深入地影响着舞蹈、教育、工业、医疗等多个领域。时至今日,有些思想理念与研究成果随着时间的推移,愈发显示出其永恒的规律。其中,被誉为舞蹈界爱因斯坦的舞蹈艺术家、舞蹈科学家、舞蹈教育家鲁道夫·拉班发明了"人体动作科学"与"拉班舞谱",可谓赋予舞蹈科学属性的第一人。

拉班对人体在空间中运动的深刻洞见,使得其理论具有特殊的复杂性和有机性。他对动作的研究延伸到了与生物学、心理学、物理学等交叉的领域,并最终建立起包含舞蹈运动在内的人体动作科学体系。正因如此,我们有必要以拉班的运动观为前提,来理解和思考舞蹈以及舞蹈美育的具体实践。首先最基本和最关键的是,拉班动作理论的"三要素"——时间、空间、力效。时间,即速度、节奏、节拍;空间,即三维的"球体空间"(图11–1),其中包括3个平面、20个面体等。力效,即人体动作在空间运动中显现出强、弱、重、轻的质感。其中八个元素:轻与重、快与慢、延伸与直接、流畅与阻塞,正如美术中的三原色与音乐中的音符,可形成无限变化。

拉班的"人体动作科学"为全球无数致力于舞蹈教育改革的践行者提供了重要的理论支持与应用工具,从而推动了自20世纪以来舞蹈课堂的革命性变化。经验表明,舞蹈教师若能从这三个基本的概念拓展至对"舞动元素"的深入学习、实践并结合自身的理解进行尝试,就会洞见诸元素仿佛无数"不定的点",在动态交互中形成变幻莫测的"运动景观"。只有置身其中,教师才得以引领学生发展个性化的肢体动作与舞姿动态,从而与他们共同探索发现焕然一新的舞蹈世界。通过对这一理论及方法论的应用,教师不仅可以领悟拉班人体动作科学的博大精深,同时也会收获某种舞蹈教学的满足感。

三、坚持三项实践原则

(一) 主题性原则

由一个想法出发,即围绕一个主题展开舞蹈化的构思与设计。这不仅可以带给课程某种规定性和整体感,同时也相对避免了以往因性别、舞种、技术所引发的困扰且容易拓展出与不同专业、学科发生联系的诸多可能。

对于主题的选择,应观照三个方面:一是主题的可舞性,从时、空、力三个方面考虑是否具有动作开发潜力;二是主题与教学对象的适合度,应从年龄、心理、认知经验、兴趣点以及接受能力等方面考查;三是主题与多个专业或学科发生联系的可能性,如与姊妹艺

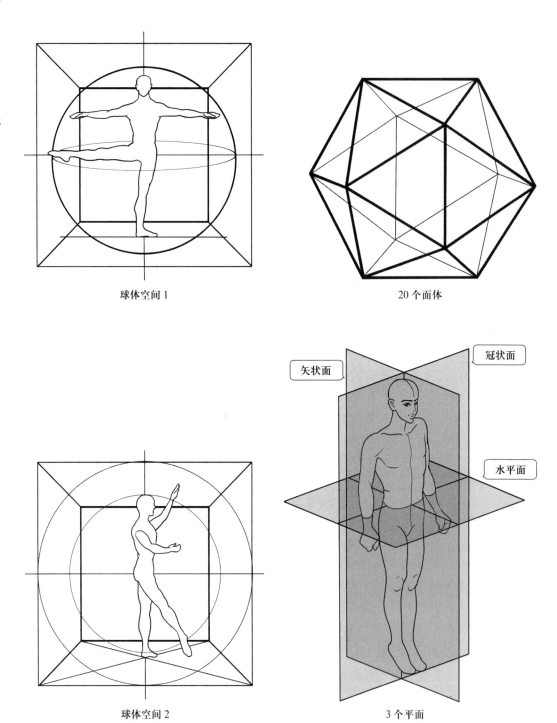

球体空间 1

20 个面体

球体空间 2

3 个平面

图 11-1　拉班动作理论的"三要素"

术、自然科学、人文历史等。例如,如果选择"水"作为主题,从形状上分:泉水、小溪、瀑布、江河、大海等;从形态上分:液态、气态、固态;从动态或力效上分:轻、重、缓、急、升腾、漂浮、冲击、静止等。此外,关于水的文学与艺术作品也十分丰富,有助于教师设计出精彩生动的舞蹈课例。

围绕某个主题设计的课例一般包括:导入、模仿与即兴、个人或小组编创、展示与评价、总结,这五个主要的环节(可酌情调整)通常需要 2~4 个课时(40~45 分钟一节课)完成。

素质教育舞蹈课例"永"

以结合书法设计的素质教育舞蹈课例"永"作简要说明(该课例可针对不同教学对象予以或简或繁的调整)。

导入环节:让学生体验拿毛笔写"永"字(视条件而定)或以提问的方式引导学生用身体不同的部位"写"永字,由此引申出中国书法理论"永字八法"[①],并在探讨中予以诠释。

个人编创:每人选永字的三个笔画,用身体的三个部位,在教室里三个不同的位置上予以展示(给学生的任务要适度)。

个人展示与评价:随机分组进行个人展示(避免单个展示带给学生压力);请部分学生分享个人感受和提出建议。

欣赏与讨论:播放云门舞集的经典舞作《行草·一》,提问并引导,帮助学生发现其艺术风格、动作质感以及艺术家的表演修养。

小组合作编创:分四或五组(视情况而定),每人把自己的动作教给组员,之后根据教师的编创要求(结合永字八法中的时、空、力以及意象等元素设计),组员共同商议如何组织发展所有的动作。

小组展示与评价:各小组分别展示,之后请各小组对其他组进行点评并给出肯定的意见和完善的建议。

欣赏与讨论:展示中国古代的书法经典《兰亭序》,提问并引导,使学生发现书法之美与辞章之美(亦可酌情延伸更多的书法作品或就某些学生的兴趣点予以深入)。

总结:教师以提问为主,引导学生用关键词概括通过身体舞动"永字八法"的体验与收获,并适度拓展书法与舞蹈联系的更多可能,以便学生课下自主学习。

(二) 开放性原则

开放性的课堂是培养学生创新思维的关键条件。轻松愉悦、开放自由的课堂,能促进师生们活跃的思维与创新实践的不断涌现。尽管教学活动依赖一定的模式、基本的环节以及内在的逻辑,但这些都不应被过度地、机械地强调,以免限制课堂应有的开放度和自由度。

中国传统哲学强调"法无定法",肯定的就是普遍意义上的超越,从而完成突破进入新的境界,其中强烈的开放性与创新精神值得借鉴。因而,鼓励学生大胆想象、积极尝试甚至试错,应成为教师自觉追求和营造理想课堂的目标。通常,开放的课堂里更容

---

① 永字八法:点为侧,如鸟翻然侧下;横为勒,如勒马之缰;竖为弩,如弩之张力;钩为趯,如跳如跃;提为策,如策马之鞭;长撇为掠,如篦之掠发;短撇为啄,如鸟之啄物;捺为磔,如牲之裂。

易产生某些"意外",而是否能把意外转化成"惊喜",则取决于教师的综合素质与创新能力。

(三) 原本性原则

当音乐响起,天真无邪的儿童常常会欢悦地自动跳起舞来。而遗憾的是,随着他们渐渐长大,这种自然而然的起舞现象也随之逐渐消失。人们对此似乎已熟视无睹,然而从美育的角度观察,它却是某种极为重要的暗示。

借助艺术人类学提出的"原本性",上述的现象可以说是对这一概念的生动注解。20 世纪初,德国音乐教育家卡尔·奥尔夫就强调"音乐的原本性"[①],并依此教育观创建了影响全球的奥尔夫音乐教学体系。受这一思想的影响,我国舞蹈教育家吕艺生也强调"舞蹈的原本性"[②]。

原本性追求的实质是尊重人的自然天性,回归本我的自由。由此引申至舞蹈的原本性或原生性,就是尊重学生个性化的身体在自发状态下的动作表现。面向全体学生的舞蹈美育课,应坚定地立足于这个原本性动作发生、发展的逻辑起点。只有这样,普通学校舞蹈美育的审美取向才不会被规范化、风格化,即服务舞台的"舞蹈表演专业"的审美标准干扰和误导。毕竟,面向人人的舞蹈美育与面向少数精英的专业舞蹈教育,不可能是一个标准。正如芭蕾经典舞姿"阿拉贝斯",舞台上职业舞者的精湛表演与课堂里学生稚嫩的表现相比,外形上的差异一定很大,但二者内在舒展、延伸的意识且由此引发的审美想象、审美体验以及情感的愉悦、精神的焕发并无本质上的差别。

当然,这并不意味着老师对学生的原本性动作不做审美意义上的引导和干预,也不意味着必须排斥部分学生走向专业舞蹈的意愿及可能性。但值得提醒的是,无论原本性动作抑或专业性动作,教师应尽可能忽略动作表象的差异,而直抵个体自我表达的本质。毕竟,一旦自由忘我地舞蹈,学生就很容易从个人经验进入普遍理解。

四、不断创新教学方法

(一) 游戏的方法

古今中外,无论创设游戏环境,还是运用游戏方法,都是被广泛推崇的教育活动形式。美国教育家杜威很重视"游戏活动"且更强调"游戏态度"或"游戏精神"。米哈里·契克森米哈的"心流理论"诠释了人在游戏时所产生的内在驱动及其价值。该理论证实,游戏中忘我投入的"心流状态"是发明创造的关键性条件。

针对舞蹈美育,"游戏的舞蹈化与舞蹈的游戏化"是帮助舞蹈教师实现理想教学的有效方法和途径。游戏不可替代的价值,体现在其有利于创设以审美愉悦为基

---

① 卡尔·奥尔夫:《音乐:感于内心 动于身体》,载于[德]芭芭拉·哈泽尔巴赫主编:《奥尔夫教学法的理论与实践》(第 1 卷:经典文选 1932—2010 年),中央音乐学院出版社 2014 年版,第 35—38 页。

② 吕艺生常将"舞蹈的原本性"与"舞蹈的原生性"互换使用,且针对舞蹈的特殊性更倾向于使用后者。

调的课堂氛围,并有助于学生处于心流状态中不断地探索和深入,特别是对处于应试教育生态中的学生们尤为重要。因而,始终需要把游戏融入舞蹈美育课程的创新发展中。

(二) 情境教学法

舞蹈活动为情境教学的创新应用提供了更多的兼容性和可能性。实践显示,该方法有助于教师在激发学生的审美想象中,引导他们通过身体的模拟、即兴、编创,发展出形象化的肢体语言。例如,围绕中国饮食文化中"四大菜系"(鲁、川、粤、淮扬)的图片、视频以及学生们的日常饮食经验,引导他们用肢体对代表性菜肴的烹饪过程进行艺术表现。此间,情境教学会效调动学生们的联想,使他们沉浸于对各种食材炒、煎、炸、煮、炖、烤等情形的虚构,从而拓展出极富生活气息和个性化的舞蹈动作语汇。

如上,学生通过舞蹈的思维、方式,不仅完成了概念认知层面的身体表达,而且有助于将某些非语言、非逻辑、非智力因素进行内化或重构。

(三) 整合的方法

理想的舞蹈美育课堂需要多个维度上的联动与拓展,这就离不开"整合"的方式方法。从相对意义上讲,整合应兼顾两个方面:一方面是舞蹈作为艺术形态或文化形态,其内在的整合,如舞蹈表演、编创、动作分析、作品赏析、舞蹈历史等;另一方面就是外在的,以"舞蹈+"为思路的整合,即创建与不同科学领域的跨界联系,如自然科学、社会科学、思维科学等。

无论是内在的还是外在的,整合中的舞蹈美育离不开六个维度上的编织与交互,即交叉互动中赋予整个实践过程以丰富多元的内涵,它们是模仿、即兴、编创、交流、合作、赏评。其中,舞蹈模仿、舞蹈即兴、舞蹈编创,可以说是舞蹈教学中的三大支柱。依据"以学生为中心"的建构主义方法的课堂,这三者形成的探索性、创造性的实践带给舞蹈课以开放、自由、创新的特点。同时,与这三者交互展开的小组合作、交流探讨、欣赏点评等环节,是培养学生核心素养与综合素质的有效方式。它们不同程度地涉及合作力、领导力、审美力、理解力、表达力、学习力、创新力、责任感以及发现问题、分析问题、解决问题等能力的锻炼与培养。其间,贯穿始终的是"舞蹈+",即舞蹈与什么可以发生联系?怎样联系?联系后如何舞蹈化发展?这一整合的方法可以说从课程的设计到实施,决定着整个美育活动的创意、结构、内容、推进以及最终的教学质量与效果。

本章小结

> 舞蹈,不是一座孤岛,它深嵌于人类文明。舞蹈美育的使命就是要忠实地将这种不可割裂的有机性生动地反映出来。基于此,本章围绕舞蹈的艺术特征、舞蹈美育的核心价值与方法,阐释了如何以多元的人文内涵、丰富的肢体语言以及科学的理念与实践,使学生在舞蹈世界中建构真、善、美的意义,并由此获得全面的发展与综合素质的提升。

? 思考练习

1. "面向全体学生"的舞蹈美育有哪些挑战？如何应对？

2. 舞蹈美育为何强调"实践"？你将如何尝试？

3. 舞蹈美育为何重视"有机性"？请举例说明。

4. 舞蹈美育如何具体地体现"以人为本"？请举例说明。

5. 请选择一首诗或一幅画，尝试用肢体表现出来。

6. 选择生活中一两个熟悉的"动作"，如洗头、穿衣服等，尝试放慢动作的速度重复(可配喜欢的音乐做背景)，并基于亲身体验思考：什么是"有意味"的肢体表现？

第十二章　美术的美育价值与美育方法

学习目标

　　了解美术的定义、美术主要门类(绘画、雕塑、设计、工艺)的艺术特征,理解美术学科独特的美育价值,以及美术的美育理念,掌握美术鉴赏教学与美术创作教学的育人方法。

内容概要

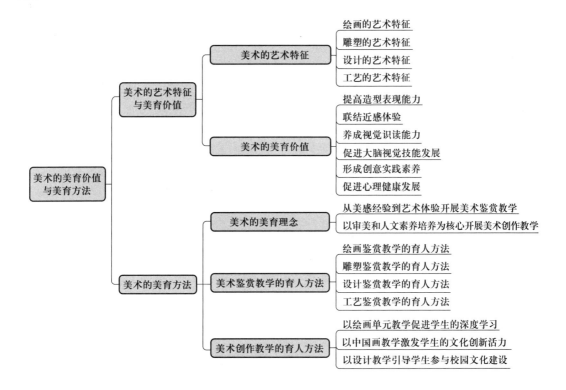

― 第一节　美术的艺术特征与美育价值 ―

　　美术是与创造主体的审美理念相对应的造型表现活动及其现象,主要包括绘画、雕塑、设计、工艺等门类,它们分别具有自身的艺术特征。美术既具有教育的一般功能,又具有其他学科无法替代的独特教育功能。

一、美术的艺术特征

美术具有造型性、视觉性、触觉性、空间性、表现性、审美性、创新性、技术性等特性。美术主要包括绘画、雕塑、设计、工艺等门类。

(一) 绘画的艺术特征

绘画是通过色彩、线条、块面等造型手段塑造具有一定内涵和意味的平面视觉形象的艺术样式,是美术中最主要的门类之一。画家利用不同的工具、材料和表现方法创作作品,以表现社会生活与思想、情感。

绘画的分类方式多样,按工具材料和表现技法来划分,可分为水墨画、油画、版画、水彩画、水粉画、壁画、素描、速写等;按表现题材来划分,可分为肖像画、风俗画、历史画、风景画和静物画等;按表现手法来划分,可分为抽象绘画和具象绘画;根据国家、地区来划分,又可分为中国画、西洋画等。

绘画具有视觉性、画种的艺术性、材料的美感等主要特征,具体如下:

第一,视觉性。绘画是在二维空间上,依靠明暗和形象结构表现物象的凹凸,并通过物象大小、遮挡关系、透视变化和色彩变化、虚实等手法,塑造空间效果,将二维空间转化为三维空间,以有形有色的视觉形象来反映生活以及抒发画家的情感和思考。

第二,画种的艺术性。各种绘画门类因工具材料和技法等因素,形成不同画种独特的审美情趣。例如,中国画的主要特征为:以线条为主来表现物象;利用空白使表现主体突出;以墨色为主的赋色手法;独特的观察物象的方法;诗书画印合一的表现形式。油画是西洋画中的主要画种之一,其特征为:色彩丰富,能表现物象复杂的色调层次和雄伟场面;颜料有极大的覆盖力,凭借颜料的遮盖力和透明性能充分地表现描绘对象,立体质感强。

第三,材料的美感。画家使用的纸、木板、笔、墨、颜料、刀等物质材料,除了具有工具的作用外,材料本身固有的特性,也是创造艺术形象、构成审美价值的重要因素。例如,中国画的笔情墨趣、油画的笔触和丰富的色彩感、木刻的刀法和"木味"等。

(二) 雕塑的艺术特征

雕塑是运用刻、塑、筑等造型手段塑造具有一定内涵和意味的立体视觉形象的艺术样式,是美术的门类之一。雕塑家利用工具、材料和制作方法创作雕塑作品,以表现社会生活与思想、情感。

雕塑的分类方式多样,按形态来划分,可以分为圆雕、浮雕、透雕;按材质来划分,可以分为泥雕、石雕、木雕、铜雕等;按表现题材和用途来划分,可以分为纪念性雕塑、装饰性雕塑、实用性雕塑等;按作品摆放的位置和环境来划分,可以分为城市雕塑、园林雕塑、室内雕塑、室外雕塑、架上雕塑、案头雕塑等;按表现手法来划分,又可以分为抽象雕塑和具象雕塑。

雕塑具有空间性、材料性和触觉性等主要特征,具体如下:

第一，空间性。雕塑最主要的特征就是立体空间性。雕塑作品虽由实体材料制作而成，但它却是由实体材料与虚体空间共同组成的，其中包括雕塑作品本身所占用的空间和在雕塑作品内部及其周边的虚体空间。

第二，材料性。雕塑与材料不可分割，材料是雕塑作品的依托，是艺术家审美观念和情感的承载物。随着时代和科技的发展，新型雕塑材料层出不穷，如树脂、合金、玻璃钢等。同时，后现代主义雕塑家更为注重以材料固有的肌理、质感来表达作品的内涵，材料从配角变成主角。

第三，触觉性。雕塑作品与绘画不同，人们不仅可以观看，还可以通过触摸来感受石的厚重、玉的剔透、铜的光泽与泥的朴实。

（三）设计的艺术特征

设计（design）一词来源于 dessin，在拉丁语中的语义为"用记号表示计划"。"设计"（亦称"现代设计"），通常指有目标和计划的创作行为与活动。换言之，设计是为了解决某一个问题进行思考，运用各式各样的媒介进行表达，以解决问题的行为与活动。"设计"是一个动态的概念，随着社会的发展，设计的内涵与外延不断发生变化。

设计的种类很多，随着设计的飞速发展，它的种类还在不断地增加。根据设计的功能来划分，一般分为视觉传达设计、工业设计、环境设计、流行时尚设计这四大类。

设计具有原创性、时代性和传播性等主要特征，具体如下：

第一，原创性。一个新的设计理念，一种新的设计思想，以及在这种新理念和新思想指引下所出现的设计，在首次出现时，不论是个人的还是集体的智慧，这种"敢为天下先"和"能为天下先"的勇气和智慧都能够得到社会的广泛尊重。

第二，时代性。社会在不断发展进步，任何一个时代都有属于这个时代的原创设计。社会的、科学的、技术的、人文的各种因素在不同时代有不同的反映，紧跟时代步伐，是原创设计兴盛不衰的保证，而设计的民族性在某种意义上决定着设计的多元化。

第三，传播性。设计在某种意义上是在创立符号，这是设计一般意义上的特点。设计强调设计符号的特殊性和典型性，正是这种特殊性和典型性增强了设计的可认知性，因而使得设计具有广泛传播的可能。而可传播性在当今商品经济时代尤为重要。所以，设计除了必须具有文化和审美的意义之外，还必须具备商品的潜在意义，即商品流通的意义。

（四）工艺的艺术特征

工艺是劳动者利用生产工具对各种原材料、半成品进行增值加工或处理，最终使之成为制成品的方法与过程，既有物质生活的功能性，又有精神生活的审美性。中国工艺是指中国人民为满足物质需要和精神需要，在不同的历史条件下，采用各种物质材料和工艺技术所创造的人工造物的总称。它是中华民族造型艺术的重要组成部分，既体现了工艺的一般本质特征，在内涵和形式上保持着实用性与审美性的统一，又显示了中华民族自身文化所具有的鲜明个性。

工艺的分类方式多样：按工艺的功能价值可分为实用工艺和陈设工艺；按工艺的历史形态可分为传统工艺和现代工艺；按工艺的生产者和消费者的社会层次可分为民间工艺、宫廷工艺和文人工艺；按工艺材料和制作工艺可分为雕塑工艺、煅冶工艺、烧造工艺、木作工艺、织染工艺、编扎工艺、剪刻工艺等。

工艺具有实用性、经济性和美观性等主要特征,具体如下:

第一,实用性。创作工艺品时,工艺师要研究人与物的关系,研究人在使用物品时在生理和心理方面的关系和反应,以及在行动中的效果和变化。例如,持物时是否方便、省力、安全等,物品对人的清洁、冷热、软硬等感觉是否具有影响,坐、卧、行走时会产生怎样的效果等。

第二,经济性。这里所说的经济性不仅涉及成本、价值、能源和运输等,更在于效能和流行等积极的因素。

第三,美观性。在工艺创作中所表现的造型美、色彩美,以及材料美、工巧美等,都体现在时代美和民族美之中。同时,中国工艺浸透着中华民族的文化精神和审美意识,还富有鲜明的美学个性,如和谐性、象征性、灵动性、天趣性和工巧性。

二、美术的美育价值

美术的美育价值主要表现在以下六个方面,视知觉的创造性建构能力贯穿其中,具体如下:

(一) 提高造型表现能力

与以往不同,如今的信息是由文字、数字、图像、声音等多媒体方式构成的。无论是现在还是未来,从事任何一项工作的人都要高度依赖图像技能,用图像进行表达已成为全体国民的基本文化素养。

美术是一种重要的艺术语言,学生学习运用线条、色彩、明暗、空间、肌理等造型元素与对称、对比、重复、渐变、多样统一等组合原理,自由或围绕主题进行描绘或塑造,经历使大脑中的形象成为平面图像或立体图像的过程,使言语和数字无法表达的事物明确起来,激发自身的诗意能力,提高创建新的图像以及用新创建的图像进行交流的造型表现能力。与此同时,在写生等美术活动中,学生仔细观察事物的形状、色彩、肌理、空间、明暗等并加以表现,不断提高自己的观察能力和审视能力,发现用造型表现的多种方式,并通过这些经验,发现自身的感觉具有如此的多样性和广泛性,具备用图像进行表达的基本文化素养。

(二) 联结近感体验

德国当代理论家彼得·魏博尔指出,现实由主体的两种感官体验构成:一种体验是近感,通过触觉、嗅觉感知;另一种体验是远感,依赖眼睛、耳朵进行远感体验。现实就建立在近感与远感的相互协调中,两者之间存在着平衡。如今,我们通过传真、广播、电话、电视和网络创造了一个远程社会。与此同时,近感与远感之间的鸿沟变得如此巨大,近感已经不再发挥作用。[①]

[①] 费德里科·韦尔奇诺、西蒙娜·伦茨采访:《变革当下——与彼得·魏博尔的访谈》,高虹译,《艺术当代》2018年第7期。

美术活动有助于人们的近感体验。学生在进行绘画与雕塑活动时,接触各式各样的材料。绘画活动接触纸、木板、笔、墨、颜料等物质材料,而雕塑活动接触泥、石、木、铜、金属等物质材料。此外,学生参与写生等活动,置身于大自然或现实社会中,在看景物的同时还能感受到阳光、风、雨的抚摩,闻到多种气味,听到各种声音,全身的感觉器官都参与其中,获得视觉、触觉、听觉、嗅觉等丰富多样的近感体验。可以认为,美术教育融视觉、触觉、想象、思考、创造为一体,联结着近感体验与远感体验,它是改变近感与远感不协调现状的最佳途径。

(三) 养成视觉识读能力

一般而言,美术作品具有审美认知功能、审美教育功能和审美娱乐功能。首先,在认识社会、自然和艺术现象等方面,绘画和雕塑中直观可视的形象,将早已逝去的古代生活或难以见到的异国生活展现在人们眼前,拓展学生的视野,使其对古今中外的社会生活有更多的了解;其次,在审美教育方面,绘画和雕塑作品通过生动感人的艺术形象,传递出艺术家对社会、自然和艺术的深刻思考和丰富情感,使学生从中受到启迪和教育,进而引发对社会、自然和艺术真谛的思考。在审美娱乐方面以及艺术治疗方面,通过鉴赏绘画和雕塑作品,学生获得精神享受,审美需求得到满足,身心得以休息。在实际鉴赏过程中,上述目的并不能截然区分,多种目的往往是同时达成的,只是在不同的场合中各有所侧重而已。

进入视觉文化时代,青少年面临"视觉艺术信息爆炸"的问题。通过美术教育,学生学会辨别与解读充斥身边的形形色色的图像,吸取优质图像的营养,抵制低级图像与庸俗文化的诱惑,避免被汪洋般的信息淹没,获得对图像进行解码、分析、理解和批判的审美判断能力,提高审美情趣,养成视觉识读能力。

(四) 促进大脑视觉机能发展

美国心理学家加德纳的多元智能理论指出空间智能是重要智能之一。空间智能是指人们利用三维或多维空间的方式进行思维的能力,能够知觉到外在和内在的图像,能够重现、转变或修饰心理图像。通过美术学习,学生可以获得对色彩、线条、形状、形式、结构、空间及它们之间关系的感受、辨别、记忆能力,以及准确地将所知觉到的视觉空间通过平面图形和立体造型加以创造性表现的能力,促进空间智能的发展。

另外,脑科学研究揭示美术鉴赏活动和创作活动不仅涉及心和手,更重要的是思考和展示思考过程的一种途径。学生在创作美术作品的过程中,激发创意,开发大脑新路径,各种智能均得以发展;通过可视化的艺术呈现,真切地体验对同一事物不同角度的理解会产生截然不同的情绪反应或应对态度,拓展全方位、多视角的视野,并让一些新观念进入个体的大脑,改变其看待事物表面化或单一角度的习惯;学会在多变的世界中充分认识各种可能性,明白对复杂形式问题的解决过程与目的并不是唯一的、固定的,解决问题的方法会根据环境和机会发生变化。通过美术学习,学生可以提高具有原创性特征的思维能力和创造性地解决问题的能力,促进大脑视觉系统机能发展。

(五) 形成创意实践素养

创意(idea),即"点子""主意"或"想法",是指有创造性的想法、构思等。创意是具有原创性特征的思维活动。学生在绘画、雕塑、设计、工艺的创作过程中进行探究与实验，运用美术语言、传统材料、工具和现代媒介，选择丰富多彩的表现手段与方法，把创意生成为具备价值的现实艺术成果，表达思想与情感，获得进行带有原创性特征的思维活动的能力。与此同时，通过设计、工艺的学习，学生掌握灵活、充分地运用材料、旧物新用等"物尽其用"的方法，形成保护环境的意识、勇于创新的品格以及为文化传承和创新性国家建设作贡献的价值观。

经历了美术学习的青少年具有创意人才的特征，会根据一定的目的创造富有美感与社会价值的原创事物，善于应对社会、经济、文化、教育、科技、环境保护等方面的挑战，促进社会的可持续发展，在个人成长的同时为社会发展作出贡献。

（六）促进心理健康发展

一方面，美术创作教学活动可以预防、调控和治疗心理问题。在美术创作教学活动中，学生可以接触到各式各样的工具、材料、表现形式和表现手法，易于促进个性潜能的创新发展，获得包括幸福感在内的高峰体验和自信心，促进人际交流。此外，美术创作活动本身就是一种测试心理健康的有效工具，如自由、放松的绘画、雕塑创作活动，从作品的题材、主题、形象、色彩、构图以及学生在美术创作活动过程中的表现等方面能形象化地反映出学生的不同心态，从而为解决学生的心理问题提供有效依据。

另一方面，美术鉴赏教学活动可以促使个人内心与所处社会环境之间的谐调。美术作品由色彩、线条、空间、材质等造型元素构成，能满足人们的审美需求，直接对人体产生有益的影响。同时，美术作品除了形式上的美感之外，还传递出艺术家的审美情感，对人的精神产生净化和陶冶的作用，能起到消除精神障碍、恢复心理健康的效果。因此，通过美术鉴赏教学活动，学生可以获得丰富的审美体验，提高欣赏、鉴别、判断、批评等审美能力，树立正确的价值观，达到个人内心与所处社会环境之间的谐调，最终得到全面发展。

综上所述，美术绝不仅仅是知识与技能，更重要的是它的美育价值。通过美术学习，学生能够获得空间智能、审美能力、创造能力和实践能力，养成勇于探索与实践的品格，形成正确的价值观。

— 第二节　美术的美育方法 —

美术是一门重要的学科，能通过造型表现活动和作品触发人们情感上的共鸣，并增强感知能力，发展视觉智能，有助于学生获得从任何其他来源无法得到的经验，涵养内在精神，追求真善美的统一。美术的美育方法指向每个人的学习、生活和职业，贯穿人的一生。通过美术学习，学生能够获得美感能力以及培育将这些能力迁移至学习、工作、生活及人格中的素养。

基于美术的美育价值，首先，我们提出美术的美育理念：从美感经验到艺术体验开展美术鉴赏教学；以审美和人文素养培养为核心开展美术创作教学。其次，我们从美术鉴赏与美术创作两大方面并结合具体案例提出美术教学的育人方法。

一、美术的美育理念

在充分认识美术的美育价值的前提下,我们要积极革新中小学美术课程体系,构建实现美育的全面育人价值的美术课程体系,提供多元的学习选择,使学生形成 21 世纪必备的美术学科核心素养与中国学生发展核心素养,以应对未来社会的各种挑战。

(一) 从美感经验到艺术体验开展美术鉴赏教学

在美术鉴赏教学方面,我们应引导学生从"艺术体验"的角度进入鉴赏美术作品的情境。这是因为,19 世纪和 20 世纪的现代主义学者将美术鉴赏视为一种独特的、纯粹的"美感经验",认为审视美术作品时所产生的高度集中的精神、高涨的情绪以及极大的愉悦等"美感经验"是与日常生活经验截然不同的。20 世纪 60 年代之后,持后现代主义观点的学者提出"艺术体验"的概念,认为美感经验并不是一种具有普遍性的经验,不同的人在不同的处境下对美术作品进行个人化的解读或诠释,提倡将对美术作品的体验与日常生活以及美术作品产生的历史情境互相联系。与"美感经验"相比,"艺术体验"一词更具有包容性,它涵盖了我们观看美术作品时可能产生的所有经验。用"艺术体验"的理念开展美术鉴赏教学,有助于激发学生的学习兴趣,使其进入鉴赏情境,学会鉴赏美术作品的方法。

如今,政府与民间合作共同推动美术教育,将美术教育融入所有的正规教育、非正规教育和非正式教育之中。学校与美术馆、博物馆携手并进,开展多种形式的美术鉴赏教育活动,有助于切实提高学生的审美情趣与审美能力。

(二) 以审美和人文素养培养为核心开展美术创作教学

美术创作教学以审美和人文素养培养为核心,在课程内容的选择与组织上,超越美术学科的基础知识与技能,提供与美术课程相关的现实世界的内容,开展本土与多元文化兼容并蓄的教学;超越与其他学科彼此割裂的美术学科,以创新能力培养为重点,导入新兴的前沿学科和跨学科课程;超越美术学科的区域性观念,关注当代社会和全球化问题,如世界和平、环境问题和可持续发展等。

美术教育优先发展的目标是创意思维。通过基于项目学习(project-based learning)的美术单元课程,学生激发创意思维,获得更深层次的专业知识和创新技能,即深入探索美术的某个主题(或议题),并广泛接触多个相关领域的知识与技能;运用批判性思维,创造性地对题材、主题、媒材、表现方式作出决定,获得多元认知层面的知识。为此,美术教育者要为学生创设鼓励创新与合作交流的学习环境。

二、美术鉴赏教学的育人方法

从艺术体验的角度来看,美术鉴赏具有审美经验的个性化、积极能动的审美再创造等特征。美术鉴赏教学的重点在于帮助学生学会多种鉴赏美术作品的方法,切实提高审美能力。

（一）绘画鉴赏教学的育人方法

在绘画鉴赏教学中，教师可以采取基于内容和形式的分析与费尔德曼[①]的鉴赏程序相结合的方法，指导学生掌握鉴赏绘画作品的基本方法。

首先，教师引导学生了解作品的基本信息，如作者的国籍，作品的创作年代、材质、尺寸和收藏地；之后，教师指导学生描述在画面上可以直接观看到的事物，对于写实作品，指出画中的人物、动物、景物等；对于抽象作品，指出画中的形状、色彩、方向等，要求学生把对作品的第一印象（视觉感受）写在笔记本上，并做口头发言。这是感性阶段，教师应鼓励学生大胆运用美术术语说出自己对作品的直观感受。

其次，教师指导学生从色、形、明暗、肌理、构图等角度出发，分析作品的造型特征，包括各种形状之间的相互依存关系、色调的处理、空间的营造、构成原理的运用等，要求学生做笔记，并做口头发言。此阶段，学生对作品的理解还只停留在浅层。教师应注意引导学生灵活运用美术术语及形式美规律对作品进行形式方面的分析。

再次，教师指导学生解读画中的主题，探究作品的含义。换言之，探讨艺术家通过自己的作品想传递什么信息（情感、思想、观念等）。学生边做笔记，边做口头发言。从这一阶段开始，鉴赏进入作品的深层，学生之间会产生各种不同的意见，讨论可以充分展开。教师引导学生自由发表意见，营造宽松活泼的气氛。教师可以做一些带有启发性的补充说明，但不要把自己的意见强加给学生。

最后，师生对作品作综合判断，并评价作品的优劣。综合判断可以分为主观判断和客观判断两个层面。具体而言，主观判断是指情感判断（个人喜爱与否）、价值判断（是否符合个人的价值观）等；客观判断是指审美判断（是否符合形式美规律）、意义判断（是否具有积极意义）等。学生写下对作品的综合印象或理解，并做口头发言。在这一阶段，对

图 12-1 《决战之前》

同一幅作品，学生之间可能产生截然不同的价值判断或审美判断。对此，教师应尊重学生的观点，并进行健康审美情趣与正确价值观的引导。

在此基础上，引导学生进行鉴赏的拓展学习，结合社会学的鉴赏方法、艺术家生平研究的鉴赏方法、心理学的鉴赏方法、比较的鉴赏方法、调动五感鉴赏美术作品的方法、用立体的方法观看美术作品以及对名画进行再创作的方法等，开展综合鉴赏活动，对作品进行全方位的鉴赏。

例如，引导学生进行社会主义先进文化绘画作品的鉴赏学习。学生通过学习，在了解了徐启雄的《决战之前》（图 12-1）的基本信息（绢本工笔重彩，1984 年，104.5 cm×81 cm，中国美术馆藏）之后，对这幅中国画作品从创作背景、色彩、形象、构图、主

[①] 美国学者费尔德曼提出美术鉴赏可以采取描述（题材）、分析（形式）、解释（主题）和评价（判断）这四个鉴赏程序。

题等方面进行分析与解读:20 世纪 80 年代我国女子排球队的崛起,鼓舞了一代中国人(创作背景);这幅作品以暖色为基调,表现了女排队员在决战之前相互鼓舞的情境(色彩、形象)。画家选择了典型的动作(形象),以合围式的构图(构图)、精妙的色彩渲染技巧和新型颜料的透明色效(色彩),将决战之前的意境表现得淋漓尽致(主题)。在教师的引导下,学生掌握了中国画的鉴赏方法,感受到了家国情怀、文化自信和公民品格等。对于《开国大典》《占领总统府》等一系列革命文化绘画作品,也可以采用这样的教学方法。

(二) 雕塑鉴赏教学的育人方法

如今,在城市的街区、医院、学校、公园、居住小区等地都放置着雕塑作品,雕塑就在学生的身边。通过鉴赏雕塑作品的教学活动,学生学会赏析雕塑作品的方法,充分享受雕塑所带来的审美情趣,提高艺术素养。

雕塑鉴赏教学也可以采用基于内容和形式的分析与费尔德曼的鉴赏程序相结合的方法。如指导学生对城市雕塑作品《五羊石像》(图 12-2)进行鉴赏。先让学生了解作品的基本信息(时间:1960 年,作者:尹积昌、陈本宗、孔繁纬,尺寸:高 1 100 cm,材质:花岗石,所在地:广州市越秀公园)。接着,由学生描述作品的题材:最高处的大羊口衔谷穗,雄浑有力,眺望远方。下方有四只羊,一只回首,一只跪着吮吸乳汁,一只正在吃草,另一只和它依偎在一起。整座雕塑栩栩如生,给人以温馨的感觉。然后,学生分析雕塑的创作手法:雕塑家选用130 块坚硬的花岗石创作了这件圆雕作品,高高在上的大羊与下面的四只羊形成一个安定、均衡和灵活的三角形,给人以稳定的感觉。雕塑整体布局均衡,羊的不同形态有种向四面八方的张力,观众无论从哪个角度观看,都能感受到强盛的生命力。最后,教师指导学生对作品进行评价和综合分析。学生解读:《五羊石像》寓意深远,那只大羊昂首挺胸地伫立在高处,坚定不移地承担着保护市民丰衣足食、幸福安康的使命。这座雕塑是广州市的城市标志。

图 12-2 《五羊石像》

图 12-3　北京奥运会会徽

(三) 设计鉴赏教学的育人方法

我们在生活中经常接触视觉传达设计,其中最多的是各类标志,无论是大型运动会的标志,还是日常生活中常见的警示标志,都属于标志设计的范畴。通过鉴赏标志作品的教学活动,学生学会赏析视觉传达设计作品的方法,提高图像识读素养。

设计鉴赏教学可以采取图形识读、形式分析和内涵挖掘的方法。如指导学生鉴赏北京奥运会会徽(图 12-3)(设计者:郭春宁,创作时间:2003 年)。首先,看作品的图形。2008 年北京奥运会的标志"中国印——舞动的北京",由上、中、下三部分组成,上边是一款由一个舞动的人形写成"京"字的中国印章图案;中间部分是汉语拼音"Beijing"和数字"2008"的字样,象征着 2008 年北京奥运会;下部是奥运五环,它是奥林匹克精神的象征。这三部分的结构分布均匀,图案与文字安排和谐统一。其次,看作品的创作手法。这一会徽采取中国汉简(汉代竹简文字)的风格,将汉简中的笔画和韵味有机融入"Beijing 2008"字体中,自然、简洁而流畅,与会徽图形和奥运五环浑然一体。此外,会徽将中国传统的印章和书法等艺术形式与运动特征结合起来,经过夸张与变形,巧妙地幻化成一个向前奔跑、迎接胜利的运动人形,人的造型形似"京"字,蕴含浓重的中国韵味。最后,看作品的意义。"中国印——舞动的北京"这一会徽将中国印、中国字和五环结合在一起,充满活力,富有内涵,表达了 13 亿中国人民对于奥林匹克运动的美好憧憬和欢迎八方宾客的热情与真诚,刚柔并济的运动人形是对奥运精神的最好体现。

(四) 工艺鉴赏教学的育人方法

我们的日常生活离不开工艺品,传统工艺品与现代工艺品就在我们的身边,却有很多人并不知道如何鉴赏工艺品。通过鉴赏工艺品的教学活动,学生学会赏析与鉴别工艺品的方法,提高审美判断素养。

图 12-4　定窑白瓷孩儿枕

工艺品鉴赏教学可以采用造型识读、意匠解读、形式分析和价值判断的方法。如指导学生鉴赏定窑白瓷孩儿枕(图 12-4)(创作年代:宋代;材质:白瓷;尺寸:高 18.3 cm,长 30 cm,宽 11.8 cm;收藏地:台北故宫博物院),首先看作品的造型,瓷枕造型为一儿童俯卧于枕座之上,头发梳成"鹁角儿"发式,目光正视前方,小腿向后举起,并交叠在一起,顽皮逗人。其次看作品的意匠,尽管这是一个瓷枕,但儿童却头枕双臂,真是意趣无穷、匠心独运。我们进一步看作品的工艺,此枕质地洁白,通体施釉,釉色白润如玉,光亮可鉴。最后看作品的价值,这件定窑白瓷孩儿枕是一件不可多得的工艺珍品,它不仅具有很高的欣赏价值,而且保存了民俗史、服饰史等方面的珍贵材料,体现了宋代社会对儿童十分重视,人们认为儿童象征吉祥幸福,能降福驱灾,并反映出定窑的工匠们对生活情景的真实捕捉和高超的再现技能。因此,这件定窑白瓷孩儿枕不仅具有很高的艺术价值,也是一件吉祥之物。

总之,通过美术鉴赏课程的学习,学生掌握感知、欣赏、鉴别、评论美术作品的意识和基本能力,逐步积累审美经验,提高审美情趣,激励精神,温润心灵。

三、美术创作教学的育人方法

美术创作具有使脑中的想象成为实体、积极能动地创造活动等特征。美术创作教学的重点在于帮助学生学会运用多种表现形式创作美术作品的方法,提高创造能力。

(一) 以绘画单元教学促进学生的深度学习

美术学科核心素养的理念在更深层次上蕴含着认识论和知识观的变革,强调反思性实践和探究活动。通过绘画创作单元教学,学生展开深度学习,改变"一节课一个主题"的碎片化学习状态。

例如,"画面中的空间"[①] 单元课程,面向 7 年级的学生,共 3 个课时。该课程的核心是三种动态空间的特点及表现方法。其学习目标是学生通过观察、分析、实践体验与讨论归纳等方法,初步了解画面中动态、矛盾、梦幻三种不同的空间,并根据三种空间的特点及表现方法组织画面和创作作品,提高对美的感悟与辨析能力。这一单元教学过程分为三个阶段:

第一阶段:动态空间。教师呈现表现动态空间的摄影作品和绘画作品,指导学生思考如何画出一个被抛出去在空中飞的球的运动状态,并进行创作。(图 12-5)

图 12-5 学生创作的动态空间作品

① 本案例由上海市嘉定区教育学院美术教研员、中学高级教师沈琪于 2020 年开发并实施。

第二阶段：矛盾空间。教师展示拉斐尔的《雅典学院》和埃舍尔的《瀑布》两件作品，引导学生比较这两件作品中表现空间透视的差异，并思考矛盾空间的表现方法，体会矛盾空间的特点。学生尝试运用所学方法画出矛盾空间，并根据练习评价表进行自评。

第三阶段：梦幻空间。教师展示马格利特的《听音室》《美好的现实》和塞尚的《柜子前的容器、水果和桌布》三件作品，引导学生探究梦幻空间中的物体和背景之间的关系，并初步认识梦幻空间。学生收集图片素材，选择拼贴、软件制作或绘画的方式表现梦幻空间。

"画面中的空间"这一单元围绕"空间"这一造型元素展开教学。教师采用多种教学方法，通过思考与表达、分析与理解、赏析与评述、练习与评价、体验与拓展等教学环节，层层递进地帮助学生解开学习中可能遇到的难点，促使学生理解"动态空间""矛盾空间"和"梦幻空间"的知识，掌握表现这三种空间的技能，提高对美的感悟能力。这一绘画创作单元教学突破了原先有关空间造型课程停留于再现静止的现实世界的局限，凸显了培养学生创新思维与实践能力的育人价值。

(二) 以中国画教学激发学生的文化创新活力

在以往的美术教学中，教师对中国画的教学主要停留于知识与技能的层面。解决这一问题的方法是由"艺"入"道"再回到"艺"。这里的"道"是指中国画源于中国古典哲学"天人合一""大象无形"的传统文化智慧。在美术课程中，我们确立学习传统文化智慧的目标；在教学中，由"艺"入"道"再回到"艺"，即教师采用多元化的教学方法，引导学生认识中国山水画在有限的画面中，表达的是天人合一、人与自然相和谐的境界，树立保护、继承传统文化并发展新文化的志向，以此激发中华民族创新创造活力，积极应对未来社会的挑战。

例如，"传承与创新中国画"[①]单元课程面向 7 年级的学生，共 12 个课时。该课程的核心观念是传承笔墨语言，创意现代表达。其学习目标是学生关注中国画笔墨的表现力与审美趣味；观察生活、感悟生活，学会在生活中提炼、概括和表达；对中国画产生持续兴趣，提高运用中国画的笔墨语言表达现代生活与情感的能力。这一单元教学过程分为四个阶段：

第一阶段：欣赏作品。从欣赏吴冠中的作品入手，教师引导学生用美术语言分析、理解与评价作品，学习名家观察、思考与创作的方法。

第二阶段："我用画笔赞黄浦"。教师设定"百年外滩、现代滨江、繁华街景、都市园林、美丽校园"五个表现黄浦不同景观特色的场景，学生通过临摹、写生和创作，运用吴冠中的笔墨语言描绘、赞美学习与生活的美丽黄浦，完成作品。(图 12-6)

第三阶段："水墨申情"微画展。教师引导学生开展"海报设计""入场券设计"和"衍生品设计"三项活动；学生将自己创作的中国画作品作为设计的素材，将中国画的形式美、意境美运用于平面设计之中，感悟传统文化融入现代生活的意义，体现学以致用的设计价值。

---

① 本案例由上海市黄浦区教育学院美术教研员、中学高级教师陈路于 2020 年开发并实施。

图 12-6 学生在学习吴冠中的笔墨表现的基础上,描绘美丽的校园和十六铺码头

第四阶段:观展评价。教师分别采取教师导览、学生导览和主题联展的形式开展评价;学生的观展评价由被动向主动转换,体现出评价的深化,扩展了交流的范围,拉近了作者与观者、校园与社会之间的距离。

"传承与创新中国画"单元课程教学确立了学习画家吴冠中的目标。在教学中,教师采用多元化的教学方法,引导学生领悟画家吴冠中创作的智慧。通过学习,学生激发了对生活的热爱之情,增强了运用智慧和创意创造美好生活的能力,形成视觉文化意识,涵养人文精神。

(三) 以设计教学引导学生参与校园文化建设

在以往的美术教学中,教师开展的设计教学主要局限于标志设计、招贴画设计等视觉传达设计,对激发学生的创意并形成正确的价值观等方面的引导不够充分。解决这一问题的方法是教师开发校园文化建设的单元课程,引导学生为自己的学校设计立体吉祥物,在设计与制作的过程中融入生态环保的绿色设计理念,使学生认识到设计可以为校园文化建设贡献力量,培养学生热爱学校的情感。

例如,"校园吉祥物设计"[①]单元课程面向 7—9 年级的学生,共 2 个课时。学习目标为,知识与技能:了解吉祥物的形象特征和设计方法,能用美术语言欣赏、评述吉祥物设计;设计校园吉祥物,使用废旧或环保材料完成吉祥物的制作。方法与过程:体验吉祥物设计与制作的过程,学习设计与制作的方法。情感、态度和价值观:热爱校园文化,提高团队协作意识与环保意识。这一单元教学过程分为两个阶段:

第一阶段:(1)课前准备。学生通过实地考察和互联网等渠道,寻找自己喜欢的吉祥物,激发对吉祥物设计的兴趣。(2)交流欣赏。学生通过电脑、实物展示等多种方式,展示自己喜欢的吉祥物,并讲述喜欢这个吉祥物的理由,教师总结吉祥物的特点,引导学生从吉祥物的造型、色彩、寓意、材质等不同方面欣赏、评价吉祥物设计作品。(3)设计构思。教师讲解吉祥物的设计方法和绿色设计的理念,并将学生分组。(4)各小组根据校园文化,构思吉祥物,从造型、色彩、材料等方面进行思考,绘制设计草图。(5)交流指导。各小组分享设计构思与草图,讨论其可行性,提出改进建议,最后教师总结评价,提出改进

---

① 本案例由华东师范大学美术学系美术教育专业 2013 级硕士研究生杜昱坤撰写。

意见。

第二阶段:(1)课前准备。完成设计方案的修改和制作材料的准备。(2)制作完善。根据设计方案,小组成员共同制作吉祥物,根据实际制作中出现的问题做出相应调整,最终完成校园吉祥物制作(图12-7)。(3)小组展示。各小组分别展示自己设计、制作的吉祥物作品,从设计思路、材料的选择与使用、制作中遇到的问题等方面进行讲述。(4)交流评价。小组成员自评并反思,各组间从吉祥物的形象、色彩、寓意、材料、创新点以及学习活动态度等方面互评,最后教师总结评价,共同选出最受欢迎的吉祥物形象作为校园吉祥物的设计备选方案,为学校文化建设提供参考。

图 12-7　学生的校园吉祥物设计稿

"校园吉祥物设计"单元教学从学生所熟悉的吉祥物出发,教师采用多种教学方法。"想一想"环节,引导学生用对比的方法自主探索吉祥物特点。"练一练"环节,选取形式多样的学生作品为设计构思提供灵感。"思考与讨论"环节,将学习拓展到更深层次。该单元内容编排由浅入深,环环相扣,在循序渐进的过程中,教师引导学生步步深入地进行设计学习,理解绿色设计的理念,培养学生树立正确的价值观。

 本章小结

> 美术是与创造主体的审美理念相对应的造型表现活动及其现象,本章论述的美术主要包括绘画、雕塑、设计和工艺,它们具有各自的艺术特征。美术既具有教育的一般功能,又具有其他学科无法替代的特殊功能。美术的美育价值主要表现在六个方面:提高造型表现能力、联结近感体验、养成视觉识读能力、促进大脑视觉机能发展、形成创意实践素养和促进心理健康发展,视知觉的创造性建构能力贯穿其中。基于美术的美育价值,我们提出从美感经验到艺术体验开展美术鉴赏教学、以审美和人文素养培养为核心开展美术创作教学的美育理念。另外,我们从美术鉴赏与美术创作两大方面并结合具体案例提出美术教学的育人方法。

思考练习

1. 怎么理解美术既具有教育的一般功能,又具有其他学科无法替代的独特功能与价值?

2. 与其他艺术学科的美育相比,美术的美育理念是什么?

3. 除了本章介绍的美术的美育方法外,还有哪些美术的美育方法?

第十三章　书法的美育价值与美育方法

学习目标

了解书法的艺术特征,认识书法在领悟生命感的审美精神、感受抽象性的审美意味、提升文人化的审美格调等方面的美育价值,掌握书法笔画教学和结构教学的美育方法。

内容概要

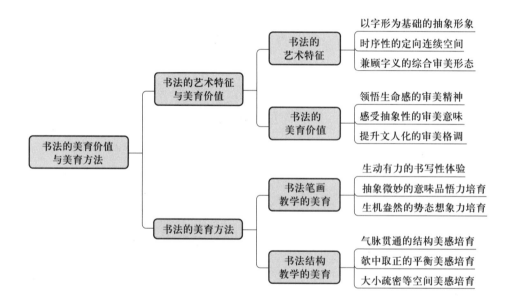

― 第一节　书法的艺术特征与美育价值 ―

　　书法具有以字形为基础的抽象形象、时序性的定向连续空间、兼顾字义的综合审美形态等艺术特征。书法文字形象是具象与抽象的统一体。书法的空间形式具有时间性、运动性;书法造型结果凝结着一次性的不可重改的过程性特征。书意与文意的和谐是书法美的理想状态。

　　书法艺术在领悟生命感的审美精神、感受抽象性的审美意味、提升文人化的审美格调等方面,具有独特的美育价值,同时对于更恰当地理解中国古典艺术的审美特色,增强对民族优秀文化的自觉、自信,大有裨益。

一、书法的艺术特征

(一) 以字形为基础的抽象形象

书法是以汉字形体为审美意味表现的媒介、载体,它不直接模拟客观物象,不再现、反映具体的自然、生活场景,具有抽象性的造型特点。所谓"各象其形""须入其形"的文字形象,是"无形之象",是一种具有微妙暗示意义的形式符号。它可以使人联想到"高峰坠石""千里阵云",但要说其笔画、结构就是对巨石、云朵的形象模拟,那就大错特错了。生动的审美意味使书法形象与物象建立起暗示、联想的审美关系。对具有强盛生命力的审美物象的联想式意味摹状,使书法获得了概括而丰富的审美内涵。

书法不同于具象绘画,不模拟、再现客观物象,它又不同于纯抽象绘画,不能脱离文字结构形式。汉字形体是书法不能舍弃的基本因素。书法特有的表现媒介不单纯是笔画、线条,而主要是由笔画组成的文字结构形式。字形是书法构成中的必要因素,笔画不能脱离字形而孤立存在。

从某种意义上说,文字形式也有其"具象"特征。由笔画构成字形可以说是一种特定的具象造型过程。文字有自身的形象性,它以一种视觉结构形态存在,并被认同。书法造型"象形"与否的依据是某种既定认同图式。写的是不是字,不在于笔画线条样式,而在于笔画线条的组合方式。

书法形象是以字形为基础的具象与抽象的统一。其具象特征使书法形象具有完整性、可识性。书法笔画的"皆拱中心"是以字形结构为依据的,书法形象的空间方位与时间结构是以字形为基础的。文字形象使书法的审美理解有了较明确的定向,避免了纯抽象绘画式的模糊难辨。其抽象特征又决定了书法的非模拟性和非象形性。作为结构形态存在,字形不是对客观事物的直接模拟;作为审美表现媒介,它更不能用来模仿、再现自然物象。

从文字形象来看,书法又是笔画与结构统一的双重媒介系统。字形结构之中的笔画线条是构造字形的因素,其本身又具有突出的表现功能。古代书法理论把笔画的书写——"用笔"放在审美要素的首位。在具象绘画中,线往往是描绘物象的一种手段,人们关注的主要是它所塑造的具体形象,而且,绘画造型因素还有色彩、明暗等。而在书法之中,笔画是组成文字结构的唯一因素。所以说,字形结构也就是笔画线条本身的组合结构,文字形象就是笔画线条组合的感性形式。抽象绘画中的线条更多是以几何性的纯粹形态出现的,是比较单纯的。而书法的笔画线条则既具有抽象表现力,又具有文字具象结构。笔画的结构,结构形态的笔画,笔画与字形的相辅相成、和谐统一,使书法具有了既纯粹又丰富的表现力。

(二) 时序性的定向连续空间

书法形象有"形"又有"势"。"形"者静,是空间的形态;"势"者动,使书法视觉空间具有了时间的、运动的性质。具有时序性、方向性、联系性、连续性的"笔势""字势",是书法造型空间的独特审美因素。造型空间的时间性,使书法比其他静态造型艺术增添了许多审美内容。而时间过程的空间凝结,具有由结果推溯过程等特征,又使书法有别于一般时间艺术、表演艺术。

书法造型是时间性的空间,书法审美形态是空间—时间性的形式。在书法笔画结构形态中,具有明显的先后、连续的时间性质。汉字书写的笔顺字序使书法形象的构成体现出时序法则。具有物理意义的书写时间过程,在书作中存留为具有结构意义的造型时间形态。

具有结构意义的时序递进转换,通过"笔势""字势"得以实现。"势"主要是指富有时序性、联系性的笔画、结构趋向。它使书法形象产生了具有方向性的笔画、结构联系,使相对孤立的笔画、结构形成了有始有终、前后相承的运动整体。使无生命的、静止的汉字在书法中组成了气脉贯通、生机勃勃的运动结构序列。

书法之"势"显现出笔画、结构的运动趋向。它使有限的形获得了延伸,并为这种延伸规定了方向。有了势的暗示,点画的收笔并不意味着点画的结束和此空间的封闭。它为欣赏者提供了一个接续观看的轨迹,引导欣赏者过渡到下一个承接的笔画、空间。

书法时序性的定向连续空间形态引导着欣赏者的审美感受顺序,决定着书法欣赏的动态知觉方向。欣赏者在笔顺字序、笔势字势的引导下把握书法的运动空间结构。整个知觉次序中的不同位置都对应着不同的意义。在定向连续的欣赏中,欣赏者可以感受到微妙变化的情感力度、审美境界,把握高低起伏的运动节奏。

书法空间形象的塑造过程也突出地表现了时间的一次性和不可重复性。因而,书法显现为塑造结果的文字形象,凝结着书写创造过程的审美特征。"信之自然,不得重改",是中国书法审美创造的突出原则。不可逆的时间序列对空间造型进行限制,每个过程都是一次性的,不允许任何重复、修改。书法强调气韵贯通、一气呵成的"一笔书",注重的是可以使人联想到"挥运之时"的动态气息。

从审美创造结果可以追溯审美创造过程,是书法美的专长。在静止的成为结果的书法作品中,通过点画、结构的形与势,可以体味出书家书写时的先后、轻重、缓急,在脑海中仿佛呈现出生动的挥运情景。反过来说,也正因为有不重复的"挥运之时",才有了充满生机、振动鲜活的点画。空间造型形象的过程性审美因素,使书法具有了丰富的内涵。书法的富于时间性的挥运书写,却有了空间形态的存留结果。对它的欣赏,便不单纯是就结果而结果,而恰恰可以由结果到过程。

(三) 兼顾字义的综合审美形态

书法离不开对文字的书写,文字有形、音、义三要素。形为根本,义也是不可或缺的重要审美因素。字义的审美因素无论是对书法的造型形式,还是对书法的审美情感意味,都产生了极大的影响作用。

书法的时间推移效果,有赖于时序性的识读书写与欣赏方式。字形结构的书写安排是以特定的句式篇章来组织的,存在着一个由文字内容获得的形式秩序。字义的内在逻辑影响了字形的外在结构联系。在逐字、逐句、逐行的识读性书写、欣赏中,书法造型形象的时序性、定向性、连续性又得以突出,书法的"不动之动"的审美效果又得以加强。

从书法的情感表现看,文字内容对书家的书写起到情感激发作用,也构成了审美欣赏的一条线索。书家在书写不同情感内容的文字时,产生相应的审美感受,形成不同的心境、情绪状态。由于心境不同,所书写的作品便呈现出不同情感力度和审美意味的境界、气氛。愤激的心境具有不平静、动荡剧烈的情感力度,而心平气和则是与之相反的情感境界。书家的书写创造自觉或不自觉地表现出不同的情感意味。

文字内容为书法欣赏提供了一定的情感线索,起到意味提示的作用。欣赏者往往借助文辞、字义去体味、把握作品的审美内容。读了《兰亭序》文,有助于品悟其书法潇洒俊逸、平和舒畅的审美意趣。看了《祭侄文稿》词,更便于体会视觉感受的跌宕率然、苍崛沉郁的气势神韵。

文字内容与书法形式的审美对应点在于概括性、宽泛性的抽象审美意味和起伏变化的情感力度,而非具体明确的伦理化的情感态度。特定的文字内容使书家有所感,产生或喜或怒、或哀或乐的情感反应。但这些具体明确的心理状态、情绪内容,在书法的抽象形象中是难以表达的。那种作为某种内在心理状态的感情,常常是艺术品的源泉,但并不是艺术品最后表现出来的东西。而只有文字内容和书家心理因素中那种起伏变化的情感力度,以及或奇纵、或潇洒、或沉雄、或典雅的抽象审美意味,才是书法表现的内容。

字义与字形、文字内容意境与书法形式意味的和谐统一,是书法美的重要方面,它会给人以更丰富、更全面的审美享受。因此它成为书法美创造与鉴赏的重要审美尺度。书意与文辞意境不协调、不相称,会使人们的审美欣赏产生冲突感,书法美的完整性会受到破坏。如用涩重沉实的北碑笔法书写随意抒放的笺启,自然会滞钝不畅,如"戴磨而舞"了。

二、书法的美育价值

(一) 领悟生命感的审美精神

生命感是中国古典艺术的本质性、根源性的审美精神因素,决定了艺术的基本审美价值。能否具有体现生命活力的"生气",能否显现出生动的气势、气韵,是古典艺术美的最基本的标准。

从书法看,充满生命感的审美精神具体呈现为气、神、骨、筋、肉、血、力、势、韵等内容。"气",是勃勃生气流动贯通的生命意味,主要体现为由笔势、字势引导的递相映带的内在的气脉贯通,"内气""外气""行气"等,是书法审美意识范畴的重要内容;"神",是显现旺盛生命力的精神焕发的生命意味,侧重体现为由笔画、结构、墨色显现出来的视觉感受上的旺盛的生机;"骨",强劲挺利,坚实硬朗;"筋",连通动转,灵活韧健;"肉",质地腴润,丰满圆浑;"血",鲜活润畅,滋柔亮泽。如果说,"气""神"等审美意味与其他审美形态有较多的相通之处,那么,"骨""筋""肉""血"等生命意味则更是书法的审美内涵,是书法美的生命意味的突出体现。

具有生命感的"笔力""字势""墨韵"是书法表现形式的三大审美要求。笔画之美在于"力"——生动有力。书法笔画让人感受到富有生气的生命活力。有生命力感的笔画,厚实而不扁平,灵活而不板滞,沉着而不浮滑,圆浑而不单薄。结构之美在于"势"——和谐见势。所谓"势",一是指笔与笔、字与字、行与行之间呼应联系之"势";二是指结字、章法的欹正、疏密等多样状态之"势"。生动有力的笔画有机地组成字,字与字协调地成行、成篇,形成气势贯通的"生命整体"。墨色之美在于"韵"——鲜活多韵。书法的"血""肉"意味通过鲜活亮泽、酣畅淋漓、丰富变化的"墨韵"充分表现出来。水墨"燥湿合度",能达到"血润"的效果,有助于笔画质地的丰腴润泽,有健康的肌肤感。水墨"淋漓",便有鲜活的"生气"。墨分五色,韵味无穷。浓淡干湿的墨色变化,使书法增添丰富的审美意趣和多样的情感内涵。

有了充满生命感的审美精神的引导,就能建立基本的审美标准,明确艺术学习、鉴赏、创作的大方向。对充满生命感的书法作品的欣赏、学习,也有助于焕发生命活力,充满旺盛的热情激情,保持昂扬进取的精神状态。

(二) 感受抽象性的审美意味

"笔意""字意""书意"是书法表现与鉴赏的核心。概括而微妙的抽象审美意味更是书法美的本质内容。中和、阴柔、阳刚、狂放、雄浑、劲健、潇洒、清淡、拙朴、典雅、超逸、神奇、精巧、自然……显现为丰富多样的意味风貌。古代书法理论、书法批评更多地从抽象性的审美意味入手,去把握书法作品的审美内容:智永圆劲秀拔,蕴藉浑穆;虞世南萧散洒落;孙过庭俊拔刚断;褚遂良清远萧散;米芾沉着痛快(图 13-1)……

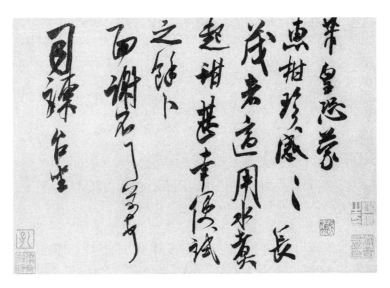

图 13-1　米芾行书《惠柑帖》

概括而微妙的抽象审美意味是艺术家广泛的审美感受、体验的结晶。"或诗、书、礼、乐,养其朴茂之美;或江山、风月,养其妙远之怀;或金石、图籍,发思古之幽情;或花鸟、禽鱼,养天机之清妙"(张之屏《书法真诠》)。书家在对自然美事物、社会美风貌、艺术美境界的感悟中,把握、提炼出抽象性的气势、韵味、精神气度意蕴以及宽泛朦胧的审美情调。山川河流、树木花草的雄奇、苍茫、静谧、舒展、婀娜、婉曲、奔放、宽广;飞禽走兽、虎豹鹰雁的威猛、迅急、轻盈、飞动……触动了书家的情怀,使其得以进行审美意味的品悟与概括提炼,并在书作中加以表现。

书法审美意味与人格精神、气质风度具有更密切的审美联系。所谓潇洒、儒雅、俊宕、超脱、清淡、拙朴……正是人的精神气度的概括性表现。这些原本是品鉴人物的形容词,在长期的审美活动中逐渐转化为书法的审美范畴,成为人们力求表现与品悟的审美意味。所谓"文人气""书卷气""山林气"等,在书法中成为体现不同人格精神气度的重要审美意味。它们不仅是书家表现的不同境界,也是书法作品中衡量不同格调的尺度。

书法艺术使学生更集中地关注、领悟中国古典艺术的抽象审美意味,提高更纯粹的审美鉴赏能力。启发学生通过自然美势态的感受、人格精神的锤炼,在审美意识中不断丰富审美意味的内涵,扩大审美意味的领域。

(三) 提升文人化的审美格调

书法是充分体现文人审美理想的古典艺术。书法以文人化的士气、书卷气为上,反对市井气、江湖气、匠气、俗气。书法审美意识强调下笔须使有数万卷书气象,见雅人深致。有文人气的书法作品,含和儒雅,不剑拔弩张,也不过于姿媚。

有文人气的书法艺术,不"低俗",不"甜俗",不入"时俗"。黄庭坚评苏轼说:"东坡简礼,字形温润,无一点俗气。"赵宧光在《寒山帚谈》中强调"字避笔俗":"俗有多种,有粗俗,有恶俗,有村俗,有妩媚俗,有趋时俗。"粗陋、浅薄、低下、平庸之俗,随波逐流之俗,是文人化的书法艺术之大敌。

古代书法家注重丰厚的文人学养,讲求字外功夫。苏轼说:"作字之法,识浅、见狭、学不足三者,终不能尽妙。"黄庭坚认为:"胸中有书数千卷,不随世碌碌,则书不病韵。"苏轼诗、书、画、文样样精通,学问文章之气,郁郁芊芊,发于笔墨之间。而黄庭坚散文古赋极佳,对古画有很高的鉴赏力,其诗的成就更大,开创了"江西诗派",产生了极大影响。他们在理论上倡导"书卷气",在实践中身体力行,使书法的文人特性得以突出发展。深厚广博的字外功夫,使艺术格调高超,审美意蕴丰富。

书法对文人化的艺术产生极大影响。中国古典绘画的典型代表是文人画,古典文人画的特性是:画的诗化、画的书化、画的写意化和画的个性化。"诗化"——有诗那样的含蓄蕴藉、玩味无穷的象外之意;"书化"——用书法那种生动自然、力势相应的书写方式去描绘;"写意化"——不简单模仿,塑造不求形似、传神的形象,表现微妙的审美意味;"个性化"——不平庸,不入时趋,有新意,有创造,表现鲜明的艺术个性。其中"书化"是一个关键因素。

文人精神,文人化的审美精神,使中国书法具有了坚实而丰厚的文化根基。多进行书法欣赏、学习,有助于培养、传承文人精神,积累文人审美素养,避免粗俗、低俗、浅薄之气,形成高品位的审美情趣。

第二节 书法的美育方法

优秀书法作品的笔画生动有力,多样的笔画蕴含丰富的抽象审美意味,笔画之美与生动的自然美势态有异质同构的审美关系。书法结构气脉贯通,具有欹中取正的动态平衡,在大小、疏密等方面体现出纯粹而丰富的空间审美规律。

在书法美育中,可以通过书写练习和笔画、结构美的讲解、欣赏,使学生获得生动有力的书写性体验,提高抽象审美意味的审美品悟力和生机盎然的势态想象力,领悟气脉贯通的结构美,得到动态平衡美感和疏密、大小等空间美感的培育。

一、书法笔画教学的美育

(一) 生动有力的书写性体验

笔画之美在于"力"——生动有力。书法笔画让人感受到富有生气的生命活力。有生命力感的笔画,厚实而不扁平,灵活而不板滞,沉着而不浮滑,圆浑而不单薄。

逆向运笔,蓄势生力。从起笔看,篆书、隶书中锋正逆,楷书侧锋切逆,行、草书因势点逆。逆笔蓄势,积聚着能量,有助于笔力的生发、延续、伸展。只有先盘郁积势,出笔才能畅快劲利。先有笔锋的逆入,产生阻力、留意,然后其顺畅而出的笔画才厚实劲健又疾畅痛快。从运笔过程看,先起后落、先折后转、先顿后掣、先屈后伸、先撇后拔、先拓后束、先停后行等用笔方法,正是相反相成的逆势规律。有起之落便会富有弹性而不扁卧僵滞;有折之转才能圆畅而又沉着;有顿之掣,有屈之伸,有撇之拔,积蓄了笔毫展放之势,具有充分的张力,其发笔必然显示出强劲的气势;有停之行的笔画运动,富于节奏感,笔势连中有断,行笔之力时得以补充加强。

方折圆转、一波三折、化直为曲、肥瘦适度的书写,使笔画产生鲜活生动的力感。从

图 13-2　颜真卿
楷书《颜勤礼碑》
局部

化直为曲看,在书法中,除了装饰性较强的小篆,几乎没有近于几何线的直画。平齐之直力弱,而微曲之直力强。书法的微曲之直富有生气,蕴含着张力之势。打个比方说,平直之直好似一块刨平刮净了的木板,虽光洁整齐,但平板而无生动之气。而微曲之直则如一株稍有弯意的树干,挺挺然有勃发之势。因此,古代书家强调"化直为曲",认为"努过直而力败"(柳宗元《八法颂》)。在"永字八法"中,"努"(或弩)被用来称谓"竖"画。而这个直的竖画恰恰不可写得"过直",正是为了寻求有生气的笔力。柳字之微曲之竖,骨势劲健,勃然挺立。颜字的左右竖画,向内环抱而成相对弧势,筋力遒韧,字势扩展(图 13-2)。

通过对生动有力的书法笔画临摹、书写,学生获得具有力势的书写美感体验。逆笔蓄势生力,感受充满生机的精神激发。五指协调,灵活发力,轻松运笔,力势畅达,在书写的愉悦中使身心松弛舒适。

(二) 抽象微妙的意味品悟力培育

书法的多样笔画具有丰富微妙的审美意味。笔画审美意味的欣赏,对蕴含不同审美意味的笔画的临摹,有助于培育学生的抽象审美意识,增加对抽象艺术、抽象审美因素的感悟,具有更纯粹的审美性的鉴赏能力。

从中锋与侧锋、藏锋与露锋看,中藏含蓄,力在字中。藏锋与中锋具有含蓄蕴藉、浑厚丰满的审美特色。以中藏为基础,便可避免扁平浅露、轻飘无力的笔病。藏锋与中锋,充分体现了古代文人"君子藏器""外柔内刚"的精神追求。而对于侧锋、露锋(图13-3),爽利、鲜明、痛快、精神外耀是其意味风貌。"有锋以耀其精神,无锋以含其气味"(姜夔《续书谱》)外耀的精神气息不拘谨、不死沉。它不是温柔敦厚,中和含忍,而是飞扬、畅快,洋溢着勃勃的生气。出锋之笔,往往给人以犀利、峭劲之感,森森然有武库剑戟之势。与中锋的圆健沉厚不同,侧锋表现出飘逸洒脱的意境(图13-4)。

从方笔与圆笔看,方折坚实,凝整果断;圆转灵活,温润畅达。雄强、精密、沉着,是方笔的势态;中含、婉通、畅达,是圆笔的风貌。方折遒紧凝整,趋于静态;圆转灵活流畅,富于动感。圆者润,圆笔易表现温和圆润的境界。圆藏的入笔,圆转的转笔,具有丰实的润泽肌肤之丽。方笔挺劲、峻利、坚实,给人以果断、干脆、斩钉截铁的感觉。

从肥笔与瘦笔看,粗肥雄浑,细瘦清劲。瘦笔突出了瘦硬、纤秀、清劲、峻利、疏淡、挺健等审美意味;肥笔侧重厚重、粗浑、丰腴、雄壮、丰实等审美特征。甲骨文开了瘦劲之美的先河。汉隶中的《礼器碑》清超而遒劲,遒劲又肃括(图13-5)。在尚肥书风中,唐代隶书呈现为丰肥的面貌,徐浩、李邕、颜真卿等人的楷、行书比较突出。苏东坡的书法是宋代书法中肥厚之美的典型,妙在肥厚而不痴浊,"如绵裹铁""绵里藏针",有内在的骨劲。清人伊秉绶的隶书以粗浑的笔画营造了壮伟雄厚之境。

一笔之中,笔与笔之间,粗细肥瘦对比较大的,显现出情感的起伏、动荡;而粗细均匀,不求肥瘦对比的,则与淡远、超脱、虚静的情怀更相适应,表现出朴素、平实的风貌。

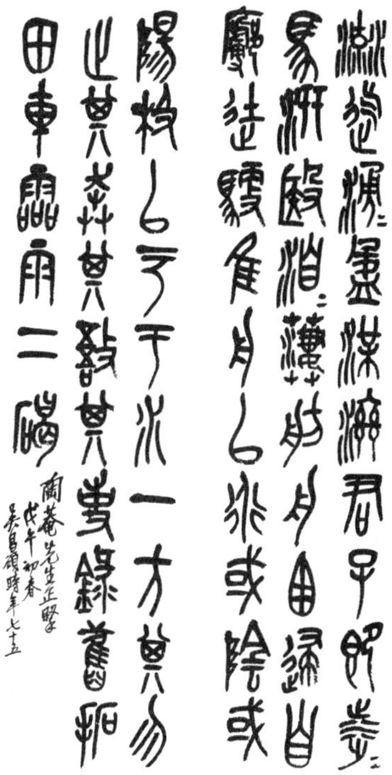

图 13-3　吴昌硕篆书
《临石鼓文四条屏》局部

图 13-4　王羲之草书
《十七帖》局部

图 13-5　汉代隶书
《礼器碑》局部

徐渭的狂草,忽重忽轻,重按与轻行相间,粗细对比鲜明,把躁动不安的心绪尽情宣泄。

图 13-6 弘一法师行书
《"大慈慧光"联》

弘一法师的书法,一片超然,不躁不火,虚静至极。平匀而微曲的笔画,省却了顿挫,泯灭了棱角。这是简,是单纯。它以不求起收、转折、中截起伏变化的简笔,由绚烂而归平淡,寓无穷韵味于朴实之境(图 13-6)。

通过富有审美意味的笔画的临摹、书写和鉴赏,学生在形式审美直观中获得意蕴顿悟,有利于培养艺术形式感,把握不同形式因素与特定抽象意味的审美对应关系,具有更恰当的审美鉴赏力和艺术表现力。

(三) 生机盎然的势态想象力培育

书法之美以自然美形象为客观依据,书法艺术形象的塑造,与自然事物的生动势态有审美联系。虽然书法文字形式无法像绘画那样逼真地再现客观自然事物,但它的点画飞动、结构纵横,可以使人联想起自然万物生机盎然的气势、姿态,从而唤起丰富的审美感受。

在古代书法创作和鉴赏中,有诸多联想自然万物的气势、韵律、姿态的因素。从笔画势态看,"若长天之阵云,如倒松之卧谷。时滔滔而东注,乍纽山分暂塞。射雀目以施巧,拔长蛇分尽力。草草眇眇,或连或绝。如花乱飞,遥空舞雪。时行时止,或卧或蹶。透嵩华分不高,逾悬壑分非越。"(王羲之《用笔赋》)"或竖牵如深林之乔木,而屈折如钢钩。"(王羲之《书论》)"一"如千里阵云,隐隐然其实有形;"丶"如高峰坠石,磕磕然实如崩也。"丿"如陆断犀象。"丨"如万岁枯藤;"乀"如崩浪雷奔。"乚"如壮士之曲臂。撇如"飞带",短撇如"戏蝶"。草书的笔画如蛇行,环绕之笔如"游丝",如"飞龙"。隶书的波尾为燕尾。苏轼的笔画"如绵裹铁",如"绵里藏针"。人们强调书法外在形态的状物联想特征,提出了"象其形""类物象形"等创作、鉴赏方式。

从运笔效果看,"疾若惊蛇之失道,迟若渌水之徘徊。缓则鸦行,急则鹊厉。"(萧衍《草书状》)涩笔如"上水撑船",逆水行舟。这就不单是从笔画、字形上要求模拟,而且从书法用笔的速度、方式、效果等方面探讨书法与自然物象的内在审美联系。

这些联想对书法美育很有启示。教师可以通过丰富的笔画形式与运笔效果,引导学生联想生动的自然美等势态,从而培育其丰富的审美想象力,使其获得多层次的艺术享受。

二、书法结构教学的美育

(一) 气脉贯通的结构美感培育

气脉贯通是书法结构的基本审美原则。"作书贵一气贯注,凡作一字,上下有承接,左右有呼应,打叠一片,方为尽善尽美。即此推之,数字、数行、数十行,总在精神团结,神不外散。"(朱和羹《临池心解》)所谓"一笔书"正是讲求气韵的贯通联系。书法杂多变化、不齐之齐的和谐统一,主要依靠笔势书脉的连贯。如果失去了笔与笔、字与字之间的呼应联系,便会有"截""赘"之病。书法之不同于美术字,关键在于书写的笔势相连,前后上下呼应。

为了达到气连、势连、血脉贯通的审美境界,书家们探讨、实践了许多取势、贯气的方法。有的侧重无形迹之连,有的侧重有形迹之连。有形迹之连中又有虚连、实连两种情况。

无形迹之连是指笔画间没有外在引带牵丝形迹的暗连。度法等是其主要表现手段。度法取势贯气,强调"空际"作势,飞度笔意。这种途径更多体现在较规整的篆书、隶书、楷书中。在上一笔画收笔之际,提笔于空中向下一笔画起笔处快速过渡。通过书写的连贯,使笔势不断。

有形迹的虚连,主要指引带、应接、折搭等取势贯气形式。这种虚连通过上一笔有方向性的出锋收笔与下一画的顺应起笔,使虽无直接相连的两笔、两字有了气脉的联系贯通。行书笔画、结构之间更强调这种有形迹的笔断意连。

有形迹的实连,即所谓连笔、连绵,通过笔画与笔画、字与字的直接相连使气势贯通。此种形式运用得当,更能产生一气呵成、势来不可止、势去不可遏的审美效果。这种笔画、结构之连绵在草书,尤其是大草中得以充分体现。张旭、怀素、黄庭坚、王铎等人的草书中数笔、数字相连,气势流贯。(图 13-7)

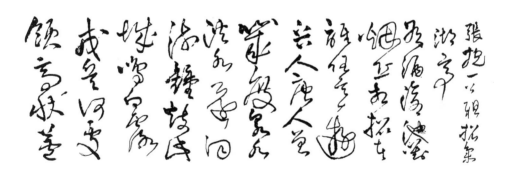

图 13-7　王铎草书《赠张抱一诗卷》局部

气脉贯通的书法结构教学,可以使学生完善审美观念,顺利把握各审美因素的呼应、联系,在艺术(尤其是中国古典艺术)鉴赏和创作中达到有机统一的审美境界。

(二) 欹中取正的平衡美感培育

欹中取正,是书法区别于美术字的重要因素。美术字的平衡是静态、水平、垂直性的平衡,体现图案性、装饰性、整齐划一的审美效果;而书法的平衡是具有动感、欹中取正的平衡,表现了生动有力、灵活见势、富于个性化的审美风貌。

欹侧的对应使笔画间、部件间、字间产生联系之势。美术字的横平竖直、线段平行,使笔画间、部件间、字间相对独立、孤立,没有笔势、字势的呼应联系。而欹中取正的书法,恰恰避免了横平竖直、线段平行,有仰有俯,有转有侧,你呼我应;或上开下合,或上合下开,合而互凝互聚,开则拉力相牵。弧度对应的向背之势中,向而朝揖,背则相倚,有势有情。

敧中取正之势似敧反正,不正而正,是局部的敧斜与整体的平衡的有机统一,体现了动态平衡的审美效果。书法审美境界的"不正""不稳""敧侧""险绝",是"敧中有正""似敧反正",是险中求稳,达到不正之正。古人论书强调的"势如斜反直""迹似奇而反正""斜而复正"等,都说明了书法独特的平衡之美。

敧中取正使书法形象展现出丰富的势态。上仰下俯,上俯下仰,多重仰俯;上开下合转侧、上合下开转侧,外开内合转侧,外合内开转侧;左转右侧,上转下侧;字的转侧,行的转侧;或相向,或相背,或向势背势结合……方式多样,势态万千。(图13-8)

图 13-8 王铎行书选字

通过书法敧中取正结构的教学,培育学生的动态平衡美感,掌握富有生机的平衡规律,发展更适宜艺术鉴赏的审美心理;也有利于学生避免刻板的思维方式,活跃精神,勇于开拓创造。

(三) 大小疏密等空间美感培育

书法的大小,主要指字内部件之间、字与字之间的比例匀称关系。书法的大小匀称,不是美术字般的外形大小尺寸一致,而是审美视觉感受的空间分量相称。可根据笔画多少和部件之间、字与字之间的空间大小来合理安排,获得协调匀称的空间感。当笔画相当时,各内部空间也基本相当。当笔画多少不同时,多者形体较大,少者形体较小。但其内部空间宜"展小""蹙大(缩大)":少者适当增大内部空间,其形体也因而适当增大,从而达到审美视觉分量的协调,具有既大小不同又比例匀称的效果。(图13-9)

笔画、部件之间适当的远近距离、大小空间,构成了书法的疏密关系。适当的疏密是书法结构协调的重要因素。有的"疏"(距离远、空间大):短小的笔画之间,如八字头、八字底等;左右结构中偏长的纵向笔画之间,如"作""非"等,这样可以舒朗空间,开阔体势。有的"密"(距离近、空间小):笔画多的部件;左右部件的横向笔画之间,这样可以避免结构分散。(图13-10)

图 13-9　王羲之、王献之行书选字　　　　　　图 13-10　米芾行书选字

　　书法还采取笔画展缩、肥瘦、尖接、省略、借换等因素调整疏密空间。笔画大小的展促,便于避免繁杂拥塞的状况。笔画繁当缩其小画,展其大画。肥笔使稀疏的空间显得充实,瘦笔则使繁密的空间得以疏朗。在一些笔画相聚连接之处,通过适当减少笔画的接触面积增加一些空间。尖接则虚,尖接则空,并增加了一些活气。还可采取省略、借换笔画的途径减少密度,这种省略、借换,既疏阔了空间,又避免了点画的重复、零散。

　　我们可以通过对书法的结构欣赏与书写练习,培养学生在比例、距离等方面的空间审美意识,增强对艺术空间、审美空间结构的鉴赏能力。

本章小结

　　书法的艺术特征主要有以字形为基础的抽象形象、时序性的定向连续空间、兼顾字义的综合审美形态等。书法的美育价值体现在领悟生命感的审美精神、感受抽象性的审美意味、提升文人化的审美格调等方面。书法笔画教学和结构教学的美育方法,可以使学生获得生动有力的书写性体验,感受充满生机的精神激发,在书写的愉悦中使身心松弛舒适;提高抽象审美意味的审美品悟力,在形式审美直观中获得意蕴顿悟,敏锐把握不同形式因素与特定抽象意味的审美对应关系;丰富生机盎然的势态想象力,获得多层次的艺术享受;领悟气脉贯通的结构美,完善整体和谐的审美观念,顺利把握各审美因素的呼应、联系,在艺术鉴赏和创作中达到有机统一的审美境界;得到动态平衡美感培育,掌握富有生机的平衡规律,避免刻板的思维方式,活跃精神,勇于开拓创造;具备大小比例、疏密距离等方面的空间审美意识,增强对艺术空间结构的视觉感受能力。

思考练习

1. 如何理解书法的时序性的定向连续空间?
2. 为什么说书法具有提升文人化的审美格调的美育价值?
3. 试谈抽象审美意味的品悟力的书法美育方法。
4. 书法的结构艺术特色对书法美育有什么启示?

第十四章　戏剧的美育价值与美育方法

学习目标

　　了解戏剧综合性、直观性、集体性的艺术特征，认识在戏剧"假定性"中感受生活的真实性、在"现在进行时"中体验戏剧的仪式性、在"集体艺术"中凝聚团队的协作性等方面的美育价值，掌握戏剧鉴赏、课本剧、校园戏剧等独特的美育方法。

内容概要

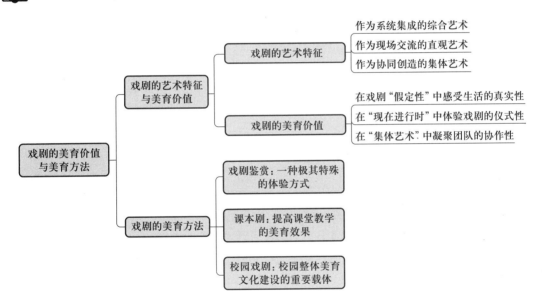

― 第一节　戏剧的艺术特征与美育价值 ―

　　在所有的艺术门类中，再没有比"戏剧"这个概念的含义更为丰富和复杂的了。这里所说的戏剧，包含"戏剧"和"戏曲"两个概念，即西方意义上的"戏剧"和中国意义上的"戏曲"，这两个概念既有共性，又呈现出不同文化背景下的个性。戏剧作为"人"的艺术的特点非常明显，它不仅反映的是"人"的生活，而且更在于它以"人"为媒介反映生活。《现代汉语词典》将戏剧定义为："通过演员表演故事来反映社会生活中的各种冲突的艺术。"①《新华词典》则称:"由演员扮演角色,当众表演故事情节以反映社会生活,是以表演为中心的包括文学、音乐、舞蹈、美术等艺术的综合形式。"② 由此可见,对故事的表演即人的表演是"戏剧"这一概念的本质属性。深入挖掘这门艺术的育人、化人功能,在特定的情境中真正实现寓教于乐,促进人的心灵净化和个性完美,具有强烈的现实意义。

一、戏剧的艺术特征

(一) 作为系统集成的综合艺术

戏剧是多种艺术系统集成的综合艺术。综合艺术是开展艺术审美教育的重要组成部分。国内外有许多学校,都非常重视戏剧综合艺术的教育。苏霍姆林斯基的帕夫雷什学校,成立了木偶戏剧团和话剧小组;美国的第 56 号教室,雷夫老师带领孩子们每年排练一出莎士比亚的戏剧;浙江大学的黑白剧社,发扬剧社光荣传统,创作、排演大中型话剧及校园实验戏剧,成为高校校园文化建设的一面旗帜。戏剧贴近生活、直面观众、当众交流的艺术形式,是最受欢迎的审美教育手段之一。

从艺术的构成方式来看,戏剧是集众多艺术于一体的综合性艺术。戏剧在发生、发展历程中,不断将文学、音乐、绘画、雕塑、建筑、舞蹈等艺术消化吸收,并有机整合,把原初属于不同类型的艺术集成为一个整体,成为一门综合艺术。从古代到现代,人类已经创造了包括 20 世纪以来电影、电视、广播在内的十大艺术,戏剧作为"第七艺术"是对此前六种艺术的集合,"兼备了从第一到第六的各种艺术样态的一切要素。它兼有诗和音乐的时间性、听觉性,以及绘画、雕塑、建筑的空间性、视觉性,而且同舞蹈一样,具有以人的形体作媒介的本质特性"③。

在这个综合体内,戏剧文学是指供戏剧舞台演出用的剧本,"剧本,一剧之本",说的是剧本在戏剧艺术中的地位,一台戏的演出是建立在剧本的基础上的,剧本赋予整部戏剧以灵魂。一般来说,剧本不是一种独立的文学体裁,是为舞台演出而作的,既要有一定的文学性,又必须有必要的剧场性,文学性与剧场性的两相兼顾,是戏剧文学的立身之本。这里的音乐,主要是指舞台演出中的音响和配乐,虽然中国和西方的各个地方剧种音乐的呈现方式和作用各不相同,但仍然是演员表演艺术的辅助部分。舞台美术是绘画、雕塑、建筑等艺术进入戏剧后的另一种存在方式,它是戏剧艺术重要的组成部分,包括舞台布景、灯光、化妆、服装、效果、道具等,为舞台艺术创造时空环境和外部造型条件。舞台美术在剧本的基础上创造规定情境和舞台气氛,把剧本中的文学形象转化成舞台上的视觉形象和主题的象征性形象。舞台美术作为戏剧演出的有机组成部分,直接为演员的舞台创造服务,本身没有独立的存在价值。所以,在某种程度上来说,戏剧也是时间艺术与空间艺术、听觉艺术与视觉艺术、平面艺术与立体艺术的综合。文学、音乐、绘画等各种艺术综合在内,主宾有序,互补相融,在戏剧中发挥出各自不同又相互融合的

---

① 中国社会科学院语言研究所词典编辑室:《现代汉语词典》(第 7 版),商务印书馆 2016 年版,第 1407 页。

② 商务印书馆辞书研究中心:《新华词典》,商务印书馆 2001 年版,第 1059 页。

③ [日]河竹登志夫:《戏剧概论》,陈秋峰、杨国华译,中国戏剧出版社 1983 年版,第 3 页。

作用。

　　文学、音乐、绘画、雕塑、建筑、舞蹈等艺术类型相互融汇，既取消了各自的独立性，又通过它们自身具有的不可为其他艺术所替代的独特作用的发挥，综合为一种独立的艺术样式。黑格尔认为："戏剧无论在内容上还是在形式上都要形成最完美的整体，所以应该看作诗乃至一般艺术的最高层。"[①] 当各种艺术手段集成一个艺术整体时，它自然而然就成为"诗乃至一般艺术的最高层"。

(二) 作为现场交流的直观艺术

　　戏剧是现场交流、反馈的一次性艺术。它与其他艺术一样，通过感觉或想象来唤起审美意象，并把它体现于媒介材料之中。同时又与其他艺术不同，戏剧把所要表现的内容全部直观地演示给观众，用"现在进行时"的方式把所反映的情景转化为正在眼前同步发生的事件，用"代言体"的言说方式让剧中人物现场行动起来。

　　戏剧是演员与观众面对面的直观呈现与交流方式。无论采用什么样的舞台样式、剧场形态，演员与观众的对峙或者互动，均无一例外是直观的双向交流。一方面，戏剧通过演员自身的行为动作，把人物之间的矛盾冲突、戏剧事件直观地、一次性地演示在舞台上，观众通过演员的直观演绎获得具体的感受。人物形象以戏剧特有的以演员本身为媒介材料的直观形象，使戏剧达到表现力与形式美的高度统一。另一方面，借由演员们的表演，戏剧把表达的主题、情感，通过文学的"想象形象"和造型的"感觉形象"，在由演员创造的角色形象之中，立体地转化为可视的直观形象。演员与观众共存一地、一处、一厅、一室，是戏剧能够塑造直观形象的重要原因。耶日·格洛托夫斯基说过："没有演员与观众中间感性的、直接的、'活生生'的交流关系，戏剧是不能存在的。"[②] 的确，戏剧是依靠观、演关系建立起来的面对面交流的直观的艺术。

　　换句话说，戏剧的交流、互动是在演员与观众彼此直视、共同面对的情境下完成的。与其他艺术不同的是，文学、绘画、雕塑、建筑、电影、电视等艺术，都是在创作成型后单向的、隔屏式的交流，接受者用自己的眼睛、耳朵和心灵去感受艺术工作者创造的艺术作品，而戏剧的交流是现场的，是面对面的，是不可完全重复、一次性的。戏剧演出的唯一对象是观众，观众对戏剧来说是必不可少的在场搭档。所以，戏剧演出一定是观、演关系的构成，他们是一对彼此共生的在场伙伴。戏剧是在观演双方活生生的人中展开双向交流的，这种现场演出区别于其他艺术。马丁·艾思林甚至生动地把戏剧比作书籍的手抄本，而把电影、电视看成是同一书籍的印刷本 [③]，原因在于一个是唯一的，一个是可以复制的。可以说，演员每一次登台演出，都是一个一次过的独立的"版本"。而这个上演"版本"的成功与否，取决于剧场中观演共同体基于戏剧假定性达成的默契和在场联动的程度。艺术的创造者和欣赏者并存于同一时空，能够进行在场的面对面的直接的情感交流，这是戏剧所特有的艺术特征。

---

　　① ［德］黑格尔：《美学》(第 3 卷 下册)，朱光潜译，商务印书馆 2017 年版，第 240 页。

　　② ［波兰］格洛托夫斯基：《迈向质朴戏剧》，魏时译，中国戏剧出版社 1984 年版，第 5 页。

　　③ ［英］艾思林：《戏剧剖析》，罗婉华译，中国戏剧出版社 1981 年版，第 4 页。

（三）作为协同创造的集体艺术

戏剧是团队成员集体创造智慧的结晶。一出满台生辉的戏剧作品,一定是戏剧团队合力创作、共同奉献的结果。这个创作团队,一般由编剧、导演、演员、舞美设计、造型设计、音乐设计、音效设计、灯光设计、肢体设计等共同组成,他们各司其职又彼此紧密联系。戏剧的终端舞台呈现,不仅仅是对剧本予以简单的舞台阐释,而是导演、演员、舞美、音响等人结成的创作共同体协力同心的艺术再创造。无论是导演中心论,还是演员中心论,都不是单枪匹马的"一个人的战斗",而是团队集体攻坚的成果。

一部戏剧作品,首先源起于编剧。无论编剧出于什么样的创作意图,他都是戏剧剧本的创作者。编剧的艺术素养较高,一般具有较强的文学表达能力,熟悉戏剧艺术的创作流程、表现手法等。编剧以文学的形式表述剧作的整体设计,其创作的文学作品是戏剧表演的蓝本。剧本有文学剧本和舞台剧本两种。古今中外,有很多优秀的剧作家。中国的有关汉卿、王实甫、汤显祖、孔尚任、马致远、李渔、洪昇、田汉、曹禺、郭沫若、老舍、洪深、陈白尘等;西方的有莎士比亚、易卜生、契诃夫、萧伯纳、布莱希特、奥尼尔、歌德、莫里哀、王尔德、席勒、梅特林克、果戈理、阿瑟·米勒等。

"戏剧是集体的艺术,剧作家只是戏剧工作者大集体中的一员而已,他的剧本只是整个戏剧演出中的一个基础而已,他的剧本还须经过导演、演员、舞台美术工作者等的集体创造才能和观众见面"[①]。导演是戏剧作为剧场艺术的灵魂,是舞台演出的组织者、指挥者和领导者。导演不仅负责选择剧本,对剧本进行详细的案头工作,作出让人信服的导演阐述,更重要的是要将剧本付诸实际演出。导演的工作十分重要,他与演员的表演一起将剧本演化成一场完整的戏剧演出。他将自己对剧本的阐释、导演意图告诉舞台设计师,并就某些特殊的舞台美术、音响、灯光、服装、道具等提出具体要求,同时还要精心挑选演员,分配角色,解释剧本,分析形象,组织排演、连排、彩排等,最终将戏剧完整地搬上舞台演出。如果把剧本称作是戏剧的"一度创作",那么导演自然是将剧本搬上舞台"二度创作"的核心指挥员。导演的权威是保证戏剧演出走向成功的关键。导演还是直接影响戏剧风格形成的重要因素,作为戏剧创作中各种艺术元素的综合者,导演组织和团结剧组内所有的创造人员、演出人员乃至技术人员,充分发挥他们各自的才能,使众人的创造性劳动融为一体。可以说,一部戏剧作品的风格和质量,很大程度上取决于导演的素质和修养。显然,戏剧是一个包容了剧本、表演、舞美等多种因素在内的艺术整体,而导演"具备各种品质于一身,以便成为剧场的能手"[②]。

演员是戏剧集体创作最终成果的直接呈现者,通过艺术创作,完成编剧和导演的创造主旨与意图,然后通过舞台传播使观众得到心灵上的满足。真正的在场交流是演员与观众的交流。换句话说,由演员当众模拟角色,才是戏剧艺术的基本特质。演员的身体与动作,构成了戏剧艺术的基本表现手段。王国维说"戏曲者,谓以歌舞演故事也","必合言语、动作、歌唱,以演一故事,而后戏剧之意义始全"[③]。故事是由剧作家的文学剧本提

① 顾仲彝:《编剧理论与技巧》,中国戏剧出版社 1981 年版,第 9 页。
② [英]克雷:《论剧场艺术》,李醒译,文化艺术出版社 1986 年版,第 25 页。
③ 王国维:《王国维戏曲论文集》,中国戏剧出版社 1984 年版,第 163 页、第 29 页。

供的,而故事的"演",无论是莎士比亚、果戈理还是郭沫若、曹禺,他们笔下的"言语""动作""歌唱""歌舞"等,则是演员的任务和职责。

可以说,戏剧艺术的构成要素并非各自独立,而是相互关联,在戏剧集体创造中彼此结合成为一个整体。戈登·克雷甚至说现代戏剧"既不是表演,也不是剧本,既不是布景,也不是舞蹈,但它却包括了构成这些东西的全部因素"①。

二、戏剧的美育价值

(一) 在戏剧"假定性"中感受生活的真实性

戏剧是最接近生活、最逼真、最能够打动人的艺术表现形式之一,它比其他艺术更具备"源于生活,高于生活"的独特的美育功能。戏剧能够将生活中分散的、碎片化的、零碎的矛盾和冲突,集中加以凝聚和提炼,聚焦于特定的时间与空间之内,围绕着戏剧中主要人物的性格特征和生活轨迹,呈现在有限的时间和空间之内,产生强烈的戏剧效果。

而戏剧反映生活的真实性,并非照搬生活的本来面目、不加选择地搬上舞台。包括戏剧在内的一切艺术创作都是经过艺术家的想象创造而形成的"假定"的存在,都是某种生活的"幻象"。而戏剧的"假定性",则成为戏剧艺术舞台真实性的前提和法则。所谓戏剧的"假定性",是观众与演员在剧场内必须共同遵守的规则,即艺术的"真实的幻觉"所共有的一种约定俗成的属性,也就是被人的审美心理认可的艺术真实性。通俗的说法,艺术的"真实的幻觉"是与生活不同的创造物,它虽然不是生活本身却让人联想到生活;我们知道舞台上的生活是假的,但我们根据审美经验却相信它符合生活真实,这就是戏剧"假定性"的魅力。换句话说,戏剧的"假定性"就是在剧场条件下的戏剧演出的艺术真实性,戏剧提供的生活真实,是在剧场条件下艺术工作者创造的、假定的舞台真实。

戏剧艺术较之于其他艺术门类,更容易产生"真实的幻觉",戏剧的"假定性"具有更大趋向生活"逼真""幻象"的可能性。20世纪40年代在延安革命根据地,当剧团为解放军战士演出民族歌剧《白毛女》时,一位坐在台下的战士,完全被剧情和悲愤的仇恨所控制,举枪瞄准了蹂躏民女喜儿的恶霸地主"黄世仁",要不是边上的班长眼明手快地拨开战士的枪口,饰演黄世仁的演员陈强必然倒在战士的枪口之下。根据地的演出条件虽然十分艰苦,但在营造那种舞台逼真的"真实的幻觉"时,并不受到物质条件的限制,而受到戏剧艺术"假定性"契约的深刻影响。马丁·艾思林说:"戏剧不仅是人类的真实行为最具体的(即最少抽象的)艺术的模仿,它也是我们用以想象人的各种境况的最具体的形式。""戏剧(演剧)作为游戏,作为假扮,是一种模拟的动作,是对现实世界的模仿。我们在剧场、电影里或在电视屏幕上所看到的戏剧,是一种精心制造的假象(illusion)。可是同其他产生假象的艺术相比,戏剧(戏剧脚本的演出)有更大得多的真实成分。"②

拓展阅读:
黄佐临《漫谈
戏剧观》

① [英]克雷:《论剧场艺术》,李醒译,文化艺术出版社1986年版,第2页。
② [英]艾思林:《戏剧剖析》,罗婉华译,中国戏剧出版社1981年版,第13页、第82页。

（二）在"现在进行时"中体验戏剧的仪式性

戏剧起源于原始宗教仪式,是从神话—宗教仪式中发展而成的独立艺术。由于它与神话—宗教的亲缘关系,被深深打上了神话—宗教仪式的烙印。也就是说,作为一门综合性的表演艺术,戏剧比其他任何一门艺术更具有明显的仪式性。最初的原始戏剧就具有来自宗教仪式的基因,如戏剧事件的"现在进行时",在参与仪式的人们看来事件是正在发生的;戏剧包含的不同程度的象征意义,即仪式本身具有"形而上"的象征意义;戏剧演出产生的演员与观众的集体经历,凡是观演双方参与者都有在场的共同的仪式体验。

戏剧的仪式功能体现在观、演双方的一种现场的、即时的、群体化的交流与精神体验。当戏剧引导观众进入一种共时、在场、即时性的集体体验时,它体现出整合人际关系、加强相互联系、引起情感共鸣、促进社会交流的特殊作用。这种"现在进行时"的戏剧仪式功能主要体现在三个方面:首先是同步的交流功能,通过戏剧可以使戏剧的表演者和接受者心灵交流、沟通。莎士比亚的戏剧就表现出人与宇宙之间的一种沟通,曹禺的戏剧也有这种沟通人心的作用。接受者能够通过戏剧在同一时空内的舞台表演,达到呈现与接受的同频共振。对于观众来说,有时候剧情也许不是最重要的,最重要的是能够活生生地进行现场的情感交流。其次是同时的成长功能,戏剧的仪式可以使戏剧的表演者和接受者在同一时间内获得一种精神上的诞生或成长的力量。与一般的仪式相比,戏剧具有象征性、拟态性的精神特征,在现场的互动中,共同感受剧作所表达的精神,感受勃发的精神、生命的仪式。或者说,戏剧表演与仪式一样,都在寻求对观众的影响力和控制力。最后是即时的宣泄功能,主要是戏剧的接受者在观看欣赏戏剧的过程中,与表演者的世界同构,压抑的情绪瞬间得以宣泄,而这种特定空间的宣泄也是一种仪式化的娱乐功能。

可以说,戏剧能够通过"假定性"的舞台生活和舞台形象的创造,采用在剧场中"现在进行时"的方式,表达出某种社会性的情感,唤醒观众的心理期待,满足观众的社会体验和交往需要,并通过在场的仪式化的方式,引导观众参与戏剧活动,或为剧情的喜悲发出笑声、落下眼泪;或为剧情的发展产生共鸣、引起悲悯。戏剧的观演不是单向度的信息传递,而是一种精神的典礼仪式。

（三）在"集体艺术"中凝聚团队的协作性

戏剧是集体合作的艺术,不仅仅是集个体于一起的集体性的欣赏活动,更在于作为艺术创作,它是不同门类的艺术工作者分工合作、协同作战、集体智慧的成果。戏剧融文学、音乐、舞蹈、美术、雕塑、建筑于一体,由"活人演给活人看",历来就是大众喜闻乐见的艺术形式。作为集视觉和听觉、舞台和时空为一体的高度综合的"人"的立体艺术,编剧、导演、演员、舞美设计者乃至观众,都是戏剧集体创作中的团队成员。

戏剧艺术是一种合作的艺术。这个合作的艺术,主要体现在两个团队的合作。第一个团队,是围绕着剧目生成的主创团队,编导演、服化道等,每一个个体都有自己的艺术特长,也有自己的技术技能、艺术禀赋,都能在各自的领域发挥独特的优势。他们一旦被剧目选中,换句话说被导演选中进入剧组,便可以合力承担剧目创作、创造的重任。在一台戏从排练到演出的戏剧创作全过程中,导演身先士卒,带领主创团队共同演绎编剧提供的剧本所要表达的思想、情感。另一个团队是围绕着主创团队的管理、营销、运行团队,他们是剧目创作的重要保障。只有在他们的支持下,主创团队才能拥有一个艺术创造的良好氛围。可以说,创作一部戏剧作品尤其是优秀的舞台艺术作品,光凭单枪匹马,是不可能完成的。任何一部戏剧作品都是由编剧、导演、演员、剧务等多方分工合作的,这就需要在分工的基础上平等相待,在排演过程中很好地培养角色意识、参与意识、民主意识、沟通协调能力、团队精神和合作意识,实现人与人之间有效的沟通和交流。

戏剧艺术是一种平衡的艺术。作为团队合力创造的艺术,剧组成员在导演的统领下,约束自己的个人癖好,放大彼此间的共性,发挥团队合作的精神,求同存异,互助协作,彰显出团队和谐共鸣的精神状态。主创团队中个人的影响有大小,创作水平有高低,但必须要做到彼此的协调平衡。更为重要的是,在创作过程中,戏剧主创团队和管理保障团队都围绕着出精品、出人才的目标,一个按照艺术规律创作作品,一个依照生产要求保障供给,双方形成合力,协同作战。一旦组成一个集体,就会产生一种集体意识,团队中的每个个体都能感觉到自己的情感得以确认,从而使集体意识更为强烈。

— 第二节　戏剧的美育方法 —

戏剧艺术以演员身体作为创作媒介,而演员又同时是作品的反映对象和表现内容,戏剧艺术具有综合性、直观性和群体性的艺术特征,戏剧美育必须充分考虑戏剧作为人的艺术的假定性、仪式性和团队协作精神培育的特点,从戏剧鉴赏、课本剧和校园戏剧实践三个方面,提出戏剧艺术有效的美育方法。戏剧文学故事、戏剧表演艺术、戏剧导演艺术、戏剧发展史、戏剧艺术精神等,都为美育提供了深厚的土壤,有助于院校学生发现美、欣赏美、创造美,最终形成正确的人生观、世界观和价值观。

一、戏剧鉴赏:一种极其特殊的体验方式

在艺术鉴赏的广阔空间中,戏剧鉴赏显然是一种非常特殊的鉴赏活动。简言之,针对戏剧艺术这一特殊的鉴赏对象,了解并懂得戏剧艺术的语言、形式、结构、呈现等,将"案头"与"场上"、剧本与舞台结合起来,是戏剧别具一格的鉴赏方法。戏剧鉴赏可以分为两种方式,也可以说是两级梯度的鉴赏,即戏剧中的文学性鉴赏和剧场性鉴赏,前者指的是两种方式的分离式鉴赏,后者指的是两种方式的连环式鉴赏。这两种方式,既要植根于它的文学性,又要融汇于它的剧场性,双性一体,才是学校开展审美教育的最佳形式。

戏剧的文学性鉴赏,是把戏剧作为与小说、散文、诗歌并存的一种文体来对待的欣赏方式。在中外戏剧史上,历代剧作家的创作甚多,流传下来的也不计其数,但这些剧本的原初演出已成往事,只能进入戏剧文学作品行列进行鉴赏。客观地说,戏剧在当下中国

的教育体系中并没有完全缺席,在基础教育阶段的语文课本中,就有一些著名剧作的选段。在高等教育阶段的大学语文和选修课程体系中,也有剧本片段被选入其中,但主要是作为文学的体裁之一出现在教材选目中。引导学生在阅读中体验文学作品的美感,有助于展开艺术的想象与联想。因此,戏剧教学的首要任务,就是引导学生阅读戏剧作品,对戏剧语言、戏剧冲突、戏剧形象等进行分析鉴赏,不断提高自己的阅读鉴赏能力。

所谓"戏剧作品",并非是单一的戏剧文学作品,而是一种源自剧本终于舞台的过程艺术。剧本只是舞台演出的基础,而戏剧鉴赏其实是过程性的以戏剧作品为欣赏对象的审美活动,这种特殊的连环式鉴赏方式,可以带给鉴赏者独特的满足感,是戏剧不能为其他艺术门类所取代的理由。在一场以戏剧演出为对象的戏剧鉴赏中,其特殊性表现在:如果说其他艺术门类创作者大多数是把已完成的作品呈现在欣赏者的面前的话,那么在戏剧中,演员是在观众面前完成作品创作的。这种面对面的现场交流,意味着鉴赏者本身也参与了创作的过程;同时,观众以个体的方式参与集体的"阅读",且在此过程中需要具备一定的戏剧知识,如对其综合性、直观性、集体性、假定性的了解,以及对戏剧动作、情境、场面、结构等的把握。这是一种调动综合知识和能力的特殊鉴赏,往往是个体主动去剧院集体观看戏剧演出,然后得出个性化的经验的过程。尽管如此,"一千个读者就有一千个哈姆雷特",集体"阅读"的结果仍然有个性的审美差异。近年来,我国积极推进"戏曲进校园"活动,并对"戏曲进校园"提出了具体的要求,中央相关文件中明确强调"进校园"主要是让学生尤其是中小学生有机会欣赏优秀的戏曲作品的演出,充分说明了将戏曲纳入美育是在国家层面上得到高度重视的文化策略,实际上是借戏剧的鉴赏活动在学校教育层面提升人的素质的教育过程。

二、课本剧:提高课堂教学的美育效果

顾名思义,课本剧是课文和戏剧的结合体,是把语文课本中叙事性的文章改编为戏剧,以戏剧语言、戏剧结构、戏剧表演的方式来形象地表达文章内容和主题。从本质上来说,课本剧是一种教学方式方法的革命。课本剧表演可以充分调动学生学习的积极性,培养学生的语言能力、表演能力、场面掌控能力等,有力地促进学生的主体参与、合作学习、整体发展及反思,无疑是全面提高学生人文和审美素养的有效途径。

课本剧的实施一般分两步走。基础教育中经常使用的分角色朗读、分角色扮演,是课本剧的初级形态,也是实施课本剧教学的第一阶段。分角色朗读是朗读的一种形式,通过充分发挥学生的主体作用,让学生以文中角色的身份进入文本,通过分角色朗读理解文本的词句篇章,把书面文字转换为立体的声音,从而领会文章的主旨、风格,使学生受到情感的熏陶。分角色扮演也是运用戏剧表演的方法让学生在阅读文章的基础上,通过对角色的想象、创造、感受,还原课本中事件的发生情境,从而真切地感受人物的性格特征。先朗读后扮演,是分角色活动的要义和任务,也是开展课本剧活动的必要准备。可以说,在分角色朗读和分角色扮演训练的基础上,还原课文特定情境,创设剧场氛围,营造戏剧场景,创造合作演出的场域,才是课本剧应有之义,这是分角色活动的高级呈现形态,是课本剧实施的第二阶段。

课本剧在青少年学生美育素养的提升中,发挥了特有的功能。从创意到选材,从角色分配到形式取舍,从场上呈现到风格设定,都充分体现出学生的审美能力和创造意识。尽管各个省份、各个阶段语文教材篇目的编排不同,但选择的往往是叙事性较强的作品,并适应着不同年级、年龄学生的生理和心理特点。如《小英雄雨来》《羚羊木雕》《争吵》《我的叔叔于勒》《半夜鸡叫》《皇帝的新装》《变色龙》《祝福》《孔乙己》《边城》《百合花》等叙事作品。还有一些以古典诗歌、文言文为蓝本改编的作品,如《孔雀东南飞》《晏子使楚》《宋定伯捉鬼》《草船借箭》《范进中举》《三顾茅庐》《孙权劝学》《荆轲刺秦王》《鸿门宴》等。那些入选语文教材的戏剧经典,如《窦娥冤》《雷雨》《茶馆》《哈姆雷特》《威尼斯商人》等,自然是课本剧上佳的素材。不少作品被改编成话剧,而且师生们还会尝试其他的方式,如地方戏曲、诗剧、舞剧、歌剧、哑剧、双簧等,同样能够深刻演绎作品的内涵。语文课本中的文学作品,大都是才情洋溢的经典之作,原作者用优美的语言塑造了一系列美的形象和诗的意境。课本剧是语文课堂教学的创造性转化,这个转化的创演逻辑一般是:读懂课文—揣摩性格—改编剧本—挑选演员—分列排练—合成演出,学生首先要学会"美读",饱含深情地朗读课文,与作者心灵沟通,走入作品表现的意境之中,感知故事情节蕴含的细腻的美,对人物形象进行深入体悟,然后带着这种经验进入课本剧世界,在特定场景、特定场域中感受情感的律动。可以说,一次生动形象的读、写、演、评结合的课本剧实践,可以大大提高学生的审美情趣。

三、校园戏剧:校园整体美育文化建设的重要载体

校园戏剧,是以学生作为创作、表演主体,以音乐、舞蹈、语言、动作为主要表现手段,以师生为主要观看对象的业余戏剧活动。校园戏剧是课本剧的升级版,是课本剧作为舞台样态的艺术呈现。校园戏剧是中国话剧的摇篮,一百多年前,南开学校的新剧活动,揭开了中国话剧的序幕。著名剧作家曹禺曾经在南开中学求学 6 年,吸取了南开的戏剧养分,而后在清华读书期间文思泉涌,创作了里程碑式的话剧《雷雨》。校园戏剧作为校园文化的重要载体,以其独特的方式,丰富了校园文化生活,培植和加深了校园的文化蕴涵,为推进校园全园化、全覆盖的美育文化建设,发挥着积极的作用。

在学校生态文化建设中,要充分挖掘校园戏剧的教育内涵,发挥在艺术教育、情感教育、创新教育、能力教育、生命教育和人格教育等方面独特的教育功能,真正成为学校教育的有效载体。一般来说,校园戏剧的参与者往往来自不同的专业、不同的年级。对于这些人来说,校园戏剧更具艺术的教育性,它本来就是一项具有综合和多元功能的美育工程,融文学、音乐、舞蹈、表演、舞美等多门艺术于一体,学生在场的戏剧综合实践,实际上是调动学生所有的感官来面对生活和艺术,尤其是融汇于中的各个艺术门类和知识积累,培养全方位、全域化的艺术感悟力和创造力。校园戏剧的在场性体验、面对面的交流以及仪式化的特点,也促使校园戏剧的创作者与师生观众建立良好的情感交流,培养积极向上、乐观健康的人生态度。校园戏剧的成功,获得了师生的认可,能够让学生体验成功,发现自身的价值,获取生命的存在感和价值感,受到生动的成长教育、生命教育。校园戏剧凭借戏剧的直观性和形象性,可以加载一切需要承载的教育内容,不仅可以培养学生的审美素质,增强审美能力,而且能够密切关注时代的脚步,感悟时代

的脉动。

可以说,校园戏剧社团的发展,直接推动了校园戏剧在学校文化建设中发挥重要作用。尤其是高校,校园戏剧社团往往是学校文化建设的重要载体和文化品牌,彰显出高校文化建设的颜值和峰值,如北京大学戏剧社、浙江大学黑白剧社、北京师范大学北国剧社、杭州师范大学流霞剧社、浙江师范大学阿西剧社、南京大学艺术硕士剧团等。这些由教师指导,由学生自发成立、自发组织、自主管理的高校校园戏剧团体,是学校美育教学的有生力量。如浙江大学黑白剧社,原是这所百年学府 1937 年全面抗战之前的学生文艺社团,当时被称为黑白文艺社,"黑白云者,意在申明收复时受日寇侵占之'黑水白山'之决心,及研判是非如黑白分明之求是精神"(黑白文艺社纪念碑碑文)。作为校园业余文艺团体,黑白剧社以培养校园戏剧人才、提供戏剧表演天地、丰富校园文化、营造良好校园戏剧氛围为努力目标。作为享誉全国的优秀学生自主组织,一届又一届的学子在这个天地中不仅是排练、演出、接触表演艺术,更重要的是"提高了对社会、对人生、对自我的认识,培养了踏实灵活的创造能力,开朗真诚的性格,健康向上的心态"[1]。校园戏剧的使命,在于通过社团、剧目、活动乃至课程的方式,让学生在艺术展演中发现美、欣赏美、创造美,指导学生树立正确的审美价值观,实现戏剧"在校园",形成校园美育品牌,从而促进学生的全面发展。

📝 本章小结

戏剧是一门独特的艺术,包含戏剧、戏曲两个概念,案头(剧本)、场上(舞台)两个呈现场域,个体、群体两种体验方式,是即时的、一次过的、现在进行时的艺术,是时间艺术与空间艺术的高度结合。在所有艺术门类中,它是独一无二的面对面的在场性艺术。戏剧的美育价值也体现出它的独特性,从戏剧的"假定性"中感受艺术的真实性,从戏剧的当下体验中感受艺术的仪式性,从戏剧的集体创作中感受团队的协作精神。戏剧艺术的美育方法有从戏剧文学的鉴赏到剧场艺术的鉴赏,从角色扮演到课本剧的编创,从戏剧社团到校园戏剧文化的建设,以美育之灯,让戏剧与美育同辉。国家高度重视戏剧戏曲的教育、美育作用,2015 年国务院办公厅印发的《关于支持戏曲传承发展的若干政策》中要求"结合学校教育实际,强化中华优秀传统文化特别是戏曲内容的教育教学。大力推动戏曲进校园,支持戏曲艺术表演团体到各级各类学校演出,鼓励大中小学生走进剧场"。戏剧,正以前所未有的姿态,以文学育人之情,以艺术育人之灵,以思想育人之魂。

---

① 桂迎:《校园戏剧》,浙江大学出版社 2005 年版,第 50 页。

思考练习

1. 怎么理解戏剧独特的艺术特征？与其他艺术门类相比，它的特色如何体现？

2. 戏剧鉴赏与一般的文学鉴赏有什么差异？完整的戏剧鉴赏过程如何进行？

3. 校园戏剧在学校文化建设中发挥了什么作用？

第十五章　电影的美育价值与美育方法

学习目标

　　了解电影艺术的概貌和特征,掌握电影美育在帮助青少年树立正确的世界观、价值观、审美观等方面特殊的育人作用,初步掌握通过电影艺术进行美育的一般原理、方法,为提高大、中、小学生综合素养,尤其是艺术审美鉴赏能力奠定基础。

内容概要

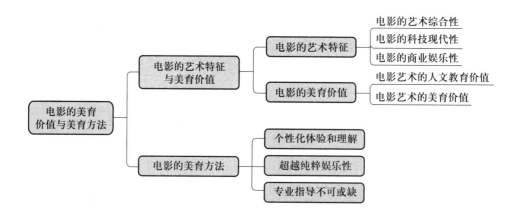

― 第一节　电影的艺术特征与美育价值 ―

　　电影是一门年轻的艺术,溯源至 1895 年卢米埃尔兄弟拍摄的第一部影片《工厂大门》,也不过百余年历史。作为一门现代艺术,电影产生的前提是光影技术的发明和其他文化艺术的蓬勃发展。电影通过声画结合,融合文学、美术、音乐、舞蹈等元素,在多维时空中营造视听形象,给人以思想的启迪、知识的启蒙和全方位的审美体验。可以说,从 1896 年"叙事电影之父"乔治·梅里爱转动具有电影特征的"幻术"胶片机那一刻起,人类又一门伟大的艺术诞生了。

一、电影的艺术特征

(一) 电影的艺术综合性

电影的核心是文学,大部分电影须借鉴小说的叙事手法、戏剧的矛盾冲突、诗歌的节奏与抒情等才得以展开。许多剧本的作者都是文学家,不少优秀电影作品就是由文学名著改编的。

电影与戏剧是近乎"孪生"的关系。电影理论在相当程度上脱胎于戏剧艺术,如斯坦尼斯拉夫斯基的"体验派"表演理论和法兰西戏剧学院的表演美学思想,后来世界各国电影导演都将其奉为圭臬。具体来说,从剧本的戏剧冲突设计、人物形象塑造,到导演、编剧、表演、化妆道具、舞台美术等,戏剧开历史之先河,电影则是创造性地对其进行继承和发扬,两者常常休戚与共。还有部分电影被称为"戏剧电影",如法国电影大师乔治·梅里爱的电影等,强调集中尖锐的矛盾冲突、情节的戏剧化、表演的夸张等,让人在看电影的时候,有置身于传统剧场的感觉。

电影与音乐、舞蹈、美术、雕塑的关系也密不可分。电影从它们身上吸收了大量的艺术精髓。音乐、舞蹈赋予电影以节奏感、抒情性和渲染气氛的手法;而美术和雕塑给予电影以造型、空间感以及光影、色彩、线条的处理技术。电影中风格多样的人物造型、错落有致的场景构图和深邃浓厚的意境营造,也都受惠于底蕴丰厚的美术、雕塑艺术理念。

当然,电影也有自己无可替代的艺术特征,"蒙太奇"就是其中之一。蒙太奇一词源于法语中的"montage",意为组接、组建。将其引入电影创作和表现方法后,指的是物理的、有内在情感逻辑的剪辑活动,用于解决电影声画领域的结构,即图像与形象的组合问题。"蒙太奇"手法被广泛应用之后,其表现手段和艺术张力更是被发挥到了极致,包括镜头、画面、场景、声音的灵活调度、段落之间的逻辑关系建立,象征、联想、暗喻等修辞的拓展等。

当然,让蒙太奇成为系统性、理论性概念,则要归功于 20 世纪 30 年代苏联的"蒙太奇学派"。代表人物包括爱森斯坦、库里肖夫、普多夫金等,他们研究的核心是电影中的结构性运动和冲突问题,认为在运动中产生新的不同于旧元素的冲突,是电影艺术表现力的关键所在,自此之后,画面和声音处在不断变化的运动和冲突中,即蒙太奇手法成为现代电影的标志特征。

(二) 电影的科技现代性

从默片到有声电影,从黑白电影到彩色电影,从宽银幕电影到巨幕电影……电影的每一次升级换代,都和现代科技的发展密切相关。蒙太奇的发明,是基于胶片能够随意剪切和手提摄影机的轻便和自由移位;声道能够独立分录、有了录音还原的方法以及微型录音技术的出现,使电影从默片升级为视听融合的艺术;镜头能够变焦,景深镜头得以随意运用,镜头分割不再是难事,电影美学的丰富和变革就不可阻挡;彩色、高速感光胶片变得价廉物美,更让一众导演在表现方式的花样翻新上如鱼得水,艺术感染力也得以全方位地增加,让电影工业真正成为人类的梦幻工厂……因此完全可以说,电影的基本构成是画面和声音,但它实际上是现代科技发展的产物。

科技促进电影艺术快速发展的同时,也必须警惕电影艺术的异化——人文性、艺术性在科技发展面前的弱化甚至缺失。关注"人",表现人的生命、生存状态,是电影艺术工作者的初心和根本。

(三) 电影的商业娱乐性

电影生产需要耗费巨大的人力、物力成本,因此电影作为一门艺术,如果没有吸引观众的娱乐特质和商业价值,就无法生存。电影史学家萨杜尔曾说:"凡高一生不曾卖掉一张画就与世长辞,韩波留下了他唯一的诗稿而离开了人间,但他们的作品在他们故世以后却永垂不朽。这些作品在创作时物质上的花费很少……可是拍成一部现代大型影片,事先却需要花费几百万法郎。而且我们很难想象,一个电影导演会拍摄几部不拟公之于世的大型影片。"[①] 这也导致电影艺术有其独特的逻辑甚至是悖论——电影的难处在于,与其说是艺术,不如说是商业;与其说是商业,又不如说是艺术。

电影《大白鲨》片段

在追求电影的娱乐性,使商业价值最大化方面,美国好莱坞把高度的娱乐性作为创作的第一要求,使其在激烈的文化市场竞争中占据有利地位。《大白鲨》《泰坦尼克号》《阿凡达》等至今还被人们津津乐道。最近几年,中国电影的票房也有不俗的成绩,如《哪吒之魔童降世》(2019)、《流浪地球》(2019)、《我和我的祖国》(2019)、《我和我的家乡》(2020)、《姜子牙》(2020)、《长津湖》(2021)等影片。

忽视电影的商业价值,一味追求艺术性,很容易曲高和寡,让电影的道路越走越窄。如法国,它是世界电影的发源地,一直对抗好莱坞,倔强地追寻自己的电影艺术价值,遵循艺术高于一切的宗旨。在法国导演眼里,电影可以不赚钱,但一定要艺术。但近百年来,叫座又叫好的法国电影很少。

但票房不是电影的一切。寻找电影商业性和艺术性的平衡点,应该是我们的正确选择。在这方面也不乏其例,张艺谋、陈凯歌等中国导演拍摄的不少电影是"叫好又叫座"的。影片《英雄》,张艺谋执导,李连杰、梁朝伟、张曼玉等主演,是 2002 年华语电影票房冠军,全球票房约合 14 亿人民币,该影片还被美国《时代周刊》评为"2004 年度全球十大佳片"。而好莱坞影片,如《美国往事》《教父》《辛德勒的名单》《阿甘正传》等,这些电影在具有商业元素的同时,也有较高的艺术价值。

二、电影的美育价值

(一) 电影艺术的人文教育价值

1. 民族情感认同和传统文化弘扬

对青少年进行传统文化教育,促进民族情感上的认同,是中小学教育的核心任务之

---

① [法]萨杜尔:《世界电影史》,徐昭、胡承伟译,中国电影出版社 1982 年版,第 31—32 页。

一,但在当下的大学和中小学课堂里,相关资源和教育手段并不丰富,而对此,电影则可以发挥重要作用。以武侠电影为例,尽管其类型化手法和艺术造诣常被人诟病,但不得不承认,武侠片是影响最广泛、最具我们民族精神和传统风范的艺术类型。对青少年而言,这些电影既是他们喜闻乐见的精神消费品,也是民族文化认同的优质资源。如张艺谋的《英雄》(2002),陈凯歌的《赵氏孤儿》(2010),李安的《卧虎藏龙》(2000),还有路阳的《绣春刀》(2014),侯孝贤的《刺客聂隐娘》(2015),徐浩峰的《师傅》(2015)等,这些作品在文化精神和审美价值取向上,都呈现出回归传统文化的特征。

再如贾樟柯的作品,从《小武》《站台》一直到前几年的《山河故人》《江湖儿女》等,传承中国一以贯之的现实主义传统,放弃宏大叙事,转向关注特定环境下小人物的跌宕人生,有意借粗粝的艺术手法,表现现实生活,揭示命运的偶然与无常,折射出一种原生态的残酷与真实。将浓得化不开的地域文化氤氲在自己的电影中,已经成了贾樟柯的标志性特征。

贾樟柯电影作品片段

2. 关注现实世界,提高理性思维能力

不否认电影是一门通俗的大众艺术,但也需承认,追求个性和思想的高度与深度的导演也比比皆是,这些作品对促进大众的理性思维很有帮助。现在的基础教育非常重视思维训练,语文课程标准中,明确把"思维的品质与提高"作为学科核心素养和关键能力。如果我们深入发掘和整理,就会发现关于思维训练的电影资源极为丰富。在电影课中,学生也可以通过电影的艺术假定性和人类的"第三只眼睛"——镜头,去考察周遭的现实世界,锻炼自己的洞察力。

这方面例子有很多,早先的有《阿飞正传》《喜剧之王》等,表现出年轻人走上社会后的迷茫,特别是后者,以喜剧的形式反映小人物的辛酸,极具"黑色幽默"的深邃特质。还有《疯狂的石头》《我不是药神》等,表现普通人在社会变迁中的困惑与挣扎。《看上去很美》以 20 世纪 60 年代某幼儿园为背景展开故事情节,主要表现对象虽然都是孩子,却在其中折射出成人社会的影子,类似作品都是提升人的精神境界和思辨能力的好素材。

国外类似的电影,可以追溯到法国导演阿伦·雷乃的《去年在马里昂巴德》,他将电影提升到哲学的境界,从中可以看到海德格尔和萨特的存在主义哲学原理。可与之比肩的有大卫·芬奇等一众导演,《七宗罪》《搏击俱乐部》等作品,表达了当代西方社会道德沦丧,表现出白领阶层面对生存困境,只能通过暴力来追求人生意义。还有《离开拉斯维加斯》,演绎草根阶层相濡以沫、成全彼此的感情,反映了西方社会华丽表象下的社会不公。北欧的一些电影,例如《更好的世界》(2010,丹麦 / 瑞典,导演苏珊娜·比尔),表面上看,讲述的是一位父亲与两个孩子如何面对暴力与复仇的故事,实际上讨论的是普遍的人性的问题,

电影《更好的世界》片段

从民族文化和哲学层面探讨人类如何冷静地解决个体、群体之间情绪纠纷的问题,给观众以非常深刻的哲学启迪……这样优秀电影的例子不胜枚举。

3. 跨文化能力和世界大同诉求

现在大家都在说"世界是平的",强调"地球村"的概念,人类正寻找价值上的共同点。但因巨大的文化背景差异,要真正实现这一愿景并非易事,而在这方面,电影艺术有其特殊的优势——审美相对于政治、经济等,较少涉及利益关系,按康德的说法:"美是那

不凭借概念而普遍令人愉快的。"① 电影攫取艺术中最普世的成分,然后用一种不同民族都能接受的审美形式把它表现出来。

电影也是最擅长"跨文化对话"的艺术。文化学中"跨文化对话"的核心要素有四点:(1)历史的反思和敏感性;(2)认识对方的传统;(3)寻找价值上的共同性;(4)对不同文化的开放性和虚心学习的精神……② 对于这些要求,电影基本都能契合与满足。电影可以涵盖、也可以让我们窥见各民族文化的特色,英国影片高雅的趣味、形式美的表演、考究的服饰、曼妙的对话、精致的布景,都可以从英伦三岛辉煌的文学遗产、文化底蕴和卓越的戏剧成就、绅士风度中找到源头。小津安二郎的电影内敛、恬淡,体现了日本民族的生活情调以及导演的东亚佛学背景——质朴、节制、宁静的理想追求。阿诺德·伯林特有言:"能不能建立起这样一种新的审美:它既保留传统理论的洞见,又极大地拓展审美理论的领域,以开放性与灵活性取代过去的排外性与教条主义?"③ 就目前来看,能符合阿诺德所谓"新的审美"要求的,就要数电影艺术了。

(二) 电影艺术的美育价值

"美育作为感性教育,着眼于促进个体的审美(感性)发展,激发生命活力,提升情感境界、培养创造力,最终与其他教育一起服务于人的全面发展目标。这是美育区别于其他教育的根本特征。"④ 由此看来,电影艺术教育应该是典型的美育,作为综合的、感性的、美的艺术,在育人价值上相较于一般的艺术,具有巨大的优势,因此有其独特的美育价值。

1. 提升青少年审美素养

电影的审美价值不仅体现在娱乐、消遣,满足人的感官需要上,更重要的是在肯定生命存在的意义与价值上有所作为。优秀电影编导都能通过电影特有的手法和艺术形象表达,完成对个体生命及其生存状态的观照,展现人间的真善美,揭露人性中的假恶丑,激起受众深层次的生命体验与情感共鸣,发挥对受众正确的人生价值、审美趣味的导向作用。

电影艺术具有独特的魅力和强大的、长久的美育效果,还因为它的美——通过画面、景深、空间、音乐之"陌生化的愉悦",以及人物塑造、故事情节创造艺术世界,全景式地、充满想象力地反映世界文明和人类生活——上下可以几千年、纵横可以几万里,甚至延伸到无限的科幻宇宙和想象中的未来世界。它既能再现感性的自然之美、艺术的形式之美,也能让人体味、涵泳世界的人文之美,人类的历史和精神之美。

众所周知,美感可分为三类:初级的悦耳悦目,属于生理性的感觉层次;中级的悦心悦意,属于知觉层次;最高级为悦志悦神,这一层级的审美,可以使人摒弃物质的、生理的、小我的,到达灵魂的、大我的高度。如果说有哪一门艺术能够完整地囊括人类美感的这三个层次,唯有电影艺术才能担当,它对人产生的是真正"全身心"的影响。

---

① [美]舒斯特曼:《实用主义美学》,彭锋译,商务印书馆 2002 年版,第 268 页。
② [德]卜松山:《与中国作跨文化的对话》,刘慧儒、张国刚等译,中华书局 2000 年版,第 102 页。
③ [美]伯林特:《美学再思考——激进的美学与艺术学论文》,肖双荣译,武汉大学出版社 2010 年版,第 7 页。
④ 杜卫:《美育三义》,《文艺研究》2016 年第 11 期。

电影艺术呈现的美,是综合的、立体的,能够将各种美的元素和谐地结合为圆融和谐之美。画面、音响、色彩之间的有机结合,多样化中的协调统一和均衡的美,就是电影的先天属性和艺术追求。因此我们欣赏电影的过程,也就是对全世界、全人类的美进行全方位的感受,这个过程中还充满着和谐,同时,无论是思想还是情感,人都特别容易在不知不觉中成为美的"俘虏",所以电影对观众的影响,也即美育价值,不但独特,而且功效巨大。

2. 育人方式独特、有效

电影美育是亲和的、自由的,它以感性的方式表现生活,所以它生动;它是画面的动态结构,所以它运动;它为观众提供五彩缤纷的、尽可能拟真的可感对象与环境,符合人性喜欢变化、避免单调,喜欢情感愉悦、避免理性枯燥的特点。电影容易使人摆脱紧张的生活,进入情趣的梦幻世界,"让眼睛吃冰淇凌",使人获得一种生命的"陌生化愉悦"。

从电影表现的构成手段看,它不仅营造审美客体,同时也构成一个使审美主体感受的类生活环境。明确的主题形式、生活的意义,被清晰地展示,观众身陷其中,不由自主地被感染、熏陶。声、光、色、形体、语言、动作等信息和艺术诸元素,无须特别的媒介,就能迅速、直接地诉诸观众的审美器官,使人全身心地感受着生活的脉动。电影营造的虚拟生活,并不是照搬现实,而是潜在地植入创作者的意图,将其选择性、艺术化地处理之后再呈现给观众。镜头中的"生活"对观众来说,既是熟悉的,又是崭新的,能摆脱人们对庸常生活的熟视无睹,唤起潜在的觉悟敏感,同时让观众和银幕、人和生活保持一种"距离感",能反观生活,并对生活进行冷静的思考。美学原理中经常说的"间离效果"有很好的美育作用,电影课应该是这方面的典型例子。

3. "全人"的培育

美育是一种"全息教育",能对青少年产生全方位的影响,满足人的全身心需求。电影美育能够在这方面发挥重要的作用。

电影能表现可见事物和不可见事物,用画面同时表现思想和实际经验,成功地使梦想和现实互相渗透,复活过去和使未来成为现实,把令人信服的完整倾向赋予一个转瞬即逝的画面──比日常景象所能提供的完整倾向更多的──这种唯一而无限的能力。[①]电影把禁锢了、沉寂了的情感唤醒,增强审美器官的敏感性,同时也促使人关注现实生活、文化和阶级差异,激发理性思考。

青少年特别爱做"白日梦",平时因伦理规范的约束,青春的冲动和情感欲望像一群被禁锢的小鹿,而在电影的世界里,他们能够倾诉、憧憬、迷恋、发泄,得到一种代偿性的满足,心灵得到平衡与和谐。当今社会,青少年自残、寻短见等行为屡见不鲜,没有情绪宣泄的路径也应是重要的原因。电影课刚好可以补齐基础教育的这块短板──满足人之潜意识欲望的功效,这是其他艺术无可比拟的。让·雷诺阿曾说,电影是我们时代的国王的权杖,其中也应该包括能释放人的精神压力,对人产生积极情绪、重新燃起生活勇气的力量。

---

① [法]马尔丹:《电影作为语言》,吴岳添、赵家鹤译,中国科学社会出版社1988年版,第10页。

— 第二节　电影的美育方法 —

　　培养青少年正确的审美观、提高其审美素养有各种路径和方法。其中,学校开设电影课,学生在教师指导下欣赏电影。通过电影进行美育,是一个很好的选择。不同于理科的认知教育,电影美育指向人的情感和心灵。艺术熏陶的效果胜于哲学和思想的宣讲,因为审美是创造性直观的最高形式,它具有客观性、全面性、普遍有效性,而哲学和品德课程一般都不在日常意识范围以内,很难激起青少年的情感共鸣,教育效果常常大打折扣。

　　通过电影对青少年的进行美育,应当有正确的方法。

(一) 个性化体验和理解

　　对于电影的目标设定,个性化体验、感知是第一位的,其次才是理解。"人们必须首先感受和了解,而后才能进行分析。决不能让理智对美学问题有先入为主的判断。任何健全的批评的首要前提,是评论者必须专心致志地和虚怀若谷地使用自己的全部官能(感觉、感情和理智的官能)来对待艺术作品。用更简洁的话来说,他应该竭尽全力倾听艺术家在说些什么"[①]。对于电影的欣赏,情感的共鸣很重要,这是电影的评价标准,也是电影美育的前提,正如马蒙泰尔所说:"只有感情才能判断感情。把感人的东西让精神去做出判断,无异于让耳朵去判断颜色,让眼睛去判断和弦。"[②]开设电影课,也会有"电影评论""影评写作"这样的环节,这也应该遵循乔治·布莱的建议,电影批评不应该是立此存照式的记录或者是居高临下的裁决,而是参与,不怀成见地投入作品的世界,实现批评家和作家的精神历程的遇合。

　　对于电影审美中的体验和理解,不能作统一的逻辑和理性的要求,给出标准答案。"审美是个性化特征较为突出的过程,美育教学应该在教师的组织和引导下,让学生充分投入各种审美活动中,要尽可能多地给他们提供个性化体验、自由尝试和充分表现自我的条件,并对每个学生的个性予以充分的尊重。这样才能够最大限度地激发学生的主动性和积极性,有利于学生在自由、宽容的氛围中发展他们的创造力。"[③]

(二) 超越纯粹娱乐性

　　指向美育的电影课和社会大众的娱乐性电影欣赏是有区别的。在不同题材和风格的电影中,在影像系统信息传达中,知、情、意三类意义的比例大不一样,在观众心中引起的情感性与形式感方面的反应也不一样。在哲理性和政治性影片中,知性的意义较多,在抒情类影片中情感类意义的比重较大,而娱乐片和某些现代派影片则会引起较多的形

---

① [英]林格伦:《论电影艺术》,何力等译,中国电影出版社1979年版,第169页。
② 转引自[法]蒂博代:《六说文学批评》,赵坚译,生活·读书·新知三联书店1989年版,第174页。
③ 杜卫:《美育三义》,《文艺研究》2016年第11期。

式美感。^① 我们的电影课,不仅在思想、情感和审美趣味上有严格的甄别、筛选,还要关注学生的学段、地区的学情和特定的教育目的,以及教学方法的选择,在此过程中如何引导也是需要仔细斟酌的问题。

(三) 专业指导不可或缺

在电影美育的过程中,教师的专业指导不可或缺,尤其是方法论层面的指导。比如看电影,除了了解人物和情节之外,还要关注画面构图、色彩运用、空间处理、拍摄手法等,欣赏《黄土地》《红高粱》等作品就该如此。类型片中,战争、历史类的作品特别多,对于这一类电影的欣赏,不同于历史课、思品课的教学方式,而要关注导演如何运用电影空间造型和声画元素,来展示特定环境中人的行为和内心世界,用现代意识来反思战争和历史。吴子牛的《晚钟》、美国弗朗西斯·科波拉的《现代启示录》等系列电影,都是这样的例子。电影欣赏的关注风格和属性也很重要,如果是美国的,要从类型片和意识形态着手;如果是欧洲的,则要注重结构、意图、艺术创新等。对于纪实风格的影片,就要用现实主义的批评法,而对于表现风格或者戏剧风格的,就要用浪漫主义的批评法,比如,我们不能用纪实风格来看待张艺谋的《红高粱》,或者用表现风格来要求《秋菊打官司》。

具体的电影课案例,国外比较成功的有英格兰电影电视教育协会(Society for Education in Film and Television in England)发起的电影教育活动,1963 年前后大面积推广,涉及学校七百多所,上千教师和专家响应,取得了良好的社会效果^②。20 世纪 60 年代初,联合国教科文组织也有过倡导,还将世界各国的青少年电影课活动汇编成专门的"电影教学"(Teaching about film)报告,系统地介绍美、英、意大利等国先进的电影课教学情况。

国内自 20 世纪 80 年代开始,有不少中小学进行了电影课尝试。1980 年,雷祯孝在温州苍南进行"课程电影"试验,凸显电影课是"传播知识的重要手段"。1997 年雷祯孝与中央电教馆合作(课题名称为《为中小学生开设电影课的试验研究》),全国有 22 个省市自治区 160 多所中小学、30 多万学生、一万多名教师参与,影响较大。在此之后,有王开东、夏昆和邓夏秋的电影课试验。邓夏秋以浙江温州广场路小学为据点,调动家长和社会资源,把电影课演绎成卓有成效的课内外结合的学校美育活动。夏昆在四川新都第一中学等地,以经典电影为案例,进行电影欣赏方法论意义上的指导,其课程有六个板块,分别为"爱与救赎""艺术惊鸿""艰难时世""另眼看教育""自由与尊严""别具一格的结构",章法上有板有眼。浙江教师张祖庆、安徽教师王开东还把师生共同的电影观看、鉴赏讨论和影评写作结合起来,旨在改变中小学作文教学"老大难"问题。新教育试验发起人朱永新对此做了充分的肯定:"让写作文像看电影那样开心,让看电影成为写作文的好话题,王开东的作文电影课把名著阅读、名片欣赏和中学作文课结合起来,是一种有益的尝试。"

接触电影艺术,对青少年大有裨益,对于加德纳提出的人类七种智能,电影课中都有

---

① 李幼蒸:《当代西方电影美学思想》,中国社会科学出版社 1986 年版,第 124 页。
② 刘军:《英国电影教育战略》,《当代电影》2013 年第 1 期。

涉及。电影解读能提高感受力和理解力;经典台词欣赏,为发展语言提供抓手;欣赏电影音乐,能发展音乐智能;创编微电影、布排场景、合作表演等,则为空间智能、身体运动智能、人际智能的发展创造机会……电影所擅长的直觉体验能力,还能对人的生活质量、人生幸福感、创新力产生影响,直觉体验能力是个体的一种深度感受性,亦即生存体验,是个体的自我和价值观念形成的基本条件,情感交流能力对于人与人之间的非语词化的沟通和理解至关重要,因此,这些能力的高低直接关系到个体的生活质量。直觉体验能力在认知领域也有特殊作用,特别是在创造性工作过程中往往发挥着关键作用。因此,电影美育不仅是学生感知世界、理解生活意义的过程,也是发展学生多元智能,生命自我展现的过程。

本章小结

电影是一门综合的艺术,是文学、美术、音乐、舞蹈、科技、娱乐等诸元素的完美融合。电影以逻辑逼真的方式呈现物理与精神时空中人的生存状态及人类的理想与情怀,促使受众在虚拟世界中,经历生命意志的考验,体验现实中难以体验的情感历程,替代性地满足内心深处的生命期盼。电影艺术也是帮助青少年树立正确世界观、价值观、审美观的重要力量。电影审美以感受、体验为主要路径,通过情绪感染、思想启发、独特的艺术手段和艺术语言以及无限的想象力与人交流、互动,这些活动既是精神娱乐的过程,也可以为青少年提供积极的情感体验,激活各种感官,在知识积累、心智成长、文化视野,尤其是健康审美趣味上发生积极的作用。指向美育的中小学和大学电影课,是基于课程设计理论,符合青少年身心特点和当前学生核心素养要求而进行的校本拓展课程,形式包括电影欣赏、电影评价、戏剧表演、微电影的拍摄以及通过电影元素进行的道德规劝、语言训练、文学创作、美术音乐鉴赏、评论写作等的能力训练活动。

电影美育有知识、能力、视野的拓展,有多元文化的感受和了解,有健康积极的心理和情感体验,更有审美能力的培养——在对电影的欣赏、讨论、分享的过程中,青少年在老师的带领下,以愉悦的心态,对电影进行感知、想象、情感映照,形成基本的艺术鉴赏和审美能力。

当前,电影作为典型的后现代文化形态,因其凸显"浅阅读"平面模式和张扬生命本能的特性,加之它的幻象性质,需要老师在作品甄别、选择和欣赏中加以引导。

思考练习

1. 为什么说电影对青少年具有独特的美育作用?
2. 电影艺术的鉴赏与一般的文学作品欣赏有哪些相同点和不同点?
3. 结合某部经典电影,谈谈它在人文和审美方面对你产生的影响。

参考阅读

1. 王国维:《孔子之美育主义》,载于谢维扬、房鑫亮主编:《王国维全集》第十四卷,浙江教育出版社 2009 年版。

2. 朱光潜:《谈美》,载于朱光潜:《朱光潜全集》第二卷,安徽教育出版社 1987 年版。

3. 聂振斌:《中国古代美育思想史纲》,河南人民出版社 2004 年版。

4. 杜卫:《审美功利主义:中国现代美育理论研究》,人民出版社 2004 年版。

5. [德]席勒:《审美教育书简》,张玉能译,译林出版社 2009 年版。

6. 祁海文:《中国美育思想通史·秦汉卷》,山东人民出版社 2017 年版。

7. 蔡元培:《以美育代宗教说》,载于蔡元培:《蔡元培全集》第三卷 1917—1919,浙江教育出版社 1997 年版。

8. 朱光潜:《谈美感教育》,载于朱光潜:《朱光潜全集》第四卷,安徽教育出版社 1987 年版。

9. [美]艾略特·W. 艾斯纳:《艺术与心灵创造力》,朱珺译,中国社会科学出版社 2016 年版。

10. 朱光潜:《文艺心理学》,载于朱光潜:《朱光潜全集》第一卷,安徽教育出版社 1987 年版。

11. [美]霍华德·加德纳:《多元智能新视野》,沈致隆译,浙江教育出版社 2021 年版。

12. 胡小明主编:《体育美学》,高等教育出版社 2009 年版。

13. 《崇高与美——伯克美学论文选》,李善庆译,上海三联书店 1990 年版。

14. [德]康德:《论优美感和崇高感》,何兆武译,商务印书馆 2020 年版。

15. 朱光潜:《悲剧心理学——各种悲剧快感理论的批判研究》,张隆溪译,人民文学出版社 1983 年版。

16. 阎广林:《喜剧创造论》,上海社会科学院出版社 1992 年版。

17. 佴荣本:《笑与喜剧美学》,中国戏剧出版社 1988 年版。

18. 刘东:《西方的丑学》,四川人民出版社 1986 年版。

19. 王洪岳:《美学审丑读本》,北京大学出版社 2011 年版。

20. [美]埃德蒙·伯克·费德曼:《艺术教育哲学》,马菁汝译,浙江人民美术出版社 2016 年版。

21. 宗白华:《美学散步》,上海人民出版社 1981 年版。

22. 陈从周:《说园》典藏版,同济大学出版社 2017 年版。

23. 蔡元培:《美育实施的方法》,载于蔡元培:《蔡元培全集》第四卷,浙江教育出版社 1997 年版。

24. [美]梅里尔:《首要教学原理》,盛群力译,福建教育出版社 2016 年版。

25. [美]荷烈治、[美]哈尔德、[美]卡拉汉:《教学策略:有效教学指南》,牛志奎译,中国人民大学出版社 2011 年版。

26. 卢家楣:《情感教学心理学》,上海教育出版社 2000 年版。

27. 张大均、郭成主编:《教学心理学纲要》,人民教育出版社 2006 年版。

28. [美]埃略特·W.艾斯纳:《艺术视觉的教育》,郭祯祥译,浙江人民美术出版社 2016 年版。

29. 休谟:《论趣味的标准》,载于[英]休谟:《休谟散文集》,肖聿译,中国社会科学出版社 2006 年版。

30. 朱光潜:《文艺心理学》,华东师范大学出版社 2015 年版。

31. [美]维克多·罗恩菲德:《创造与心智的成长》修订版,王德育译,浙江人民美术出版社 2019 年版。

32. 滕守尧:《审美心理描述》,四川人民出版社 1998 年版。

33. 张玉能:《深层审美心理学》,华中师范大学出版社 2018 年版。

34. 梁启超:《趣味教育与教育趣味》,载于《梁启超全集》(第七册),北京出版社 1999 年版。

35. [英]特里·伊格尔顿:《审美意识形态》,王杰、傅德根、麦永雄译,广西师范大学出版社 2001 年版。

36. 林崇德主编:《发展心理学》第三版,人民教育出版社 2018 年版。

37. 刘万伦,田学红主编:《发展与教育心理学》(第 2 版),高等教育出版社 2014 年版。

38. [美]罗伯特·费尔德曼:《发展心理学——人的毕生发展》(第 6 版),苏彦捷译,世界图书出版公司 2013 年版。

39. [美]苏珊·朗格:《情感与形式》,刘大基等译,中国社会科学出版社 1986 年版。

40. [英]艾·阿·瑞恰兹:《文学批评原理》,杨自伍译,百花洲文艺出版社 1992 年版。

41. 徐友渔、周国平、陈嘉映等:《语言与哲学——当代英美与德法传统比较研究》,生活·读书·新知三联出版社 1996 年版。

42. [美]迈克尔·莱恩:《文学作品的多重解读》,赵炎秋译,北京大学出版社 2006 年版。

43. [美]托马斯·福斯特:《如何阅读一本文学书》,王爱燕译,南海出版公司 2016 年版。

44. 胡经之、王岳川:《文艺美学方法论》,北京大学出版社 1994 年版。

45. 余虹:《文学作品解读与教学》,高等教育出版社 2011 年版。

46. 李荣启:《文学语言学》,人民出版社 2005 年版。

47. 修海林:《中国古代音乐教育》,上海教育出版社 2011 年版。

48. [美]贝内特·雷默:《音乐教育的意义与价值探秘——雷默文选与反思》,孟繁佳译,上海教育出版社 2018 年版。

49. [加]戴维·埃利奥特、[美]玛丽莎·西尔弗曼:《关注音乐实践:音乐教育哲学》(第 2 版),刘沛译,中央音乐学院出版社 2018 年版。

50. 余丹红:《中国音乐教育年鉴 2010》,上海音乐学院出版社 2010 年版。

51. 廖乃雄:《音乐教育学概论》(全两册),中央音乐学院出版社 2018 年版。

52. 吕艺生:《素质教育舞蹈》,上海音乐出版社 2014 年版。

53. ［美］布伦达·普·麦克臣:《舞蹈:作为艺术教育》,上海音乐出版社 2015 年版。

54. ［美］弗雷德·S. 克莱纳:《加德纳艺术通史》(第 15 版),李建群等译,湖南美术出版社 2019 年版。

55. 钱初熹主编:《与大数据时代同行的美术教育》,上海教育出版社 2017 年版。

56. ［美］Eric Jensen:《艺术教育与脑的开发》,北京师范大学脑科学与教育应用研究中心译,中国轻工业出版社 2005 年版。

57. 叶秀山:《书法美学引论》,宝文堂书店 1987 年版。

58. 宋民主编:《书法美学概论》,辽宁师范大学出版社 2015 年版。

59. 宋民主编:《艺术欣赏教程》,高等教育出版社 2004 年版。

60. 金学智:《中国书法美学》,江苏文艺出版社 1994 年版。

61. 陈振濂:《书法美学》,陕西人民美术出版社 2007 年版。

62. 邱振中:《书法的形态与阐释》,中国人民大学出版社 2005 年版。

63. 张稼人:《书法美的表现——书法艺术形态学论纲》,上海书画出版社 1994 年版。

64. 毛万宝:《书法美学论稿》,中国文联出版社 1999 年版。

65. 傅谨:《中国戏剧艺术论》,山西教育出版社 2003 年版。

66. 俞为民:《中国戏曲艺术通论》,南京大学出版社 2009 年版。

67. 董健、马俊山:《戏剧艺术十五讲》,北京大学出版社 2004 年版。

68. 谭霈生:《戏剧鉴赏》,高等教育出版社 2004 年版。

69. 施旭升:《戏剧艺术原理》,中国传媒大学出版社 2006 年版。

70. 张晓华:《创作性戏剧教学原理与实作》,中国戏剧出版社 2017 年版。

71. 付钰:《中小学教育戏剧的理论与实践研究》,中国戏剧出版社 2020 年版。

72. 林玫君:《儿童戏剧教育的理论与实务》,复旦大学出版社 2015 年版。

73. 桂迎:《校园戏剧》,浙江大学出版社 2005 年版。

74. ［法］安德烈·巴赞:《电影是什么?》,崔君衍译,中国电影出版社 1987 年版。

75. ［匈］巴拉兹·贝拉:《电影美学》,何力译,中国电影出版社 2003 年版。

76. 彭吉象:《影视美学》第三版,北京大学出版社 2019 年版。

77. 陈旭光、苏涛:《电影课·上:经典华语片导读》,北京大学出版社 2012 年版。

78. 杜卫:《美育论》,教育科学出版社 2000 年版。

后记

我国自古注重在情感体验过程中育人的传统,诗教、乐教便是如此。王国维曾指出,孔子教人"始于美育,终于美育"(《孔子之美育主义》),其依据就是《论语》中所说:"兴于诗,立于礼,成于乐。"近年来,美育重新受到重视。我们认识到,加强和改进美育工作,除了需要各级领导提高认识之外,培养和培训一大批了解美育的性质和特点、掌握美育规律和方法的美育教师也至关重要。任何教育教学工作的最后实施者总是教师,因此,美育工作做得如何,关键在于美育教师。本教材就是顺应当前培养和培训美育师资的需要而重新编写的。

1996 年,由我主持编写的《美育学概论》获国家教委重点建设教材立项,并于 1997 年出版。在进入新时代的今天,美育理论和方法的研究相比当年有了长足的进步,作为学校美育主渠道的音乐教育、美术教育等有了较大发展,从观念到方法的认识也有了较大更新。特别是党和国家对美育的定位和要求发生了很大变化,美育已被列入国家教育方针,成为"五育并举"之一。因此,重新编写《美育学概论》十分必要。

新编《美育学概论》,我们力图实现以下几个目标:第一,把"坚持立德树人,扎根时代生活,遵循美育特点,弘扬中华美育精神"的四点要求和"提高学生审美与人文素养"的美育目标作为指导思想,贯穿于整个教材编写之中。充分体现美育"以美育人""以美化人""以美培元"的特点和规律,努力贴近学校美育的教学实际,比较系统地总结我国的优秀美育传统并加以介绍。第二,突出本教材为"师范艺术教育服务"的宗旨。美育学是美学、艺术学和教育学交叉形成的应用型学科,既要有美学、艺术学理论和教育学、哲学的理论品格,又要体现审美育人、课程教学、校园文化建设等具体人才培养环节的实践性,还要把这些方面有机融合为一个整体,构建从美育哲学到美育心理学再到美育课程方法的知识体系。第三,详细介绍学生审美素养的具体构成和发展规律。美育的特殊任务是促进学生审美核心素养的发展,即学生审美能力和审美意识的发展。尽管国内对于儿童、青少年审美心理的研究比较薄弱,本教材还是努力搜集了国内外相关材料,对学生审美能力和审美意识及其发展做了初步论述,以期对教师的美育教学有所帮助。第四,加强对艺术教育课程的美育特点和方法的讨论。除了专设一章讨论美育的实施原则外,还选择了当前我国大中小学比较常见的七种艺术课程(活动),讨论了各门艺术的特征、美育价值和美育方法,以期对美育在各级各类学校普通艺术教育课堂内的落实有所帮助。

教材编写总要努力做到体系周全,与美育相关的方方面面的知识都要涉及,因为我们意识到,在使用本教材的具体过程中,授课教师一定会根据具体情况,对本教材的内容进行必要的取舍。

我真诚地感谢受邀参加教材编写的各位老师,他们出于对美育事业的热爱和执着,出于对师范艺术教育急需美育理论教材的深刻认识,在百忙中欣然接受了我的诚挚邀请,并按时认真完成了编写工作。还要感谢高等教育出版社艺术分社的领导和责编,他们对教材编写工作的支持和帮助让我们感动。此刻,我想起了20多年前美育还未受重视的时候,高教社党委书记彭治平老师嘱咐我的一句话,他说:"小杜,你要把美育做成一个学科。"这话我一直记着!

杜卫

2021 年 5 月 16 日